全过程工程咨询实践与案例丛书

学校教育项目全过程工程咨询实践与案例

浙江江南工程管理股份有限公司　编著

胡新赞　周　婷　李　明　干汗锋　主编

中国建筑工业出版社

图书在版编目（CIP）数据

学校教育项目全过程工程咨询实践与案例/浙江江南工程管理股份有限公司编著；胡新赞等主编. —北京：中国建筑工业出版社，2022.12

（全过程工程咨询实践与案例丛书）

ISBN 978-7-112-28135-0

Ⅰ.①学… Ⅱ.①浙… ②胡… Ⅲ.①教育建筑—咨询服务—案例 Ⅳ.①F407.9

中国版本图书馆CIP数据核字（2022）第248772号

与一般公共建筑相比，政府投资的学校教育项目（特别是校园整体建设）有着投资额大、投资控制要求高、建设周期短、质量标准高，部分功能专业性强、工艺复杂等特点，工程建设需要有更系统、更具资源整合能力的全过程工程咨询师，为委托方精心谋划。分析工程案例，咨询师们在顺利推进项目目标实现的同时，不断复盘总结，积累汇总了大量的经验和教训。本书以学校教育项目全过程工程咨询服务内容为切入点，将更多内容如专项咨询与管理、招采合约咨询与管理、需求管理及后评价、造价/投资咨询、运营咨询与管理等集成一体，更加体现出了全过程工程咨询服务模式的优越性；本书同时收编了编委们主持或参与过的大量学校教育项目实践案例，分门别类展开论述，案例真实、数据翔实，具有较高的学术研究和实际应用价值，相信能为同行提供更加有益的参考。

责任编辑：周方圆
责任校对：王　烨

全过程工程咨询实践与案例丛书
学校教育项目全过程工程咨询实践与案例
浙江江南工程管理股份有限公司　编著
胡新赞　周　婷　李　明　干汗锋　主编

*

中国建筑工业出版社出版、发行（北京海淀三里河路9号）
各地新华书店、建筑书店经销
北京建筑工业印刷厂制版
北京君升印刷有限公司印刷

*

开本：787毫米×1092毫米　1/16　印张：24　字数：551千字
2022年12月第一版　2022年12月第一次印刷
定价：**70.00**元
ISBN 978-7-112-28135-0
（40277）

版权所有　翻印必究
如有印装质量问题，可寄本社图书出版中心退换
（邮政编码 100037）

本书编委会

总 策 划：李建军
技术顾问：田村幸雄
主　　编：胡新赞　周　婷　李　明　干汗锋
副主编：李　冬　杨　婧　吴　俊　潘浩鹏
编　　委：程宝龙　钱　铮　马　蒸　戴松涛
　　　　　程东伟　张　恒　刘严征　颜雪健
　　　　　谭清清　王金生　相光祖　裴　仰
　　　　　付中凯　顾红生　秦安丙　吴　凡
　　　　　范洪旺
文字统筹：潘浩鹏　杨　婧　吴　俊　李光旭

序

"教育兴则国家兴，教育强则国家强"，国运兴衰，系于教育；教育关系千秋万代，是国计，也是民生；教育关系着每一个人的生存与发展，关系着文化的传承与创新，关系着社会的进步与和谐，关系着民族振兴与国家崛起。同时，教育也是开启生命发展各种可能的桥梁，是提高人的素质、促进人的全面发展、提升人的生活品质的摇篮。

党的二十大报告将"实施科教兴国战略，强化现代化建设人才支撑"单独成章、专门部署，作出"教育、科技、人才是全面建设社会主义现代化国家的基础性、战略性支撑"的重要论述。国家始终把教育摆在优先发展的战略位置，不断扩大投入，从幼儿教育、中小学的义务教育、职业教育直至高等教育都取得了长足的发展。

教育的发展离不开学校的建设。近年来，国家和各级地方政府及社会力量投入了大量的资金建设各类学校，办学条件得到了极大的改善。2021年7月，教育部等六部门共同印发《关于推进教育新型基础设施建设构建高质量教育支撑体系的指导意见》，推动教育新基建的快速发展。校园建设以原有基础设施建设为根本，以信息化为手段，加强建设管控与后期教育高质量发展。教育新基建的建设要求管理、实施人员具备深厚的实践知识、丰富的工程经验与良好的协调沟通能力。随着全过程工程咨询在全国范围内的推广，学校教育项目建设的管理模式也发生变化，越来越多的学校教育项目采用了全过程工程咨询的管理模式。全过程工程咨询的模式在学校建设中的推行，有力地解决了学校项目在前期决策、建设实施、后期运维、数字化建设过程中，校方管理人员及能力不足的问题，打破了传统模式下工程咨询服务松散状、碎片化的现状，提升了工程的服务品质及投资效益。

浙江江南工程管理股份有限公司作为业内知名工程咨询企业，自从全过程工程咨询在全国试点以来，承接了全国各地众多学校教育项目的全过程工程咨询业务，在学校教育项目的全过程工程咨询管理方面积累了大量丰富的实战经验，为建设方节省了大量的投资，取得了明显的社会经济效益。在过去两年出版多部全过程工程咨询实践与案例丛书的基础上，今年组织编写了《学校教育项目全过程工程咨询实践与案例》一书，理论联系实际，对学校教育项目的全过程工程咨询实践经验进行了全面系统的总结。此书对从事全过程工程咨询尤其是新时代背景下的学校教育项目工程咨询管理的专业人员，具有较高的借鉴意义和指导作用，值得一读。

中国工程院院士
中国电力建设集团有限公司首席科学家：
2022 年 11 月 18 日

前　言

近年来，随着国家对教育资金投入的不断加大，我国学校教育项目建设也在持续快速发展，同时对学校教育项目建设管理工作水平提出了更高的要求。学校教育项目建设的管理模式直接影响学校建设的工期、质量及成本情况。

当前，国家大力推进全过程工程咨询，引导企业开展工程全生命周期综合项目管理咨询服务，力求通过试点先行，在全国形成一批具有国际影响力的全过程工程咨询企业，从而带动整个行业的发展，最终实现全过程工程咨询服务的产业化。国务院办公厅于2017年2月发布文件《关于促进建筑业持续健康发展的意见》（国办发〔2017〕19号），文件中提到，现阶段要大力推进工程总承包和培育全过程工程咨询（本文简称为"全咨"），鼓励投资咨询、勘察、设计、造价、监理、招标代理等企业采取并购重组、联合经营等方式开展全咨，以培育一批可以在国际舞台上崭露头角的先进综合企业。该文件的发布引起了业内人士的高度重视，并在全国范围内掀起了开展的热潮。此后住房和城乡建设部、各省市纷纷出台相关的指导意见、试点方案等，很多学校教育类建设项目也加入了试点的行列中。

浙江江南工程管理股份有限公司作为住房和城乡建设部第一批全过程工程咨询试点企业之一，已有大量全过程工程咨询模式的学校教育项目竣工，有足够的实践案例进行总结，以此为基础，为全过程工程咨询服务理论体系和服务内容、服务模式的规范化建言献策。本书以学校教育工程建设全过程工程咨询案例为依托，首先，对全过程工程咨询推进情况综述、学校教育类项目特点、全过程工程咨询服务内容进行介绍。然后，通过学校实验室工艺、智慧校园、学校图书馆、绿色建筑、海绵城市、风险管理、投资／造价等专项咨询与管理，结合需求管理及后评价、运营咨询与管理等，使本书更具有指导性。最后，从大学、中小学、幼儿园三种不同类型的学校项目全过程工程咨询案例入手进行分析，阐述全过程工程咨询在学校案例中取得的成效，并对成功经验进行总结，佐证了全过程工程咨询的优势，在指导工程实践时具有很强的实用价值。

本书由浙江江南工程管理股份有限公司编著，公司董事长李建军总策划，田村幸雄院士担任技术顾问，公司副总裁兼江南研究院院长胡新赞、江南研究院综合管理部主任周婷、某高校全过程工程咨询项目设计技术负责人李明、学校教育类工程咨询研究中心主任干汗锋担任主编。本书共5篇、17章，其中第1章、第2章由周婷编写；第3章由胡新赞编写；第4章由王金生编写；第5章由相光祖、裴仰编写；第6章、第8章由李明编写；第7章由潘浩鹏编写；第9章由吴俊编写；第10章由干汗锋、秦安丙编写；第11章、第12章由李明、付中凯、张恒编写；第13章由程东伟编写；第14章由杨婧编写；第15章～17章为项目案例，由相关单位提供资料，胡新赞、李冬、周婷、潘浩鹏汇编。全书由胡新赞统筹定稿。

本书在编写项目案例过程中受到了各建设单位与参建单位（特别是深圳市建筑工务署、苏大教服集团等）的鼎力支持，以及曹冬兵、顾红生、潘瑶、程波、王义泉、夏旭东、姚根清、陈士凯、郑洋、贾芬芬、高凤军、陆学水、谷金省等公司一线员工的高度配合，对此表示由衷的感谢！本书选取的案例主要为政府投资的公办学校项目，对私立学校的建设管理未有涉及，具有一定的局限性，尚存在不完善和有待商榷之处，衷心期待各位专家、学者及广大读者提出宝贵的意见，共同推进全过程工程咨询在学校教育项目中的质量提升与长远发展。

胡新赞

2022年9月

目 录

第1篇　绪论 ··1

第1章　全过程工程咨询推进情况综述 ···2
1.1　问题分析 ···2
1.2　政策推进 ···3

第2章　学校教育项目特点 ···5
2.1　学校教育项目管理的特殊性 ···5
2.2　学校教育项目特点 ···5

第3章　全过程工程咨询服务内容 ··9
3.1　概念阐释 ···9
3.2　全过程工程咨询服务内容 ··9

第2篇　专项咨询与管理 ···19

第4章　实验室工艺咨询与管理 ··20
4.1　概述 ··20
4.2　工艺需求管理 ···22
4.3　建设工程项目统筹 ···23
4.4　设计管理措施 ···29
4.5　设计文件专家评审 ···42
4.6　某实验室可研报告摘录 ···43

第5章　智慧校园咨询与管理 ···48
5.1　概述 ··48
5.2　特征与内涵 ··51
5.3　建设关键技术 ···53
5.4　建设规划 ···62

第6章　学校图书馆咨询与管理 ··73
6.1　概述 ··73
6.2　高等院校图书馆建设需求管理 ··75
6.3　高等院校图书馆建设设计管理 ··79

第7章　绿色建筑咨询与管理 ···86
7.1　概述 ··86

7.2　特点分析 ··· 88
　　7.3　应用案例 ··· 91

第8章　海绵城市咨询与管理 ··· 100
　　8.1　概述 ··· 100
　　8.2　特点分析 ·· 105
　　8.3　应用案例 ·· 107

第9章　风险管理 ·· 111
　　9.1　招标采购风险管理 ·· 112
　　9.2　设计技术风险管理 ·· 115
　　9.3　造价/投资风险管理 ··· 120
　　9.4　建设程序风险管理 ·· 123
　　9.5　安全文明施工风险管理 ··· 126

第10章　投资/造价咨询与管理 ·· 130
　　10.1　学校教育项目投资特点 ··· 130
　　10.2　投资构成 ··· 131
　　10.3　概算报审管理 ·· 134
　　10.4　利用合约规划进行投资控制 ·· 143
　　10.5　投资计划与资金申请 ·· 145
　　10.6　工程商务策划 ·· 147
　　10.7　工程造价管理 ·· 148
　　10.8　项目投资控制 ·· 159

第3篇　需求管理及后评价 ·· 163

第11章　项目需求与设计需求管理 ·· 164
　　11.1　项目需求概述 ·· 164
　　11.2　项目需求调研方法 ··· 166
　　11.3　设计各阶段的项目需求管理 ·· 170
　　11.4　设计需求管理 ·· 186

第12章　需求咨询管理后评价 ··· 192
　　12.1　需求咨询管理后评价概述 ··· 192
　　12.2　调研问卷 ··· 193
　　12.3　需求管理调研问卷结果分析 ·· 201

第4篇　运营咨询与管理 ·· 205

第13章　学校运营管理 ··· 206
　　13.1　学校运营总述 ·· 206
　　13.2　有形资产经营管理 ··· 208
　　13.3　无形资产经营管理 ··· 213
　　13.4　新媒体宣传 ··· 217

13.5 应用案例 219

第14章 后勤服务 233
14.1 后勤服务概述 233
14.2 某高校后勤服务管理体系 234
14.3 应用案例 241
14.4 后勤信息化管理 245

第5篇 咨询与管理案例 251

第15章 高等院校 252
15.1 中山大学深圳校区 252
15.2 深圳大学西丽校区 286
15.3 XH大学 294
15.4 某飞行学院TF校区 303
15.5 西北工业大学太仓校区 308
15.6 某航空大学 312
15.7 西交利物浦大学太仓校区 317

第16章 中小学校 322
16.1 虔贞学校 322
16.2 龙飞小学 330
16.3 龙胜学校 333
16.4 某市实验学校JMS校区 337
16.5 锡林郭勒盟蒙古族中学新校区 343
16.6 观澜中学 347

第17章 幼儿园 353
17.1 项目概况 354
17.2 项目特点 357
17.3 项目集群咨询管理 358
17.4 咨询管理成效 358
17.5 成功经验分享 359
17.6 实践体会 361

附录 363
附录一 会务管理 364
附录二 项目接收 369

第1篇

绪论

学校建筑是人们为了达到特定的教育目的而兴建的教育活动场所,其品质的优劣直接影响到学校教育活动的正常开展。

非营利、公益性学校教育工程资源成本约束条件多,社会关注度高,具有投资大、风险大、影响面大、协调环节多、项目建设程序复杂、建设周期长等特点。本篇通过对全过程工程咨询推进情况介绍、学校教育项目特点、全过程工程咨询服务内容的阐述,认识到:在学校教育项目开展全过程工程咨询是工程发展的必然选择。

第1章 全过程工程咨询推进情况综述

2000年以后，中国工程咨询业进入快速发展时期。2008年，国务院正式明确了"指导工程咨询业发展"是国家发展改革委的主要职能之一，首次明确中国工程咨询业的归口管理部门。随后，国家发展改革委编制并印发《工程咨询业2010—2015年发展规划纲要》（发改投资〔2010〕264号），由此标志着一个法律法规、运行制度日益完善的行业发展态势和政府指导、行业自律、市场运作的工程咨询市场正在形成。

"十四五"开局之年，高质量发展取代高速度发展，已经成为新时代中国经济和社会发展的战略方向。依靠创新驱动产业升级，提高智力密集型服务的附加值，才能实现高质量发展。在这方面，全过程工程咨询为建筑业全产业链的创新发展提供了一条可行之路。

1.1 问题分析

随着社会的进步，人们对教育的需求与日俱增，学校规模也日益增大，原有的校区已不能满足日常的教学、科研及生活需求，各地学校为适应快速增长的教育需求，不断进行扩建与升级。学校工程越来越多，建设规模越来越大，大学城、高中园、学校综合体等不断涌现，盲目扩张的现象时有发生。

与之相关的规划、设计和工程建设如何趋于理性，需要工程建设与校园管理者们科学谋划，谨慎行事。特别针对学校项目体量大、业态综合、造型多样、功能复杂、科技含量高的新型建筑，更应在建设工程技术和项目管理水平上提出更高的专业要求。分析以往学校项目工程管理过程中存在的问题，主要包括4个方面。

1.1.1 区域规划

在学校基建项目工程的建设前期，教育部门的管理者没有对学校建设进行一个合理的规划，使得学校里部分土地没有得到充分的利用和开发，造成土地利用率低、建设水平不高和重复建设等现象。

1.1.2 建设容量

随着我国教育行业的不断发展、生活水平的提高，许多学校为了满足教育的社会需求，保障人民受教育的权利，进行了一定规模的扩招，使着学生数量不断增加，而学校设施难以承载现有学校学生数量，其建设速度难以跟上学校人数的增长速度，教学和生活空间明显不足。

1.1.3　管理体系

随着学校的不断扩建，管理工作也变得越来越复杂，对工程管理体系提出了更高的要求。当前学校工程由于缺乏一定规范的管理体系，工程管理仍然不够完善，在质量监督方面存在一定漏洞。

1.1.4　资金投入

虽然学校所获得的社会资助或财政支持逐年增多，但是用于学校建设项目工程的资金仍然不足，此举严重影响学校基本建设设施的质量，影响学校工程的适用性、安全性、耐久性、可靠性及与环境协调性。

1.2　政策推进

建筑业在我国国民经济发展中起着支柱作用，长期以来在拉动经济增长、改善城乡人民生活环境等方面做出了重大贡献。但是，目前建筑业虽然整体规模较为庞大，却存在一些急需解决的突出问题，比如建筑设计水平还有很大的提升空间、企业咨询服务专业性强但综合性能力相对较差等。为促进建筑业的高质量发展，特别是推动国内工程咨询业的转型、健康可持续发展，中央、地方均出台了一系列指导政策。

在我国的发展模式从低成本、劳动密集的粗放模式向高创新、智力密集的集约发展模式转变的时代背景下，2017年2月，国务院办公厅《关于促进建筑业持续健康发展的意见》（国办发〔2017〕19号）完善工程建设组织模式中提出"培育全过程工程咨询，鼓励投资咨询、勘察、设计、监理、招标代理、造价等企业采取联合经营、并购重组等方式发展全过程工程咨询，培育一批具有国际水平的全过程工程咨询企业"。该文件的发布引起了业内人士的高度重视，并在全国范围内掀起了开展全咨的热潮。

此后，2017年5月，住房和城乡建设部印发《关于开展全过程工程咨询试点工作的通知》（建市〔2017〕101号），选择北京、上海、江苏、浙江、福建、湖南、广东、四川8省（市）及40家企业开展为期2年的全过程工程咨询试点。试点工作要求涉及制订工作方案、创新管理机制、提升企业能力、总结推广经验等方面，为全咨的全面开展提供可借鉴的经验积累。通过选择有条件的地区和企业开展全过程工程咨询试点，健全全过程工程咨询管理制度，完善工程建设组织模式，培养有国际竞争力的企业，提高全过程工程咨询服务能力和水平，为全面开展全过程工程咨询积累经验。

2017年6月，住房和城乡建设部、国务院审改办等19个部门联合印发《关于印发贯彻落实促进建筑业持续健康发展意见重点任务分工方案的通知》（建市〔2017〕137号），提到培育全咨任务，涉及国家发展改革委、住房和城乡建设部、工业和信息化部、财政部、交通运输部、水利部、国家工商总局、国家铁路局、中国民航局共9个部门，由国家发展改革委、住房和城乡建设部共同牵头推动全过程工程咨询培育工作的落实。

2017年11月，国家发展改革委印发《工程咨询行业管理办法》（发改委令第9号），将全咨和规划咨询、项目咨询、评估咨询一起列入工程咨询的服务范围，并对工程咨询从业人员的管理、行业自律和监督检查等方面做出了明确的规定，加强了对工程咨询行业的管理，保障工程咨询服务质量，促进投资科学决策、规范实施。

2018年3月，住房和城乡建设部建筑市场监管司印发《关于征求推进全过程工程咨询服务发展的指导意见（征求意见稿）和建设工程咨询服务合同示范文本（征求意见稿）意见的函》（建市监函〔2018〕9号），向各省、有关协会等征求关于全咨服务的定义、范围等方面的意见。

2019年3月，国家发展改革委、住房和城乡建设部《关于推进全过程工程咨询服务发展的指导意见》（发改投资规〔2019〕515号）要求"重点培育发展投资决策综合性咨询和工程建设全过程咨询，为固定资产投资及工程建设活动提供高质量智力技术服务，全面提升投资效益、工程技术质量和运营效率，推动高质量发展"。明确在房屋建筑和市政基础设施领域的项目决策和建设实施两个阶段重点推进全咨服务发展，并从促进投资决策科学化、优化服务市场环境等方面提出措施，对我国的工程咨询行业发展，尤其是全过程工程咨询领域的发展有着重要的指示作用。

2020年4月，住房和城乡建设部发布《房屋建筑和市政基础设施建设项目全过程工程咨询服务技术标准（征求意见稿）》，对全过程工程咨询服务的工作内容和标准进行了进一步的明确。与传统的条块分割管理、碎片式服务相比，全过程工程咨询将推动管理制度变革，促使建设组织模式创新，对于高质量发展具有重要意义。

第 2 章　学校教育项目特点

2.1　学校教育项目管理的特殊性

从实施项目的管理特点与管理要求方面分析，学校教育项目与一般公共建筑工程的项目管理相比，有其明显的特殊性，具体体现在：

1. 资金来源不同

学校教育项目建设资金一般来源于政府投资，或者是政府和学校按一定比例共同投资，相对于一般公共建设项目，资金来源比较单一。如何合理、有效使用建设资金，让建设资金发挥最大效益是学校教育项目建设管理的一个重要方面。

2. 管理及使用人群不同

学校建筑与学校设施的使用人群为广大师生，使用性质特殊，需配套组合的资源比较多样，如体育馆、实验室、图书馆、多媒体教室、大型报告厅、大型数据机房等。如何在合理的预算内满足各种实际需求并把握好轻重缓急，是学校教育项目建设的一个重点问题。

3. 管理层面不同

学校教育项目一般具有规模大、系统性强、技术复杂、专业种类多、专业化程度高、投资金额大、群体特征明显等特点。项目建设过程涉及的政府职能部门、相关参建单位多，行政体系、质量保障体系、安全保障体系等颇为复杂。与之相比，多数一般公共建筑工程项目管理只针对一个单一建设项目，管理层次比较简单。

基于学校教育项目工程建设的特殊性，要全面、准确分析出学校教育项目所具有的特点，只有这样，全过程工程咨询服务策划和风险应对才可能全面，并有针对性。

2.2　学校教育项目特点

2.2.1　非营利性、公益性

教育是培养人的事业，是社会公共事业的一部分，具有明显的公益性，学校教育是这一事业的前沿阵地。学校教育项目工程的建设是为学生和教职工服务的，是为教育创造更加良好的环境，为社会培养出更多高素质的人才。所以，学校教育项目建设工程属于一种非营利性的项目，是一个地区发展的必要举措。

2.2.2 具有强大的社会影响力

由于学校的建设属于一种非营利的过程，在建设中所筹集到的资金都来自社会和政府的投资，建设过程公开、透明。正因如此，学校教育项目工程建设过程受到社会的广泛关注，对社会的发展也产生了较大的影响力。

2.2.3 建设内容多样性

学校的建设不同于普通住房的建设，学校不仅要能够为学生提供教育场所，更重要的是要能够为学生提供舒适的生活环境。从建设工程组成来看，它主要包括：公共教学楼、专业教学楼、实验实训楼、图书馆、体育馆、运动场、餐厅、教师公寓、学生公寓，以及道路建设、各种供电、供水、供气的地下管线、景观绿化等基础配套设施建设等。

2.2.4 项目建设难度大

1. 工程综合性强、标准要求高、综合协调难度大

学校项目一般体量庞大、建筑单体多、建设标准高、实验室等工艺复杂，除了涉及房屋建筑，还涉及市政河道、桥梁、实验室、危化品库、医疗工艺、动物房等非常规专业，例如工程实训实验中心，化学类、医学类、物理类实验室，实验动物中心等复杂工艺建筑，协调工作量、质量控制难度都非常大。

2. 设计难度大

专业设计及深化设计阶段需系统考虑智慧校园、人文校园、绿色校园等多项专业设计要求。学校项目单体众多、功能不同，且各个单体有复杂的实验室功能需求，流线设计复杂，机电系统复杂、管线密集，设计难度大。

3. 施工难度大

设计参与单位多，方案设计与施工图设计、建筑设计与专业设计管理等协调工作量大、面广、细节多，且工程结构复杂、功能全面、施工难度大。项目周边若有地铁建设、工厂，地下管线复杂，土地整备难度大，场区协调难度大，建设施工时序复杂，建设条件复杂。

4. 协调难度大

参建单位众多，涉及多方协同，各种界面管理繁多，管理组织协调工作量大、难度大。

5. 资源整合难度大

学校教育项目往往有多目标特点，如功能使用面积要求、有限预算目标和完成期限目标。项目建设过程中对资源的合理、高效使用，包括人力、材料、机械、资金、信息、科学技术、市场等，是项目建设中尤为关键的部分。全过程工程咨询单位需对项目组织、进度控制、成本控制、质量控制、合同管理有强大的把控能力。

2.2.5 建设工程复杂性

建设工程从立项、选址定位、地质勘探、初步设计、施工图设计、工程招标投标、工程施工到竣工验收，整个过程要经过很多程序。各建设阶段涉及的单位有：勘察、设计、施工、监理、检测部门；材料、设备供货方以及可行性论证、招标代理等相关咨询单位；涉及各级政府的发展改革委员会，教育主管部门，城建、规划、公安消防、环保、气象、人防、质检等行政管理部门；涉及社会科学和自然科学的许多学科，并且与政治、经济及生产力发展水平紧密联系；还涉及学校内部的各部门（如使用部门、财务处等）。设计阶段一般涉及岩土工程、建筑结构设计、建筑电气、园林绿化、景观设计、智能化工程、给水排水工程等各专项设计，涉及的专业众多，技术复杂。

因此学校建设是一项涉及面广、校内外协作配合环节多的复杂系统管理工程，在建设过程中不可预见的因素多，施工过程中不可避免地出现一些意想不到的情况，例如气候的制约、矛盾的协调等，都增加了学校建设工程的复杂性。

2.2.6 运用技术先进性

校园建设需传承绿色智能理念，充分考虑项目功能布局，引入绿色建筑、智慧校园、海绵城市等设计，多数项目都采用了住房和城乡建设部推广的《建筑业 10 项新技术》中的创新技术。

大多数学校都按照高标准来建设，坚持现代化、数字化、智能化的技术取向。按照"一流的规划、一流的设计、一流的建设、一流的质量"的要求来规划和建设。学校建设在硬件设施、软件平台、应用系统、弱电控制系统等方面全方位地实现数字化管理。部分学校贯彻现代城市建设和高等教育发展的先进理念，实施高起点规划，邀请国内外知名专家进行校园的规划设计、建筑单体方案设计，突出校园文化特色的景观设计。现代化教案设施配备齐全，如多媒体教学、计算机教学、语言教学、视频录制、音响等教案手段，从更高层次上满足教学的要求；高职院校加大了实训室规模，实训设备、仪器数量多、种类齐全、技术先进。校园"一卡通"是数字化校园的具体表现形式，学生手持"一卡"就能实现学生管理、学籍管理、宿舍管理等方面的联通，完成校园内各类消费、实现校园身份认证、查询各类信息等，使学校的管理工作实现真正意义上的现代化。

2.2.7 工期要求紧

学校建设工程不同于一般工程，随着招生规模的迅速扩增，它的工期要求都很紧，一般在学生 9 月开学前竣工，而且校园建筑是配套使用的，教学楼完工的同时，学生的宿舍、食堂、操场等建筑和设施也必须建成。所以全过程工程咨询单位要统筹安排、周密考虑规划设计、征地拆迁、施工单位招标投标、工程建设等各阶段工作；要编制完成建设工期总体控制性网络计划，明确各个阶段的完成时限，明确工作人员的任务分工和目标要求，进一步加快建设步伐，确保建设计划按时完成。

综上所述，学校项目在质量、进度、造价、场地、现场管理等方面均存在有别于常规大型公建项目的复杂性。鉴于学校项目投资规模大、建筑单体数量多、工程技术复杂、工期紧、任务重、建设档次定位及品质标准要求高等特点，采用全过程工程咨询模式，通过一家单位整体把控工程建设全产业链，高度整合，有效融合各服务咨询模块，变外部协调为内部协调，提高了服务水平、工作成效，同步提升工程建设目标管理效率，为项目建设全生命周期提供完整性、科学性、准确性的技术和管理咨询，保障项目最终实现投资目标、进度目标、质量目标和安全目标。

第 3 章 全过程工程咨询服务内容

3.1 概念阐释

国家发展改革委、住房和城乡建设部《关于推进全过程工程咨询服务发展的指导意见》(发改投资规〔2019〕515 号)号召以全过程咨询推动完善工程建设组织模式,"以工程建设环节为重点推进全过程咨询。在房屋建筑、市政基础设施等工程建设中,鼓励建设单位委托咨询单位提供招标代理、勘察、设计、监理、造价、项目管理等全过程咨询服务,满足建设单位一体化服务要求,增强工程建设过程的协同性。"该文件明确要求,政府投资项目、国有资金投资项目带头推行全过程工程咨询。

全过程工程咨询单位可以在建设单位项目管理过程中提供从项目策划到项目施工阶段的全过程、全方位的工程咨询服务,也可以根据建设单位需要,单独就某个或某几个阶段的管理内容提供"菜单式"咨询服务。

全过程工程咨询服务的特点,主要有以下三个方面:

1. 全过程服务

全过程工程咨询服务阶段覆盖项目全过程,贯穿投资决策、建设实施(设计、采购、施工)、运营维护等项目全生命周期,服务目标清晰统一。

2. 综合服务

全过程工程咨询提供专业化的技术咨询、管理咨询相结合的综合类服务。

3. 创新智力服务

全过程工程咨询为项目级顶层服务,集成整合传统"碎片化"业务,充分运用工程技术、经济学、管理学、法学等多学科的知识和经验,强调多学科的集成统合,形成全过程的创新型智力服务。

3.2 全过程工程咨询服务内容

工程项目生命周期可以划分为三个阶段,即投资决策阶段(或者称为项目前期阶段)、建设实施阶段(包括招标采购、勘察设计、工程施工、验收移交)和运营维护阶段,全过程工程咨询服务的工作内容对应三个阶段分别展开。

1)投资决策阶段咨询与管理的内容包括:投资决策统筹协调管理,前期策划,经济评价，确定投资目标，项目建议书编制／审核，可研报告编审，项目申请报告，专题报告，资金申请报告，办理建设用地预审手续，办理规划选址手续，其他有关咨询等。

2）工程建设阶段咨询与管理内容包括：

（1）招标采购：招标采购统筹协调管理，编制招标总体计划，市场调查或标前摸底，招标文件（含工程量清单、投标限价）编审，合同条款策划，招标投标过程（发布招标公告、组织答疑澄清、组织开标评标、协助编制评标报告），发布中标通知书，合同谈判，合同签订等；

（2）工程勘察设计：勘察设计统筹协调管理，工程勘察，初步设计，技术设计（如需要），施工图设计，概预算文件编审，施工招标用图纸，工程量清单，设计服务及相关科研，专题报告，设计成果审查与勘察设计过程管理等；

（3）工程施工：工程施工统筹协调管理，投资管理控制，质量管理控制，安全管理控制，进度管理控制，环保管理控制，水保管理控制，合同管理，信息化管理，协调管理，技术咨询与管理，过程变更管理控制等；

（4）竣工验收与移交：验收移交统筹协调管理，竣工验收与移交策划，组织专项与竣工验收，协助竣工结算，组织编制竣工档案资料，生产试运行，编制使用手册及培训，缺陷责任期管理，配合第三方审计等。

3）运营维护阶段咨询与管理内容包括：运营维护统筹协调管理，项目后评价，运维咨询，运营管理，项目绩效评价，协助设施管理，协助资产管理，智慧运营平台咨询等。

基于上述三个阶段的咨询与管理内容，全过程工程咨询服务单位需要整合资源，对建设项目提供组织、管理、技术和运营保障等各有关方面的技术咨询、管理咨询和运营咨询。结合全过程工程咨询实践情况，咨询与管理服务三级清单内容摘录如下。

3.2.1 投资决策综合性咨询与管理

1）项目实施意向：包括项目提出，项目立项报批或核准或备案。

2）项目前期策划：包括项目环境调查分析，项目定义和项目论证，与项目决策相关的经济策划，与项目决策相关的组织管理策划、项目产业策划、商业策划。

3）项目建议书：包括项目建议书编制单位或团队人员确定，概念方案单位委托，项目建议书和概念方案编制、设计、评审、修改，项目建议书和概念方案审核与评审，项目建议书和概念方案确认，项目建议书行政报批。

4）项目选址及用地预审（项目建议书阶段）：包括初步选址沟通，报市级主管部门审定，根据审定意见规划调整，根据审定意见图则调整，取得项目选址及用地预审意见书，重大建设项目选址论证（视情况）。

5）地形测量、管线探测、红线放点、初步勘察（项目建议书阶段）：包括组织设计单位出具勘点图和估算工作量，造价咨询出具估价书，确定勘察单位，初步勘察外业，初步勘察内业。

6）地质灾害危险性评估（项目建议书阶段）：包括编制单位委托，编制、评审、修改，定稿、确认。

7）环境影响评价（项目建议书阶段）：包括编制单位委托，编制、评审、修改，定稿、确认，申报，审核、沟通、修改，取得环评报告批复。

8）以划拨或协议方式提供土地使用权的批准（项目建议书阶段）：包括以划拨或协议方式提供土地使用权的批准。

9）上报政府主管部门批地审定（项目建议书阶段）：包括上报政府主管部门批地审定。

10）征收地（项目建议书阶段）：包括地块上含合法建筑物、附着物及合理密度的青苗，地块上含政府单位所有的建筑物及附着物。

11）可行性研究报告编制或管理：包括可行性研究报告编制单位或团队人员确定，可行性研究报告编制，可行性研究报告审核与评审，可行性研究报告确认，可行性研究报告行政报批。

12）征用占用林地（可行性研究阶段）：包括现状调查、使用林地现场查验表，签订林地、林木补偿费和安置补偿协议，《使用林地现状调查报告》委托、合同签订，调查报告编制，调查报告审核、确认，调查报告申报，获得森林植被恢复缴费单，森林植被恢复缴费，林地占用申报，林地占用手续沟通、修改，林地审批。

13）海域使用许可（可行性研究阶段）：包括海域使用许可申报，缴费、登记、公告，使用许可沟通、资料补充，海域使用许可证。

14）机场、民航审批意见（可行性研究阶段）：包括机场地区内进行的新建、改建、扩建项目审核，使用机场规划用地审核。

15）项目范围及周边设施调查（可行性研究阶段）：包括给排水、防洪设施调查，通信线路调查，燃气设施调查，光纤调查，10kV外线调查，配套道路调查，有线电视调查。

16）专项评价的编制管理：包括社会稳定风险评价（大型项目、重点项目），地质灾害危险性评估（如有区域评估结果，可替代）、重大建设项目选址论证（视情况），交通影响评价（可包含在选址论证报告中），地震安全性评价（视情况），环境影响评价（如有区域评价成果，可降级评价或代替），安全评价、水土保持方案（如有区域评估，可代替），节能评估，防雷装置设计审核、其他（视情况）。

17）行政审批管理咨询：包括项目建议书阶段的行政审批、可研报告阶段的行政审批、设计阶段的行政审批。

3.2.2 项目实施策划

1）项目总体组织策划：包括项目总体建设组织，招标采购策划，总控制计划策划，质量策划，投资策划，先进建造策划，宣传策划，项目实施风险策划，编制项目工作指导文件。

2）项目管理内部组织策划：包括组织结构，工作文件。

3.2.3 招标采购咨询与管理

1）招标管理策划：包括招标采购管理组织，选定招标代理机构，招标采购风险管理，编制并确定招标采购计划，确定招标采购内容、编制招标方案，标前摸底，设置招标条件，资料归档。

2）招标准备：包括检查招标采购条件，编制招标采购执行时间表，编制招标文件及工程量清单。

3）开展招标工作：包括招标过程管理，中标通知书发放及合同签订。

4）交底、总结与归档：包括合同交底，档案管理，总结。

3.2.4 成本/投资咨询与管理

1）确定咨询团队：选定咨询机构或确定咨询管理团队。

2）咨询与管理策划：包括咨询与管理策划，制度建设，确定投资目标，风险管理。

3）前期阶段咨询与管理：包括项目建议书阶段，可行性研究报告阶段，勘察设计阶段。

4）招标采购阶段咨询与管理：包括招标文件审核，合同谈判，材料设备询价。

5）实施阶段咨询与管理：包括合同价款咨询，工程进度款，工程变更申请，工程变更签证。

6）竣工结算阶段咨询与管理：包括审查竣工结算资料、竣工结算审核、结算审计后付款、履约保证金、质量保证金。

7）合同结算阶段咨询与管理：包括其他合同结算。

8）决算、审计阶段咨询与管理：包括配合委托方决算审计。

9）总结与归档：包括阶段总结、资料归档。

3.2.5 勘察设计咨询与管理

1）工作策划：包括项目策划，目标策划，过程管理策划，沟通管理策划，各设计阶段流程管理策划等。

2）设计质量管理：包括方案设计阶段，初步设计阶段，施工图设计阶段，专项设计及深化设计阶段，工程施工阶段，竣工验收阶段。

3）设计进度管理：包括可行性研究勘察，方案设计阶段，初步勘察阶段，初步设计阶段，详细勘察阶段，施工图设计阶段，工程施工阶段，竣工验收阶段。

4）设计投资管理：包括方案设计阶段，初步设计阶段，施工图设计阶段，专项设计及深化设计阶段，工程施工阶段，竣工验收阶段。

5）试验桩及其他试验：包括试验桩图纸，试验桩施工单位确定，试验桩检测单位确定，试验桩施工，试验桩检测，试桩数据汇总，其他试验，试验报告审查。

6）设计变更：包括建设单位或设计单位提出，施工单位提出。

7）设计交底与图纸会审：包括会议召集，设计交底与图纸会审。

8）其他设计管理工作：包括协调管理，专项技术，深化设计管理，编制管理和其他设计管理工作。

9）合同管理：包括合同价款请款支付，合同履约。

10）总结与归档：包括阶段总结，资料归档。

3.2.6　BIM 专项咨询与管理

1）BIM 策划与咨询采购：BIM 技术实施可行性分析，BIM 咨询团队确定与组织策划，标准设置。

2）决策阶段 BIM 技术咨询：决策阶段 BIM 实施策划，场地选址，概念模型构建与比选，项目经济指标比选，项目可研及立项比选。

3）决策阶段 BIM 技术管理：配合咨询人员资料搜集与审查，BIM 管理策划，BIM 技术咨询成果审查，BIM 技术成果管理。

4）勘察阶段 BIM 技术咨询：勘察阶段 BIM 实施策划，地层三维可视化模拟，基于 BIM 技术的岩土工程勘察数据建模。

5）勘察阶段 BIM 技术管理：BIM 管理策划，BIM 技术咨询成果审查，BIM 技术成果管理。

6）设计阶段 BIM 技术咨询：设计阶段 BIM 实施策划，包括方案设计阶段，初步设计阶段，施工图设计阶段。

7）设计阶段 BIM 技术管理：BIM 管理策划，BIM 技术咨询成果审查，BIM 技术成果管理。

8）施工阶段 BIM 技术（咨询）应用：施工阶段 BIM 实施策划，施工准备阶段，工程施工阶段。

9）施工阶段 BIM 技术管理：BIM 技术应用于成果审查，BIM 技术成果管理。

10）竣工验收阶段 BIM 技术（咨询）应用：竣工 BIM 模型完善，竣工 BIM 模型技术辅助。

11）竣工验收阶段 BIM 技术管理：BIM 技术应用于成果审查，BIM 技术成果管理。

12）运营维护阶段 BIM 技术（咨询）应用：运维阶段 BIM 实施策划，运维 BIM 模型，运营维护阶段基于 BIM 技术的模型平台建设，模型扩展协同。

13）运营维护阶段 BIM 技术管理：BIM 技术应用与方案审查、效果评价，BIM 技术成果管理。

14）改造和拆除阶段 BIM 技术（咨询）应用：方案编制与平台构建，应用模块协同。

15）改造拆除阶段 BIM 技术管理：BIM 技术应用于成果审查，BIM 技术成果管理。

16）BIM 技术有关培训与考核。

3.2.7　报批报建

1）发改委行政许可审批：包括项目立项报批或核准或备案，项目建议书，可行性研究报告，初步设计及概算。

2）规划与自然资源部门行政许可审批：包括建设项目选址意见书，建设项目规划条件，地质灾害危险性评估报告备案，建设项目用地预审，建设用地规划许可证，建设用地批准，国有土地使用权证，建设工程方案设计招标备案，日照分析复核，建设工程方案设计核查，地名命名核准，建设工程规划许可，超限高层抗震设防审批，市政管线接口审批，施工图修改备案，建设工程开工验线，建设工程竣工验收测绘，建设工程规划验收，建设项目用地复核验收，不动产权登记（与住建部门联合办理）。

3）住房和城乡建设部门行政许可审批：包括公开招标改邀请招标或直接发包审批，招标公告（投标邀请书）和招标组织形式备案，地质勘查报告，施工图设计文件审查，消防设计审核，人防设计（图审单位），施工图设计文件审查合格书备案（含地质勘察报告审查合格书），工程总承包或施工（监理）招标文件备案，建设工程招标投标情况报告备案，建设工程合同备案，建筑工程施工许可，民用建筑工程建筑节能专项验收，建设工程竣工验收备案审核，建筑节能施工图设计文件抽查（施工许可环节），超限高层建筑工程抗震设防审批，市政基础设施配套费收费审核（承包方履约保函、业主支付保函备案），建设项目竣工验收，房屋建筑工程和市政基础设施工程竣工验收备案。

4）其他主管部门行政审批：包括人居环保部门，交通运输部门，审计部门，林业水利部门，水务部门，城管部门，气象（防雷）部门，消防部门，人防部门，卫生部门，园林文物部门，勘测设计单位，白蚁防治部门，新型墙体材料管理部门，城市建设档案管理部门，供电部门，房产测绘部门。

3.2.8 合同管理

1）合同策划。

2）合同谈判。

3）合同签订：包括公开招标，直接委托。

4）合同履约：包括合同履约，索赔管理，合同履约评价。

5）合同后评价。

3.2.9 进度管理

1）总进度控制计划：包括进度策划、业主需要管理、确定总进度控制计划。

2）进度计划分解：包括年度计划、分段工程计划、二级进度计划。

3）进度动态管理及纠偏：包括进度动态管理、进度纠偏。

4）工期索赔管理。

5）进度资料管理。

3.2.10 质量管理

1）质量管理组织建设。

2）质量管理策划方案。

3）投资决策咨询阶段质量管理。

4）设计阶段质量管理。
5）工程施工阶段质量管理。
6）竣工验收与移交阶段质量管理。
7）运营维护阶段。
8）改造与拆除阶段。
9）总结与资料归档。

3.2.11 现场工程管（监）理

1）相关单位招标：选择其他专业单位。
2）施工单位招标：选择施工承包单位。
3）场内迁改：包括绿化迁移、燃气、给水排水、路灯、通信、热力管（杆）线迁改、电力管（杆）线迁改。
4）场地"三通一平"：包括场地平整、施工临时用电、施工临时用水、施工临时道路（红线外）。
5）施工许可证：申办施工许可证。
6）质量控制：包括开工准备、施工过程、进场物资质量管理、旁站监理、设备监理（如有）、驻厂监造（钢结构加工、石材加工、幕墙加工等）、质量缺陷处理、质量事故处理。
7）造价控制：包括工程计量和付款签证、竣工结算款审核。
8）进度管理：包括进度计划、动态管理。
9）安全生产管理：包括组织机构、预防工作、安全监理。
10）合同管理：包括合同工期延期或延误、合同争议、合同解除（业主原因）、合同解除（承包人原因）、合同解除（非双方原因）。

3.2.12 信息综合管理

1）建立信息化平台：包括策划、建立及使用、调整更新。
2）信息管理：包括管理制度、归档及分发。
3）综合管理：包括内部管理、外部管理。

3.2.13 风险管理

1）风险策划：包括风险识别、风险管理组织。
2）风险评估。
3）风险控制：包括应急预案管理（重大风险）、过程控制、动态控制。

3.2.14 验收和移交

1）工程验收：包括中间验收、专项验收、竣工验收。

2）工程移交。

3）保修管理：包括保修日常管理、保修费用核定（如符合质保费用规定）。

3.2.15 运维阶段咨询

1）运营管理策划：包括运营组织设计、招商策划、销售策划、人力资源管理、设备/设施管理、财务管理。

2）项目后评价。

3）项目绩效评价：包括绩效评价的准备、绩效评价的实施、绩效评价报告的编制。

4）设施管理：包括设施运维管理、设施空间管理、设施能源管理、设施财务管理、设施安全管理。

5）资产管理。

3.2.16 其他专项咨询

1）工程保险。

2）体育工艺。

3）工程创优。

4）实验室工艺。

5）海绵城市。

6）运营维护。

7）PPP咨询。

8）舞台工艺咨询。

9）法务咨询。

10）政策咨询。

11）绿色建筑咨询。

12）智慧建造咨询。

13）无人机管理咨询。

3.2.17 与项目建设管理相关的其他工作

1）工程监理主要工作内容

（1）施工准备阶段监理工作内容。

（2）施工阶段监理工作内容。

（3）施工安全的控制。

（4）信息管理。

（5）协调工作。

（6）费用控制。

（7）负责合同、信息等方面的协调管理。

（8）协助项目建设单位和项目管理团队办理其他与工程相关的事宜。
（9）《建设工程监理规范》GB/T 50319 规定的相关事宜。
2）保修及后续服务管理

第 2 篇

专项咨询与管理

不同于一般公共建设项目，学校教育项目（特别是高等院校）建设一般具有规模较大、系统性强、技术复杂、专业种类多、专业化程度高、投资额较大、群体项目等特点，建设资金来源于政府投资。学校教育项目建设使用人群为广大师生，使用性质特殊，需配套的资源非常丰富。本篇通过对学校实验室工艺、智慧校园、学校图书馆、绿色建筑、海绵城市、风险管理、投资/造价咨询与管理专项咨询的详细阐述，希望读者能通过本篇对学校教育项目的全过程咨询模式有进一步了解。

第4章 实验室工艺咨询与管理

4.1 概述

4.1.1 实验室的概念

实验室是根据不同的实验性质、任务和要求，设置相应的实验装置及其他专用设施，由教学、科研人员在实验技术人员的配合下，规范地进行教学、科研、生产、技术开发等实验的场所。

1. 实验室建设的发展历程

第一代实验室。这一阶段的实验室只为实现基本的实验功能和拥有足够的实验空间，实验室以水泥台子＋简单的实验器材为特征，环境简陋。

第二代实验室。这一阶段的实验室管理者开始追求实验多功能目标，实验室以家具＋实验仪器为特征，环境简单，功能单一。

第三代实验室。这一阶段可以将实验室看成一个专业的系统，开始把给水排水、电气、供排风等系统和实验设备、装修及家具等看作一个系统环境工程进行设计和建设，但各专业相对独立。

第四代实验室。这一阶段的实验室，开始将安全、健康、环保、节能等要素植入实验室环境的建设理念中，对实验室环境的灵活性、先进性和前瞻性提出了更高要求，人、仪器、设备、环境这些要素通过网络及远程控制紧密联系在一起，绿色、环保、低噪声、低能耗、舒适及安全是智能化实验室的主要特征。

2. 现代化实验室的建设理念

现代化实验室建设是一个极其复杂且具有前沿特质的领域，它既与研究学科、研究方向密不可分，又与实验环境、实验方式、实验实施有着极其紧密的联系，同时它还应该具备很好的灵活性、可变性和前瞻性。

科技发展日新月异，研发和检测手段不断升级，实验室建设面临诸多挑战，建设过程中也会不断呈现出不可预知的事项，实验室的设计与建造往往跟不上外部政策、技术等环境的变化。随着科技水平的提高，国家"十四五"规划对建筑的节能减排提出了更高的要求，对实验检测的准确性和可追溯性要求不断增加；安全、节能、环保、舒适的现代化实验室，是国家发展高精端科技及高校开展高水平教学、科研工作的重要场所和基本设施，也是衡量学科发展的重要标志。随着国家对科研及高等教育的投入不断加大，国内各高等院校、科研院所对实验室建设工作日益重视，很多学校教育项目都在大规模地进行实验室建设和改造提升。

目前国内仍需在实验室功能规划与设计、关键配套设备选型、各系统施工配合、实验室三废处理措施等方面开展更深的探索与研究。在从事实验室建筑的全过程工程咨询工作时，应聚焦项目前期投资决策咨询、勘察设计管理、工程建设实施管理、竣工验收管理、运行维护管理等覆盖全生命周期的管理内容，加强管理水平，避免或减少在项目实施过程中存在的问题，增加项目成果与使用方需求的契合度，为使用方提供满意的工程咨询服务。

4.1.2 实验室的分类

学校实验室是指各级、各类学校建设与管理的实验室。随着科学技术的进步与发展、实验手段与设备的不断更新和精确化，实验室的种类越来越多，大致分为以下几类：

1. 根据隶属关系不同划分

学校实验室可以细分为校级实验中心、院（系）级中心实验室、教研室或课程级实验室。

1）校级实验中心是一个院（系）级建制管理水平、学校领导直属管理、面向全校多个专业院（系）提供实验环境和资源的公共实验室。校级实验中心的特点是跨学科、跨专业、集中管理、资源共享。校级实验中心的优点是容易得到校级领导的理解和支持，便于全校发动和整体推进，在发展力度和达成共识方面较好；规范化、专业化程度和效益较高；地位超脱，有利于资源统筹协调；对于多学科之间的类比、启发、协同和融合有益。

2）院（系）级中心实验室是一个教研室建制管理水平、隶属于某个院（系）领导、面向一个专业院（系）或相关专业院（系）提供实验环境和资源的公用实验室。院（系）级中心实验室的特点与校级实验中心大体相似。

3）教研室或课程级实验室是附属于教研室、发展管理水平较低的专用实验室。教研室或课程级实验室的特点是规模较小，一般承担一门课程或几门课程的实验教学任务。教研室或课程级实验室的优点是教学环境一般比较宽松，但由于一个教研室中能开出有特色实验课程的专业教师数量有限，会存在教师的视野不宽、懈怠等不利影响，不便于形成实验教学集体教研力量，实验室的发展和管理也更容易受到人员、资金、政策和氛围等的限制。

2. 按照实验类别分类

1）物理学类，是研究物质运动一般规律和物质基本结构的学科。其研究领域大至宇宙，小至基本粒子等一切物质最基本的运动形式和规律，因此成为自然科学和其他学科的研究基础。物理学类包括力学、电学、光学、地球、天文、核等。

2）化学类，是指确定物质化学成分或组成的方法。根据被分析物质的性质可分为无机分析和有机分析。根据分析的要求,可分为定性分析和定量分析。根据被分析物质试样的数量,可分为常量分析、半微量分析、微量分析和超微量分析。化学类包括有机化学、无机化学、物理化学、分析化学、高分子化学、生物化学等。

3)生物学类,是研究生物的结构、功能、发生和发展规律,以及生物与周围环境关系等的科学;涉及植物、动物、微生物等领域的分类、形态、生理、生化、生态、遗传、进化等方面实验;主要有观察描述法、比较法和实验法等研究方式。生物学类包括动物学、植物学、微生物等。

4.2 工艺需求管理

4.2.1 需求管理的难点分析

1. 需求提出不充分

针对新建的学校或者科研院所,通常会出现实验室的使用、管理团队没有到位或更换频繁,实验室老师或科研人员参与度不高,无法编制详细的需求资料等问题,进而导致设计条件考虑不充分而使得后期使用功能受限等一系列问题。部分预留的实验室,使用方都无法明确后续的使用性质,待后期需求明确后预留的实验室条件又无法满足相应要求等问题。

2. 令出多门,使用需求不稳定

一方面,指令变化频繁、需求不稳定是使用单位在项目建设期间暴露出来的最大特征;另一方面,使用单位内部没有一个统筹管理者,各个使用部门提出不同的使用需求,形成多个指令源,造成多头管理、标准不统一;也存在使用方没有分配实验室使用部门,导致无法提出需求或者随意提出需求后又反复调整的情况。

3. 使用需求与设计成果转化存在差异

实验室老师或科研人员对工程建设缺乏了解,与设计人员沟通存在问题,给需求调研造成困难;另外,建筑设计院对实验室建设难度认识不足,没有相关设计经验,在方案设计和初步设计阶段反复修改,极易产生设计缺陷,使得设计周期增加。

4.2.2 相应的管控难点的应对措施

1. 针对需求变化制定的三项基本原则

1)把握标准。建设标准也就是投资控制的底线,无论使用方需求如何变化,都要基于投资分析后确定是否接受,特别是在概算批复之后把握住投资底线尤为重要,否则使用方无休止的变化会无限突破投资控制指标。

2)满足功能。最大限度地满足使用功能,但满足使用功能需要在项目早期特别是初步设计前完成,否则会造成施工图设计无限拖延或在施工期间不断变更造成投资失控。

3)尊重效果。在不违背基本审美原则的前提下,充分尊重使用方对观感效果的需求。

2. 相应的管控难点应对措施

1）广泛调研、敢于担当

实验团队不到位和使用需求提不出是新建高校普遍存在的问题，也是作为建设者最难解决的问题。面对这种情况我们要遵循"广泛调研、敢于担当"的原则开展工作。实验室存在着一定共性的类别与方向，要花大量精力去广泛调研，征求各方意见，多看、多问、多思考。对于设备房、辅助设施、配套设施等需要在建设前考虑；对于这些实验室辅助条件需求，全过程工程咨询单位应该协助建设单位主动解决。

2）设计管理期间遵循的五项管理措施

（1）明确成果和指令输出的流程是组织机构正常运行的重要保障，一旦指令流程出现问题，会造成整个组织机构混乱，从而给项目推进造成困难。在开展工作前明确组织机构和指令流程是管控的重点，保证使用团队的专业性需求得以充分体现、需求文件传递渠道畅通且唯一。以中山大学项目设计管理工作为例，校方基建处负责组织各学院提出相关需求并牵头进行功能分配；全过程工程咨询单位负责项目的组织、策划、协调、推进和控制；各学院的需求经由基建处整合，提交全过程工程咨询单位复核后，指令设计单位开展工作；形成设计成果后由全过程工程咨询单位审核，提供基建处并做好"翻译工作"。

（2）充分沟通并落实专业设计管理团队与使用团队一对一沟通交流，明确具体责任人，做到责任到人，充分听取使用团队意见，由以往被动接收使用需求转变为主动沟通需求。

（3）合理引导需求，使用团队的需求表达语言是非专业的，当使用团队提出需求难以实现或影响投资较大时，设计管理团队或设计师应采用更科学的方法引导使用团队进一步分析其需求的合理性，避免需求的盲目性。

（4）把握重点需求，重点关注规划布局、平面功能、观感效果、工艺需求、机电系统运营管理等方面需求。调研期间设计管理团队应以《实验室参数手册》表格的形式，充分引导使用方提出设计所需要的实验室相关参数，从而更准确地完成设计任务。

（5）科学的采纳要求，对使用方提出的需求进行科学的评估，在不影响造价、进度等建设目标的前提下，对其需求进行科学采纳，避免照单全收。

4.3 建设工程项目统筹

某学校实验室建设工程项目总控计划如表4-1所示。

表 4-1

×××实验室建设工程项目总控计划表

序号	工程事项	开始时间	完成时间	前置工作	责任单位	备注
一	方案设计阶段（可研阶段）					
1	方案设计					
1.1	总图					
1.1.1	各单体定位					
1.1.2	建筑单体方案					
1.1.3	单体平面布局			若有三级、四级生物安全实验室应向科技部申报。若有实验动物生产需邀请当地动物使用许可证和动物生产许可证发放部门进行专家评审		使用方确认
1.1.4	场地平整招标图（满足模拟招标）			边坡勘察、单体定位、单体方案确定		
1.1.5	景观、道路、管廊、竖向方案			单体定位		使用方确认
1.1.6	BIM					
1.2	建设工程方案设计招标备案			招标书盖公章或书面复函		
1.3	方案规划报批			招标备案、方案设计完成		
2	初勘					
2.1	边坡勘察任务书			勘察任务书		
2.2	边坡勘察（外业）					
2.3	勘察报告					
2.3.1	初勘报告			场地条件具备		
2.3.2	边坡勘察报告					
2.4	勘察审查单位招标					
2.5	勘察报告审查					
3	造价咨询					

第4章 实验室工艺咨询与管理

续表

序号	工程事项	开始时间	完成时间	前置工作	责任单位	备注
3.1	场地平整及基础工程造价咨询招标			场地平整招标图		
3.2	场平工程量清单编制					
3.3	建筑及室外工程造价咨询招标					
4	现场摄影摄像服务招标					
5	场地平整施工招标					
6	宗地图			红线图		
7	土地使用权出让合同			宗地图、征收完成		
8	国有土地使用证			出让合同		
9	环境影响评价			立项批复、公众参与、选址意见书（预审意见）；三级、四级生物安全实验室需生态环境部或省级环保局审批		
10	地铁建设意见咨询			勘察资料、方案设计文件		
11	地质灾害评估			立项批复、初勘		
12	地震安全性评价					
12.1	地震安全性评价招标					
12.2	现场勘察、报告编制、评审、审批			拆迁完成		
13	现场拆迁			拆迁完成前需落实未拆迁单位配合初勘作业		
14	林地使用许可			立项、选址、地灾、环评、建筑规划、林地审批		
15	用地规划许可证			选址意见书、建筑规划、用地规划		
16	水土保持方案			用地规划、用地合同		
17	交通影响评价			用地规划、用地合同		
18	详细蓝图审查					

25

续表

序号	工程事项	开始时间	完成时间	前置工作	责任单位	备注
19	人防意见征询			方案核准、用地规划		
二	初步设计阶段					
20	工程地质勘察					
20.1	地勘单位招标			总图确定、勘察任务书		
20.2	现场勘探（含氡量检测）、报告编制、审查			视拆迁完成情况分片实施		
21	供电规划设计单位招标					
22	景观绿化设计单位招标					
23	供电、给水、排水、燃气、通信等市政配套调研			方案阶段明确需求		
24	初步设计编制					
24.1	总图设计					
24.2	景观设计					
24.3	建筑专业（含功能确认、机电提资、工艺提资）					
24.4	基础选型报告			勘察报告或参照初勘报告、原建筑勘察报告		
24.5	结构专业设计（含工艺提资）					
24.6	机电专业设计（含工艺提资）					
24.7	工艺设计			设计分包完成		
24.8	海绵城市、绿色建筑等专项设计					
24.9	BIM					
25	初步设计审查（管理、造价、强审等内部审查）					

第4章 实验室工艺咨询与管理

续表

序号	工程事项	开始时间	完成时间	前置工作	责任单位	备注
26	概算					
26.1	设计概算编制（管理公司及造价咨询公司内审同步）					
26.2	初步设计及概算使用方确认并报发改委					
26.3	概算审批			征询单、图纸		
27	人防审查			立项批复、初步设计图纸		
28	用水节水报告					
29	第三方检测招标			监测方案（设计院）		
三	施工图设计阶段					
30	基础工程施工图（基坑土方、基坑支护、桩基础）					
31	电梯招标					
32	施工总承包范围施工图（建筑、结构、机电）					
33	专项施工图（工艺、景观、道路、管廊、装饰、海绵等）					
34	BIM					
35	施工图审查（强审、内部审查）			设计文件		
36	防雷装置设计审核（化学品库房）					
37	排水设计审批			用地规划、设计文件		
38	气源点接入			宗地图、总图		
39	建设工程规划许可证			用地规划、用地合同、水保、环评、人防、排水、强审		

续表

序号	工程事项	开始时间	完成时间	前置工作	责任单位	备注
40	建设工程消防设计审核			用地规划、工程规划、方案核准		
41	节能审查			工程规划、工程规划、绿建自评报告等		
42	开设路口审批			用地规划、工程规划、设计文件		
43	施工总承包招标					
44	景观绿化招标					
45	实验室工艺供货安装单位招标			前期调研		
46	室内装饰装修工程招标					
47	工艺、室内装饰装修深化设计及确认					
48	施工许可证办理					
四	施工阶段					
49	边坡与基坑支护施工					
50	地基与基础					
51	±0.000 反以下工程					
52	±0.000 以上主体结构工程					
53	室内外装饰、实验室工艺、机电安装穿插					
54	室外管廊、道路、雨污水管					
55	竣工交付			检测、调试、验收		
56	工程结算					
57	政府审计					
58	维保					

4.4 设计管理措施

4.4.1 理清整体设计管理的思路和程序

理清整体设计管理的思路和程序，是做好设计管理工作的基础，开展工作前先做好流程和程序的梳理，使工作有序地开展。首先，初步了解使用方的需求方向和内容，组织设计单位研究整体工程项目规划，根据规划内容形成调研策划方案；然后，搜集国内外类似的先进工程项目，组织使用方、设计单位考察、调研相关项目以开拓设计思路，引进先进的设计理念；最后，引导使用方将建设需求进行内部统一，组织召开使用方、设计单位需求调研会，以会议纪要为依据明确使用需求、开展设计工作，如图4-1所示。

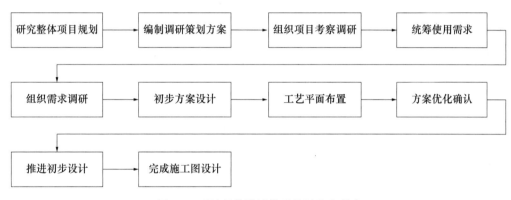

图 4-1 理清整体设计管理的思路和程序

4.4.2 明确实验室设计理念和原则

1. 现代实验室的设计理念

1）安全可靠：从功能布局、气流控制、智能监控、应急消防、系统管理等多个角度，全方位考虑，确保办公实验人员、样品、数据、仪器、系统和环境的安全可靠。

2）先进前卫：参照执行国家标准和欧美标准，与国际前沿技术接轨，开展前瞻性设计，充分考虑检测项目、检测仪器和检测技术的拓展及更新换代需求，实现实验操作的人性化、智能化和集成化。

3）大气美观：要充分展示实验室特色和专业特点，注重色彩的搭配、空间的转换、环境的塑造，针对不同功能需求进行差异化设计，满足人体、样品和仪器要求，营造大气美观的空间。

4）环保节能：围绕电力、空调、通风等节能设计，优化三废治理，满足绿色星级建筑标准，实现节能、节地、节水、节材和低碳环保，做到以人为本。

2. 实验室设计工作开展原则

1）需求导向原则：实现使用单位需求目标是实验室建设的根本，在开展设计工作前，需对使用单位需求做充分调研，明确需求目标；

2）工艺先行原则：在实验室的实际过程中，需以工艺平面为依据，建筑、结构、水、电、风、气为工艺平面提供配套条件，以此减少反复的过程。此外，工艺先行原则还体现在方案设计阶段，实验室工艺单位就需进场，共同开展设计工作。

4.4.3 方案设计阶段管控重点

1. 考察调研

实验室方案设计的开展需要充分了解使用方的意图，特别要摸清使用方的深层意图，力求掌握使用方主要的使用要求，并激发前瞻性思维，广泛调研国内外优秀实验室的成功工程案例，让使用方和设计方共同拓展出更具创新性和前瞻性理念，从而确定更优秀的设计方案。

组织考察调研前应充分了解国内外与本项目类似的在建或已建成的实验室项目情况，参考使用方意见是否进行考察，并做好考察调研策划工作，明确考察目的、考察人员、考察行程以及考察原则等内容，并在考察调研结束后，组织编制考察调研报告。

2. 实验室方案设计管理要点

实验室类型繁多、工艺设计复杂。在方案设计阶段，初步了解各学科对实验室的使用需求，开展需求调研工作，即使在使用方实验团队没有完全到位的条件下，实验工艺专业设计单位应能够根据现有条件及相关经验，划分实验室的类型，并以通风量及实验类型相互不干扰为原则展开总体规划，进行建筑平面的布置工作，对方案设计单位的设计提出如下要求：

1）工艺专业

（1）实验室环境评估与分析

① 定义实验室类别；

② 调研明确实验功能与目的；

③ 实验室安全等级评估；

④ 调研人、设备、实验内容对环境的要求；

⑤ 协助业主确定实验室的建设理念与实现目标。

（2）实验室用户需求分析

① 实验室室内环境需求分析（温湿度、压力、噪声、洁净度、换气次数等）；

② 实验室使用需求分析（面积、人数、废气、废水类别、水、电、气需求等）；

③ 环保需求分析（实验室三废的处理方案等）。

（3）实验室工艺流程调研与分析

① 实验室名称确认；

② 实验性质与内容确定；

③ 工艺流程分析；

④ 工艺与建筑结构分析。

2）结构专业

（1）根据实验室的定义对各层的层高进行分析；

（2）实验性质对建筑结构安全等级的说明，涉及三级、四级生物安全实验室对结构安全等级和抗震设防类别的要求以及对地基基础的级别要求；

（3）重型实验设备对结构荷载、设备防振和运输条件的要求说明。

3）给水排水专业

（1）实验室给水量估算；

（2）实验用纯水供应和处理方式以及水量估算；

（3）实验室废水排水量估算；

（4）实验室废水种类分析以及处理方法和排放出路说明。

4）电气专业

（1）实验室设备动力配电分析说明以及考虑未来发展用电负荷的冗余分析；

（2）实验室环境监测系统的说明。

5）暖通专业

（1）实验室冷、热负荷的估算数据；

（2）实验室冷、热源的选择及其参数；

（3）实验室通风系统的分类和说明；

（4）实验室的节能设计说明；

（5）实验室的废气种类、处理方式和排放说明；

（6）实验室设备的降噪、减震的措施说明。

6）动力专业

（1）实验室特气种类；

（2）实验室特气的供应范围；

（3）实验室特气的消耗量；

（4）实验室特气的供应方式。

4.4.4 初步设计阶段管控重点

工艺设计单位需要与使用方展开详细的需求调研，对实验流线、环境、家具及水、电、风、气点位进行详细的了解和布置，及时开展材料、设备品牌调研，尤其对建筑、结构有影响的材料或设备，应及时确定品牌范围，有针对性地进行预留，并形成工艺平面布置图和实验室参数手册，经使用方确认后即完成初步设计工作，根据初步设计内容编制概算，报发改委审查。

1. 工艺专业

在初步设计阶段应完成各层、各房间平面功能设计，必须以"工艺先行"为原则开展设计工作，工艺平面布置图是各专业的基础性依据。实验室工艺布置一般遵循：分区明确、流线清晰、可持续性的设计理念，同时考虑管理上的便利，合理划分区域。将研究性质相近和功能需求相似的部门单位进行集中和相邻布置，便于公用工程的统筹安排和优化。从教学、科研工作实际出发，方便人员开展教学和科研工作。对于需求不明确的实验室建议做大开间形式，有利于日常的运行管理和未来的发展改造。各实验室应根据使用方需求在工艺平面布置图中表达与建筑、结构、电气、暖通、给水排水、动力等专业有关的实验室设备，例如：实验室家具（中央台、边台、仪器台、高温台、天平台等）、通风柜、万向罩、排风试剂柜、冰箱、离心机、质谱仪、液相等内容。具体工作要求如下：

1）实验室仪器、设备和实验家具需求信息采集

（1）常规仪器的信息采集；

（2）特种仪器的信息采集；

（3）仪器的功率、体积、重量及环境要求的整理；

（4）实验室家具需求及具体布置要求整理。

2）实验室建筑功能条件初步分析

（1）实验室功能分类，如：① 普通类实验室，对工艺流线、环境控制要求比较低的实验室及实验室功能辅助房间，无工艺废气、废水排放污染。② 理化类实验室，对工艺流程要求和实验环境要求较低，需要满足一定的通风条件，部分实验室需要排放废气、废水，实验室废气、废水需收集处理后才能排放。③ 洁净类实验室，是对环境颗粒物指标有明确要求的实验室，依据工艺不同，控制洁净等级不一样；控制的洁净等级满足ISO14644对应的ISO1～9级的洁净要求，同时部分洁净实验室对环境温湿度控制有要求。④ 恒温恒湿类实验室，对环境有温度控制精度或湿度控制精度的要求，或是温度、湿度同时有高精度要求的控制环境。⑤ 生物安全实验室，按照等级分为由低到高一～四级，对环境要求的压力梯度、温度、湿度等控制均有不同的要求。⑥ 特殊控制实验室，是指有特殊电磁、振动、防辐射要求的特殊功能室。⑦ 实验需求有超高、超大、超重型设备的等则需要超大空间的实验室。

（2）工艺流线分析与确认，包括：总物流动线路实验室设备、物料运输；实验室垃圾分类流动线路；总人流动线路；洁净室物流线路，洁净室人流线路；生物安全实验室人流线路，生物安全实验室物流线路等。

（3）实验室功能要求与建筑结构的关系分析，确定各类实验室的具体分布位置。

（4）建筑层高分析，确定各楼层层高及对空间有特殊要求的层高。

（5）设备机组的空间与承重分析，确定机房空间及位置。

（6）水、电、风、气等专业的建筑预留空间，包括走廊、顶棚、竖井等位置和空间。

3）工艺平面布局会审

（1）平面布局设计与需求的一致性认证；

（2）评估设计输出与设计需求的匹配性；

（3）设计理念与实现目标的认证；

（4）组织专家评审，确定最终版平面布置图及流线设计，为各专业开展设计工作的基础性依据。

4）特殊说明

各实验室的化学品使用量应参照《建筑设计防火规范》GB 50016 原则执行；非实验室及其工艺相关用房内等不得存放使用易燃、易爆、剧毒、腐蚀、强氧化剂、遇水燃烧等化学危险品。设计方应根据使用方需求考虑、设计危险品库房。

2. 结构专业

1）根据实验室的定义对各层层高进行分析，重点关注高大空间、特殊荷载、沉降精度、设备防振等有特殊要求的实验室，并进行说明。

2）实验性质对建筑结构安全等级的说明，涉及三级、四级生物安全实验室对结构安全等级、地基基础的级别和抗震设防类别的要求。

3. 给水排水专业

1）实验室普通给水系统，实验用水应与生活用水等其他用水系统分开设计，每间实验室应参考使用需求设计用水计量系统。说明或者用表格列出用水量定额、用水单位数、使用时数、小时变化系数、最高日用水量、平均时用水量及最大时用水量等。

2）实验室集中供纯水系统，对各层纯水系统的出水水质要求及系统的分布、套数进行说明，对纯水主机的参数、水箱的容量及基本处理流程进行表达。明确纯水管材、配件、龙头等材质要求。初步设计阶段图纸应包括系统原理图和平面图。

3）实验室废水处理系统，实验室废水应单独形成一套系统，根据环评报告并结合当地废水处理规定，选择合适的废水处理方式，废水排放及处理系统应说明排水量、排放条件及有毒、有害废水的处理工艺、设计数据。明确排水管材、配件等材质要求。初步设计阶段图纸应包括系统原理图和平面图。

4. 电气专业

1）实验室内应设计专项实验设备及实验用电配电箱，并考虑用电负荷冗余；

2）实验室重要设备配备双电源或 UPS 等备用电源说明；

3）参考使用方需求，明确实验室电能计量方式；

4）实验室内开关、插座、配电箱、控制箱等配电设备选型及安装方式；

5）实验室洁净灯具、紫外线照明选型及安装方式；

6）实验室设备独立接地系统图和平面图。

5. 暖通专业

1）对普通类实验室、理化类实验室、洁净类实验室、恒温恒湿类实验室、生物安全类实验室以及特殊类实验室等的通风与空调系统的不同特点编制设计说明，包括不同类型实验室通风与空调系统的形式、换气次数、风量平衡的说明和选择等内容。

2）根据当地气候条件编制室外参数计算表、各类功能空间室内参数计算表、各类功能空间冷热负荷指标、冷热源介绍，特别注意在严寒地区冬季有排风末端的实验室应重点考虑补风的热负荷。

3）编制实验室排风设备表，如：通风柜、万向罩、排风试剂柜、原子吸收罩、B2 型生物安全柜等的排风设备排风量，排风末端的位置需在平面图和系统图中得到体现。

4）洁净空调系统应注明净化级别、气流组织方式和温湿度控制指标。

5）实验室环境监测与控制说明，图纸包括图例、系统图和平面图。

6）由于实验室对于实验环境要求较高，通风与空调系统的负荷较大，应有专项节能设计，包括各项技术措施和技术指标。

7）实验室废气处理系统应说明废气种类、处理方式和主要技术参数，并编制相应的设备表。

6. 动力专业

1）实验室特气种类、供应范围、供应方式以及惰性气体、易燃易爆或有害气体的设计说明。

2）实验室各类气体的消耗量。

3）压缩空气、真空吸引设备的选型和设备表。

4）不同种类气体选用的管材、配件和汇流排、球阀、减压器、隔膜阀等。

5）气体泄漏报警系统的设计。

6）初步设计图纸包括系统原理图、设备平面布置图和特气平面图。

4.4.5 施工图设计阶段管控重点

1. 工艺专业

在施工图设计阶段，工艺平面布置、工艺流线、层高等已经固化，在开展施工图绘制工作前，应引导使用方共同编制《实验室参数手册》，具体表格分类包括："建筑结构""装修""暖通""给水排水和消防""电气""特气"和"仪器设备"，编制完成后需与使用方共同签字确认，作为开展各专业施工图设计的重要依据。

2. 结构专业

根据"实验室建筑结构参数手册"和"实验室仪器设备参数手册"表格中关于房间面积、层高、荷载、设备基础、降板等信息为依据完成结构设计工作。

3. 给水排水专业

1）实验用水应与生活用水等其他用水系统分开设计，并出具专项实验室工艺给水排水施工图，包括设计说明、图例、系统图、大样图和平面图等内容。由于实验室需求变化较多，建议采用"同层给水，下层排水"的方式给实验台和通风柜等设施配置给水排水系统，以便于灵活调整和检修。

2）实验室集中供纯水系统，需对各层纯水系统的出水水质要求及系统的分布、套数进行说明，对纯水主机的参数、水箱的容量及基本处理流程进行表达。明确纯水管材、配件、龙头等材质要求。施工图设计阶段图纸应包括系统原理图和平面图，由于不同的纯水厂家处理工艺不同，需供应商协助进行深化设计，由设计单位审核确认。

3）实验室废水处理系统，实验室废水应单独成一套系统，有独立的设计说明，包括：设计范围、依据、污染物表格及浓度、处理水量和水质、各处理段工艺说明、管材及配件的要求等。施工图设计阶段，图纸应包括设计说明、图例、仪表清单、主要设备清单、废水处理工艺原理图、机房平面布置图。由于不同的废水处理厂家工艺不同,需厂家协助进行深化设计,由设计单位审核确认。

4)上述实验室普通给水排水、纯水、废水的相关设计工作开展前,应引导使用方共同填写"实验室给排水和消防参数手册",经与使用方确认后,以此为依据开展施工图设计工作。

4. 电气专业

1)实验室电气应单独成一套工艺电气图纸,包括设计说明、图例、系统图、大样图、平面图(插座、等电位、照明、空调配电等);应引导使用方共同填写"实验室电气参数手册",经与使用方确认后,以此为依据开展施工图设计工作。

2)实验室内应设计专项实验设备及实验用电配电箱,并考虑用电负荷冗余。

3)实验室重要设备应配备双电源或UPS等备用电源说明以及配备方式。

4)参考使用方需求,明确实验室电能计量方式。

5)实验室内开关、插座、配电箱、控制箱等配电设备的选型及安装方式,尤其需明确中央台和边台的配电方式,可采用顶棚明敷以功能柱下引的方式,以便于灵活配置和调整;实验设备的配电要注意设备摆放位置及开关插座的选择。

6)实验室洁净灯具、紫外线照明选型及安装方式。

7)实验室设备独立接地的具体定位,绘制系统图和平面图。

5. 暖通专业

1)实验室暖通应单独成一套工艺暖通图纸,包括空调和通风工程设计说明、图例、主要设备材料表(净化空调机组性能表、新风空气处理机组性能表、玻璃钢离心风机参数表、排风风机性能参数表、废气处理设备参数表等)、大样图、系统图(通风系统图和净化系统图)、平面图(净化静压平面图、风口定位图、净化风管图、通风平面图、空调水管平面图等),应引导使用方共同填写"实验室暖通参数手册",经与使用方确认后,以此为依据开展施工图设计工作。

2)依据普通类实验室、理化类实验室、洁净类实验室、恒温恒湿类实验室、生物安全类实验室、特殊类实验室的通风与空调系统的不同特点编制设计说明,包括不同类型实验室通风与空调系统的形式、换气次数、风量平衡的说明和选择等内容。

3)根据当地气候条件编制室外参数计算表、各类功能空间室内参数计算表、各类功能空间冷热负荷指标、冷热源介绍,特别注意在东北地区冬季有排风末端的实验室应重点考虑热负荷。

4)编制实验室排风设备表,如通风柜、万向罩、排风试剂柜、原子吸收罩、B2型生物安全柜等排风设备的排风量,排风末端的位置需在平面图和系统图中体现出来。

5)洁净空调系统应注明净化级别、气流组织方式及温湿度控制指标。

6)由于实验室对于实验环境要求较高,通风与空调系统的负荷较大,应有专项节能设计,包括各项技术措施和技术指标。

7)实验室废气处理系统应说明废气种类、处理方式和主要技术参数,并编制相应的设备表。

6. 自控专业

实验室自控专业应单独成一套工艺自控图纸，主要配合暖通专业实现实验室内部所有工况的运行与转换，要求实验室内的压力环境与压力梯度维持正常数值。自控系统设计尤为重要，设计时要具备以下原则：安全性高、高效率运行、抗风险能力高、可靠性高、实用性强、操作维护方便等特点。工艺自控涉及实验室的房间自控系统、机组自控系统、通风柜自控系统及中央监控系统设计。施工图设计阶段，图纸应包括设计说明、控制系统布线图、通风柜变风量控制原理图、新风变频控制原理图、排风变频控制原理图、实验室房间控制原理图、补新风空调机组控制原理图、排风机组控制原理图、洁净空调机组控制原理图、房间控制点位图、中央监控系统图、主要设备与材料表、实验室房间控制系统图、机组控制系统图等。

1）实验室房间控制系统

（1）定风量送排风房间控制实验室（非洁净实验室）

利用DDC控制器，结合压差传感器及温湿度传感器，排风采用定风量阀+电动开关阀控制，送风采用定风量阀+电动开关阀控制。房间设触摸屏就地控制送排风，使操作更加便捷。实验室需设计触摸屏，用来显示房间压差及温湿度数值，将采集的房间数据上传至中央监控系统，并在中央监控系统中进行远程启停及监控。

（2）含通风柜变风量送排风房间控制实验室（非洁净实验室）

针对含有通风柜的变风量房间，其中，通风柜采用变风量阀排风、排风试剂柜及原子罩定风量阀排风；送风采用变风量阀控制、变风量排风阀及送风阀联动控制。此处需设置压差传感器辅助控制送风，压差传感器实时测量房间，并把该信号传递给房间DDC控制器；控制器根据实测值与设定值进行比对，根据比对结果调整送风量，从而维持设定压差。操控设定其数值，当排风量增大或减小时，控制系统探测到排风的变化，增大或减小新风量来恒定压差；当新风减少到设置的最低新风量，若排风量继续减少，控制系统会将新风量停留在最低送风量。若实验室出现紧急情况，可开启紧急排风，辅助排风及通风柜的阀门开度将调至最大，开启最大风量排风，用来保障实验室安全。将采集的房间数据上传至中央监控系统，并在中央监控系统中进行远程启停及监控。

（3）洁净区实验室

生物安全类实验室，该类实验室中对洁净要求较高。为了有效控制病原微生物及毒素的传播，防止其蔓延，保障实验室的安全性，自控系统设计应严格遵照《生物安全实验室建筑技术规范》GB 50346执行，要求自控系统在任何时刻均能自动调节以保证生物安全实验室关键参数的正确性，考虑到生物安全实验室进行的实验均有危险，需要保证实验环境不会威胁实验人员安全，不会将病原微生物泄漏到外部环境中。实验室排风系统是维持室内负压的关键环节，其运行需要保持实验室压力梯度有序，不影响定向气流。在此类实验室中，需使实验室的内部气压小于外部气压值，让气流具有一个从外向内的流向，确保在使用中的病原微生物等不会从实验室内部泄漏出去。

实验室房间应设置一套房间DDC控制器，并设置房间压差传感器，使送风系统依据实验室排风设备的实际排风量进行自动调节，送风、排风保持一定差值，从而控制房间的气流流向，保持房间负压压力达到设计值。房间控制系统保证实验室房间气流组织的单向性（房间保持在微负压）。并设置温湿度传感器，严格控制该类实验室的温湿度变化，根据设定值进行自动调节。生物安全实验室内中央监控系统也极具重要性，当出现任何异常情况时，中央监控系统应立即报警，监控所有实验室设备，需要对生物安全柜、房间压差及温湿度、对应风机的段位等关键参数进行监控。在中央监控软件的分析处理下，对于相应数值波动进行提前分析预警，考虑重要参数对安全的影响，考虑是否终止实验活动的预警，例如出现压力梯度的失效、风机过滤的堵塞等数值异常。

2）实验室气流设备控制

工艺性空调对温湿度、洁净度的要求相对于舒适性空调来说，要求较高，气流较为复杂，其中有来自人、设备、温度、湿度等因素干扰。实验室内的气流动态性高，因此对空气风量、温湿度的需求相对严格，并对有需求的房间进行压差梯度设置，并控制新排风机组与净化机组。

（1）新风机组与净化机组控制逻辑

空调机组的调节对象为相应实验室区域内的温度、湿度及相应实验室的温湿度信号。风机中的温湿度与房间中的温湿度具有一定关联性，需要对风机的段位进行控制和监视，设计时应实现以下功能：

① 检测功能

监视风机的启停状态；

检测风机进出风口气流的温湿度参数；

监控过滤器两侧压差（防止过滤器堵塞）；

风机风阀的开启／关闭；

电加热、电加湿的运行状态（净化机组）；

风机变频状态。

② 控制功能

控制风机启停，风机阀门的开关；

控制风机内水阀的开度，从而控制温度；

控制风机变频；

控制电加热，电加湿启停（净化机组）。

③ 保护功能

冬季，当热水温度降低或热水停止供应时，应停止风机，并关闭新风阀，保护风机防止因温度过低导致的水管破裂等隐藏性事故发生。若项目处于南方地区，无因极低温度导致的损坏，可不设置此保护；净化机组内电加热段位中的高温保护；洁净机组内电加湿段位中的缺水保护；机组的缺风保护。

④ 中央监控功能

所有通过传感器、压差开关及控制点位采集到的信号经过机组DDC控制器，在控制箱上的触摸屏显示，并通过网线上传至监控室内的中央监控系统，能够远程监控机组状态，预防风机故障并做到及时发现、及时维修；能够远程启停，防止因意外无法进行现场操控的状况。

（2）风机变频控制

在实验中，实验室气流设备并不是全部开启，例如风机，若电机长时间定频全速运行，不仅会造成能源的浪费，而且会影响实验室气流的稳定性，波及同系统的房间导致气流波动。主管道末端需设置管道静压传感器，通过测量风管内的静压输出信号，控制变频器改变风机转速，调节总的送、排风量。

（3）通风柜控制系统

为防止通风柜内有害气体逸出，需要有一定的吸入速度。通风柜进风的吸入速度与实验中产生的热量、换气次数、实验内容和有害物的性质等相关联。通常规定，一般无毒的污染物为 $0.25 \sim 0.38 m/s$，有毒或有危险的有害物为 $0.4 \sim 0.5 m/s$，剧毒或有少量放射性为 $0.5 \sim 0.6 m/s$，气状物为 $0.5 m/s$，粒状物为 $1 m/s$，设计面风速的控制指标尤为重要。

通风柜一般配置一个压力无关型防腐蚀变风量阀、一个通风柜柜门位移传感器、一个红外传感器、一个通风柜控制器（含箱体）及一个通风柜控制面板。

设计时应注意以下几点：① 经通风柜控制器运算处理，直接控制通风柜变风阀门开度，从而调节通风柜排风量，完成面风速的调节；② 在通风柜运行期间，通风柜智能控制器实时监测视窗开度，检测并控制变风量阀的排风量以保持视窗开启范围的平均面风速，视窗在安全高度内的任意位置，平均面风速均应稳定在 $0.3 \sim 0.5 m/s$，且不受相邻通风柜使用情况及管道压力波动影响；③ 当智能控制器检测到通风柜视窗开度发生变化时，应当在1s内快速响应，调节变风量阀的排风量，以保证面风速稳定在 $0.3 \sim 0.5 m/s$；当智能控制器检测到视窗关闭时，按设定最小排风量进行排风；④ 在智能控制器操作面板上检测到视窗关闭时，按设定最小排风量排风；⑤ 在智能控制器操作面板上可以设置面风速上下限；⑥ 视窗高度超限报警；⑦ 通风柜内部温度上下限报警；⑧ 定时关机功能、紧急排风功能，为实验人员创造一个安全舒畅的工作环境。

中央监控系统设计要求，利用计算机技术、控制技术和网络通信技术，设计一个监控管理系统的模型，通过对该模型各模块的设计，实现在无管理员状态下对实验室设备使用的监控和记录；管理员可以通过这个系统来实现对通风设备的监控与管理。建成网络化、智能化的实验室管理平台，实现设备的远程监控管理，并通过信息采集单元来感知、获取整体实验室的相关设备运行状态、实验室监控画面等资料。对实验室设备运行状态及其环境参数进行严格监测和管理，并将实验室房间的信息及采集的环境数据传输到PC机上进行数据存储与分析，实时监测实验室的状态，便于实验人员在监控室进行集中的监控；对环境参数异常情况进行预警，并及时报告给相关人员，对突发的异常情况做出及时反应。

通过各控制节点控制器（通风柜控制器、房间DDC控制器、机组DDC控制器）对其范围内控制的运行设备或运行段位的参数、通风柜的运行状态（通风柜面风速、调节门位置，报警状态）、通风罩的运行状态（风量、报警状态）、通风设备风流量反馈、通风设备报警、通风设备使用者状况、通风设备紧急情况处理、房间排风流量、房间压力指令、综合排风流量、风机运行状况、空调运行状况、洁净室运行状况（温度、湿度、压差、洁净度）、供气系统运行状况（气体泄漏、气瓶压力）等内容进行实时监控和采集数据。

在无人管控或出现意外状况的情况下，若无法手动关闭气流设备，可通过PC机利用中央监控软件，进行远程控制启停。

通过电脑（PC）与各系统控制器联机来获取通风设备的运行参数，在控制电脑上实时记录设备运行数据（详细记录各通风柜面风速、房间压力、温度、湿度、各系统总补风量及排风量，各系统运行频率，设备故障情况等），并自动记录和存档，可以随时生成各类生产日报表、周报表、月报表等，自动转换成标准数据库格式供其他用户联网共享使用，并提供接口与其他系统联机。

以中控平台为主机，各节点控制器为从机，当中控平台出现故障或报警提示时，各节点控制器可独立运行。

7. 动力专业

实验室特气应单独成一套图纸，包括实验室特气种类、供应范围、供应方式及惰性气体、易燃易爆或有害气体的设计说明。施工图应包括系统原理图、设备平面布置图、特气平面图。应引导使用方共同填写"实验室特气参数手册"，经与使用方确认后，以此为依据开展施工图设计工作。

1）特气系统设计理念要求

（1）应采用气源切换系统，确保实验的连续性。

（2）采用多瓶供气，保证用气量。

（3）气瓶应集中摆放，便于换瓶等操作。

（4）无气瓶在实验室内，消除危险源。

（5）安装有安全泄压阀，保证使用安全。

（6）有吹扫功能和排空功能，保证用气纯度。

（7）有低压报警功能，当钢瓶没气时可提醒换气。

（8）不同气体采用不同材质的管道，保证气体纯度。

（9）根据气体种类采用不同连接方式（VCR、卡套、焊接）。

（10）高压部分采用高压阀门控制保证用气安全。

2）特气系统设计应注意事项

（1）钢瓶间可燃/助燃气体使用安全距离：5m，且距明火有10m的安全距离；钢瓶间内应保持通风，且不宜吊顶（甲、乙类气体钢瓶间泄爆面积按照建筑防火规范计算）。钢瓶间的墙体宜采用实体结构，门应设计为防爆门，应安装防爆灯以及防爆风机；当发生意外事故时，可以降低实验室区域的破坏程度。

（2）钢瓶间内还应设有气体泄漏、低压换气报警、排风等装置，同时设计时还应考虑防雷、防静电、空调设备等设施。

（3）保证气体纯度和压力的稳定性，需采用多级减压方式供气，宜设置气路吹扫、排空、杂质过滤、水分和油气净化等装置，有条件的可采用双气源自动切换模式供气。

3）输送管道设计要求

（1）所有气体管道应集中布置，整齐美观。

（2）每个实验室都要有单独的阀门控制。

（3）对于要求单独进行压力调节的仪器，工作台上气体出口点需要安装单独的阀门来控制。

（4）气体使用末端应安装不锈钢阀，并连接相对压力和流量的减压器连接形式有VCR、卡套、焊接等。

（5）有可燃气体的房间，采用可燃气体报警器。

（6）安装气体纯化系统，可提高气体纯度。

4.4.6 实验室施工图深化设计

考虑到实验室的机电、装饰设计所涵盖的专业系统众多，涉及的工艺设备设施繁多，且科研用户的使用需求多变，因此，施工单位在中标进场施工之前，应对设计单位的施工图进行充分消化与理解，并对施工图设计中不完善的内容进行深化设计。

1. 施工图深化设计原则

1）各专业的深化设计不得违反原设计意图和理念，只针对设计不具体的构造节点、管线的综合排布、末端点位的综合排布等方面，待设备品牌确定后根据厂家的工艺要求，完善相关节点构造等内容，进行深化设计工作。

2）严查施工单位为了自身利益以深化设计的名义修改施工图，从而损害业主利益和施工质量。

3）若在深化设计过程中，发现原设计的施工图确实存在缺漏、错误等问题，需施工单位及时提出，并提交设计单位，由其出具相应设计变更，不得以深化设计的形式修改施工图。

4）施工单位深化设计完成后，必须由原设计单位审核并出具深化设计图纸、加盖设计单位审核章。

2. 施工图深化设计的主要内容

图纸设计中会存在不同程度上的错、漏、碰、缺等问题。这些问题在实验室项目的设计中也尤为突出，分析其原因主要有以下几个方面：

1）实验室涉及的专业众多，包含建筑、结构、暖通、强电、弱电、自控、给水排水、气体、装饰等，设计过程中的专业协调、专业交叉面较多，设计中经常会由于工作疏漏导致专业提资的缺项或不准确。

2）实验室项目的机电管线复杂，图纸设计中管道布置复杂，交叉碰撞多，采用传统的CAD设计模式无法实现管线的精确、合理布置。

3）实验室属于科研建筑，施工图设计中往往面临业主、使用方的功能需求的多轮调整，图纸的不断调整、变更也极易导致更多的图纸疏漏。

4）对原有施工图进行查漏补缺，修正明显的图面错误，是图纸深化设计过程中必要且基础性的工作。

5）结合施工及维修工艺的图纸优化，施工图设计通常是由专业设计院负责完成的，这些单位虽然对于方案把握、规范应用具有专业的优势，但是在施工操作及后期运维操作方面往往并不擅长。在深化设计阶段，专业工程公司可以结合自身的工程实施经验，从优化施工效率、合理节省物料人工、方便日常维检等角度提出合理化建议。在满足规范及造价审核的前提下，落实这些优化建议对于提高工程实施效率、质量是具有意义的。

3. 深化设计中 BIM 技术的深入应用

实验室机电系统繁杂、设备管线众多。如何合理地布置管线及设备，为现场施工及以后设施运行维护创造最大的便利性，值得重点关注。随着 BIM 技术的普及，其在机电管线综合技术应用方面的优势尤为突出。丰富的模型信息库、与多种软件便捷的数据交换接口及成熟、便捷的可视化应用软件等，均比传统的管线综合技术有了较大的提升。BIM 技术在机电管线综合上的三大应用如下：

1）管线综合深化设计及设计优化

机电工程施工中，由于诸多原因，设计深度往往满足不了施工的需要，施工前尚需进行深化设计。实验室的机电系统中各种管线错综复杂，管路走向密集交错，若施工中发生碰撞情况，则会出现拆除返工现象，甚至会导致设计方案的重新修改，不仅浪费材料、延误工期，还会增加项目成本。基于 BIM 技术的管线综合技术可将建筑、结构、机电等专业模型整合，很方便地进行深化设计，再根据建筑专业要求及净高要求将综合模型导入相关软件进行机电专业与建筑、结构专业的碰撞检查，根据碰撞报告结果对管线进行调整排布，以避让建筑结构。机电专业的碰撞检测，是在"机电管线排布方案"建模的基础上对设备和管线进行综合布置并调整，从而在工程施工前发现问题，通过深化设计、设计优化，使问题在施工前得以解决，如图 4-2 所示。

图 4-2　实验室 BIM 样例模型

2）多专业施工工序协调

暖通、给水排水、消防、强弱电、自控、气体等各专业由于受施工现场、专业协调、技术差异等因素的影响，不可避免地存在很多局部的、隐性的专业交叉问题，各专业在建筑某些平面、立面位置上产生交叉、重叠，无法按施工图作业或施工顺序倒置，造成返工的局面。这些问题往往无法通过经验判断来及时发现并全面解决。通过BIM技术的可视化、参数化、智能化特性，进行多专业碰撞检查、净高控制检查和精确预留预埋，或者利用基于BIM技术的5D施工管理，模拟施工工序过程，事先协调各专业，则能较早地发现和解决碰撞点，能有效减少因不同专业沟通不畅而产生的技术错误，大大减少返工，节约施工成本。

3）施工模拟

利用BIM技术进行施工模拟，使得复杂的机电施工过程变得简单、可视、易懂。通过动态模拟施工阶段过程和重要环节施工工艺，将多种施工及工艺方案的可实施性进行比较，为优选最终方案的决策提供支持。通过动态、可视化跟踪施工组织设计（虚拟建造）的实施情况，对于设备、材料到货情况进行预警，同时通过进度管理，将现场实际进度完成情况反馈回"BIM信息模型管理系统"中，与计划进行对比、分析及纠偏，实现施工进度控制管理。

形象直观、动态模拟施工过程和重要环节的施工工艺，将多种施工及工艺方案的可实施性进行比较，为优选最终方案的决策提供支持。基于BIM技术，可实现对施工进度精确计划、跟踪和控制，动态地分配各类施工资源和场地，实时跟踪工程项目的实际进度，并将计划进度与实际进度进行比较，及时分析偏差对工期的影响程度及其产生的原因，采取有效措施，实现对项目进度的控制。

4.5 设计文件专家评审

4.5.1 实验室专家评审要点

1. 普通理化类实验室

1）方案设计阶段，在完成工艺平面布置图后进行，主要评审工艺流线、层高及平面布置是否合理；邀请设计院实验室工艺设计专家，以及使用方邀请的专家。

2）初步设计阶段，在各专业完成初步设计后进行，主要评审工艺流线、工艺布置及水、电、风、气的设计理念和系统选型是否合理；邀请设计院实验室工艺平面设计专家，以及暖通、给水排水、电气、动力等专业专家。

2. 实验动物中心

1）方案设计阶段，在完成工艺平面布置图后进行，主要评审工艺流线、层高以及平面布置是否合理；必须邀请具有当地实验动物学会负责颁发动物生产许可证和使用许可证的专家，以及使用方邀请的专家进行评审。

2）初步设计阶段,主要评审工艺流线、工艺布置及水、电、风、气的设计理念和系统选型是否合理;邀请设计院实验室工艺平面设计专家,以及暖通、给水排水、电气、动力等专业专家。

4.5.2 实验室专家评审策划

1. 专家评审准备工作

1）明确专家评审目的,联系相关专家并收集专家基本信息资料,向业主汇报确认。确定评审时间、地点、参评单位及专家评审费用,向评审专家发出邀请函并整理评审资料,需要提前3天将评审资料提供给评审专家。

2）要求设计院做好汇报准备工作,包括提前做好PPT汇报文件以及准备相关电子版、纸质版设计资料,设计管理部应进行审核。

3）提前做好会务准备工作,包括设备调试、会议议程、桌签、会场座位布置等工作。

2. 专家评审会的召开和结论

1）基本议程,如表4-2所示。

专家评审会基本议程　　　　　　　　表4-2

序号	时间	会议议程
1		主持会议议程,介绍各位专家
2		汇报设计成果
3		选出专家组组长,各位专家提问、讨论;参建各方发言与专家展开交流
4		专家组组长组织各专家依次提出评审建议、意见和结论
5		整理各专家意见进行签字

2）专家评审会结束后,设计院应在3天内对专家提出的意见和建议进行逐条回复,并发至评审专家确认通过。

4.6 某实验室可研报告摘录

重点高等级院校除配套设置建设一般实验室之外,也会设立专业综合实验室,作为区域或国家战略性实验室建设需要。浙江某实验室作为浙江省和浙江某高校联合建设的研究机构,在未来的高校建设中会逐步被推到台前。考虑到项目的特殊性,本书仅节选可行性研究报告中功能需求建设内容等,供类似工程项目参考。

4.6.1 建设内容及规模

1. 功能定位

浙江某实验室以国家目标和战略需求为导向,以重大科技任务攻关和大型科技基础设施建设为主线,打造一批世界一流的基础学科群,整合协同一批重大科学基础设施,汇聚一批全球顶尖的研发团队，取得一批具有影响力的重大共性技术成果，支撑引领具有世界竞争力的创新型产业集群发展，争创国家实验室。

2. 实验室园区建设内容

本项目建设内容为一期实验室园区。建设方案要保障浙江某实验室园区的主要功能和任务，充分考虑功能性空间格局，体现园区的特点并适应其需要。各区域的功能区和主要用房的组成如表4-3所示。

各区域的功能区和主要用房的组成　　　　　　表4-3

	建设内容	单位	建筑面积
	地上建筑面积	m²	417101.8
其中	主楼	m²	
	人工智能研究院	m²	
	未来网络技术研究院	m²	
	智能机器人研究中心	m²	
	感知科学与技术中心＋芯片中心	m²	
	网络健康中心、网络安全中心组团	m²	
	大科学装置	m²	
	大数据中心	m²	
	食堂	m²	
	变电站	m²	
	超静间＋消音室	m²	
	垃圾房	m²	
	出地面楼梯间	m²	
	学术交流中心	m²	
	人才公寓	m²	
	专家公寓	m²	
	公寓配套	m²	
	地下建筑面积	m²	199513.8
其中	西区地下室	m²	
	人工智能研究院	m²	
	智能机器人研究中心	m²	
	感知科学技术中心及芯片中心	m²	
	大数据中心	m²	
	网络健康中心、网络安全中心组团	m²	
	变电站	m²	
	人才公寓	m²	
	专家公寓	m²	
	学术交流中心部分	m²	
	总计	m²	616615.6

4.6.2 建设方案

1. 总平面布局

浙江某实验室一期项目主要以国家目标和战略需求为导向，以重大科技任务攻关和大型科技基础设施建设为主线的科创实验室。一期地块分为东、西两大区：一期东区建设有学术交流中心等专项人才用房，以及配套建设的汽车库、人防、设备用房等内容；一期西区为科研办公用房，建设内容包括主楼、人工智能研究院、未来网络研究院、感知科学技术中心及芯片中心、网络健康中心、网络安全中心组团、大科学装置、大数据中心等科研及配套用房。主要经济技术指标如表4-4所示。

主要经济技术指标　　　　　表4-4

序号	名称		单位	指标	备注
1	总用地面积		m^2	409435	（以实测为准）
2	总建筑面积		m^2	616615.6	
其中		地上建筑面积	m^2	417101.8	
		地下建筑面积	m^2	199513.8	
3	建筑占地面积		m^2	88443.1	
4	容积率		—	1.02	
5	建筑密度		%	21.1	
6	绿地率		%	45	
7	建筑限高		m^2	80	
8	机动车位		个	4382	

2. 建筑单体

园区各单体建筑命名暂按序号从西至东、从北至南排列，后期对建筑单体及道路命名另行研究决定。

1）主楼

本子项为浙江某实验室主楼。主楼位于一期西侧地块中心区域，正向朝南。共17层，主楼与东、西两侧配楼通过风雨连廊相连，使各功能高效连接，形成一个有机整体，为办公、参会及展览参观人员提供便利。

2）人工智能研究院

人工智能研究院规划布置在主轴线东侧，外形方正，与智能机器人研究中心完全对称，用于人工智能领域的实验、研究。

3）感知科学技术中心及芯片中心

感知科学技术中心及芯片中心位于西区园区西南角，由材化楼、感知中心、芯片中心围合而成，东西贯穿，南北互通。材化楼位于组团西北角，感知中心位于组团南侧，芯片中心位于组团东北侧,建筑间由连廊等辅助功能连接。整个组团围绕五千余平方米的绿化内院展开,环境优美,空间开阔。

4）未来网络研究院

未来网络研究中心位于西区园区东南角,由三幢建筑围合而成,东西贯穿,南北互通。

5）网络健康中心、网络安全中心组团

网络健康中心、网络安全中心组团由预留科学用房、网络安全中心与网络健康中心3个单体组成。

6）智能机器人研究中心

智能机器人研究中心规划布置在主轴线西侧,外形方正,用于智能机器人实验、研究。

7）大科学装置

大科学装置楼包含超高灵敏惯性测量大装置、原子陀螺原理验证研究平台、超高灵敏心脑磁测量原理验证、超高灵敏极弱磁测量大装置,以及相配套的设备保障用房、实验管理、办公、会议用房等。

8）大数据中心

大数据中心作为浙江某实验室一期的重点建筑之一,位于西区的最东面,北侧临湖,是浙江某实验室数据处理的核心,也可用于政府类大数据和商用大数据的存储计算。

9）食堂

员工食堂规划地面建筑形体由3个坡屋顶建筑体量组成,沿东侧水系方向展开,通过连廊连接。

10）超净间、消间室

超净间包含先进微纳加工平台、测试用房,配套的实验管理、办公,以及动力、特殊气体等设备辅助用房。消音室、半消音室、混响室均采用多层隔声、隔振措施,全消音室主体结构完全独立。

11）西区地下室

西区地下室为地下一层,局部设置非机动车库夹层。主要功能为满足入西区地上科研用房的配建机动车位和非机动车位需求,并考虑适当的设备机房放置。

12）学术交流中心

学术交流中心位于浙江某实验室东区,是园区的形象建筑之一。该中心主要用于园区服务,可供接待国内外贵宾、短期访问学者、公务出差人员使用。

13）高级专家社区

优质、宽敞、舒适的专家住房是吸引和稳定国内外优秀顶尖人才在浙江某实验室工作的重要条件之一,设计以现代化、人性化的小区设计理念进行规划,确保盎然绿意的居住环境及足够的开放、半开放空间,为浙江某实验室的专家提供温馨优质的生活空间。

14）人才公寓

人才公寓一期位于园区的东南角，包括480套小面积的公寓以及416套住宅。

15）东区地下室

东区地下室位于人才公寓地下，地下一层，局部设置夹层。主要功能为满足人才公寓区域的配建机动车位和非机动车位需求，并考虑适当的设备机房放置。

第5章 智慧校园咨询与管理

5.1 概述

5.1.1 智慧校园建设背景

智慧校园指的是以物联网为基础的智慧化的校园工作、学习和生活一体化环境,这个一体化环境以各种应用服务系统为载体,将教学、科研、校园生活和管理进行充分融合。浙江大学"十二五"信息化建设规划中率先提出"智慧校园"的概念,旨在要建设一个"令人激动"的"智慧校园",这幅蓝图描绘的是:无处不在的网络学习、融合创新的网络科研、透明高效的校务治理、丰富多彩的校园文化、方便周到的校园生活。简而言之,要做一个"安全、稳定、环保、节能"的校园。

1. 智慧校园的国家战略背景

智慧校园是我国教育事业的重要分支,也是信息化建设的重要组成部分。联合国教科文组织把信息技术应用于教育的过程分为起步、应用、融合、创新四个阶段。我国智慧校园的政策也是按照这一规律来颁布的,2012年《教育信息化十年发展规划(2011—2020年)》(教技〔2012〕5号)的颁布标志着我国教育现代化从起步阶段来到应用阶段;2017年颁布的《国家教育事业发展"十三五"规划》(国发〔2017〕4号)和2018年颁布的《教育信息化2.0行动计划》(教技〔2018〕6号)等政策,使教育事业融合大数据、人工智能等技术来到了融合阶段,2018年7月发布的《智慧校园总体框架》GB/T 36342对构建智慧教学资源、部署智慧教学管理系统进行了明确规范;2019年颁布的《中国教育现代化2035》提出创新教育服务业态等观点,使教育现代化进入了创新阶段,而2021年颁布的《关于推进教育新型基础设施建设构建高质量教育支撑体系的指导意见》(教科信〔2021〕2号)和《高等学校数字校园建设规范(试行)》(教科信函〔2021〕14号)则细化了智慧校园的要求,使智慧校园的建设过程更加规范化。

2. 智慧校园发展背景

从智慧校园实践看,根据智慧校园术语的变迁、研究和建设情况,结合智慧校园发展历程中的关键事件、驱动因素、拟解决的关键问题、教育形态的变迁、服务水平等,可以将智慧校园发展历程划分为五个阶段——校园网、校园信息化、数字校园(数字化校园)、智慧校园(智能校园)、新一代智慧校园。

第一阶段：校园网（20世纪90年代初至2001年）。传统校园融入互联网元素，校园通过互联网打通了与外界的联系。标志性事件是1992年清华大学首次采用TCP/IP体系结构建成校园网、1994年国际专线正式接入因特网等，由此拉开了全国建设校园网的序幕。尤其是2000年中小学实施"校校通"工程和普及信息技术，全面推动了校园网的建设与应用。这个阶段主要表现为：少数学校建成校园局域网、计算机机房、校园电台、校园电视台，运用计算机、CAI课件等开展计算机辅助教育。

第二阶段：校园信息化阶段（2002—2005年）。随着教育信息化1.0时代的来临，学校信息化发展从校园网跨越到校园信息化阶段。标志性事件是出台了全国首个以"教育信息化"命名的发展规划《教育信息化"十五"发展规划（纲要）》，大力推进教师教育信息化，全面实施"金教工程"等。国家高度重视教育信息化，以系统工程视角全面推进教育信息化，教育信息化产业逐渐成熟。这个阶段主要表现为：学校信息化基础设施建设有了较大幅度提升，广播电视从模拟走向数字，信息化与学校业务逐渐融合，各类应用系统逐渐增多，信息化教学资源逐渐丰富，信息化教学和信息化管理逐渐常态化；信息化教育和现代远程教育发展迅速，并在扩大教育规模方面发挥了重要作用。

第三阶段：数字校园/数字化校园（2006—2011年）。标志性事件是2006发布了全国首个中长期国家信息化发展战略《2006—2020年国家信息化发展战略》，2008年全面实施"金教工程"等。这个阶段主要表现为：数字校园学术研究显著增多，意识领先的省市区大力推进数字校园示范校建设，校园网速显著提升，无线校园逐渐推广，打通孤立应用系统，促进数据共享的诉求日益增强，信息技术与课程从整合走向融合，APP教育类软件逐渐增多等。

第四阶段：智慧校园/智能校园（2012—2018年）。标志性事件是出台了全国首个教育信息化中长期规划《教育信息化十年发展规划（2011—2020年）》（教技〔2012〕5号），出台了《中小学校长信息化领导标准（试行）》和《中小学教师信息技术应用能力标准（试行）》，出台了《智慧校园总体框架》GB/T 36342、《中小学数字校园建设规范（试行）》，大力推进"三通两平台"建设，启动"互联网＋"行动计划，启动全国中小学教师信息技术应用能力提升工程等。这个阶段主要表现为：信息化基础设施、应用系统、资源建设、应用与管理等达到较高水平，校园智慧化水平显著提升，大力推进宽带校园网建设，数字校园向智慧校园转型发展的呼声逐渐增强，智慧校园和智慧教室建设逐渐成为教育信息化领域热点话题等。

第五阶段：新一代智慧校园/OMO（Online-Merge-Offline）智慧校园（2019年以后）。标志性事件是出台全国首个教育现代化中长期规划《中国教育现代化2035》，启动全国中小学教师信息技术应用能力提升工程2.0，发布《职业院校数字校园规范》（教职成函〔2020〕3号）等。这个阶段将表现为：互联网（智能全光网、Wi-Fi6）、电信网（5G、6G）、广播电视网（卫星宽带）、智能电网（电力载波通信）、物联网等多网融合，将会加快推进校园网进入超高速信息通信时代；智慧校园在推动教育系统整体性变革、教育治理现代化、培养创新人才和智慧人才等方面的作用进一步增强；智慧校园的智慧化水平将会显著提升，能够为师生提供高体验感、高满意度的智慧教育服务；未来将呈现智慧教育、未来教育、线上线下混合OMO教育、移动在线教育、短视频＋直播教育等多种教育形态。

3. 智慧校园建设发展现状与困境

高校以智慧校园建设推动治理现代化提升，首先需要从高校改革发展的全局角度和战略高度出发，全面审视高校治理现代化进程中遇到的困难和问题。在高校治理现代化视域下，针对智慧校园发展中面临的现状困境，从统筹规划、业务融合、数据治理、技术应用4个方面进行深入分析：

1）智慧校园建设中全局性意识不强。智慧校园的建设离不开统筹规划与科学的顶层设计。当前，众多高校对智慧校园的建设，仍仅视为信息化职能部门需要考虑的技术性问题，且因为信息化部门在学校中边缘性、辅助性的角色定位，对全校智慧校园建设的重要性认识不到位，全局性意识不强，对高校总体建设和发展战略缺乏有力支持。

2）全校信息业务缺乏统筹管理、相互融合。信息系统是高校各部门业务办理、管理服务的重要载体。当前，部分高校业务系统各自为政、数量繁多、重复建设，功能相近、流程烦琐的系统大量存在，不利于业务办理及工作推动，业务未能融合，信息系统未能整合，不能满足业务办理个性化需求，无法为教学、科研、管理和服务等各个方面提供充分支持。

3）数据治理水平较低。高校数据是推动教育精准管理、科学决策和个性服务的关键核心，大数据技术是建设智慧校园的前提和基础。当前，高校数据治理水平较低，校园数据管理分散，数据孤岛林立，各部门业务数据缺乏共享和交互，数据采集重复填报现象频发，同质化工作较多，数据服务功能缺失，管理流程烦琐，业务办理困难且效能低下成为高校治理现代化中较为突出的问题。

4）技术应用较为落后。信息化基础建设属于高校信息化发展的重要内容。现阶段，众多高校的基础设施设备因建设时间较早，设施设备存在老化现象，资金投入不足，集约性建设需求考虑不足，技术应用较为落后，变成阻碍高校信息化建设的关键原因，无法为高校教育内涵式高质量发展提供支撑。

5.1.2 智慧校园建设管理新理念

物联网是智慧校园建设的重要基础。可将基于物联网的智慧校园的建设理念归纳为以下4项内容：

1）以智能感知为重要基础。在数字智慧校园的建设方面，可充分应用智能感知技术来实时动态感知、捕获、采集和传递校园中有关教学、科研、管理及与校园生活相关的各类生态、环境、资源和活动的数据，实现对师生学习工作生活的活动路线、师生与校园环境交流互动、校园各类设施设备的运行状态等的全面感知，为智慧校园的全面数字化建设提供强有力的基础保证。

2）以数据加工为核心要素。智慧校园的核心资产是数据，是架构智慧校园的基础。

涉及智慧校园中人和物的各种活动、环境交互等的信息要全面数据化，网络信息数据要全过程化、要素化、连接化、共享化。同时，网络信息数据连接要广泛化，通过实时动态连接产生反馈、互动，从而激发深层次的融合与创新。

3）以业务流程为关键载体。智慧数字校园可以看作由广大师生和各类教学设备作为"节点"组成的大规模"实时协同分工网络"，广大师生和各类设备"节点"之间的协同分工通过构建统一的业务流程网络加以实现。在此过程中，流程是数据得以产生、流转和使用的载体，是智慧数字校园中教学、科研、管理和生活等活动实现的方法和途径。数据的传输也是通过统一的业务流程网络得以产生、流转和使用的。

4）以综合服务为终极目标。破除物理校园的界限，解决师生在教学、科研、管理和生活中遇到的实际困难，为广大师生提供个性化、一站式、线上线下相结合的综合服务体系，并加快构建适合高校个性化人才培养、科学研究、管理决策的智慧型生活服务圈。

5.2 特征与内涵

5.2.1 智慧校园的特征

智慧校园具有以下特征：

1）环境全面感知。智慧校园中的全面感知包括两个方面：一是传感器可以随时随地感知、捕获和传递有关人、设备、资源的信息；二是对学习者个体特征（学习偏好、认知特征、注意状态、学习风格等）和学习情景（学习时间、学习空间、学习伙伴、学习活动等）的感知、捕获和传递。

2）网络无缝互通。基于网络和通信技术，特别是移动互联网技术，智慧校园支持所有软件系统和硬件设备的连接，信息感知后可迅速、实时地传递，这是广大用户按照全新方式协作学习、协同工作的基础。

3）海量数据支撑。依据数据挖掘和建模技术，智慧校园可以在"海量"校园数据的基础上构建模型，建立预测方法，对新获取的信息进行趋势分析、展望和预测；同时智慧校园可综合各方面的数据、信息、规则等内容，通过智能推理，做出快速反应、主动应对。

4）开放学习环境。教育的核心理念是创新能力的培养，校园面临要从"封闭"走向"开放"的诉求。智慧校园支持拓展资源环境，让学生冲破教科书的限制；支持拓展时间环境，让学习从课上拓展到课下；支持拓展空间环境，让有效学习在真实和虚拟情境都能得以发生。

5）师生个性服务。智慧校园环境及其功能均以个性服务为理念，各种关键技术的应用均以有效解决师生在校园生活、学习、工作中的诸多实际需求为目的，并成为现实中不可或缺的组成部分。

5.2.2 智慧校园的内涵

从功能来看，智慧校园首先是基于信息技术的，是数字校园的提升，是教育信息化的新境界。智慧校园提供智能感知的生活环境、校园生活服务平台；智慧校园提供了一个新的管理模式。

追溯校园信息化的历程，智慧校园的内涵应该包括以下几个方面。

1）智慧校园的目的是促进教育教学效果的提升和校园管理的转型。智慧校园作为智能感知环境，其意义体现在便捷的生活服务，因为校园即社会，教育即生活，师生是校园的主体，便捷的生活和工作环境是教学科研的基础；一体化的教育教学服务来自大数据收集、传输和存储，更重要的是大数据分析，在此基础上进行泛在学习和个性化教与学；智慧校园作为一种新的管理模式，灵活、便捷、安全、科学，广泛参与，涵盖校园管理的方方面面。

2）智慧校园为教育教学提供新的研究视角——洞见和预测。从计算机单机到互联网，到物联网、云计算、移动计算，再到大数据，每一次技术的进步与更新，都能为我们提供学校教育新的认识视角和研究视角，我们也有机会深入了解、重新认识教育及其发展规律。从另外一个角度讲，我们对教育的了解还不够深入，忽视了数据的重要性，从而忽略了对未来的洞见和预测。

3）智慧校园成为校园文化最主要的内容。文化是一个宽泛的概念，而智慧校园因为承载校园文化而成为校园文化的主角。如现在建设的教育部思政教育平台——易班网已经成为很多学校的思政交流和校园文化阵地。

5.2.3 智慧校园与传统校园的关系

传统校园数字化为数字校园，数字校园智慧化为智慧校园，智慧校园是智慧学习环境的组成部分。现实校园、数字校园、智慧校园之间是"耦合"的关系，耦合程度越高，越有利于数字校园的建设与发展。数字校园和智慧校园是传统校园的补充，而不是取代传统校园，智慧校园是数字校园智慧化到一定程度的产物。

智慧校园与数字校园相比，在环境、管理、技术、服务提供、教学科研等方面还存在较大的区别，如表5-1所示。

智慧校园与数字校园的差异　　　　表5-1

类项	智慧校园	数字校园
校园环境	数据化；全面感知、实时处理；安全、开放、便捷、协作、节能	数字化，存在信息孤岛
管理与决策	统一、协同、预测；创新、科学决策	分散管理，各自为政
关键技术	物联网、虚拟化与云计算、大数据分析	互联网
服务提供	统一认证、统一数据库；可协作、自适应、友好的线上社区；基于定制的信息推送；泛在导航；按需提供	人工和数字化服务单独提供，信息单向传递，呆板

续表

类项	智慧校园	数字校园
教学	智慧教学平台；个性化教学、个性化学习；教育资源分配预测；培养创新型人才	多媒体教学，数字化教学平台
科研	科研管理精细管理，用数据说话；避免重复，检索成果数据，成果评估；科学研究可用数据广泛、分析手段丰富	经进行项目申报管理
信息化环境与资产运维	智慧运维，故障预警和智能处理，运行环境监控，基于虚拟化和云的资源调配和管理	设备、系统单独管理

智慧校园的"智慧"主要表现在智慧环境、智慧管理、智慧教学、智慧学习、智慧科研、智慧生活等方面，具体表现如表 5-2 所示。

智慧校园智慧性表现　　　　　　　　　　　表 5-2

智慧性	"智慧"表现
智慧环境	教室、图书馆、实验室等学习场所的温度、湿度自动感知、自动调整，灯光亮度自动调节；空气污染、噪声自动监测，自动通风，自动降低噪声；恶劣气候环境的智能提醒；细菌超标自动提醒
智慧管理	校园安全自动监控；师生心理问题动态化智能干预；智能考勤；智能门禁；水、电、暖气等能源的自动节能监控；办公文件的智能流转；重要事情的智能提醒；图书智能借阅，仪器设备的智能借阅；财务智能转账（如校园卡内低于 100 元时，自动从银行转账）；网络故障、服务器故障的自动报警（如有故障时，立即给管理员发信息）；网络流量智能管理；教室、体育场、会议室等智能管理
智慧教学	教学内容的智慧聚合；教学方法、模式的智能推荐，依据学生水平，智能组卷，网络协同备课；教师教学能力的智能训练
智慧学习	学习情景自动识别；学习资料的个性化推送，学习过程的自动分析；学习结果的自动分析；人生成长的数字化记录；职业生涯的智能咨询；相同兴趣学习伙伴的智能聚合；无处不在的个性化移动学习；学习内容难度的自适应
智慧科研	科研资料，尤其是最新研究进展、学术会议信息的自动推送；科研团队的网络化聚合；科研数据资料的自动分析处理；科研论文的网络协同协作；科研创新的智能发现
智慧生活	旅游路线的智能设计；购物、就餐智能推荐；血压、血糖等自动监控；用药智能提醒；基于共同兴趣、个性化需求的智能交友；团体活动、娱乐信息智能推送

5.3 建设关键技术

从前两节得出，智慧校园的关键技术主要有物联网技术、云计算技术、虚拟化技术、大数据技术、移动互联网技术、信息推送技术及其他先进技术等。

5.3.1 物联网技术

智慧校园的基础是物联网技术，以此为基点，涵盖了众多基础设备、各种应用服务系统、不同类型的应用人群等。因此，智慧校园不仅是物与物之间的联系，更是人与物、系统与系统之间的无缝交互。因此，进行资源的有效开发与应用，实现装备设施与数字资源的充分融合，成为"智慧校园"发展的重中之重。

物联网（Internet of Things，IoT）是指通过各种信息传感设备，实时采集任何需要监控、连接、互动的物体或过程等各种需要的信息，与互联网结合形成的一个巨大网络，其目的是实现物与物、物与人所有的物品与网络的连接，方便识别、管理和控制。它是在当今社会互联网与计算机技术高速发展的基础之上发展而来，充分利用RFID技术、WSN网络技术、传感技术、纳米科技、智能分析处理等技术，构建一个超级网络，可涵盖当今社会的方方面面。在这样的一个世界中，RFID技术即电子身份识别技术，能够有效地识别、存储身份信息，通过WSN网络传输到中心系统中去，从而达到物体的识别与沟通目的。基于具有开放特点的计算机网络，进一步实现信息的发布和共享。

RFID（Radio Frequency Identification），即射频识别技术，是一种通过发射接收无线电信号，近距离内分析判断目标身份特征和对应数据，达到识别特定目标的目的。当前阶段，射频识别技术发展成熟，应用广泛，且成本相对其他技术更为低廉，但是该技术一般没有数据获取功能，大多应用场合为物体的身份识别和属性的保存，多应用于IoT的物体身份甄别。

传感技术利用不同类型的传感器，从环境、场合中获取相应的信息，进行相应的处理与识别后，通过网络传输至中心处理系统中。一般来说，根据环境与场合的不同，选取适合的传感器很有必要，可达到良好的效果。Wineless Sensor即无线传感，目前发展迅速且应用的场合多，为IoT提供了无线感知的手段。

WSN（Wireless Sensor Network），即无线传感器网络，该项技术的实现主要是通过部署在不同位置与场合的传感器，通过能够自行组网的无线网络实现互联，进而把各个传感器收集到的信息通过无线网络传输至中心处理系统中，从而达到对周边环境、场合、态势的监控的目的。通过中心系统的分析与处理，为相关的需求部门与单位提供高效的信息保障。该项技术运用了计算、通信传输及传感三项技术，对IoT的产业发展与提升起到良好的推进作用，可以运用于周边温湿度、扬尘等环境信息实时探测，今后会在更广泛的领域发挥其作用。

一般来说，IoT分三层，即感知层、网络传输层和应用层。

1）感知层。感知层通过对周边环境、特定场合的感知，获取相应的信息，从而为IoT的后期智能处理提供数据基础。全面精确的信息感知使IoT的智能化成为可能，通过部署不同的网络，如WSN、Internet无线传输网络等，及时有效地将感知的信息发送到中央处理中心。感知层是IoT的核心，通过其实现信息的采集。这一层就像人的皮肤和五官一样，通过不同的感官和触觉来探索物体和环境，进而获取相应的信息。

通常这一层会根据应用场合不同而设置对应的传感器，如温湿度传感器用来感知环境的湿度和温度、高速超重检查站设置的重量传感器用来感知车的重量、GPS终端感知目前的位置信息、摄像头感知动态的视频信息等。一般来说，感知层由两部分组成，即前端传感器和传感器传输网络。传感器获取相应的信息通过传输网络传输到中央处理单元。

2）网络传输层。网络传输层主要功能是实现 IoT 的数据与信息的传输。当前阶段，较为常见且使用广泛的传输网络有 Internet、各种无线通信网（微波网络、卫星网络、无线集群等）、有线通信网（光纤网络、有线电视网等）。

Internet 应用广泛，通过 IP 地址与硬件地址实现对计算机地址的标识。无线网络通常适用于短期内要建设完成且基础设施不是很完善的情况，开通周期短，建设成本相对低廉，但相对可靠性稍差一些。有线网络可靠性更高，但前期建设成本高且建设周期较长。可根据不同情况选择合适的网络进行建设。当前应用广泛的还有 M2M，即机器与机器之间信息的交互，常用的有机器到机器、机器到移动终端等方式，也能够实现可靠性较高的网络，且成本低廉。

3）应用层。如何能够体现 IoT 的智能性，对于人们来说，最为直观的是体现在应用层，通过感知层获取大量的数据与信息，经过传输网络到达中央数据处理中心，通过智能化手段，如利用算法库的支持，对同一事件进行协调沟通、联合处理，形成全面的信息集，提供辅助决策建议。常常需要对收集到的海量数据进行保存、智能运算及挖掘关键信息等。

5.3.2 云计算技术

云计算是基于互联网的相关服务增加、使用和交付模式，通常涉及通过互联网来提供动态、易扩展且虚拟化的资源。云是网络、互联网的一种比喻说法。从狭义上讲，云计算指 IT 基础设施的交付和使用模式，指通过网络以按需、易扩展的方式获得所需资源；从广义上讲，云计算是互联网相关服务的增加、使用和交付模式，通过互联网来提供虚拟化且动态、易扩展的资源。云计算，是基于网络的一种计算模式，利用非本地或远程服务器（集群）的分布式计算机，通过融合网格计算、并行计算、分布式计算、网络存储、虚拟化和负载均衡等技术，把诸多的计算机整合成可以提供超级计算和存储能力的强大系统，并以基础设施，即服务（IaaS）、平台即服务（PaaS）、软件即服务（SaaS）、数据即服务（DaaS）、管理即服务（MaaS）、网络即服务（NaaS）等模式实现运营，让用户在节省投资和维护费用的同时，还能够实现不同设备间的数据与应用共享。

IaaS 就是指以服务的形式交付计算机基础设施。基础设施，即服务提供了计算功能和基本存储作为网络上的标准服务。网络中包含了服务器、存储系统、交换机、路由器以及其他系统，并可用于处理工作负载。IaaS 云能以一种非常经济的方式提供资源，比如按需从头构建应用程序环境所需的服务器、连接、存储和相关的工具。

PaaS 是一个虚拟化的平台，它包括一个或多个服务器（经过物理服务器集群虚拟化）、操作系统和特定应用程序（例如面向 Web 应用程序的 Apache 和 MySQL）。平台即服务包含一个软件层并将其作为服务提供，这个服务可用于构建更高级的服务。从服务的创建者或消费者的角度来看，PaaS 至少存在创建和使用两种视角。创建 PaaS（这是指 VCL，Visual Component Library）的人可能会通过集成 OS、中间件、应用程序软件甚至一个开发环境来生成一个平台，这个平台之后会以服务的形式提供给用户。高校中使用 PaaS 的用户会看到一个封装好的服务，这个服务通过一个界面呈现给他们，用户只能通过界面与这个平台进行交互，该平台执行必需的任务来进行管理和扩展，从而提供给定级别的服务。虚拟设备可以归类为 PaaS 实例。通过使用 VCL，学生们不需要在其机器上安装任何特定的服务、解决方案或数据库。VCL 为他们提供了影像，他们只需要选择这些影像并在云提供的机器上使用它们。

SaaS 是指以服务的形式通过 Internet 访问软件的能力。软件即服务以服务形式按需提供完整的应用程序。软件的一个实例在云中运行并为多个终端用户或客户组织提供服务。远程应用程序服务的一个最佳例子就是 GoogleAPPs，它通过一个标准 Web 浏览器提供了多个企业应用程序。VCL 允许使用任何软件即服务解决方案、虚拟化解决方案和终端服务解决方案。VMWare、XEN、MSVirtualServer、Virtuoso 和 Citrix 都是典型的例子。VCL 还允许任何访问／服务交付选项，这些选项适合从 RDP 或 VNC 桌面访问到 X-Windows、再到 Web 服务或类似服务等各种内容。

DaaS 是指将网络中大量不同类型的存储设备通过应用软件集合起来协同工作，共同对外提供一种数据存储和访问的服务，云服务用户是根据实际存储容量来支付费用的。随着云服务用户将越来越多的重要数据托管给云存储服务提供商，数据安全是云服务关注的焦点之一。在智慧校园领域可以使用 DaaS 做数据级的备份。

MaaS 是通过分布式云数据中心强大的运维管理系统，对多数据中心的资源（包括应用、IT 基础设施和机房）进行统一管理。这不仅极大地提高数据中心所有者对云数据中心的管理效率，还可以通过灵活的分权分域功能和自助功能，使虚拟数据中心（Virtual Data Center，VDC）的使用者（如各级下属部门、各种租户、用户等）在授权范围内自由地管理和运营 VDC，也就是需要对租户提供管理的服务。MaaS 是分布式云数据中心不可或缺的一部分。

NaaS 是指通过网络虚拟化、安全设备虚拟化、SDN（软件定义网络）、大二层网络等技术，为各种用户提供不同方式的网络服务。具体包括：公网／私有 IP 地址服务、带宽服务、虚拟防火墙服务、负载均衡服务、自动化的网络配置服务、入侵检测服务、流量过滤服务、Web 应用防护服务、漏洞扫描服务、VPN 服务。

5.3.3 虚拟化技术

虚拟化是一个广义的术语，是指计算元件在虚拟的基础上而不是事实的基础上运行。它本身是一个为了简化管理、优化资源的解决方案。如同新建的写字楼里面空旷、通透，用户根据自己的需求通过装修划分出宽敞的办公空间，使办公楼的空间达到最大利用率。这种把有限的固定资源根据不同需求进行重新规划以达到最大利用率的思路，在 IT 领域就叫作虚拟化技术。虚拟化通过把物理资源转变为逻辑上可以管理的资源，降低了物理基础设施之间的耦合性。所有的资源透明地运行在各种各样的互联网平台上，资源管理按逻辑方式进行，实现资源的自动化分配。虚拟化技术优势在于终端用户能在操作过程中，感觉不到物理设备配置的差异、空间的距离。

虚拟化的根本目的就是通过有效管理虚拟资源和物理资源之间的映射关系来达到充分共享物理资源的目的，同时为应用系统提供高质量的服务。有效利用虚拟化技术，实现从独占到共享的转变，可以进一步达到整合、简化物理基础设施架构、提高资源的整体利用率、降低管理成本的目的。

按市场应用划分，虚拟化技术主要分为服务器虚拟化和桌面虚拟化。

1）服务器虚拟化。服务器虚拟化将系统虚拟化技术应用于服务器，将一个服务器虚拟成若干个服务器使用。简单来说，服务器虚拟化使得单一物理服务器上可以运行多个虚拟服务器，服务器虚拟化为虚拟服务器提供了能够支持其运行的硬件资源抽象，包括虚拟BIOS、虚拟CPU、虚拟内存、虚拟设备与I/O，并为虚拟机提供了良好的隔离性和安全性。服务器虚拟化技术不但可以增强硬件的可扩展性，充分提高基础设施效率，还可以简化软件的复用过程。

2）桌面虚拟化。桌面虚拟化将用户的桌面环境与其适用的终端设备解耦合。服务器上存放的是每个用户的完整桌面环境。以后可以使用不同的、具有足够处理和显示功能的终端设备，通过网络访问桌面环境。

5.3.4 大数据技术

大数据（BigData）指无法在可承受的时间范围内用常规软件工具进行捕捉、管理和处理的数据集合，是需要新处理模式才能具有更强的决策力、洞察发现力和流程优化能力来适应海量、高增长率和多样化的信息资产。

随着云计算时代的到来，数据出现爆炸式的增长，大数据受到越来越多的关注。大数据通常指生成的大量半结构化和非结构化的数据。在智慧校园中，随着云教育平台的建设和应用，校园的各种数据快速增长，通过从沉淀的海量数据中深入挖掘和建模分析，为学校的政策制定和决策提供科学依据，更好地服务智慧管理决策。

大数据可以从数据实体、数据技术、数据思维3个方面来阐释其内涵。它是一种海量多样的数据信息，是挖掘信息价值的新工具，也是合理运用新工具的新思维。从数据实体方面来讲，大数据是蕴含巨大价值的海量、高增长率、多样化和复杂关联的信息数据集，此种意义上也可称之为"海数据"；从数据技术方面来说，大数据是包含新的数据挖掘技术、数据处理技术、数据储存技术、数据分析技术、数据可视化技术及大数据平台技术等成系列的技术体系；从数据思维方面而言，大数据具有更广泛的意义，不仅是更多的全体数据代替随机抽样、更多的混杂件代替精确性，以及寻求相关关系代替寻求因果关系的一种思维，还蕴含着一种价值观和方法论，一种在人的价值观的指引下合理运用工具的理性价值观，一种试图运用数据认识世界、量化世界、理解世界和预测未来的方法论。但归根结底，大数据是一种认识世界、解决问题的技术，其数据实体是产生和使用此技术的基础和前提，其具体数据技术是完成其目的的实现路径，其数据思维是技术内涵的价值负载，它规定了技术的目的和手段。

大数据技术是指从各种类型的巨量数据中，快速获得有价值信息的技术。解决大数据问题的核心是大数据技术。目前所说的"大数据"不仅指数据本身的规模，也包括采集数据的工具、平台和数据分析系统。大数据研发目的是发展大数据技术并将其应用到相关领域，通过解决巨量数据处理问题促使其突破性地发展。因此，大数据时代带来的挑战不仅体现在如何处理巨量数据并从中获取有价值的信息，也体现在如何加强大数据技术研发，抢占时代发展的前沿，其主要的技术有：

1）数据采集：ETL（Extract Transform Load）工具负责将分布的、异构数据源中的数据如关系数据、平面数据文件等抽取到临时中间层后进行清洗、转换、集成，最后加载到数据仓库或数据集市中，成为联机分析处理、数据挖掘的基础。

2）数据存取：关系数据库、NoSQL、SQL等。

3）基础架构：云存储、分布式文件存储等。

4）数据处理：自然语言处理（Natural Language Processing，NLP）是研究人与计算机交互的语言问题的一门学科。处理自然语言的关键是要让计算机"理解"自然语言，所以自然语言处理又叫作自然语言理解（Natural Language Understanding，NLU），也称为计算语言学（Computational Linguistics），一方面它是语言信息处理的一个分支，另一方面它是人工智能（Artificial Intelligence，AI）的核心课题之一。

5）统计分析：假设检验、显著性检验、差异分析、相关分析、T检验、方差分析、卡方分析、偏相关分析、距离分析、回归分析、简单回归分析、多元回归分析、逐步回归、回归预测与残差分析、岭回归、logistic回归分析、曲线估计、因子分析、聚类分析、主成分分析、快速聚类法与聚类法、判别分析、对应分析、多元对应分析（最优尺度分析）、bootstrap技术等。

6）数据挖掘：分类（Classification）、估计（Estimation）、预测（Prediction）、相关性分组或关联规则（Affinity Grouping or Association Rules）、聚类（Clustering）、描述和可视化（Description and Visualization）、复杂数据类型挖掘（Text、Web、图形图像、视频、音频等）。

7）模型预测：预测模型、机器学习、建模仿真。

8）结果呈现：云计算、标签云、关系图等。

5.3.5 移动互联网技术

移动互联网将互联网和移动通信两者结合起来，使之融为一体。它把互联网的连接功能、无线移动功能及智能移动终端的计算功能整合起来，为用户提供移动互联网业务的网络与服务体系。用户可以通过手持终端，利用移动无线，通过各种网络（Wi-Fi、4G、5G等）接入互联网，使移动用户方便快捷地享受移动互联网服务。

随着我国高校校园无线网络的全面覆盖和智能手机使用率的不断上升，越来越多的学生通过手机和平板电脑上网获取资讯、学习阅读、收发邮件、社交聊天，移动互联网已经成为"互联网＋"智慧校园的一个重要特征。对于智慧校园建设而言，移动互联网并不是传统校园网的简单增容，或是直接在其终端的一个扩展。校园移动互联网的建设是结合智能手机本身的应用特点（屏幕大、便携、可定位、实时性、准确性等），再结合高校业务的需求，将两者融合，从而形成全新的平台和应用。

在"互联网＋"校园建设的大背景下，移动互联网相关的创新创意正不断出现在高校信息化建设过程中，从高校的招生宣传到学生管理、从教学服务到生活保障，各种各样的移动端校园应用软件层出不穷。目前，移动校园信息服务中包括以下较成熟的技术：

1）手机短信服务。利用短信中心，将校园内各种信息通过手机短信的形式进行收集或分发。此外，用户根据自身的需要也可以编辑手机短信自主查询。

2）校园微信。对于学生，可用于发布关于学生课程、活动、成绩等各项内容，实现更新学校重大通知、展示学校特色、实现自助查询。对于家长，可查看公告、查询学生成绩与课程表、查费与缴费、一对一答家长问等功能。对于教师，可以办公应用、互动交流，可发布工作日程并可与同事共享，可查询工资发放情况与明细，更多功能可定制研发，如媒体发布、选课、互动教学等功能。

3）移动图书馆。移动图书馆集成了数字图书馆的功能，读者可以使用智能移动终端设备随时随地使用图书馆提供的各项信息服务。

4）移动办公。通过将校园办公自动化系统中的业务以触发的方式与移动智能终端进行绑定，实现双向互动，可以进行文件流转、信息发布、文档编辑等办公操作。

移动应用目前主流的开发模式有两种，分别是传统的原生开发和基于 HTML5 的 Web 应用开发。两者在功能开发、用户体验、设备方面有较大的差异。原生应用开发技术可访问手机所有功能（GPS、摄像头），速度更快、性能高、整体用户体验较好。但是，它的开发周期较长，成本较高，且原生应用没有跨平台兼容的能力，针对每个平台都要完全重新开发。基于 HTML5 的 Web 应用开发能轻松实现跨平台，开发效率高且成本低，但是它调用本地文件系统能力较弱，运行受到网络环境的限制较多。WebAPP 基于 W3C 标准的 HTML 语言开发，能够轻松跨平台，开发者不需要考虑复杂的底层适配和跨平台开发语言的问题。同时，相较于传统的 NativeAPP，WebAPP 在投入上也会大大降低。WebAPP 无须安装，只需通过浏览器进行域名访问即可。移动应用的迭代周期较短，平均不到 1 个月。WebAPP 免去了频繁更新的麻烦，无需用户手动下载更新，同传统网站一样可以实现动态升级。

5.3.6 信息推送技术

信息推送服务（Information Push Services，IPS）是指在网络环境下，通过数据库和信息互联网搜集关于用户的个性化信息，并利用多种媒介手段将信息传送至用户。

1. 信息推送服务与传统的信息获取方式相比的优势

1）及时主动性。IPS 根据传送信息的类型和重要性不同，主动提醒用户接收新信息。

2）针对目的性。IPS 允许用户订制接收信息的类型与内容，能够满足用户的个性化信息需求。

3）集成性与智能性。为保证信息内容的精简、准确，IPS通过数据挖掘与知识发现等技术能够对信息进行综合分析与处理。

当前，随着高校信息化水平的不断提升，高校的数字化校园工程已实现了对校内各种数据资源的有效集成与整合，尤其是身份识别认证、数据共享及信息门户三大信息平台的建设，为IPS的创建提供了必要的技术保障。首先，身份认证识别平台为IPS提供可靠的信息推送对象；其次，IPS需要在庞大的数据资源基础上，通过数据挖掘、知识发现等技术，搜寻用户感兴趣的、关注度高的信息，而数据共享平台能够有效整合、集成了校内各个业务系统的数据资源，为IPS业务的开展打下了坚实的数据基础；最后，IPS可利用数字化校园下的信息门户平台，通过Web广播等技术手段完成信息推送任务。由此可见，数字化校园项目的建设为高校开展信息应用与服务奠定了良好的工作基础，同时也为IPS的构建提供了强有力的技术保障。

高校信息推送服务系统具备成熟的多层体系架构，分别是应用表达层、数据报封装层、数据服务层、技术支撑层。应用表达层包括信息推送、用户评价及反馈、系统管理、信息校准4个软件应用，该层主要负责为用户提供信息应用；数据报封装层主要负责接收数据服务层传输的数据，并按照消息报文规范对数据进行封装处理，为下一层应用提供标准的消息源；数据服务层通过对用户关联信息的统计与分析，以找出用户兴趣度强或关注度高的信息和知识；技术支撑层依托数字化校园环境下的身份识别、信息门户、数据共享三大信息平台作为系统的技术支撑，通过数据共享平台为系统采集基础数据。

2. 基于互联网＋智慧校园环境下的信息推送系统，在设计上应遵循的原则

1）信息推送系统既要实现信息的基本推送（Push），还要完成对信息的拉取（Pull）。由于用户对信息的兴趣度与关注度并非固定不变，系统需要根据用户的信息反馈，改进并完善相关数据挖掘模型，确保挖掘出的信息准确度更高、针对性更强。因此，信息推送系统不但要完成信息推送的基本服务，还要根据所拉取的信息不断调整和优化系统自身。

2）信息推送系统应具备多媒介渠道的信息传播方式。系统应能够通过IM实时通信软件、Web广播、手机短信、Wap页面等多种信息传播手段的运用，将信息及时传递给用户。

3）信息推送服务应具有用户灵活订阅服务的机制。信息推送服务是基于数字化校园建设而开展的一项全新的数据应用服务。为了避免垃圾信息给用户带来的负面影响，信息推送服务必须经过用户授权才能生效，且用户有权根据自身实际需要定制信息的内容、类型和接收方式。

4）信息推送服务应从制度和技术上为用户的个人隐私提供双重保护，信息推送服务的数据源主要来自学校数据共享和身份认证识别两大信息平台，由于系统所推送的信息一般都会涉及用户的个人隐私，因此系统在设计、实施乃至运维阶段要从制度和技术上为用户的个人隐私提供双重保护，确保用户的个人隐私不被泄露。

基于移动互联网的智慧校园，结合个性化的数据挖掘技术将信息从服务器及时准确地

传递给师生。常见的信息主动推送技术有定期轮询方式、短信通知方式和服务器与客户端保持长连接方式。智慧校园信息主动推送平台提供相应的网页接口，实现从服务器端到移动终端的校园资讯、成绩推送借阅到期提醒、邮件到达通知等。

5.3.7 其他先进技术

1. 先进组网技术

WLAN、移动互联网、WPAN、WBAN、无源光网络、10G以太网等先进组网技术的应用，确保智慧校园在时间和空间上的网络无缝覆盖，实现个人或人群间智能终端的相互连接、通信和资源的共享，满足智慧校园建设的内容传输承载监管要求，保证多媒体教学、资源传输等高带宽需求，共同营造智慧网络环境，是智慧校园建设的重要支撑。先进组网技术对智慧校园建设的影响包括教育资源碎片化、教育场景移动化、教育模式按需化、教育形式互动化等。

2. 教育仿真技术

目前，教育仿真技术主要集中在软件、工具等方面，如仿真实验室、仿真教学环境、仿真教具等，这也是目前智慧校园建设的重点。但未来智慧校园的建设应更关注教育系统的仿真研究及应用。它是教育技术学领域中的一项关键技术，将会成为推动教育事业发展的利器。教育系统仿真的目的是对教育系统发展演变过程进行再现，分析教育现象及其过程，发现教育发展中的问题，以便为教育决策者制定合理的决策提供有效支持，或对教学进行正面干预以促进学生的发展。

3. 学习分析技术

学习分析技术是测量、收集、分析和报告有关学生及其学习环境的数据，用以理解和优化学习及其产生的环境的技术，从而提高学习效率和教学效果。它的应用使智慧校园建设中的各主体，如教师、学生、教育管理者，可根据自身定位来完善自身行为、提高效率。大数据支持的学习分析技术将会使未来学习、教学和管理更加精准化、高效化。

4. 可穿戴技术

可穿戴技术是一种能把多媒体、传感器和无线通信等技术嵌入人们衣着中，可支持手势、眼动操作等多种交互方式的创新技术。可以跟踪使用者的心率、血压等生命指标、专注、疲劳等大脑状态，还可检测学习过程中的情绪变化，为个性化学习提供支持。可穿戴技术将会使未来学习和生活更具智能化，是未来智慧校园建设的方向之一。

5. 3D/4D打印技术

3D/4D打印技术促进了教学和学习创新，有利于提高学生的动手能力、激发学生的学习兴趣、培养学生的创造力。尤其是4D打印技术，它颠覆了人们对打印的传统认识，打印不再是创造过程的终结，而仅是一条路径，打印的产品可以进化，使其具有智慧的属性。它将会激发教育中的很多创新，可设计出具有自我修复功能的产品。3D/4D打印技术应用在智慧校园建设中，将推动教学的创新。

5.4 建设规划

5.4.1 智慧校园建设策略

1. 顶层设计

智慧校园的建设需要站在高等教育发展总体战略的高度，从高校信息化发展全局的视角对高校智慧校园建设进行长远规划、系统设计，确定智慧校园的发展目标、任务、措施与配套体系，同时采取分步实施的策略，有计划、分阶段、上下联动、相互配合，有序地推进校园信息化建设。

2. 育人为本

智慧校园的建设和运行方式都要符合学生特点和育人规律，尊重学生的主体地位，创造有利于学生快乐学习、健康成长、智慧发展，有利于教师专业教学和科研开展的智慧环境。

3. 问题导向

智慧校园的归宿在于应用信息技术手段解决传统教育中的问题。推进智慧校园建设必须坚持以问题为导向，以应用驱动建设。建设过程中要依据需求确定系统建设的总体目标和方向，搞好各项业务分析，建设实用的业务系统，有助于教育教学模式的变革和教育体系的创新；要坚持边建边用，实现以用促建、建用互动、不断完善。

4. 融合创新

坚持信息技术与教育深度融合的教育信息化核心理念，将信息技术有效应用于教学训练过程，为学生和教师的学习和生活创建数字化的空间，营造一种富有智慧的新型学习环境，支持信息获取、资源共享、情境创设等，实现充分发挥学生主体作用的教与学方式，促进教学要素相互联系和作用方式的变化，推动教育教学结构发生根本性变革。

5. 开放合作

智慧校园建设是十分复杂的系统工程，仅依靠任何单一的力量都难以完成，必须走多途并举、合作共建之路。既要坚持开放合作，采取校企合作、校企共建、租赁服务等多种方式，借助外部力量促进发展；同时也要整合校内资源，广泛发动校内职能部门、技术单位和相关院系的人才、技术和管理力量，合力推进智慧校园建设。

6. 特色发展

首先要体现高等教育的类型、层次特色，为高校教育教学和人才培养服务；同时，在各高校之间，不同的高校由于办学历史和传统、办学规模、专业设置、管理模式的不同，校园信息化起步的早晚、发展水平高低存在着差异，对于智慧校园建设的需求也不同，各个高校必须结合自己的个性化需求，选择适合本校特点的智慧校园建设内容和方法。

5.4.2 智慧校园建设内容

1. 基于智慧感知的校园环境

便捷、协作、节能的校园环境，是智慧校园对校园物理环境的基本要求。这个物理环境实际上融合了网络和数据，目的是给学习及其辅助要素提供最高效、最简单、最易用的空间和环境，包括基础网络、环境感知与泛在导航、门禁与号牌识别、能源监管系统等。

智慧校园基础网络要达到泛在网络的程度，即网络无所不在，为泛在学习、移动学习及移动办公提供网络支撑。网络包括有线和无线覆盖：有线网络技术成熟、稳定、带宽高、相对安全；无线网络部署灵活。有线和无线网络相结合能发挥各自的优势，全面覆盖形成泛在网络，基本能满足移动学习和办公的需求。有线网络用于室内网络覆盖，在一个园区的用户采用统一网络接入，即在校园内任何地点、任何时间，使用任何智能终端，只需一个账号登录一次，就能访问权限之内的所有信息和服务，比如选课、缴费充值、成绩信息查看等。统一网络接入的前提是泛在网络，实现途径是统一认证系统，以使用笔记本电脑、平板电脑或者智能手机等智能终端。

环境感知技术是利用物联网进行环境信息获取的技术，包括视频图像识别技术、射频技术、无线网络技术（WLAN、移动互联网、WPAN、WBAN、Zigbee）、二维码等，实时感知人或物附近环境。提供导航服务，如教室排课情况、图书馆座位、图书借阅信息的查询、外来人员服务，如校内GIS地图导航、办事流程查询、科室职责查询等；提供学习者个性化学习服务，如捕获并分析学习者学习状态，提供个性化辅导、资源等，帮助提高学习者的学习效果；楼宇与室内环境的智能调控，如温度、湿度、亮度等；门禁系统主要针对楼宇各出入口，通过指纹识别或者一卡通识别，或者其他方式，对校内正常出入人员进行身份识别后放行，方便了人员出入，减少了不必要的安全力量；车辆号牌识别系统用于校门或者校内区域性的车辆出入或停靠的自动识别、放行、泊车。

能源监管系统主要用于技术上的节能管理，通过部署智能水表、电表等，对校内各房间或楼宇用水用电等进行智能监控，发现问题，提前预警；通过感知系统控制路灯、教室、会议室等的照明系统。管理人员通过智慧网络随时查看系统运行情况，掌握能源使用状况。

智慧校园的校园环境不再是信息化技术和设备的简单应用，而是通过先进的理念，应用先进的信息技术和设备，实现人与人、人与物、物与物的全面、充分地协同，同时采集大量数据，通过对大数据的挖掘获得有价值的导向，对未来进行预测，指导教学，指导校园治理，乃至指导教育决策。

2. 基于个性推荐的智慧教学系统

智慧校园环境是基础，智慧校园建设的目的是支持教学。这种支持可以是直接的，也有间接的，其中，智慧教学系统是大数据背景下必不可少的校园信息化主要组成部分。

智慧校园中的智慧教学系统不同于数字校园孤立的多媒体教学和数字化教学平台，除了数字校园时代便捷性、网络化、泛在化（不受时空限制）特征，其功能和组成均有较大拓展：包括以大数据为基础，以学习分析为手段的个性化教学，可协作、自适应、友好的线上社区，基于定制的信息推送程序，例如掌上校园，是对教育教学资源的管理，对教学资源的分配预测等，具体来说，应具备一些新的特性，如能涵盖教学相关的所有环节（教学计划、教师分配、教室安排、编班、排课、备课、上课、课后互动、辅导答疑、协作学习、考试、作业提交批改、评教、听课教研活动等）、数据统计分析、支持个性化学习、资源按需获取、教学效果评价、对教学效果进行预测、对资源分配进行管理和预测。

智慧校园的个性化教学具备了关注并记录学生的个体差异及丰富其个性体验的技术基础，完全能够做到个性化教学。智慧校园中的教学管理系统能够全程感知并记录学生的学习时间、学习情境、学习状态、学习效果、学习需求等，并将之转化为大数据进行分析处理，据此为学生和教师提供基于数据分析的学生评价和诊断结果，为下一步教学安排提供依据和方向；教师据此可以有针对性地对学生进行辅导，学生可以根据自身学习状况进行针对性的补充练习，比如可以给不同程度的学习者组合不同难度的练习题或试卷，并给出不同频度和时间间隔，这样可以使学习者在相同的时间内完成学习进度；同时，在判断学生学习效果和需求之后主动推送合适的所需信息和资源。因此，基于大数据分析的个性化学习能够有助于辅助实现个性化教学。

从数字化教学走向智慧教学已成为信息时代教学发展的必然趋势。智慧教学是教师在智慧教学环境下，充分利用各种先进的信息化技术和信息资源开展的教学活动。总的来说，智慧校园提供了一个智慧教学环境，智慧校园的智慧型教学系统涉及教学的全过程，克服了信息孤岛，能提供智慧教学服务。

3. 基于大数据的决策系统

在大数据时代，可通过对采集到的所有实时数据和历史数据进行分析，为教育教学资源分配等提供决策支持。可预测的数据处理系统（采集、传输、存储、挖掘）基础数据不仅包括结构化数据，还包括图像等非结构化数据，通过搜索引擎技术、超文本全文检索技术、多媒体检索技术、人工智能技术、大数据技术，对大数据进行分析，洞察和预测教育教学的发展方向、校园资源配置及决策办学方向。

4. 基于云的信息化技术框架

全面将数字化校园升级到"互联网＋"智慧校园，不仅能进行学校内部的信息化架构改造，还能够充分利用互联网的资源整合优势与技术优势，为高校提供相应的信息化服务内容。"互联网＋"智慧校园不仅要建设在学校的私有云上，还要使用公有云。从MOOC课程开始，学校和课程的界限开始模糊，部分学习在云端开展，必须相互结合，才能全方位地进行数据的收集，进而科学决策。

5. 基于内外融合的全面信息服务

高校信息化的使用者和终端用户在10年前已经发生了巨大的变化，大量的教职工与学生已经完全适应了互联网模式带来的便利与快捷。因此，学校内部的信息化建设不能只着眼于校内现有的业务与内容，必须进行有效拓展，利用基础运行云平台的开放能力和整合能力，将互联网服务充分引入高校内部。

同时，我们也必须充分考虑学校的自身特色，将互联网服务与校内业务有机地整合，其目的在于提高互联网服务的先进性和利用优质资源，对校内业务进行优化，帮助学校在管理、教学、科研等方面进行全面提升。

6. 基于开放生态的运营机制

未来高校信息化建设的核心是以面向角色的服务为导向，建立整体数字化校园开放性生态体系。以先进的技术构架为依托，创造一个高开放度的信息化环境，更好地应对学校内部业务变化和外部信息技术发展趋势带来的冲击。构建这样的一种生态体系，学校需要从技术架构、建设思路、建设模式等多个方面进行转变。要做到能够同时满足技术发展的需要、学校业务的需求、供应商参与的诉求，充分利用学校在信息化方面的人力与物力，构建良性的、可持续发展的校园信息化生态。

基于开放的信息化环境，将校内信息化建设成果和校外物联网应用都以服务的形态进行重新梳理、重新组合，并通过有效的管理机制在校内的统一应用平台上进行注册、发布，为校内师生提供综合性的服务获取通道和高体验度的应用服务，大大增加用户黏性与依赖度。基于高使用率的综合服务，校内师生不但可以在综合服务平台上使用服务，还可以对校内服务进行评价和反馈，综合服务平台同时记录下各类用户的操作轨迹、用户行为，辅以传统的管理业务数据，为各级管理者提供全面、有效的数据分析服务，帮助各级管理者决策分析，优化业务模式。各类需要优化的应用，需要有效的运营机制保障，在校内建立长效化、持续化的运营机制，保证校内应用和服务的升级与迭代。在运营机制的保障下，借助快速建模工具和快速开发平台，让信息中心建设方和服务提供商都可以基于完善的运营机制参与其中，共同提升校内信息化水平。

如此一来，为学校的学生、教职工、管理人员、校领导，以及校外服务提供商和社会人士提供一个良好的生态圈。生态圈的形成，不仅能围绕学校的各个角色提供优质的服务，并能对各类信息系统进行有效的整合重组，提升信息化成果使用率，发挥数据积累价值，持续为学校各级领导和管理者优化管理提供数据支撑，并进行学校管理模式和服务模式的优化和再升华，达到持续更新、持续迭代的效果，保证校园信息化建设的先进性和可持续性。

5.4.3 智慧校园规划方案

在智慧校园的规划中可以借鉴双一流高校的经验，建立"五个一"的组织机制对建设进行保障，即"一把手"工程，寻求"一笔"满足需求的建设经费，设立"一套"切实可行的政策保障体系，建立由学校多个部门参与的"一个"机构，并配套"一批"人员推进建设。从"机制创新、统筹规划，先行先试、稳步实施，标准规范、重视安全，以评促建、增强绩效，校企合作、市场配置，区域协同、共同发展"六个方面着力。

1. 智慧校园的规划模型

智慧校园的活动主体主要有学生、教职工、管理者、在校居民与社会公众等，活动主体涉及的活动主要有学习、生活、科研，以及物业、建筑、环境、文化、健康、环保和公共安全管理等诸多方面。

智慧校园的"智慧"主要体现在活动主体在各种校园活动的"智慧性"。所谓活动的智慧性是活动主体能够高效率和高质量地完成各种活动，且活动与活动能相互影响、相互协作和产生正向作用，也就是要打造一个自适应、自平衡的校园生态圈。具体来说就是智慧校园应该使校园活动主体能够便捷地得到所需的高质量服务，并具有感知、记忆和思维判断。如同研究城市、智慧园区一样，必须理清校园活动主体有哪些、客体（环境）有哪些、活动有哪些及其相互作用关系。智慧校园关系图如图5-1所示。

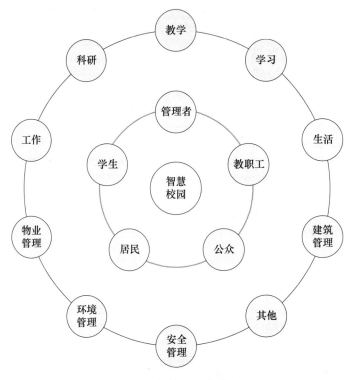

图 5-1 智慧校园关系图

2. 制定科学的规划机制

信息化建设对于一个学校而言，应该有中长期战略规划和短期建设规划。中长期战略规划的作用在于响应国家相关部门，尤其是教育部、教育厅等部门对教育信息化工作的中长期规划和要求，为学校信息化工作制定中长期建设战略目标、原则及指导思想，同时要与学校中长期发展相配合，如响应国家和学校的"十四五"规划要求，制定信息化"十四五"规划，使全校的职能部门、学院、信息化管理部门、信息系统使用部门、信息系统的运维人员对未来发展方向有清晰的了解；短期建设是为了分解中长期建设战略规划，对未来2～3年或者本年度的信息化建设项目、重点和创新工作做出详细的安排，使信息化建设和使用部门、信息化运维人员对此有详细的了解，为技术和产品调研提前做好准备。

短期建设规划一般应以信息化项目库的方式按2～3年滚动建设，按年度和经费及时调整，做到不浪费经费。由于学校的特殊性，一般上一年的 11 月完成次年的经费预算，然后上报财政部门；学校一般 2 月底开学，3 月经费才能到学校，然后开始招标投标，而本年度 12 月下旬财务支付截止（需要在 12 月中旬前完成验收和资产入库工作），中间还包含接近 2 个月的暑假时间，而一个项目从政府采购网公告开始到招标结束接近 1 个月用时（在确保不能流标的假设下），其实留给项目的建设时间很短，因此通过项目库的方式，提前调研做方案，就可以很快进入招标投标流程，进而加快建设进度和财务支付进度，做到资金的精细化预算和支付。另外，信息化项目库的项目必须经过申报立项、方案设计、产品选型、专家论证等环节。

智慧校园建设申请立项一般应由信息化使用部门提出申请，并初步完成基本的需求调研和产品选型，经过本部门领导审批和专家的论证。

智慧校园建设立项审批要在学校信息化建设领导小组的领导下，在信息化建设领导小组办公室根据中长期规划和信息化建设的实际需要进行初步筛选的基础上，进行现场阐述和答辩，同时将邀请校内外专家进行现场论证并排出优先顺序，论证通过的项目进入项目库，等学校批复建设资金额度后进行最终项目的立项确认并上报学校校务会通过。信息化管理部门将与财务部门协调做好专项资金的绩效目标撰写、与采购部门做好产品或服务的采购方式选择，完成后在财政系统以项目的方式报备。

审批后的项目将进入建设阶段。建设阶段分两个阶段，即招标前需求和参数的撰写、招标后实施和验收。由于每个项目都是在智慧校园的框架下进行，有的项目会涉及很多个部门参与、多个系统的联动，需要多轮、多部门的协调、调研和讨论；如果没有成熟的、现成的方案就会花费更长的时间，导致项目延期建设，不仅不能完成本年度的目标考核，同时也会影响下一年度的建设。

建设规划方案应在充分调研现状、需求及利益相关者的基础上，形成文件型可行性方案。完整的建设规划方案主要应包括建设组织机构及职责、建设模式、遵循标准、建设内容、建设目标、建设阶段、技术方案、体系架构、建设经费等。

3. 建设权威的组织机构

从智慧校园建设的成功经验来看，智慧校园建设的领导工作必须由校长或副校长主管，唯有校长或副校长才可以协调、组织学校各部门的资源，排除智慧校园建设中遇到的各种障碍，举全校之力推进智慧校园建设。除了由校长或副校长协调推进智慧校园建设之外，学校还可以尝试设置 CIO（Chief Information Officer，首席信息官）职位的方式，由 CIO 负责推进学校的智慧校园建设工作。无论是校长或副校长还是 CIO，都应该具有很强的组织协调能力，具有很强的教育信息化能力，能够准确地把握智慧校园的建设内容与未来发展趋势。

建设组织机构包括领导机构和执行机构、相应的工作制度及人员岗位职责、任务分解等，其作用是让参加建设的校内人员和中标企业人员相应地明确分工，明确各岗位的责任，加强进度推进和验收监督，协调推进中的各种问题，确保智慧校园建设的顺利进行。组织机构需要有学校一把手的参与，同时要有行业权威专家，这样才会形成全局参与、深入发展的局面。

4. 选择合理的建设模式

在"互联网+"时代，学校的智慧校园建设需灵活进行，不能坐等学校投入才来发展，要多途径发展，合作共赢。

1）校园信息化建设模式从经费的角度看主要有独立建设、合作建设、第三方建设、租赁四种。① 独立建设即学校独自投资，购买设备、应用系统及其售后服务。② 合作建设一般是学校和运营商、银行等合作，学校出资建设核心系统、合作方一般按照学校的要求购买通用的设备，合作方购买的产品使用权在学校，产权在合作方；该部分产品在合作期内的维保费用原则上由合作方支出。③ 第三方建设特指PPP项目，完全由第三方投建并运营，学校提出需要并对其考核，如第三方投建校园网，第三方的利润通过运营商及增值服务获取，学校不用资金投入，但学校需要在监管上下大力气。④ 租赁一般是学校购买服务，如信息安全服务、公有云服务等。不同经费来源建设模式的优缺点对比如表5-3所示。

不同经费来源建设模式的优缺点对比 表5-3

模式	优点	缺点/风险
运营商投建	较好的带宽资源和运营经验，重视高校市场； 宿舍网由运营商建设，学校节省了相关资金投入	（1）排斥其他运营商，形成垄断； （2）学校控制力度弱，运营商按照"小区宽带"的模式建设"校园网"； （3）由于运营商的逐利导向容易把学校宿舍网建设成为"大网吧"模式，而非帮助学校开展教学和提升管理效率； （4）不好管控学生网络行为； （5）运营商很难协调，后续服务无法满足学校日益增长的需求
学校自建	完全自主，属于学校自己可控可管理的网络	（1）资金受限，很难一次性完成整体建设； （2）维护量大，需要扩大专业维护人员队伍
第三方投建	（1）学校未来8年以上校园网络建设、维护零投资； （2）引入多家运营商参与服务竞争，杜绝垄断，让利给广大师生； （3）动态建设，按需更新，持续投资； （4）无缝衔接，提供更多优惠与便利； （5）健全学校信息安全体系，满足国家相关要求和信息安全要求； （6）学校可管控，可参与各类信息分享、管控，确立主导地位	（1）资本：第三方是否有足够的资本去支撑整个学校网络的持续投资； （2）经验：第三方是否有足够的经验和专业设计能力去规划整个校园网； （3）专业：第三方是否有足够的技术支持能力和服务经验确保网络服务质量； （4）价值：第三方是否有能力去构建其他获利模式，而非仅是把学校当大网吧收取学生上网费而获利； （5）开发：第三方是否有足够开发能力去解决产品问题而非简单的采购其他设备商的产品组合成为方案； （6）证明：第三方是否有足够多的案例来证明自己的实力和确保客户信心

2）校园信息化建设模式从开发的角度看，主要有独立开发、合作开发、外包三种。① 独立开发需要学校良好的政策、很强的技术能力和专业人才，开发的产品具有自主知

识产权,可以转化为成果,在很多双一流学校都有此类案例。② 合作开发一般是软件开发商按照学校的要求、与学校一道进行开发探索,如复旦大学与某公司开发的数字化平台应用效果很好,既提升了学校的信息化水平,同时公司也研发出实用的软件并进行推广,这种情况下,学校和公司都拥有知识产权。③ 外包就是公司按照学校的要求进行开发,一般是选型,这种情况下的产品是标准的,很难适应学校的要求。

3)智慧校园建设的领导主体来看,主要有三种类型的智慧校园建设模式,分别是技术人员、管理人员、教研人员主导的智慧校园建设模式。

5. 智慧校园规划从面向管理走向面向服务

在数字校园建设时期的信息化建设侧重管理,而智慧校园时代则是面向应用服务以大平台轻应用的模式进行规划。

5.4.4 智慧校园建设管理路径

针对当前智慧校园信息化建设的特点及理念,从项目管理的角度提出智慧校园以下建设路径:

1. 建立信息化管理体制,组建迭代团队,将智慧校园建设作为"一把手工程"

项目开始之前要确定项目干系人(项目负责人、项目参与人)。智慧校园建设中需要确定项目负责人,在咨询单位的协助下设置技术支持部门、业务部门和评估部门,其中各部门负责人作为本部门的负责人,主管本部门管理工作,技术部门是整个智慧校园建设的技术支持部门,业务部门是项目的直接参与部门,既负责建设与本部门有关的具体项目,又是该子项目的用户,评估部门主要负责整个项目的评估,包括短期目标达成情况评估和长期目标达成情况评估。

当建设智慧校园子项目时,临时从技术部门、业务部门和评估部门抽调人员,组建子项目迭代团队,迭代团队主要负责子项目的迭代实施,迭代团队成员虽隶属于原来职能部门,但在迭代团队中考核。这样不仅可以变相充实技术保障人员数量,随时沟通解决问题,明显缩短问题的窗口期,减少扯皮现象出现,还能"众人拾柴火焰高",促使子项目高效完成。

2. 持续调研摸清底数。信息化调研是智慧校园建设工作的基础,关系智慧校园建设的成败。只有对信息化进行详细调研,才能掌握学校各业务系统,全面收集业务部门的智慧校园需求。调研可由信息化技术部门组织,由咨询单位协助。借鉴企业专家、教育专家、高等院校的经验展开调研。调研工作主要包括以下几种情况:

1)信息管理系统的整体情况

应用信息系统的整体情况调研内容包含:应用信息系统的名称、供货单位、使用人员、建设情况(完成填写上线时间/在建填写预计上线时间)、建设资金、主要功能、运行方式(单机/局域网/城域网)、操作系统、数据库、系统架构、服务器数量及配置、数据备份方式、数据存储体系、数据来源、是否支持二次开发、是否免费接口开放、重要程度、当前运行问题等。根据应用系统的主要功能和职能数据,深入调研该系统业务数据和各业务之间流程关系,发掘业务系统的必要字段和可选字段。

2)数字资源的整体情况

数字资源的整体情况调研包括数字资源名称、供货单位、归属业务部门、支持在线并发用户数、资源提供内容量、部署服务器配置、自主开发或第三方购买等。

3)各业务部门需求收集

针对智慧校园建设内容,咨询单位对各业务部门相关建设需求进行调研收集,包括需求名称、需求描述内容、需求优先级、使用频度、需求交付时间点、需求来源等。

4)全校师生信息化素养情况。对教师进行网络信息获取能力,信息化教学设备熟练使用程度、信息化教学手段等进行调研;对学生进行网络信息获取能力、数字教学平台的熟练使用程度、针对新兴技术(云计算/大数据/人工智能)的了解程度等进行调研。

通过以上调研,分别为后续信息管理系统整合到智慧校园系统、学校信息化标准的建立、智慧校园建设计划的形成、有针对性地提升师生信息化素养打下坚实的基础。

3. 顶层设计统筹规划

智慧校园建设是一项长期而复杂的信息化工程,不是一劳永逸的建设工程,需要自上而下的顶层设计。院校方首先要明晰学校愿景,定位智慧发展战略,综合前期信息化情况调研,结合《智慧校园总体框架》GB/T 36342,在咨询单位的协助下,做好学校智慧校园的顶层设计。在做好智慧校园顶层设计的同时,既做好原有信息管理系统的整合,又要做好各业务部门的合理需求规划。

根据智慧校园顶层设计,统筹规划,做好智慧校园项目计划。首先,确定智慧校园的建设具体内容,确定每项内容的职责。其次,确定各建设内容的逻辑关系和先后顺序。再次,估算每项建设内容的历时时间和所需资源。最后,统筹制定项目计划和辅助项目计划。

4. 制定学校信息化标准

信息化标准是实现智慧校园数据共享、互通、整合资源、协同工作的前提和依据,是消除信息孤岛的根本途径,是不同信息管理系统之间数据交换和互操作的基础。

遵照向上性、继承性、前瞻性、创新性、统一性原则,根据前期调研,梳理业务部门信息管理系统的业务流程,发掘各业务系统的必要字段和可选字段,结合现有的国家标准、行业标准、教育部标准的框架和内容,制定符合本校校情的信息化标准,即确定数据子集、数据子类和数据项。

考虑到可持续发展的需要,制定信息化标准一定要增加保留字段,来满足信息化标准的向前兼容性和向后兼容性。另外学校信息化标准并非一成不变,随着学校的发展,管理信息系统的增加,要做到实时同步更新。

5. 迭代推进实时反馈

为了使技术方案尽快落地,采用当前较为流行的迭代式推进。迭代是重复反馈过程的活动,其目的通常是为了逼近所需目标或结果。

每一次对过程的重复称为一次"迭代",而每一次迭代得到的结果会作为下一次迭代的初始值。首先，确定迭代周期和迭代周期内要完成的建设内容。其次，迭代周期结束召开迭代例会，来评估建设内容是否完成，解决整个迭代周期中遇到的进度、成本、质量、人力、沟通、风险、建设内容变更等问题，不断实时反馈、复盘，避免问题重复出现。

6. 师生共参与

智慧校园建设以人为中心，智慧校园的服务对象是教师和学生，所以在智慧校园建设初期就需要师生的参与，这样不仅能真正地从师生需求出发，建立起服务教师、服务学生的智慧校园，而且师生参与过程中可以对建设过程中的问题进行实时反馈，便于问题的解决。

参与过程中师生就形成了使用智慧校园辅助教学、学习的意识，这也便于智慧校园理念、智慧校园建设项目在师生中的推广，打造智慧校园与师生相融合的创新智慧校园，为智慧校园建成后的"应用"做好铺垫。同时，对全校师生进行覆盖性培训，包括智慧校园各应用系统的使用培训、新兴技术的培训等，辅助提升全体师生的信息化素养。

7. 提升技术支撑保障

智慧校园是传统校园与新兴技术云计算、互联网、大数据等相结合的产物，因此院校方应加强相关技术支撑保障。综合考虑智慧校园项目规模和涵盖具体内容的前提下，配备能力水平和数量上与之匹配的技术人员。做到对技术人员的定期培训，提升技术人员相关技术水平。加强技术人员与校外专家的技术交流，使技术人员掌握的技术与时俱进，跟上社会发展步伐。

8. 完备的评价体系

结合智慧校园建设的项目，聘请相关企业专家、教育专家、信息化专家，制定一套行之有效的评价体系。定期了解项目迭代推进、实施反馈情况，并结合大环境与评估结果，及时优化实施路径和纠正项目偏差。依据评估结果跟踪成员和迭代团队的执行情况，及时反馈和协调变更；对于积极努力提前完成工作任务的人员进行奖励，对消极怠工员工进行惩罚，行使强制力让其努力工作，为智慧校园的建设保驾护航。

5.4.5　智慧校园建设的创新升级

"互联网+"时代，随着物联网、大数据和云计算技术的不断发展，数字化校园逐步升级为智慧化校园，已成为必然趋势。智慧校园建设旨在为广大师生提供更加便捷、快速的综合服务，提升高校办学水平和人才培养质量。智慧校园设计与建设需要依靠理念的创新升级，数据的融合传输，技术的支撑改造，以及队伍的专业沟通。

1. 建设现代化高校智慧校园，需要专业技术人才和施工队伍

高校对于智慧校园概念大多停留在概念期，智慧校园的规划、设计及建设等内容较为空泛，缺乏详细计划和周密部署。高校尝试组织相关专业教师作为人才队伍的主要组成部分，虽然具有很强的专业知识能力，但是缺乏实际施工经验和规范施工能力，对于智慧校园设计与建设十分不利。虽然各高校专业各有所长，但是致力于教学、服务和管理三大要素的建设目标是一致的。一方面，成立由主要领导牵头的建设队伍，在充分体验兄弟院校

智慧校园功能特点的感召下，从建设概念设计和规划、施工队伍的组成与筛选、软硬件设施的建设流程、校园管理与安全各维度虚心学习，邀请建设队伍核心骨干进校指导。另一方面，要主动走入智慧系统研发和建设企业，沟通交流。基于物联网、大数据及云计算等核心技术需求的统一性，以及高校教书育人对于特定智慧系统的需求性，高校选派专人向企业介绍本校教育实际及对特定教学生活服务功能的期许，智慧型企业可以为高校量身打造符合其需求的专业智慧化校园建设设计方案、施工计划。因此，将高校建设专业人才的技术优势与智慧企业施工的核心优势进行有效整合，才能保障智慧校园建设的快速启动与顺利进行。

2. 加强智慧校园管理终端建设

校园管理终端是在核心技术应用的支持下，实现师生学习与生活各项数据采集交互功能的载体。为了真正体现智慧校园的便捷性，终端可以分为个人移动设备 APP 和功能场所交互设施。师生在手机和平板电脑等个人移动终端设备中下载 APP 软件，实现网上选课、成绩查询、图书借阅、一卡通充值与挂失等功能，真正感受到智慧校园建设带来的服务便利性与获得感，丰富学生学习生活的内容和形式，增强学习的积极性和创造性，提升对母校的感恩和归属感。为了弥补个人终端服务缺陷，需要在特定功能场所建设实体终端交互设施。例如，在图书馆、阶梯教室、餐厅、浴室等公共服务功能区域，实体终端交互设备可以通过身份证和一卡通识别，克服由于移动设备亏电、网络信号不理想及个人遗忘等突发情况引起的服务缺失。此外，实体终端交互设备与建筑样式的融合可以体现高校自身专业特色，并作为校园美化和文化传承的有力补充。智慧终端可以实现对学生课堂参与、学习习惯及生活喜好等信息的掌控，完成课堂考勤、听课状态、餐饮喜好、生活习惯及心理变化等全方位个性化的信息获取，为学校完善教学计划、合理配置餐饮摊位、优化图书配备和借阅环节、关注水电设备峰值运转提供可靠技术支撑。

3. 优化教育人工智能算法和伦理监管制度

技术安防及规范体系是"基于人工智能的智慧校园"建设的保障层。智能技术的算法存在一定的局限性与伦理困境，因此有必要优化教育人工智能算法和伦理监管制度，以有效构建技术安防及规范体系：① 构建智能教育发展的决议与伦理监管制度。学校应与技术供应商、师生共组共建智能教育治理小组，共同商讨"人工智能进校园"的具体方案，消解数据泄露、隐私侵犯等方面的伦理问题，避免智能技术损害教育公共利益。② 构建人工智能算法风险预警及其防范机制。教育人工智能面临算法偏差、算法陷阱、算法缺陷等问题，易导致出现教育资源广告频繁出现、同类教育资源不间断推送等现象，给学生带来了一种资源获取的束缚感。为此，学校应与技术开发商、第三方教育评价机构携手共建人工智能算法改进与风险预警机制，并制订教育人工智能算法安全防范协议，以保障用户数据与信息的隐私安全，确保数据的采集与使用符合伦理规范。

高校智慧校园设计是一项庞大的系统工程，需要资金、技术和人才各方面的支持才可以实现；同时，也是一项长期的过程，伴随着科技进步及教学理念、学习习惯和生活方式的转变，智慧校园建设需要体现包容性与可塑性，真正实现持续升级与发展建设。

第6章 学校图书馆咨询与管理

学校图书馆是校园建设标志性建筑,是集阅览、展示、研究、保护、公共教育、文化传承、文化休闲于一体的综合性建筑,是学生的第二课堂。学校图书馆建设是校园建设的重点、难点,尤其是高等院校的图书馆。本章重点介绍高校图书馆相关专项咨询内容。

6.1 概述

高校图书馆作为学校的三大支柱之一,是为学校教学、科研提供文献信息服务的学术机构,是学校文化发展水平的标志。因此,图书馆建筑需是一座高水平的文化建筑,既要有吸引读者的外观,又要有丰富的文化内涵。图书馆建筑需以读者及其他用户服务为核心,以智能化设备为基础,通过物联网和云计算等技术,实现人、图书馆、馆藏资源之间的广泛互联互通,突破时间、空间及使用方式的限制,为用户提供全方位、立体化、高效便捷的智慧服务。此外,未来图书馆是实体与虚拟、资源与服务、人与图书馆相结合、绿色可持续、拥有智慧管理系统的高级形态模式。

6.1.1 图书馆建设的新趋势

1)智慧化:依托互联网、物联网、人工智能等技术,实现知识远程覆盖、触手可及。

2)主题化:在提供综合性服务的同时,根据文献内容,以主题形式对各种载体的文献进行组织、呈现并提供精准的个性化服务。

3)泛在化:依托技术手段,突破时间及地域的限制,扩展图书馆服务途径,营造图书馆"无处不在"的全新服务环境。

4)全息化:在多媒体环境下,综合运用文本、图形、图像、音频、视频、动画等多种类型信息,实现信息的全息化。

5)社会化:面向社会,引进专业化服务,将图书馆知识服务与相关产业有机融合发展。

6.1.2 高等院校图书馆建设的原则

1. 功能第一原则

图书馆建设需最大限度地保证图书馆功能的发挥,不能以牺牲功能为代价去单纯追求艺术效果。藏、阅、借是高校图书馆的最重要功能,图书馆的建设首先需紧紧围绕此三项功能展开。此外，在保证图书馆使用功能的同时，也需注重图书馆建筑的艺术性功能，考虑到当代学生对建筑精神方面的需求，寻求艺术功能与使用功能的最佳结合也是当前学校图书馆建设的重要原则。

2. 人性化原则

图书馆建设需充分考虑读者的需求、阅读习惯、舒适度等，充分体现以人为本的原则，营造满足读者心理需求的精神环境，包括适当的空间尺寸、适宜的环境色调、柔和的灯光效果、高雅的装饰效果与绿化布置，给读者安定、宁静又亲切的感受，从而提高学习效率。

3. 数字化原则

数字化图书馆是当前高校图书馆建设的趋势，数字化期刊、数字图书、视频资料、各种专业数据库及众多电子资源均是数字化图书馆的重要组成部分，而建立一个相对完善的综合布线系统是数字化图书馆建设的前提，综合布线系统应具有开放性、兼容性和可扩展性。

4. 开放性原则

高校图书馆是一个多功能、综合性、开放性的文献信息中心。随着功能日益扩展，除了传统储备书库及阅览的功能外，图书馆更兼有接待室、会议厅、学术报告厅、展览厅、多功能厅等开放性的空间。此外，部分高校将校史馆、档案馆一并建设其中，进一步提高了图书馆的开放性。

6.1.3 高等院校图书馆建设现状及存在问题

随着网络信息化的深入发展，高等院校图书馆文献资源从内容到形式呈现出多元化趋势。近年来，我国高校在学科建设和"双一流"建设的带动下，图书馆在理念更新、新馆建设、经费支持、专业化管理、设备更新、馆藏资源建设、读者服务等方面都取得了长足的发展和进步。

但同时也应该看到，各地方高校图书馆存在建设发展不平衡、图书馆利用率不高、共享性差、部分院校数字资源更新滞后等问题。此外，随着大数据、物联网及人工智能等技术的快速发展和应用，图书馆的建设模式、服务模式和用户需求都发生了较大变化，传统的图书馆建设及管理系统已经无法适应当前的需求，具体问题如下：

1）当前高校图书馆的使用率及资源利用率不高、读者对图书馆的依赖度逐步减弱、用户满意度不高、建筑及设备设施陈旧等问题。部分高校将资金重点投入实验室的建设上，在图书馆数字资源建设上的资金注入则会相应减少，电子资源重复的现象时有发生。

2）高校图书馆作为学习交流的重要场所，室内环境的重要性不言而喻，《图书馆建筑设计规范》JGJ 38—2015 专门增加了"室内环境"一章，强调图书馆建筑"应充分利用自然条件，采用天然采光和自然通风"，图书馆建筑室内环境要降低环境污染浓度并符合现行国家标准。尤其在新冠肺炎疫情期内，各类公共建筑应根据需要设置相对独立、通风良好的临时隔离间，对发现的疑似病例应采取临时隔离的方式，隔离间不应与书库、借阅区、办公区等合用同一个空调系统。而目前在设计阶段，大多数图书馆空调系统的划分并没有考虑到预防空气传播病毒的备用空调系统，急需单独设置独立隔离房间空调系统。

3）现代高校图书馆建设存在公共空间的尺度失控，忽视了学生体验，使得公共空间"好看"胜过"好用"，利用率低，未考虑"人性化"原则。

4）传统的高校图书馆内，各空间布局大多按照明确的功能划分隔开，形成生硬的隔断。

5）很多图书馆的阅读室及书库严格分离，借书地点、阅书地点及藏书地点位置太过于固定，没有一定的弹性。与此同时，由于很多高校的图书馆建造已久，形式极为落后和单调，无法满足当代学生的个性化需求。在空间上分离了借、阅、藏等功能，没能有效地融合和利用这些功能。

6.2　高等院校图书馆建设需求管理

图书馆的服务对象是读者、工作人员，切实树立"读者至上"的服务理念是图书馆建设工作的出发点和根本要求。其中，图书馆建设的需求管理是前期咨询的首要工作，需求与服务相互影响、相互制约。读者需求的满足程度既是图书馆的工作重心，同时也是影响图书馆管理效率和服务质量的关键因子。目前，图书馆正处于从传统服务向现代化服务手段转轨的时期，加强图书馆需求管理的研究尤为重要。

6.2.1　图书馆建筑需求管理现状分析

在图书馆建设的实施阶段，由于前期功能需求管理不到位而引起的重要变更，导致品质下降、造价超概、影响工期的情况时有发生，具体现状分析如下：

1）部分高校对图书馆建设重视程度不够，还未充分认识到建设高水平的图书馆是学校高质量发展的必备条件，对需求管理调研重视不足，投入人员未覆盖图书馆的各类读者、管理人员、后期运营维护人员。

2）对图书馆资源的理解过于狭隘，过分强调自有资源的数量，片面追求大而全，未对图书馆的功能需求进行深入的研究。

3）图书馆定位未考虑学校发展定位，需求管理未考虑与其他单体的协调性。

4）功能需求调研表的设计未充分考虑图书馆建筑的特殊性及复杂性，造成调研功能缺失，导致功能需求报告不完整。

5）需求调研仅停留在方案设计阶段，未随着设计的逐渐深入，在初步设计及施工图设计阶段提供相应的、更为深入的功能需求调研。

综上所述，图书馆在需求调研及管理的过程中，易存在不同类型的问题，导致功能需求提供得不充分、不准确、不完整，对后续设计工作及项目推进造成不利的影响。作为全过程工程咨询方，需充分了解各阶段的功能需求调研内容，设计好调研需求表，为各类使用群体提供细致的调研服务，方能获取一份完整、准确、合理的图书馆功能需求报告。

6.2.2 图书馆各阶段需求管理的主要内容

需求管理贯穿设计各阶段，项目规划设计阶段、方案招标和方案深化设计阶段、初步设计阶段、施工图设计阶段均需提出相应的功能需求，且随着设计的逐渐推进，功能需求将更为清晰。需求管理主要以调研问卷的沟通方式，本节重点将明确各设计阶段的需求管理功能内容，并制作调研参照样表，供读者参考。对于单体项目而言，项目规划阶段尚不涉及，本节重点对其他设计阶段的需求管理内容进行说明。

1. 方案招标和方案深化设计阶段的需求管理内容

方案阶段主要明确图书馆的外观造型、效果及主要的功能指标，需求管理内容包括明确总建设规模、藏书量、阅览坐席数、特藏书库间数量、平面布局要求、空间设计要求、通风采光要求、智能化及智慧图书馆要求等。某高校图书馆方案设计阶段主要功能用房需求内容参照样表如表 6-1 所示。

某高校图书馆方案设计阶段主要功能用房需求内容参照样表　　表 6-1

使用需求内容		使用需求方提供				备注
各单体功能用房指标		单体使用面积（m²）		数目（间）	使用面积小计（m²）	
		参考值	需求	需求	需求	
图书馆（m²）						
入馆大厅						
密集书库						
协同创新空间						
其中	微型创新空间					
	小型创新空间					
	中型创新空间					
学术研究空间						
其中	学生研究空间					
	教师研究空间					
素质教育空间						
其中	学术报告厅					
	素质培训室					
	素质培训室					
	音乐欣赏室					
	电影欣赏室					
文化推广空间						

续表

使用需求内容	使用需求方提供			备注
各单体功能用房指标	单体使用面积（m²）	数目（间）	使用面积小计（m²）	
	参考值	需求	需求	需求
其中	校史展览空间				
	人文库				
	文化展览空间				
信息共享空间					
其中	科技共享空间				
	书架区				
	普通阅览区				
	个别学习空间				
	小组学习空间				
	人文共享空间				
	书架区				
	普通阅览区				
	个别学习空间				
	小组学习空间				
资源存储空间					
特藏资源存储					
特藏展示空间					
业务工作空间					
办公用房					
其中	行政办公				
	文献采编				
	参考咨询				
	数字资源				
	流通阅览				
	特藏部				
	家具储藏室				
	图书周转室				
	设备储藏室				
后勤保障用房					
其中	咖啡厅				
	24小时自助学习区				
	中心计算机房				

续表

使用需求内容		使用需求方提供			备注
各单体功能用房指标		单体使用面积（m²）	数目（间）	使用面积小计（m²）	
		参考值	需求	需求	需求
其中	空调主机房				
	消防水泵房				
	值班室				
	安防监控室				
	配电房				
	洗手间				
	物业管理				
合计					

2. 初步设计阶段的需求管理内容

初步设计阶段除了进一步深化明确图书馆建筑主要功能外，其余配套的功能也均需在此阶段明确。主要内容包括确定建筑结构选型、水、电、暖、空调、动力、室内装修、智能化等需求。对于图书馆建筑在此阶段的需求管理，具体可参见表6-2。

图书馆初步设计阶段主要功能用房需求内容参照样表　　　　表6-2

功能房间	建筑专业	结构专业	给水排水专业	电气专业	智能化专业	通风与空调专业
普通期刊阅览室	楼地面、内墙面、外墙面、梁柱板表面等	特殊高度、特殊承重等	避水需求、局部水处理设备、局部污水处理设施等	照明控制方式、用电负荷、电费计量等	公共广播系统、网络及电话系统、比赛计分系统、视频监控系统、考试监控系统、多媒体教学系统、电子课表系统、信息显示系统、无线网络系统、BA系统、火灾报警系统等	分体空调、中央空调、机械通风、自然通风等
综合阅览室						
学生阅览室						
视听阅览室						
电子阅览室						
教师阅览室						
书库						
出纳、检索部分						
展览、陈列						
行政办公						
接待室						
会议室						
采编、装订室						
计算机网络中心						
学术报告厅						
……						

3. 施工图设计阶段的需求管理内容

施工图阶段是在初步设计阶段明确功能的基础上，提出用于施工图深化设计的功能需求，明确主要材料设备及具体工艺做法等。对于图书馆建筑在此阶段的需求管理，具体可参见表6-3。

图书馆施工图设计阶段主要功能用房使用需求示范用表　　表6-3

功能房间	建筑专业	给水排水专业	电气（强、弱）专业	通风与空调专业
普通期刊阅览室	踢脚（墙裙）、顶棚、门、窗、家具等	给水点、排水口、洁具等	插座、灯具、设备配置、智能化网络接口等	排风口位置、排风量等
综合阅览室				
学生阅览室				
视听阅览室				
电子阅览室				
教师阅览室				
书库				
出纳、检索部分				
展览、陈列				
行政办公				
接待室				
会议室				
采编、装订室				
计算机网络中心				
学术报告厅				
……				

6.3　高等院校图书馆建设设计管理

设计的质量和进度控制是工程设计管理阶段不可忽视的管理环节。设计成果的好坏直接关系到整个工程的质量、造价及进度，因此在项目设计管理工作中，需要管理人员有效地控制好方案、初步设计、施工图设计和各报批图纸的质量，高水平地提供施工图图纸。建设项目从策划到建成一般要经历4个阶段——决策审批、设计、实施、竣工验收，每个阶段的工作都是由设计牵头和引领的。

本节主要对图书馆重要部位进行梳理，重点介绍图书馆数据中心、阅览室、公共空间、古籍书库。

6.3.1　数据中心

在信息时代，数据中心机房是高校图书馆信息化建设的核心之一，是服务器、存储、核心网络设备等重要设备的承载地。图书馆数据中心聚集了大量服务器、存储设备、网络设备等 IT 设备，主要职责是为读者提供电子文献检索和下载服务，以及其他各种图书馆相关的服务，当今数据中心成为评价图书馆建设水平的一个重要指标。图书馆数据中心设计管理涵盖内容较多，复杂性较高，设计成果既是对前期规划需求的交付成果，也直接关乎后期数据中心有效运行，以及提供良好的维护基础。因此，设计管理在整个图书馆数据中心的项目管理体系中居于重要的地位。

1. 确定数据中心机房的建设级别和性能

根据《数据中心设计规范》GB 50174 的分级标准，将数据中心的使用性质以及出现网络或数据故障时造成的损失或影响划分为 A、B、C 三级。相对于银行、电力、通信等部门，高校图书馆故障造成的损失及影响较小，一般高校图书馆数据中心机房的级别为 B 级或 C 级，有条件的高校图书馆应按照 B 级标准建设。

B 级机房应具备较好的性能，其基础设施应按冗余要求配置，以保证系统运行不因设备故障而中断。因此，若采用 B 级机房设计，其供电线路的冗余、精密空调的冗余、消防设施的冗余等都要达到 B 级机房的设计规范要求。

2. 环境要求

图书馆数据中心机房的环境应该适合主要设备的正常运转和机房工作人员的正常工作，需要考虑的主要环境因素包括温度、湿度、空气质量、噪声、电磁干扰等。《数据中心设计规范》GB 50174 对机房的温度（包括露点温度）、湿度的要求有一定的限定范围，不同的机房应该根据自身的主要设备要求统筹考虑具体的温湿度。一般而言，机房需通过精密空调调节，保证开机温度、湿度相对稳定。从实践经验来看，多数设备正常运行所要求的适宜温度一般保持在 22℃，要求的适宜湿度一般保持在 55±5%，最低一般不低于 20%、最高一般不高于 80%。

空气质量主要考虑两个方面，一是空气中的粒子浓度，二是空气有害物质浓度；其标准可参照《室内空气质量标准》GB/T 18883。

对机房噪声的考虑主要集中在对周边工作人员正常工作的影响，如果机房周边有长期固定工作位置，如总控中心内的工位或周边的办公室工位，则按照要求需将噪声值控制在 60dB（A）以内，否则需要采取降噪措施。

3. 通风空调

数据中心的温湿度及洁净度控制，一般需要专用的恒温恒湿精密空调来实现。该系统以数字控制器为基础，能够分散控制空调系统，属于典型的集散型控制处理设备，空调系统能够在图形化形式的监控中心支持下具备更高可操作性，管理效率也能够同时提升。通过在图书馆数据中心各区域设置温湿度传感器，向数字控制器传送实时数据，可通过分析处理科学控制各类空调设备动作。如服务器故障，恒温恒湿系统可实现独立运行，保证正常工作不受影响。空调系统服务器能够实时监测并控制恒温恒湿系统风量、运行状态、温湿度、故障报警。基于通用输出点和输入点，可依托各传感器实现数字控制器的信号输入，结合程序进行运算解码并对比设定标准值，即可监测并控制空调设备。

6.3.2 阅览室

阅览室是图书馆建筑的主体，是传播科学文化知识的重要场所。阅览室建筑设计要明确阅览室的种类、设计特性、适用性原则等。不同种类的阅览室有自己的特点，设计时需了解不同阅览室的特性，分析其读者对象，判断阅览室及其与书库的关系，为阅览室管理及使用创造方便条件。

高校图书馆必须打破"重形式轻功能"的建造方式，认真研究开架管理模式下的空间需求，并对其进行量化和实证分析，尤其是作为新图书馆建设的核心阅览空间，必须真正体现以读者为核心的建造理念。

在进行采光设计时，除了采取必要的人工照明补光外，必须把自然采光效果利用到极致，要千方百计地增大自然采光的投射角、开角，并尽可能选用无色玻璃，室内墙面和吊顶选用白色涂料等，以提升自然采光效果。其次，阅览室照明灯具的选择与安装对改善阅览室的环境，为读者提供合理照明有较大影响。照明灯具一般只宜使用光谱接近日光的荧光灯。为了便于灯具维修和日常清扫，最好安装吸顶灯，同时能保证室内空间的完整。但对于层高较高的阅览室，安装吸顶灯难以得到均匀而充足的照度，考虑到室内空间的美观和后期清洁，可以适度考虑部分区域集中成束安装吊灯，使其成为室内装饰的积极元素，同时达到良好的照明效果。

在通风设计中为追求立面效果，很多图书馆大面积使用玻璃幕墙。而玻璃幕墙由于结构稳固的需要，真正能供开启通风的气窗非常少，根本无法满足阅览室正常的通风需求。因此，图书馆建筑设计要尽量多开窗，少用玻璃幕墙，创造穿堂风。

构造格局上很多图书馆为了多排座位和减少阅览桌成本，座位排列时过于紧凑，造成实际效果适得其反。建议按85cm长左右设置座位，阅览桌宽度加大到1m以上。同时为防止面对面就座距离过近造成视觉尴尬，可以在桌子中间加设20~30cm高的水平挡板，以营造私密性较强的个人领域空间。

6.3.3 公共空间

图书馆作为常见的公共建筑之一，其内部结构包括了图书馆的出入口、电子期刊阅览室、娱乐休息厅及图书借阅厅等，根据图书馆服务功能的不同分成多个区域模块。读者可以根据图书馆公共空间的分布，快速到达自己想要去的地方。换而言之，图书馆公共空间的设计是为人们提供各类活动的场所，既符合一般建筑物公共空间具有的特点，又携带图书馆特有的图书借阅服务功能。

现代图书馆对于公共空间的设计要素往往有以下几点：

1. 图书馆的光环境

图书馆主要为人们提供阅读的服务，因此对于公共空间的要求，必须具备良好的光环境，所以图书馆公共空间的设计需要结合图书馆的光源、光色等，分析图书馆所处的地理位置、气候特点、建筑特点等环境因素，才能设计出符合大众阅读需求的照明环境。

2. 图书馆公共空间立体化

随着人们使用需求与审美需求的不断提升,读者对于图书馆公共空间有了更高层次的要求,这将促使图书馆公共空间设计由平面转向立体。以往图书馆公共空间往往只注重平面区域的划分,这虽能满足其不同的功能需求,却令空间缺少了设计感与美感。现代图书馆除了要考虑平面功能化分割,还要考虑垂直方向与水平方向搭配。

3. 图书馆公共空间的材质

图书馆公共空间不同的材质能够带给人们不一样的阅读体验,金属材质给人一种寒冷以及庄重的体验,木材会让人感受到自然亲切,同时还要考虑到材质的性价比和安全性,保证图书馆安全稳定地运转。

4. 图书馆公共空间的色彩

色彩主要分为暖色调和冷色调两种,在公共空间的设计阶段,需要全面分析图书馆的服务对象、设施功能及地理环境,尽可能设计以暖色调为主的色彩,可以给读者提供一个温暖宁静的阅读环境。

5. 图书馆公共空间的绿色低碳化

通常在材质上会选用实木等更为环保的材料作为图书馆公共空间的主材,同时选择更加贴近自然的设计风格,以减少图书馆公共空间过高、过大所带来的沉闷感,让读者获得更佳的身心体验。空间的亮度可以使用环保复合材料,从而大大降低图书馆的光照用电需求量,达到低碳、环保的目的。

6.3.4 古籍书库

藏书是图书馆的重要功能,随着高校的发展,部分高校年代悠久、文化底蕴深厚,保存着一批学校历史文化古籍,这批古籍是图书馆保存的各类文献中最为珍贵和重要的文献,需要长期保存、长久流传。因此,需要良好的保存条件和严格的保护措施。在设计管理阶段,需要重点对各专业提出相应的要求,以满足古籍的保存要求。

1. 建筑要求

1）古籍书库建筑的设计和选址应符合《图书馆建筑设计规范》JGJ 38 的有关规定。

2）图书馆古籍特藏书库应单独设置,并自成一区,库内不应设置其他用房及其通道。

3）古籍书库不应设置于建筑物顶层和上层。

4）书库围护结构应根据古籍保护的近期要求和未来发展,以及库内要求的温湿度指标、当地水文气象参数、空气调节等具体情况,确定合理的构造。

5）书库围护结构应具有优良的密闭性和保温隔热性能,门窗的气密封性应小于 $0.1m^3/(m·h)$,外墙的热惰性指标（D 值）不应小于 6。

6）书库围护结构的总热阻（R_0）应按《民用建筑热工设计规范》GB 50176 的规定,计算出最小总热阻再增加 30%。

7）书库围护结构的传热系数（K_0）应符合《民用建筑供暖通风与空气调节设计规范》

GB 50736 的规定。

8）古籍特藏书库应具有优良的抗震能力，抗震设防烈度应符合《建筑抗震设计规范》GB 50011 的规定。

9）地下书库应有可靠的防潮措施，防水防潮设计应符合《地下工程防水技术规范》GB 50108 的有关规定。

10）地下书库兼作人防工程的，应符合人防工程的有关规定。

11）书库门应为保温门，窗应为双层固定窗并具有优良的保温隔热性能。

12）书库的供暖应采用空调系统，不应使用以水为热媒的供暖装置。

13）书库内不应通过给水、排水和空调、热力水管线，也不应与有上述设施的空间相通。

14）书库入口处应设置缓冲间。

2. 温湿度要求

1）古籍特藏书库应设置独立的恒温恒湿中央空调系统或恒温恒湿空调机组，以保证书库温湿度能够控制在标准要求的范围内。

2）古籍特藏书库环境温湿度的控制要求：温度需满足 16～22℃；相对湿度需满足 45%～60%。

3）为了最大限度地延长文献保存寿命，有条件的图书馆可以采用更严格的温度标准，如 1～4℃、8～12℃等，但最低温度不宜低于 0℃。

4）古籍特藏书库的温湿度应保持稳定，温度日较差不应大于 2℃，相对湿度日较差不应大于 5%。

5）书库应设置温湿度监测仪器，全年监测和记录温湿度的变化情况。

6）空调设备应置于专门机房，并符合相关规定。

3. 空气净化与通风要求

1）古籍特藏书库的空调通风系统应具有空气过滤和净化措施，滤除空气中的灰尘和二氧化硫、二氧化氮、总挥发性有机化合物等有害气体。

2）古籍特藏书库的空气环境质量应符合表 6-4 的规定。

灰尘和有害气体浓度限值 表 6-4

污染物类别	浓度限值（mg/m³）
可吸入颗粒物	0.15
二氧化硫	0.01
二氧化氮	0.01
总挥发性有机化合物	0.06

注 1. 表中各项参数要求不大于限值；
　　2. 表中各项参数为 1h 平均值

3）灰尘和有害气体浓度参数的检测应按国家标准《室内空气质量标准》GB/T 18883

的规定进行。

4）古籍特藏书库内不应混放缩微胶片等其他可能释放有害气体的物品。

5）库房的通风应保证一定比例的新风量，新风比例应符合《民用建筑供暖通风与空气调节设计规范》GB 50736 的规定。

6）书库应保持气流均匀平稳，空调出风口的风速应小于 0.3m/s。

4. 照明和防紫外线要求

1）书库的照明和照度应符合《建筑照明设计标准》GB 50034 的相关规定。

2）古籍特藏书库的照明或采光应消除或减轻紫外线对文献的危害。

3）古籍特藏书库照明光源的紫外线含量应小于 $75\mu W/lm$。

4）自然采光的书库，应采用防紫外线玻璃和遮阳措施，防止阳光直射。

5）采用人工照明时宜选用乳白色灯罩的白炽灯。当采用荧光灯时，应有过滤紫外线和安全防火措施。

6）书库照明宜选用不出现眩光的灯具，灯具与文献藏品等易燃物的垂直距离应不小于 0.5m。

7）为尽量减少文献光照的时间，书库照明应分区设置节能型自动开关。

5. 消防与安防要求

1）古籍特藏书库建筑防火设计应符合《建筑设计防火规范》GB 50016、文化行业标准《公共图书馆建筑防火安全技术标准》WH 0502 的规定，地下建筑应符合《人民防空工程设计防火规范》GB 50098 的有关规定；

2）古籍特藏书库建筑的耐火等级应为一级，书库与毗邻的其他部分之间的隔墙及内部防火分区隔墙应为防火墙，防火墙的耐火极限应不低于 4.0h。

3）古籍特藏书库应单独设置防火分区。

4）书库及其内部防火墙上的门应为甲级防火门。

5）古籍特藏书库应设置水灾、火灾自动报警系统和气体灭火系统。

6）书库灭火器的配置应符合国家标准《建筑灭火器配置设计规范》GB 50140 的有关规定。

7）古籍特藏书库应设置自动防盗报警系统。

8）书库入口和库内主要通道应设置电视监控装置。

9）书库如有窗户，应设置可靠的防盗设施和安全监控系统。

6. 防虫和防鼠要求

1）古籍特藏书库应在库外适当位置设置文献消毒用房和杀虫设备，用于文献入库前的消毒和杀虫处理。

2）文献消毒用房和杀虫设备应符合《图书馆建筑设计规范》JGJ 38 的规定。

3）书库的防虫和防鼠要求应符合《图书馆建筑设计规范》JGJ 38 的规定。

7. 装具要求

1）古籍特藏应在能够关闭并具有锁具的装具中保存，如书柜、书箱等。

2）书柜、书箱应采用阻燃、耐腐蚀、无挥发性有害气体的材料制作，涂覆材料应稳定耐用。

3）古籍特藏应制作书盒、函套、夹板等加以保护，善本特藏宜配置木质书盒。

4）书盒、函套的制作材料和文献包纸应采用无酸纸板或无酸纸张制作，其 pH 值应在 7.5～10.0 之间。

5）书柜、书箱的排列应保证空气能够循环流通。

第7章 绿色建筑咨询与管理

在新时代背景下，绿色建筑已成为建筑设计的重要组成内容。传统建筑设计理念与绿色理念相融合，有利于实现人与自然和谐共生。学校综合教学楼的绿色建筑设计，对改善生态环境、缓解能源供需矛盾、创造舒适健康环境具有重要的现实意义。因此，促进绿色建筑发展，提高学校建筑设计水平，是全过程工程咨询服务的重要工作之一。

7.1 概述

7.1.1 基本内涵

绿色建筑也被称为可持续发展建筑，是遵循自然生态客观发展规律，融入建筑、自然与人文等多项要素来设计、建造的一类新型建筑，其能使建筑物与周边自然环境构成一个和谐有机的组合体。在建筑全生命周期内，绿色建筑可同时起到节约资源、减少碳排放量、保护生态环境等多重作用，并向使用者提供健康、舒适的建筑空间环境。相比于传统建筑，绿色建筑具有结构性能优异、自然采光通风条件较佳、空气质量高、节能环保等特点。

7.1.2 相关规范及评价标准

绿色建筑评价标准是我国应用最广泛的评价标准。2006年，第一版《绿色建筑评价标准》GB/T 50378—2006发布，2014年该标准进行了第一次修订，2019年进行了第二次修订。新版的《绿色建筑评价标准》GB/T 50378—2019拓展了绿色建筑的内涵，重新构建了评价体系，评价内容从以前的节能、节地、节水、节材、室内外环境质量、施工和运营七个方面，调整为安全耐久、健康舒适、生活便利、资源节约、环境宜居五个方面。

《绿色建筑评价标准》GB/T 50378明确规定应在竣工后进行运行评价，同时提出可在设计完成后进行预评价，对评价指标体系、绿色性能要求等方面也提出了更高的要求。绿色建筑评价标准指标体系对比（公共建筑部分）见表7-1。

绿色建筑评价标准指标体系对比（公共建筑部分） 表7-1

组成	2014版评价标准			2019版评价标准	
	指标名称	分值	权重	指标名称	分值
基础分	—	—	—	B0（基础分）	$Q_{0B} \leqslant 400$

续表

组成	2014版评价标准			2019版评价标准	
	指标名称	分值	权重	指标名称	分值
评价项	A1（节地与室外环境）	$Q_{1B} \leq 100$	$W_{1A} = 0.16$	B1（安全耐久）	$Q_{1B} \leq 100$
	A2（节能与能源利用）	$Q_{2B} \leq 100$	$W_{2A} = 0.28$	B2（健康舒适）	$Q_{2B} \leq 100$
	A3（节水与水资源利用）	$Q_{3B} \leq 100$	$W_{3A} = 0.18$	B3（生活便利）	$Q_{3B} \leq 70$
	A4（节材与材料资源利用）	$Q_{4B} \leq 100$	$W_{4A} = 0.19$	B4（资源节约）	$Q_{4B} \leq 200$
	A5（室内环境质量）	$Q_{5B} \leq 100$	$W_{5A} = 0.19$	B5（环境宜居）	$Q_{5B} \leq 100$
加分项	A6（提高与创新）	$Q_{6B} \leq 100$	—	B6（提高与创新）	$Q_{6B} \leq 100$

2014版评价标准中评价指标总得分 ΣQ_A 的计算公式为：

$$\Sigma Q_A = W_{1A}Q_{1A} + W_{2A}Q_{2A} + W_{3A}Q_{3A} + W_{4A}Q_{4A} + W_{5A}Q_{5A} + Q_{6A}$$

2019版评价标准中评价指标总得分 ΣQ_B 的计算公式为：

$$\Sigma Q_B = (Q_{0B} + Q_{1B} + \cdots\cdots + Q_{6B})/10$$

分为三个星级：当 $60 \leq \Sigma Q_B < 70$ 时，为一星级；当 $70 \leq \Sigma Q_B < 85$ 时，为二星级；当 $\Sigma Q_B \geq 85$ 时，为三星级。

7.1.3 相关设计原则

为建设高质量的绿色建筑，全过程工程咨询单位在项目全阶段，需遵循系统协同、节能环保、健康舒适与因地制宜4项设计原则。

1. 系统协同原则

该原则是将建筑物与周边环境视作一个功能互融、具备特定特征的有机组合体，重点考虑外部环境、所采取的建筑设计措施相互间造成的影响，以保持组合体内全部元素的协作联合状态为最终目的。

2. 节能环保原则

充分利用建筑物周边环境的自然资源，在满足建筑物使用需求的前提下，最大限度地节省能源和资源，减少资源浪费，以及减轻施工活动与建筑使用期间对生态环境造成的影响。例如，调整建筑朝向与布局结构来改善室内自然通风和采光条件，缩短建筑照明系统和空调通风系统的运行时间，节省电力能源，减少二氧化碳排放量。

3. 健康舒适原则

围绕建筑使用者的主观感受，结合所提具体要求来梳理设计思路、制订设计方案，旨在营造健康、舒适、便捷的建筑空间环境。从学校建筑设计的角度来看，健康舒适性表现为创造良好的学习环境，如通过构建隔热保温层来改善建筑结构的热工性能，保持建筑室内恒温状态，以及在建筑屋顶营造屋顶花园以美化环境、净化空气。

4. 因地制宜原则

在设计前做好现场地质勘察、实地踏勘等准备工作，全面掌握工程现场的水文地质条件、气候特征与人为状况，充分利用地理优势，如选择与周边环境风力条件相适宜的平面形态。

7.2 特点分析

7.2.1 设计目标

为推动绿色建筑技术在建设项目中的应用，建设行政主管部门按照建筑性质、资金来源种类、建设规模等设定了相应的行政审批事项，如不符合相应的条件将不予核发施工许可证，建设项目不能动工。

高校建设项目往往被认定为政府投资房屋建筑类的公共建筑，在行政审批中被设置了高于同类其他建设项目的绿色建筑评价标准要求，目前至少要达到二星级。政府采取这一系列举措是期望在建设项目管理的前端植入绿色建筑理念，制定科学、合理、适宜的绿色建筑规划，在实施中得以有效执行，在运行中得以良好反馈，推动高校的绿色可持续发展。

7.2.2 设计理念

全过程工程咨询单位要充分意识到绿色建筑的重要性和必要性，在学校教育类建筑设计中推动建设单位、设计单位融入绿色建筑设计理念，充分发挥绿色建筑设计理念的优势和价值，这也是全过程工程咨询项目管理的重要任务之一。

1. 科学管控建筑成本

校园建筑设计不仅要体现建筑的功能性，还要综合考虑建筑的价值和效益。因此，在进行校园建筑设计时，要从实用性、功能性及经济性方面进行系统分析与考量，合理制定设计规划，注重管控资金成本，保障建筑工程质量。将绿色建筑设计理念应用到校园建筑设计中，不仅能够优化项目施工方案，减少建设成本支出，还能降低能源消耗，达到控制建设投资成本的目的。

2. 更好地保护环境

一般情况下，校园建筑工程的建设规模较大，是一个系统性工程，需要投入大量的资本。工程建设具有集中性和复杂性等特点，需要运用大量的材料，在施工过程中极易对周围生态环境造成不良影响，而将绿色建筑设计理念应用到校园建筑设计中有助于更好地保护环境。因此，在施工过程中综合考虑施工材料、施工技术及施工形式，将施工对生态环境的负面影响降到最低，提高校园建筑的环保价值。

3. 提高建筑的工艺水平

随着我国经济的不断发展，人们的环保意识逐渐增强，越来越多的人开始关注绿色建筑，绿色观念已经深入人心。在这种情况下，绿色建筑设计理念在建筑行业获得广泛应用，出现了多种多样的绿色建筑，不仅能够促进我国建筑行业的健康发展，还能提高我国建筑的工艺水平。在世界经济一体化的背景下，各国之间的思想文化不断碰撞与融合，为绿色建筑设计理念的应用创造了条件。将绿色建筑设计理念应用到校园建筑设计中，不仅能够体现校园建筑的特色，还能彰显校园建筑的时代性特征。

4. 保障学生的身体健康

部分传统建筑材料对人们的身体健康有害，例如在校园建筑工程设计中使用含有甲醛的材料，会对学生的健康造成严重威胁。而将绿色建筑设计理念应用到校园绿色建筑中，可以尽可能减少部分对身体有害的传统建筑材料的使用数量和频率，为学生提供优质的学习和生活空间，保证身体健康。

5. 更好地节约资源

校园建筑工程项目是一个庞大的工程，需要投入大量的人力、物力和财力。建筑材料是校园建筑工程建设的基础保障，只有保证建筑材料的质量，才能确保建筑工程建设质量达到较高的标准，而高质量的资源是有限的，建筑工程资源需求量大与现有优良资源有限之间出现矛盾。为了有效解决这一矛盾，在校园建筑设计中应用绿色建筑设计理念，不仅能够保证校园建筑工程的质量和安全，还能提高资源的利用效率，获得良好的资源节约效果。

7.2.3 存在的问题

1. 绿色建筑被动式设计情况显著

学校教育项目绿色建筑设计往往较为被动，尚未形成规划、设计、实施、运行等全过程的绿色建筑设计体系。根据行业统计，学校教育项目绿色建筑设计，每当绿色建筑星级提升一级将会带来 150～300 元 /m^2 的建造成本增量，这在一定程度上限制了高校应用绿色建筑技术的积极性，致使多数项目在完成初步设计之后才开始绿色建筑设计，目标也仅为符合政府审批要求即可。这种凑分式的设计未能将绿色建筑专项方案作为指导，仅以如何通过审批为目的，无法在建设项目的全生命周期中考量绿色建筑所带来的效益，更无从彰显绿色建筑的优越性。

2. 缺乏绿色校园的目标引导性

学校教育项目绿色建筑设计在建筑形体选择、地下空间利用、场地设计与建筑布局、雨水和浇灌专项设计、暖通系统设计、装配式设计等系统性设计，以及因地制宜地考虑校园所在地的气候、环境、资源等综合因素的统筹管理上明显不足，而这些因素在绿色校园评价指标体系中的占比较大，指标之间的关联性很强，其中低得分的评价项占比较大，对实质性推进绿色校园建设不利。

此外，既有建筑的绿色改造也是绿色校园建设的重要内容之一。许多既有建筑已有百年以上的历史，是高校历史文化传承的重要载体。既有建筑的安全性、节能性已难以满足绿色校园的要求，与不断发展的教学科研需求之间也有诸多矛盾。目前的绿色建筑技术应用大多集中在新建建筑，对既有建筑的改造还停留在功能和加固改造层面上，而基于绿色建筑理念的综合性能提升改造较少。

7.2.4 设计的要点

1. 选用无毒材料

在校园建筑设计中，应用绿色建筑设计理念可以为学生提供安全的学习环境，保障学生的身体健康。具体而言，在校园建筑设计中要分清哪些材料和物品会危害人体健康。例如，在装饰教室和宿舍的墙面时，要选用无毒的涂料进行装潢；在装饰教室和宿舍的地面时，要选用环保地板和瓷砖进行装修；在购置桌椅时，要选择零甲醛的材料。此外，校园绿色建筑设计还应考虑通风环境，对校园的场地进行科学规划，保障宿舍拥有良好的空气质量。同时要合理设计建筑通道和空气流通口，运用先进技术来保障教室、宿舍的通风与隔热效果，有效改善教室及相关通道的环境。

除此之外，在进行校园绿色建筑设计时还应当注重采光问题和水资源利用问题，尤其在设计教室和宿舍时，必须考虑采光问题，通过利用漫反射板等技术手段来提高自然光照的利用率，为学生的学习和生活提供舒适的空间，满足学生对教室和宿舍环境的需求。而在水资源利用方面，学校可以采取有效措施使其得到循环利用，大大提高水资源的利用率，在减少水资源浪费的同时，也保护了环境。

2. 选取节能材料

一方面，在校园绿色建筑设计中要选择节能材料，尽可能减少材料运输过程中的消耗。在保证建筑功能的基础上利用可循环的建筑材料，在选择建筑材料时考虑材料的选取地点。如果本地有合适的建筑材料，应优先使用本地材料，这样可以减少运输费用，保障建筑材料的安全性，同时还能避免污染环境。

另一方面，校园绿色建筑设计要尽可能减少能源消耗，提高校园建筑设计的经济效益和环境效益。相关调查显示，我国很多高校在进行校园建筑设计时，十分重视环境效益和经济效益，尤其是在布局设计和材料选取方面。因此，校园建筑设计必须对建筑整体布局进行科学设计，并且选择性价比高的节能材料。

3. 合理利用旧的建筑资源

在建设新的校园建筑时，需要充分利用旧的校园建筑资源，回收其中有利用价值的建筑材料，提高回收利用率，通过这种方式不仅可以为新校园建筑建设提供资源，还能减少成本支出，实现绿色建筑设计的目标。例如，拆迁后的照明工具和砖块等物资可以循环使用，将其用到新校园绿色建筑建设过程中，既降低建筑施工成本，又提高资源利用率。

4. 遵循因地制宜原则

任何类型的建筑设计，包括校园建筑设计都会对周边环境产生影响，但可以通过应用绿色建筑设计理念来减少或者规避，实现校园建筑与周边环境的协调统一。现代校园建筑设计在应用绿色建筑设计理念时，应当遵循因地制宜原则，综合考虑当地的地形、环境及人文特征，提高设计的合理性。

首先，校园绿色建筑设计应当优先考虑水资源、日照及风向等因素，根据教师和学生的实际需求进行规划设计，充分利用自然条件，实现节能降耗的目标。其次，校园绿色建筑设计需要考虑当地的地形，明确校园建筑设计的目标和内容，合理规划场地，在突出设计特色的同时，提高其社会效益。

5. 运用线性布局方法

在校园建筑设计中，应遵循绿色设计理念的整体性原则，运用线性布局方法构建动态的空间体系，提高建筑集中程度，便于更好地实施绿色设计理念。此外，在校园绿色建筑设计过程中，相关设计人员要坚持科学发展观，制定切实可行的设计方案，不断优化校园建筑的空间布局结构，促使校园建筑设计更加科学、合理。

在环境方面，校园绿色建筑设计应当综合考虑校园内外的生态环境，从全局视角上明确设计理念和设计重点，通过有效措施实现校园内外环境的协调统一。除此之外，校园绿色建筑设计要优化空间布局结构，通过应用绿色建筑设计理念来提高校园空间的利用率，减少材料消耗，提高经济效益。其中，校园建筑空间布局是否合理取决于绿地率和容积率，为了提高空间布局的合理性，需要根据实际情况确定建筑间距和绿化面积。

6. 做好校园建筑配套设计

校园建筑设计是一个系统且复杂的工程，建筑要与周围的建筑相呼应。在进行绿色建筑设计时应当完善配套系统，将绿色建筑设计理念落实到位，提高绿色建筑设计效果。例如，在校园建筑设计中，门窗是基本元素之一，需要采用节能设计理念满足校园建筑等方面的需求。门窗设计与安装会对教室的采光通风产生一定的影响，因此必须合理设计这些配套元素。在进行校园门窗设计时，需要树立全局观念，合理确定外门窗的面积和款式，提高设计的合理性。同时，相关设计人员还应当做好门窗气密性等方面的设计，将绿色建筑设计理念全面落实到校园建筑中，提高校园建筑设计的全面性和整体性。

另一方面，校园绿色建筑设计要与园内的景观结构结合起来。校园建筑设计要遵循整体性原则，根据建筑所在地的地形设计景观，突出建筑景观结构的特色。在绿色建筑设计理念下，校园建筑设计应当与景观结构有机结合起来，既要合理利用地形，又要保证学生有充足的活动空间。因此，校园绿色建筑设计应当根据校园内部的道路特征，合理规划建筑用地和景观，增加校园的绿化总面积，创造出多样化的绿植空间，为学生提供优良的学习空间，提高校园绿色建筑设计的价值。

7.3 应用案例

7.3.1 项目概述

江苏某大学校园总用地面积 $1050667m^2$，校园总建筑面积 $942445m^2$，本次绿色建筑参评为一期工程，用地面积 $316267.7m^2$，总建筑面积 $231938.79m^2$，地上建筑面积 $212051.81m^2$，地下建筑面积 $19886.98m^2$。项目容积率 0.67，建筑密度 15.3%，绿地率 35.7%。

7.3.2 绿色建筑评价

1. 自评总述

经自评估，本项目的规划设计阶段控制项全部达标，评分项与加分项的分值达到设计阶段二星级的标准。得分情况详见表 7-2～表 7-5。

综合服务楼类自评得分　　　　　　　　　　表 7-2

	节地与室外环境	节能与能源利用	节水与水资源利用	节材与材料资源利用	室内环境质量	加分项
总分值	100	100	100	100	100	—
自评得分	64	46	66	51	47	1
不参评得分	3	25	14	31	26	0
换算得分	66.00	61.33	76.74	73.91	63.51	1
权重系数	0.16	0.28	0.18	0.19	0.19	1
权重得分	10.56	17.17	13.81	14.04	12.07	1
自评总分	68.66					

宿舍类自评得分　　　　　　　　　　表 7-3

	节地与室外环境	节能与能源利用	节水与水资源利用	节材与材料资源利用	室内环境质量	加分项
总分值	100	100	100	100	100	—
自评得分	64	56	66	51	62	1
不参评得分	3	21	14	25	19	0
换算得分	66.00	70.89	76.74	68.00	76.54	1
权重系数	0.16	0.28	0.18	0.19	0.19	1
权重得分	10.56	19.85	13.81	12.92	14.54	1
自评总分	72.68					

教学综合类自评得分　　　　　　　　　　表 7-4

	节地与室外环境	节能与能源利用	节水与水资源利用	节材与材料资源利用	室内环境质量	加分项
总分值	100	100	100	100	100	—
自评得分	64	73	66	48	67	2
不参评得分	3	7	10	31	2	0
换算得分	66.00	78.49	73.33	69.56	68.37	2
权重系数	0.16	0.28	0.18	0.19	0.19	1
权重得分	10.56	21.98	13.20	13.22	12.99	2
自评总分	73.94					

根据地上建筑面积权衡，本项目总得分计算如表 7-5 所示。

项目总得分计算　　　　　表 7-5

类别	地上建筑面积（m²）	得分	权衡得分
综合服务楼类	2513.09	68.66	73.45
宿舍类	73888.24	72.68	
教学综合类	135650.48	73.94	

注：申报星级评分要求：60。

本项目根据建筑功能、空调系统，划分 3 类功能区：

1）综合服务类包括：综合服务楼（采用分体空调）；

2）宿舍类包括：1～4 号学生宿舍、教师周转公寓（采用分体空调）；

3）教学综合类包括：文体综合楼、食堂及活动中心、教学综合体东区、教学综合体西区（采用风冷螺杆式热泵机组、多联机＋独立新风）。

2. 自评内容

1）节地与室外环境

（1）控制项

① 项目选址应符合所在地城乡规划，且应符合各类保护区、文物古迹保护的建设控制要求。

② 场地应无洪涝、滑坡、泥石流等自然灾害的威胁，无危险化学品、易燃易危险源的威胁，无电磁辐射、含氡的土壤等危害。

③ 场地内应无超标污染物排放。

④ 建筑规划布局应满足日照标准，且不得降低周边建筑的日照标准。

（2）评分项

① 土地利用

a. 节约集约利用土地。

b. 场地内合理设置绿化用地。

c. 合理开发利用地下空间。

② 室外环境

a. 建筑及照明设计避免产生光污染。

b. 场地内环境噪声符合现行国家标准《声环境质量标准》GB 3096 的有关规定。

c. 场地内风环境有利于室外行走、活动舒适和建筑的自然通风。

d. 采取措施降低热岛效应强度。

③ 交通设施与公共服务

a. 场地与公共交通设施具有便捷的联系。

b. 场地内人行通道采用无障碍设计。

c. 合理设置停车场所。

d. 提供便利的公共服务。

④ 场地设计与场地生态

a. 结合现状地形地貌进行场地设计与建筑布局，保护场地内原有的自然水域、湿地和植被，采取表层土利用等生态补偿措施。

b. 充分利用场地空间合理设置绿色雨水基础设施，对大于 $10hm^2$ 的场地进行雨水专项规划设计。

c. 合理规划地表与屋面雨水径流，对场地雨水实施外排总量控制。

d. 合理选择绿化方式，科学配置绿化植物。

（3）证明材料

① 土壤氡浓度检测报告；

② 环境噪声检测报告；

③ 环境影响登记表；

④ 室外风环境模拟分析报告；

⑤ 室外场地遮阴面积比例计算书；

⑥ 公共交通及公共服务设施分析；

⑦ 水系统综合规划报告；

⑧ 雨水专项规划设计报告；

⑨ 日照模拟分析。

2）节能与能源利用

（1）控制项

① 建筑设计应符合国家现行有关建筑节能设计标准中强制性条文的规定。

② 不应采用电直接加热设备作为供暖空调系统的供暖热源和空气加湿热源。

③ 冷热源、输配系统和照明等各部分能耗应进行独立分项计量。

④ 各房间或场所的照明功率密度值不得高于现行国家标准《建筑照明设计标准》GB 50034 中的现行值规定。

（2）评分项

① 建筑与围护结构

a. 结合场地自然条件，对建筑的体形、朝向、楼距、窗墙比等进行优化设计。

b. 外窗、玻璃幕墙的可开启部分能使建筑获得良好的通风。

c. 围护结构热工性能指标优于国家现行有关建筑节能设计标准的规定。

② 供暖、通风、与空调

a. 供暖空调系统的冷、热源机组能效均优于现行国家标准《公共建筑节能设计标准》GB 50189 的规定及现行有关国家标准能效限定值的要求。对电机驱动的蒸气压缩循环冷水（热泵）机组，直燃型和蒸汽型溴化锂吸收式冷（温）水机组，单元式空气调节机、风管送风式和屋顶式空调机组，多联式空调（热泵）机组，燃煤、燃油和燃气锅炉，其能效指标相比现行国家标准《公共建筑节能设计标准》GB 50189 规定值的提高或降低幅度满足要求；对房间空气调节器和家用燃气热水炉，其能效等级满足现行有关国家标准的节能评价值要求。

b. 集中供暖系统热水循环泵的耗电输热比和通风空调系统风机的单位风量耗功率符合现行国家标准《公共建筑节能设计标准》GB 50189 等的有关规定，且空调冷热水系统循环水泵的耗电输冷（热）比相比现行国家标准《民用建筑供暖通风与空气调节设计规范》GB 50736 规定值低 20%。

c. 合理选择和优化供暖、通风与空调系统。

d. 采取措施降低过渡季节供暖、通风与空调系统能耗。

e. 采取措施降低部分负荷、部分空间使用下的供暖、通风与空调系统能耗。

③ 照明与电气

a. 走廊、楼梯间、门厅、大堂、大空间、地下停车场等场所的照明系统采取分区、定时、感应等节能控制措施。

b. 照明功率密度值达到现行国家标准《建筑照明设计标准》GB 50034 中的目标值规定。

c. 合理选用电梯和自动扶梯，并采取电梯群控、扶梯自动启停等节能控制措施。

d. 合理选用节能型电气设备。

④ 能量综合利用

a. 排风能量回收系统设计合理并运行可靠。

b. 合理采用蓄冷、蓄热系统。

c. 合理利用余热废热解决建筑的蒸汽、供暖或生活热水需求。

d. 根据当地气候和自然资源条件，合理利用可再生能源。

（3）证明材料

① 外窗可开启面积比例计算书；

② 照度、照明功率密度计算书；

③ 室外风环境模拟分析报告；

④ 室内自然通风模拟分析报告；

⑤ 室内自然采光模拟分析报告；

⑥ 冷源综合部分负荷性能系数计算书；

⑦ 建筑供暖空调负荷降低比例计算书；

⑧ 全热交换器节能及经济性分析；

⑨ 可再生能源报告；

⑩ 变压器选型样本；

⑪ 峰谷电价证明文件。

3）节水与水资源利用

（1）控制项

① 应制定水资源利用方案，统筹利用各种水资源。

② 给水排水系统设置应合理、完善、安全。

③ 应采用节水器具。

（2）评分项

① 节水系统

a. 建筑平均日用水量满足现行国家标准《民用建筑节水设计标准》GB 50555 中的节水用水定额的要求。

b. 采取有效措施避免管网漏损。

c. 给水系统无超压出流现象。

d. 设置用水计量装置。

e. 公用浴室采取节水措施。

② 节水器具与设备

a. 使用较高用水效率等级的卫生器具。

b. 绿化灌溉采用节水灌溉方式。

c. 空调设备或系统采用节水冷却技术。

d. 除卫生器具、绿化灌溉和冷却塔外的其他用水采用了节水技术或措施。

③ 非传统水源利用

a. 合理使用非传统水源。

b. 冷却水补水使用非传统水源。

结合雨水利用设施进行景观水体设计，景观水体利用雨水的补水量大于其水体蒸发量的 60%，且采用生态水处理技术保障水体水质。

（3）证明材料

① 水资源综合规划报告。

② 雨水专项规划设计报告。

4）节材与材料资源利用

（1）控制项

① 不得采用国家和地方禁止和限制使用的建筑材料及制品。

② 混凝土结构中梁、柱纵向受力普通钢筋应采用不低于 400MPa 级的热轧带肋钢筋。

③ 建筑造型要素简约，且无大量装饰性构件。

（2）评分项

① 节材设计

a. 择优选用建筑形体。

b. 对地基基础、结构体系、结构构件进行优化设计，达到节材效果。

c. 土建工程与装修工程一体化设计。

d. 公共建筑中可变换功能的室内空间采用可重复使用的隔断（墙）。

e. 采用工业化生产的预制构件。

f. 采用整体化定型设计的厨房、卫浴间。

② 材料选用

a. 选用本地生产的建筑材料。

b. 现浇混凝土采用预拌混凝土。

c. 建筑砂浆采用预拌砂浆。

d. 合理采用高强建筑结构材料。

e. 合理采用高耐久性建筑结构材料。

f. 采用可再利用材料和可再循环材料。

g. 使用以废弃物为原料生产的建筑材料。

h. 合理采用耐久性好、易维护的装饰装修建筑材料。

（3）证明材料

① 建筑形体规则判定报告；

② 结构优化报告；

③ 预拌砂浆合同；

④ 预拌混凝土合同；

⑤ 高强度钢筋比例计算书；

⑥ 装饰性构件造价比例计算书；

⑦ 可再循环利用材料使用比例计算书。

5）室内环境质量

（1）控制项

① 主要功能房间的室内噪声级应满足现行国家标准《民用建筑隔声设计规范》GB 50118 中的低限要求。

② 主要功能房间的外墙、隔墙、楼板和门窗的隔声性能应满足现行国家标准《民用建筑隔声设计规范》GB 50118 中的低限要求。

③ 建筑照明数量和质量应符合现行国家标准《建筑照明设计标准》GB 50034 的规定。

④ 采用集中供暖空调系统的建筑，房间内的温度、湿度、新风量等设计参数应符合现行国家标准《民用建筑供暖通风与空气调节设计规范》GB 50736 的规定。

⑤ 在室内设计温、湿度条件下，建筑围护结构内表面不得结露。

⑥ 屋顶和东、西外墙隔热性能应满足现行国家标准《民用建筑热工设计规范》GB 50176 的要求。

⑦ 室内空气中的氨、甲醛、苯、总挥发性有机物、氡等污染物浓度应符合现行国家标准《室内空气质量标准》GB/T 18883 的有关规定。

（2）评分项

① 室内声环境

a. 主要功能房间的室内噪声级达到现行国家标准《民用建筑隔声设计规范》GB 50118 中的低限标准限值。

b. 主要功能房间的隔声性能良好。

c. 采取减少噪声干扰的措施。

d. 公共建筑中的多功能厅、接待大厅、大型会议室和其他有声学要求的重要房间进行专项声学设计，满足相应功能要求。

② 室内光环境与视野

a. 建筑主要功能房间具有良好的户外视野。

b. 主要功能房间的采光系数满足现行国家标准《建筑采光设计标准》GB 50033 的要求。

c. 改善建筑室内天然采光效果。

③ 室内热湿环境

a. 采取可调节遮阳措施，降低夏季太阳辐射得热。

b. 供暖空调系统末端现场可独立调节。

④ 室内空气质量

a. 优化建筑空间、平面布局和构造设计，改善自然通风效果。

b. 气流组织合理。

c. 主要功能房间中人员密度较高且随时间变化大的区域设置室内空气质量监控系统。

d. 地下车库设置与排风设备联动的一氧化碳浓度监测装置。

（3）证明材料

① 土壤氡浓度检测报告；

② 环境噪声检测报告；

③ 环境影响登记表；

④ 围护结构防结露计算书；

⑤ 室内背景噪声计算书；

⑥ 围护结构隔声性能计算书；

⑦ 围护结构内表面最高温度计算书；

⑧ 照度、照明功率密度计算书；

⑨ 室内自然采光模拟分析报告；

⑩ 公共建筑视野分析报告；

⑪ 眩光分析报告书；

⑫ 大礼堂建筑声学设计报告；

⑬ 室内自然通风模拟分析报告；

⑭ 公共建筑换气次数计算书；

⑮ 可调外遮阳使用面积比例计算书。

6）提高与创新

（1）评分项

① 围护结构热工性能比国家现行相关建筑节能设计标准的规定高 20%，或者供暖空调全年计算负荷降低幅度达到 15%。

② 供暖空调系统的冷、热源机组能效均优于现行国家标准《公共建筑节能设计标准》GB 50189 的规定以及现行有关国家标准中对于能效节能评价值的要求。

③ 采用分布式热电冷联供技术，系统全年能源综合利率不低于 70%。

④ 卫生器具的用水效率均达到国家现行有关卫生器具用水效率等级标准规定的 1 级。

⑤ 采用资源消耗少和环境影响小的建筑结构。

⑥ 对主要功能房间采取有效的空气处理措施。

⑦ 室内空气中的氨、甲醛、苯、总挥发性有机物、氡、可吸入颗粒物等污染物浓度不高于现行国家标准《室内空气质量标准》GB/T 18883 规定限值的 70%。

⑧ 建筑方案充分考虑所在地域的气候、环境、资源，结合场地特征和建筑功能进行技术经济分析，显著提高资源利用效率和建筑性能。

⑨ 合理选用废弃场地进行建设，或充分利尚可使用的旧建筑。

⑩ 应用建筑信息模型（BIM）技术。

⑪ 进行建筑碳排放计算分析，采取措施降低单位面积碳排放强度。

⑫ 采取节约能源资源、保护生态环境、保障安全健康的其他创新，并有明显效益。

（2）证明材料

BIM 设计分析报告。

7.3.3 咨询管理建议

1. 建立基于全生命周期的绿色建筑设计体系

全面考虑校园的生命周期，将绿色理念落实到校园规划、建筑空间、场地景观等各个层面的设计中，坚持绿色建筑设计、以绿色校园建设为引导，立足于校园全生命周期内已有资源的节约、再生资源的利用或开发、环境保护等措施。同时，要加强绿色校园的运营、管理及对绿色理念的推广。

2. 构建项目参建方协同管理机制

在与主要参建方签订的合同中应明确约定绿色建筑设计、实施等的相关要求，形成建筑师负责制下的各方高效协同的工作机制。在全过程工程咨询、设计、施工、监理等主要参建单位之间建立有效的沟通平台，使绿色建筑工作在预评价和运行评价的监督下顺利推进。

3. 创新驱动绿色校园建设

在绿色建筑设计中，不能仅满足基础要求，还要重视提高与创新方面的设计要求，要在合理利用地下空间、既有建筑绿色改造、智慧建筑建造、装配式建筑推广、非常规能源利用等新基建模式下，开创实现绿色校园建设的有效途径。

第8章 海绵城市咨询与管理

"海绵"一词的本义在于形容某物体自身的容纳、吸附能力,后来相关学者把海绵的概念引入雨水管理之中,用于比喻城市雨洪的调控能力。当前,海绵城市已成为建筑、区域、城市建设的重要设计内容,本章重点讲述高校海绵城市设计及管理的相关要点,供读者参考。

8.1 概述

8.1.1 海绵城市背景及意义

海绵城市旨在用生态措施来调控雨水,使城市可以像海绵一样弹性调节水资源。2012年我国首次提出"海绵城市"理念,海绵城市建设经历了由中央提出海绵城市建设理念和建设指南、再到地方政府对海绵城市进行规划和实施的过程,具有典型的"自上而下"的特点。由于国家大力推行海绵城市的建设,"海绵城市"很快由一个专业术语走向了实践,旨在解决"洪涝频发、水资源短缺、水质变差"等问题。2015年,第一批海绵城市试点公布,共有16个城市申报成功,东部地区城市有镇江、嘉兴等。2016年,确立了14个城市为第二批海绵城市试点城市,东部地区城市有上海、珠海、宁波等。2017年5月,住房和城乡建设部发布声明,明确把海绵城市相关基础建设纳入城市基础设施建设考核范围之内。2021年4月,我国开展了海绵城市建设示范性城市评比,对于建设海绵城市积极性较高、基础设施条件好及具有特色的城市进行评选,财政部为海绵城市建设示范城市设立专项资金。示范城市应积极利用中央补助资金和地方财政,统筹规划全域海绵城市建设方案;充分运用试点城市的成功案例和经验,建立健全海绵城市建设体系,让海绵城市建设与城市发展相融合;地方政府完善海绵城市建设相关法律法规,积极引入社会资金进行城市防洪排涝基础设施的建设和老旧小区改造等项目,全区域、系统性地推进海绵城市建设。

海绵城市的发展模式主要利用自然的力量实现城市雨水管理,在设计时考虑雨水滞留问题,实现自然水循环。国外研究学者S. Hawken等人提出,洪涝灾害是影响中国发展海绵城市的一个重要影响因素,因此,防洪防涝已经成为中国城市综合水管理的重头戏。我国大多数地区都存在洪涝频发的问题,主要是因为我国长期以来"重地上、轻地下"的城市发展观。目前,"逢雨必涝"已经成为众多城市无法根治的顽疾。回顾2021年,河南郑州"7·20"特大暴雨仍历历在目，这场突破历史的暴雨给社会造成的危害如同一记警钟，时刻在敲响。每年我国因洪涝灾害带来的损失是无法估量的，不仅造成巨大经济损失，而且每年因灾死亡人口均达百人以上。洪涝灾害频发的原因主要有以下几个方面：一方面，城市快速发展使得城市规模不断扩大，城市排水防涝基础设施建设不能与城市规模相匹配，城市规划不合理；另一方面，传统城市主要以水泥、沥青等不透水路面为主，缺乏对天然海绵体（绿地、湿地等）的建设及保护，也缺乏科学的城市空间设计，不合理的竖向设计使雨水下渗量减少，造成城市滞水、蓄水不合理。可见传统的"快排式"排水系统显然已不适用于现在的城市发展需求。建设海绵城市能够满足现在和未来城市的发展需求，海绵城市是一种新型雨洪管理模式，强调利用自然进行雨水管理，可以有效缓解城市由于排水能力不足造成的城市内涝问题。

8.1.2 海绵城市相关概念及指标

海绵城市作为推进生态文明建设的重要途径和必要手段，有必要对其建设效果进行系统梳理，总结相关技术要素，并结合其特征开展应用探索，并通过对海绵城市模型校核、设计文件的编制和审查作为海绵城市建设综合管理提供支撑。国内外关于海绵城市研究主要集中在设施的设计优化（类型、尺寸）及多种设施的性能评估、海绵城市设施的空间布局优化及成本效益分析、参数优化及运用多准则方法、不同设施的性能试验等。当单独或组合的各个海绵城市设施位于不同位置时，它们表现的性能会存在一定差异。在考虑地形特征因素方面：若布设在高不透水及排水管网密集的地方，则可以收集、处理大量径流，对该区域的水文状况产生较大影响；若布设于渗透性较好的区域，则有利于植被生长与栖息地的保护；在陡峭的地形和渗透性较差的土层条件下，会导致径流速度过快，通常不利于设施布设，然而这些地方对设施的需求较大。另一方面，海绵城市设施在集水区内的相对位置（上下游、排水管道末端等）也对最后的控制效果产生一定影响，分散布设与集中布设方式的水文效应也具有很大差异。一些研究认为，在集水区上游（源头）处布设可以在降水一开始就起到控制径流的作用，减轻下游排水系统的负荷。然而，部分研究认为，位于下游地区或管段末端的设施控制效果更好。因此，不同的区域特征及优化目标会导致不同的"最优"设施布局方式。

1. 设计指标及复核计算

设计指标值选取应按项目规划条件、项目所在区域海绵城市建设实施方案、海绵城市相关规划的顺序选取。当无相关指标值要求时，应依照表8-1～表8-3的规定执行。

年径流总量控制率要求 表8-1

海绵城市建设类型	年径流总量控制率		备注
	新建项目	改扩建项目	
公园绿地及广场类	不宜低于85%	不宜低于85%	工业建筑类适用清洁生产区、清洁仓储区
道路类	不宜低于65%	不宜低于50%	

续表

海绵城市 建设类型	年径流总量控制率		备注
	新建项目	改扩建项目	
民用建筑类	不宜低于75%	不宜低于55%	工业建筑类适用清洁生产区、清洁仓储区
工业建筑类	不宜低于70%	不宜低于50%	
城市河道类	非水面区域可参照公园绿地及广场执行		

年径流污染削减率要求 表 8-2

海绵城市 建设类型	年径流总量控制率		备注
	新建项目	改扩建项目	
公园绿地及广场类	不宜低于70%	不宜低于70%	工业建筑类适用清洁生产区、清洁仓储区
道路类	不宜低于50%	不宜低于40%	
民用建筑类	不宜低于60%	不宜低于45%	
工业建筑类	不宜低于55%	不宜低于40%	
城市河道类	非水面区域可参照公园绿地及广场执行		

综合雨量径流系数要求 表 8-3

海绵城市 建设类型	年径流总量控制率		备注
	新建项目	改扩建项目	
公园绿地及广场类	不宜低于70%	不宜低于70%	工业建筑类适用清洁生产区、清洁仓储区
道路类	不宜低于50%	不宜低于40%	
民用建筑类	不宜低于60%	不宜低于45%	
工业建筑类	不宜低于55%	不宜低于40%	
城市河道类	非水面区域可参照公园绿地及广场执行		

海绵城市建设设计指标复核计算应包含：年径流总量控制率、年径流污染削减LID设施的SS削减率、综合雨量径流系数。

复核方法如下：

1）年径流总量控制率应利用容积法进行复核。

2）年径流污染削减率＝年径流总量控制率×LID设施对SS的综合削减率，其中SS削减率仅计算LID设施的SS削减率。

3）综合雨量径流系数应采用加权平均法进行复核。

2. 评价分析方法

构建海绵城市的建设效果评价体系，首先要选取合适的评价方法，然后构建评价指标体系并确定评价标准，最后完成海绵城市的效果评价。常用德尔菲法、模糊综合评价法、综合指数法、主成分分析法和层次分析法等几种方法进行评价研究。其中层次分析法适用于比较复杂的模糊问题的决策，应用领域广泛。在海绵城市评价中是最为合适的评价方法，其主要步骤如下：

1）复杂问题分成多个层次，建立多层次结构模型（目标层、准则判断层、方案层）。
2）对多个因素的重要性比较后做出判断、量化。
3）构造判断矩阵，计算各层次因素的权重，方法有幂法、和积法、方根法。
4）一致性检验，用于构造判断矩阵时保持连续性和一致性，其指标计算公式如下：

$$CI = \frac{\lambda_{\max} - n}{n - 1}$$

式中：$\lambda_{\max}$——矩阵的最大特征根；

n——矩阵的阶数。

CI为零时，具有完全一致性；CI越小，一致性越接近；CI越大，一致性越差。

3. 评价指标选取和释义

1）绿地率

C_1绿地率是指海绵城市建设项目中各类绿地面积总和占校园用地总面积的比值。其计算公式如下：

$$C_1 = \frac{S_{L1}}{S_{Z1}} \times 100\%$$

式中：C_1——建设绿地率；

S_{L1}——建设绿地面积；

S_{Z1}——建设总面积。

2）C_2透水铺装率

透水铺装率是指海绵城市建设项目中各透水铺装面积总和占建设项目道路总面积的比值。其计算公式如下：

$$C_2 = \frac{S_{L2}}{S_{Z2}} \times 100\%$$

式中：C_2——透水铺装率；

S_{L2}——建设透水铺装总面积；

S_{Z2}——建设道路总面积。

3）C_3年径流总量控制率

年径流总量控制率是指自然系统控制及人工控制下不外排的雨量占年总降雨量的比值。其计算公式如下：

$$C_3 = \frac{1 - P_W}{P_Z} \times 100\%$$

式中：C_3——年径流量总控制率；

P_W——表示今年外排的径流雨量；

P_Z——表示年总降雨量。

4）C_4峰值流量消减率

峰值流量消减率是指海绵城市海绵体改造后的峰值流量与改造前的峰值流量的比值。

其计算公式如下：

$$C_4 = \frac{q_0 - q_1}{q_0} \times 100\%$$

式中：C_4——年径流量总控制率；

q_0——模拟同一场降雨时，海绵城市改造前的峰值流量；

q_1——模拟同一场降雨时，海绵城市改造后的峰值流量。

5）C_5 雨水收集利用率

雨水收集利用率是指雨水收集区域面积与校园改造后渗透面积之和，与校园用地总面积的比值。其计算公式如下：

$$C_5 = \frac{k \cdot S_a + S_b}{S_z} \times 100\%$$

式中：C_5——雨水收集利用率；

k——折减系数，一般取 0.85～0.95；

S_a——海绵城市改造后雨水收集系统区域的面积；

S_b——海绵城市改造后渗透性地面总面积；

S_z——海绵城市建设总面积。

8.1.3 海绵城市常见设施分析

1. 透水铺装

主要指的是在进行设施铺设时尽可能选择一些透水性好的砖石、混凝土等，这种技术广泛应用于小区、广场及停车场的铺设，从铺设顶端到土层的各个结构层都需要有非常高的透水性能，这样才能达到具体的要求，另外还需要保障铺设位置有较强的承载能力和稳定性。在具体的施工过程中，对于透水材料的选择需要非常慎重。

1）透水铺装的材质应满足的要求

（1）渗透系数不小于面层，宜采用细石透水混凝土、干砂、碎石或石屑等。

（2）有效孔隙率不应小于面层。

（3）厚度宜为 20～50mm。

2）透水基层和透水底基层应满足的要求

（1）渗透系数应大于面层，底基层宜采用级配碎石、中、粗砂，或天然级配砂砾料等，基层宜采用级配碎石或者透水混凝土。

（2）透水混凝土的有效孔隙率应大于 10%，沙砾料和砾石的有效孔隙率应大于 20%。

（3）垫层的厚度不宜小于 150mm。

2. 绿色屋顶

主要指的是在建筑物顶层的隔水层铺设一些土壤，然后在顶层种植一些植被，又被称为"生态屋顶"。绿色屋顶一般建设在承载力比较强的建筑物顶端，由于屋顶顶端的最大载荷有限，所以对于铺设土壤的选择尽可能选择改良的轻质土壤，不仅储水量大、透气良好，还不容易形成扬尘污染。绿色屋顶能够减少雨水峰值的流量，还能够减少雨水对地下水的污染，防止由于长时间的雨水冲刷对屋顶防水层的使用寿命造成影响，有助于建筑物的保温性能提升，是一种非常实用的技术。

3. 下沉式绿地

主要指的是针对下地势比较低洼的位置进行绿化，植草沟是常见的下沉式绿地，它的结果是一个沟渠形状，在沟渠的上部分种植植被，主要用于收集和输送径流的雨水。采用下沉式绿地能够有效地将周围地表的径流雨水收集起来，然后充分发挥植被、土壤及土壤内部微生物的作用将雨水进行净化，同时还能促进地下水位的补充，防止水位下降。建设下沉式绿地，不仅能够减少城市出现洪涝灾害的可能，还能够将径流携带的氮、磷等有机元素应用到植被生长，可谓一举两得。

4. 雨水花园

雨水花园是自然形成的或人工挖掘的浅凹绿地，被用于汇聚并吸收来自屋顶或地面的雨水，通过植物、沙土的综合作用使雨水得到净化，并使之逐渐渗入土壤，涵养地下水，或使之补给景观用水、厕所用水等城市用水，是一种生态可持续的雨洪控制与雨水利用设施。雨水花园一般设置在植草沟、卵石沟等收集传输设施的末端，深度约250mm，为增加其下渗性能和调蓄容积，宜对其种植土进行改良或换填处理，适用于有较大绿化空间的区域。

8.2 特点分析

高校校园开放空间相较于城市其他用地空间而言，其功能分区明确，交通集散的阵发性明显，服务人群以在校师生为主，使用人群的行为活动呈现多样化的特征，人文气息浓烈，科研教育意义突出。作为城市的重要生态斑块，生态功能及环境教育功能突出，对绿色文化的传播承担着重要的社会责任。海绵校园是立足于海绵城市概念的基础上产生的新兴名词，海绵校园是海绵城市理念的深化延伸，属于低影响开发下海绵城市理论体系范畴，并融入了校园景观规划的理论。

8.2.1 海绵校园特点

相较于其他公共项目的海绵城市建设而言，海绵校园拥有独特的特点。

1）绿地及汇水面积大，分布不均衡。校园绿地主要包括集中休闲绿地、小型休闲绿地、观赏草坪、树林地、行道树绿地等。新建的大学校园，斑块绿地丰富度不足，绿地廊道密度低、景观多样性不足是校园生态质量欠佳的主要原因。校园绿地的雨水调蓄能力受限，河流及湖泊作为校园内的主要景观元素，能够作为雨水的终端调蓄设施。

2）交通阵发性强，道路承载需求较低，可渗透路面的应用范围广。

3）人文气息浓烈，科研教育功能突出。校园开放空间能够作为户外教室，能够进行科研实验及课程实践活动，学习氛围明显，同时具有潜移默化的环境教育功能。

"海绵校园"的规划相较于"海绵城市"来说并不完全相同,应在规划前充分了解校园的现状,进行翔实的现状调研。主要侧重于两个方面:一是校园的自然条件,如气候、水文、地形、土质构成、植被、生态敏感区等条件;二是现有建设情况,如建筑、道路、绿化、铺装及现有水生态系统的构成情况。在此基础上,确定校区中不宜作为"海绵校园"建设的区域,如名人故居、古树植被等;并且应当以解决问题为导向,制定适宜的海绵校园目标。海绵校园的年径流总量控制率等指标的实现难度、所需投资与校园自身条件有较大的相关性。适宜的海绵校园目标应以解决现状问题、实现校园可持续发展为导向,指标制定不可盲目过高,以至于增加建设难度和经济成本。

8.2.2 海绵校园规划设计步骤

为使高校基础设施建设工程能更好地应对自然灾害和适应环境变化,结合近年来提出的海绵城市概念、新建海绵城市在建设项目中的应用实践及新建基础设施建设中海绵城市专项设计应用和研究对策等,进一步研究海绵城市在高校新校区中的应用。围绕海绵城市建设中各个重要的措施,海绵校园的建设也逐渐形成独具特色的富有人文主义情怀的校园景观。

海绵校园景观规划设计在尊重场地水文条件的基础上,为雨水景观在校园开放空间中的应用布局提供依据。主要包括以下几个步骤:

1. 场地雨水水文分析

在海绵校园规划设计前,根据校园总平面图及高程数据,并结合现场调研的结果,获取并明确校园整体空间的雨水径流分水线、雨水径流产汇流路径及子集水区。

2. 海绵校园景观规划

在场地水文分析的基础上,实现雨水源头管理、雨水汇流路径管理、雨水终端调蓄管理。充分结合校园开放空间的场地特征、功能要求、景观效果,以雨洪问题为导向,初步确定雨水管理设施的布局位置及种类,形成具有雨水管控能力的景观体系。

3. 海绵校园景观设计

在明确选址布局的基础上,结合校园开放空间的规模尺度、平面布局及使用情况,进行各单项技术措施与周边设施的景观整合设计,完成植物筛选及种植土壤配比改造等工作,赋予各单项技术措施雨水管理能力及景观效果,并形成良好的组合关系。

8.2.3 海绵校园技术措施

根据高校校园不同的类型及特征,筛选出适用于海绵校园的主要单项技术措施,包括绿色屋顶、可渗透路面、生物滞留设施、干式植草沟、雨水湿地、植被缓冲带。

1. 雨水湿地

在海绵校园景观规划设计中,应该重视校园内的自然景观,如自然山体及河流,形成自然保育区,在规划建设中,预留一定的生态恢复区,结合校园水系形成湿地绿色空间,实现校园内的生态景观规划设计。

2. 植草沟

植草沟指种有植被的地表沟渠，输送净化雨水径流，属于中端调蓄设施，能够连接各单项技术措施，并与雨水管网及超量雨水排放系统相衔接。植草沟设计成功的关键在于长度设计，直接影响了设施的截污率及蓄水性，应该充分考虑其服务汇水面的不同类型及面积，对植草沟的形状、坡度及断面面积进行具体设计。根据植草浅沟中的传输方式，植草沟分为3种类型，即标准传输植草沟、干植草沟和湿植草沟。其中，标准传输植草沟占地面积大。湿植草沟由于常年处于潮湿积水状态，不利于卫生管理，所以更适用于人口密度低的区域，避免对人群的活动及安全造成影响和威胁；校园环境中人口密度高，而干式植草沟占地面积小，管理维护要求低，具有更强的适用性，所以在海绵校园建设中应选择干式植草沟。

3. 可渗透路面

可渗透路面主要包括透水砖、透水水泥混凝土和透水沥青混凝土，嵌草砖这种"见缝插绿"的方式，能够很好地丰富步行的视觉感受，同时具有一定的景观美感和趣味性。高校校园道路相较于城市道路具有其特殊性，主要以非机动车及步行交通为主，机动车数量较少，对于道路的承重要求相对较低，可渗透路面的应用范围大。

4. 绿色屋顶

根据校园建筑的不同使用功能，《高等学校校园建筑节能监管系统建设技术导则》将学校建筑分为行政办公建筑、图书馆建筑、教学楼建筑、科研楼建筑、食堂餐厅、学生宿舍、交流中心等13类。在满足设计规范的基础上，能够形成不同的绿色屋顶形式及环境氛围，提供户外活动场地，一定程度上缓解了校园扩张与占用活动空间之间的矛盾。

8.3 应用案例

本节以某大学项目为例，介绍海绵城市咨询与管理有关内容。

8.3.1 项目概况

某校园总体规划总建筑面积约85万m^2，地上建筑面积约60万m^2。校园规划根据现状地形条件和原有水系，通过填埋、新开等方式进行改道，调整为独立封闭环状水系，并与周围天然河道相连，校内封闭河道水位适当抬高，使其高于周围天然河道水位1.1~1.2m，本区块内河道50年一遇洪水位约为3.9m。地块周边规划道路均设有完善的市政雨水管道，并有天然河道从本项目地块中间穿过，可供本项目雨水排水。

1. 场地竖向高程及排水系统分析

1）场地竖向：该大学中心岛场地标高6.0m左右，其余部分场地标高5.5m左右，略高于周边市政道路标高，高于周围城市河道百年一遇洪水位及周围市政道路标高，可避免在校内形成内涝。

2）排水系统：学校雨水系统以就近排放、分散排放为原则，临近环形水系及天然河道区域就近排至水环、河道（其中校内环形水系通过可倾式闸门与外界隔断，可用于雨水调蓄，水量超过限额后自动溢流至外河道）；临近市政道路部分区域就近排至市政道路雨水系统。

2. 海绵城市适建性分析

通过对项目具体情况及建设基础条件分析，本工程设有较大规模的封闭环形景观水系，绿地率较高且设有较大面积下凹绿地、雨水花园、旱溪等，校区内机动车交通基本通过地下车库及通道组织，地面道路适合设置较大比例的透水地面，室外场地无地表污染严重现象，并且工程所在地的城市雨水管网等基础设施规划完善，适合按规划要求进行海绵城市建设。

8.3.2 校园海绵城市设计

1. 设计原则

海绵城市设计的原则是根据本工程的具体情况，综合考虑工程可行性和综合效益，贯彻"源头减排、过程控制、系统治理"理念，绿色设施和灰色设施相结合，因地制宜采用适合本工程的"渗、滞、蓄、净、用、排"等具体技术措施，以有效控制本地块降雨年径流总量，并尽量提高年径流污染削减率，降低地块开发对城市生态及水环境的影响，以达到区域海绵城市规划对本地块开发的控制目标要求。

2. 设计目标

根据《建设工程方案设计技术服务意见表》的海绵城市建设目标的相关审查意见，本工程海绵城市建设指标为：年径流总量控制率84.73%；年径流污染削减率（以悬浮物SS计）为50.84%；综合雨量径流系数不大于0.6。

3. 设计参数

本工程海绵城市设计目标要求为年径流总量控制率84.73%，对应的设计降雨量为30.4mm，可参照《民用建筑雨水控制与利用设计规程》DB33/T 1167，根据年径流总量控制率80%～85%对应的设计降雨量，按内插法计算；雨水管道排水能力设计重现期按5年设计；本区块内河道50年一遇洪水位为3.9m，周围天然河道百年一遇洪水位为4.05m（黄海标高）。

4. 总体思路

本项目根据海绵城市规划的指标要求，根据项目地块的具体特点，结合建筑与景观规划设计，利用校园绿地率较高、地面道路人车分流的特点，尽量采用适合本项目海绵城市建设具体特点的景观形式和地面做法，充分利用学校封闭环形景观水体，力求采用自然或人工模拟的自然生态方式，降低场地径流系数，削减SS污染，控制地块年径流总量，达到海绵城市建设规划对本地块开发的控制目标要求。

5. 具体措施

1）充分利用学校内部的封闭环形水系作为雨水调蓄和排放的设施，进行雨水汇水和排水组织分区。学校封闭环形水系包围的内部区域，以及环形水系外围靠近水系一侧区域的雨水，以地表漫流和管道收集排水的形式排放至封闭环形水系，充分利用封闭环形水系作为区域雨水的调蓄、净化利用设施，超标部分雨水通过可倾式闸门溢流排放至周围城市河道；在学校靠近城市道路的外围区域，分散设置下凹绿地对区域地面雨水进行收纳滞渗和调蓄，屋面雨水以管道收集的形式排放至周围市政道路雨水管。利用学校内部的封闭环形水系作为雨水调蓄和排放的设施，大大减小了雨水外排市政雨水管网的汇水面积和雨水量，可有效提高周围区域的防洪排涝能力。

2）除了利用学校内部的封闭环形水系作为雨水调蓄，学校以尽量采用生态设施收纳、渗蓄地表雨水为原则，在地块各个区域根据收纳汇水面积大小不同的具体特点，分散设置了屋顶绿化、下凹绿地、雨水花园、旱溪等规模大小不同的绿色生态海绵设施，收纳、渗蓄地表雨水，削减 SS 污染。

3）根据校区地面道路人车分流的特点，校园内设置较大面积的透水地面；同时考虑到整个校区绿地率较高，设置了一定数量的屋顶绿化，通过自然生态的方式渗蓄滞留雨水，使得整个地块较好地降低综合雨量径流系数，控制雨水径流，并以自然渗蓄的方式利用天然雨水。另外，学校通过设置绿化屋面、大面积绿地、透水铺装，辅以雨水回用水池设施初期弃流、排河雨水的初期雨水过滤处理及封闭环形水体的水生态循环系统水体净化，削减年径流污染削减率。

4）根据整个地块绿化道路灌溉浇洒采用低品质用水的需求，整个地块在地下室设置雨水处理系统，取用学校封闭水系收纳的雨水，处理用于封闭环形水系周围的区域绿化道路灌溉浇洒用水；另外在校园北侧区域设置 2 处地埋式 PP 雨水蓄水模块和处理设施，用于相应区域的绿化道路灌溉浇洒用水。

8.3.3 单项技术措施的选择

根据校园的具体特点，学校设有较大规模的封闭环形景观水体和较大绿地率的景观绿地，设计利用学校内部的封闭环形水系和设置下凹绿地、雨水花园、旱溪等生态海绵设施作为主要的 LID 雨水调蓄设施，同时辅以设置屋顶绿化、透水铺装等设施，以降低径流系数，控制降雨年径流总量，提高年径流污染削减率。主要设施介绍如下。

1. 下凹绿地

根据景观设计设置下凹绿地，面积共 15500m^2，调蓄容积约为 1550m^3（调蓄水深100mm）。为了促进雨水的下渗及净化，充分利用校区绿地布置下凹绿地（比周边硬化地面低 15cm），通过调整硬化地面的坡向，使径流雨水可以自然漫流至下凹绿地中下渗净化，减少水土流失，多余的雨水通过溢流管排入原有雨水井。

2. 雨水断接、植草沟、旱溪

道路广场雨水和局部屋面雨水采用雨水断接，本工程大部分道路广场雨水经地面漫流至植草沟、旱溪、下凹绿地、封闭环形水系等。在不影响建筑立面美观及室外环境的前提下，局部屋面雨水采用断接经建筑散水植草沟、下凹绿地蓄渗净化，超量雨水溢流排水；

植草沟、旱溪作为用来收集、传输、削减和净化雨水径流的表面覆盖植被的明渠，其中植草沟或旱溪的面积约为170m^2，调蓄容积17m^3（调蓄水深100mm）。

3. 雨水花园

雨水花园是一种模仿自然界雨水汇集、渗漏而建设的浅凹绿地，主要用于汇聚并吸收来自屋顶或地面的雨水，并通过植物、各填充层的综合作用使渗漏的雨水得到净化。本项目建设面积约为680m^2，调蓄容积205m^3（调蓄水深300mm）。

4. 屋顶绿化

在建筑物屋顶铺设种植土层并栽种植物，作为收集利用雨水、减少雨水径流的源头减排设施。植物选择以乡土树种为主，挑选耐水、耐湿性好且植物植株造型优美乔木作为常用植物，便于塑造景观和管理维护，如水杉、落叶杉、池杉、垂柳等；地被选择根系发达、茎叶繁茂、净化能力强，耐旱又耐涝的植物，如芦苇、芦竹、鸢尾、美人蕉、菖蒲、芒草、慈姑、黄菖蒲等。

5. 透水铺装

透水铺装按照材料不同，可分为透水砖铺装、透水混凝土、嵌草砖、嵌砂砖、浇筑透水石、透水沥青等，能使雨水迅速渗入地表，有效地补充地下水；同时，雨水在透水材料中的下渗过程，使得悬浮物过滤并截留，可有效去除雨水径流中的SS悬浮污染物。根据学校道路采用人车分流、行车较少的特点，硬化地面尽量采用透水铺装，能有效降低场地径流系数。

6. 封闭环形景观水系

学校设有较大规模的景观水系，设计利用学校内部的封闭环形水系作为雨水调蓄，学校封闭环形水系包围的内部区域，以及环形水系外围靠近水系一侧区域的雨水，以地表漫流和管道收集排水的形式排至封闭环形水系；环形水系的水位标高在雨前和雨后，通过可倾式闸门调节对区域内雨水进行调蓄、排泄管理；环形河道雨水超过河道溢流水位通过可倾式闸站溢流排至与学校环形景观水体相连的城市河道。

8.3.4 海绵城市施工设计管控措施

1）依据各区（县、市）海绵办应按相关文件要求，对海绵城市设计方案严格审查把关，严控项目建设指标设计达标，提高海绵设计方案合理性。

2）需加强主体责任意识，认真落实审查部门出具的审查意见，对接设计单位完成设计方案的修改完善工作；在建设时序和建设工程实施时，努力协调好相邻地块间海绵设施的衔接融合建设。

3）要求设计单位做好融合多专业协同设计工作，避免在建筑、道路、园林等设计方案确定后，再由排水工程专业"打补丁"。要求设计单位需组织好内部相关专业的协调沟通工作，避免在方案修改过程中发生沟通效率低下情况，尤其应加强给水排水、园林绿化、建筑、道路等多专业融合设计和全过程协同水平，优先考虑利用自然力量排水，以确保经济性和适用性，实现景观效果与周边环境相协调。

第9章 风险管理

全过程工程咨询模式下的风险识别受到多种因素的影响，在研究和实践中尝试从不同的工程阶段对全过程工程咨询风险进行识别分析，为有效应对风险问题提供相应的理论参考。

1. 投资决策阶段

对项目决策阶段全过程工程咨询风险识别进行分析，发现这一阶段的风险往往表现为所制定的项目规划与区域未来发展方向的契合度偏低，造成项目运行失败；项目投资估算存在不合理的情况、项目出现违规操作的问题等风险。此阶段存在的风险问题一般隐蔽性较强、识别难度大，往往在后期建设和运营阶段才能得到体现。为了有效降低风险并对风险进行识别，在项目决策阶段一般要求坚持合规性原则、一致性原则、严谨论证原则及先论证后决策的原则开展工作，在系统论证方案可行性后开展项目决策，降低全过程工程咨询风险出现的概率。

2. 建设实施阶段

整合研究建设实施阶段可能出现风险问题，发现主要风险问题涉及勘察质量风险、勘察安全风险、设计变更风险、设计成本风险、材料风险，以及项目工程推进过程中可能存在的质量安全风险，进度风险和成本控制风险等。为了对项目实施阶段的风险进行识别和规避，要求全过程工程咨询单位在工作中对引发风险的原因做好解析，按照可能出现风险的原因设定相应的方案措施，并制定风险应急预案，确保能对风险问题开展有效的预防和防控管理，及时发现问题并有效处理，将风险的不良影响控制在合理范围内。

在项目招标投标阶段，全过程工程咨询服务一般按照业主的需求持续推进，各项咨询服务工作的开展能满足项目招标投标工作的现实需求。通常情况下，这一阶段可能出现的风险问题主要表现为：招标投标条件的设置缺乏科学性和合理性；对投标对象的审查不到位，导致选用了资质不合格的对象；招标时间过长对工期产生消极影响；招标清单出现漏项问题等。为了能对这些风险准确地识别和防范，要求全过程工程咨询单位在参与招标工作前对业主招标要求进行系统的分析，明确评分细则的具体内容，如果存在争议问题，要及时进行处理。同时，全过程工程咨询单位要构建清单销项工作机制，避免清单重复项目和漏项问题的出现，进而引发风险问题，产生消极影响。

3. 运营维护阶段

在项目的运营维护阶段，全过程工程咨询单位提供咨询服务的过程中也可能引发风险问题，并且风险范围相对较为广泛，如招商失败的风险、公共伤亡风险、管理混乱的风险、竞争力不足的风险等，特别是在市场竞争激烈的情况下，风险隐患出现的概率明显提高。为了识别和规避项目运营阶段的风险问题，要全方位加强对项目运营阶段的管理，实现对成本的有效控制，并通过合理地设置条款对运营收入的来源进行管理，在提高项目维护水平的基础上，实现对运维亏损问题的有效控制，在严格管理的情况下规避风险问题，提高全过程工程咨询单位风险管理和控制效果，增强服务整体效能。

在全过程工程咨询业务开展过程中，本书编写人员与现场管理20余名一线工作人员积极开展互动交流，整理风险管理的管理心得，形成风险管理问题分析与处理措施汇编，部分内容辅以实际案例的管理成效，供大家借鉴。

9.1 招标采购风险管理

9.1.1 合同界面划分的重要性

1）风险问题：界面划分涉及的范围广，细节问题均需仔细梳理，各方逐一沟通确定。在实际工作过程中，总包与分包、专业承包之间的界面不清、界面重复或界面工作遗漏等现象较为普遍，在合同执行过程中需进行大量的协调，占用管理资源。风险源举例：① 清单不够详细，在后期建设中出现扯皮现象；② 界面清单合同约定不清晰或工作清单没有及时书面确认，后续使用方更换对接人，推翻之前的确认清单，导致后续实施互相扯皮推诿，影响项目建设。

2）解决措施：从合约规划阶段开始就应确定各合同发包内容和初步界面，施工图完成后，再依据施工图纸设计的做法、构造、系统属性等仔细复核和调整，对于复杂和特殊的情形，还需制作界面划分图、界面构造图等。此外，总、分包的管理与配合义务也须进行明确。

3）成功案例：深圳市DSW高级中学工期非常紧，采用了EPC建设模式。在项目方案确定之后就与校方开展了界面划分确认工作，为概算申报及后期学校申请开办费做好了铺垫，确保了项目的顺利竣工及交付。

9.1.2 EPC项目招标条件设定

1）案例：某大学扩建工程高层次人才科研楼项目采取工程总包总价包干的方式选择承包单位，实施过程中承包单位为满足使用方需求，前期阶段出现了部分承包内容造价严重超过投标费用，导致后续承包内容降低标准，平衡总费用导致工程管理处于被动状态。

2）问题分析：EPC设计单位没有严格执行限额设计，随意满足使用单位需求变更，且没有考虑变更后的费用调增，超过投标报价中相应分部项的报价。管理单位在造价控制方面缺乏经验，在招标图纸审核及限额设计管理方面经验不足，未在总承包合同中约定相关条款。

3）解决措施：项目最终通过后续承包内容降低标准解决了总造价不超投标报价的要求。因此，在后续项目招标管理中要有投资控制意识，严格各分部项、各专业、专项内容的限额设计。在建设标准的确定时，要综合分析投资效益，确保标准可执行可落地，实现投资效益最优。

9.1.3 招标采购计划

1）案例：某大学扩建工程泛光照明工程招标时间的安排不妥当，导致后续问题重重。

2）存在问题：为了节省总包配合费，泛光照明工程招标工作安排在总包单位的工作内容竣工验收之后进行。导致总包施工过程没有完全按照泛光照明工程设计图纸预留管线或者预留不到位，甚至有一些被装饰面板覆盖，室外灯具没有预留施工条件等。整个项目工期短，泛光照明设计内容的补充或整改将导致实际施工工期严重滞后。

3）解决措施：在实际实施过程中，增加协调力度，要求总包单位尽力配合，最后基本如期完成。因此，为确保招标工作顺利推进，施行计划三级管控，即招标总控计划、子项目招标详细计划、招标工作任务分解。招标总控计划应在项目总控计划框架下合理论证，与报建计划、设计计划、施工计划协调一致，梳理基本建设程序风险，保障子项目招标计划按时启动；启动招标子项目计划后，对招标重要环节的时间目标进行分解，设定关键性节点，如发布招标公告时间，依据招标子项目工程的重要性，研判过程影响因素，合理预留编制招标文件、投标文件和招标控制时间等；根据招标子项目工程属性、特点，围绕全过程咨询部门职责分工，对招标全环节工作进行分解，由各职能部门分工落实和协作；招标管理工程师强化招标计划控制。

9.1.4 招标文件中工期约定

1）案例：某航空大学项目是EPC项目，在招标过程中对计划工期进行多次不合理压缩。

2）存在问题：

国内大型工程项目一般决策时即确定项目交付时间节点，若其他环节时间延误，势必占用施工工期，造成施工工期紧张，不便于质量、安全管理，甚至出现工期索赔连带费用索赔，项目超概、工程审计风险等系列问题，具体体现在：

（1）项目建议书、可行性研究报告编制及批复周期较长；

（2）使用需求不明确不稳定，造成方案设计、初步设计文件编制时间长、修改频次多，加之审核批复环节多、周期长等因素，造成初步设计批复完成时已占项目建设期至少50%的时间；

（3）施工期间或EPC总承包项目施工图设计及施工期间，使用单位或建设单位使用需求持续修改调整，且不明确不稳定、审核审批周期长。

3）解决措施：对于工期约定，相关标准均做了相应的描述。

（1）招标文件约定的施工工期不得低于按照住房和城乡建设部《建筑安装工程工期定

额》TY 01—89 计算应得工期的 80%，合同签订时不得再压缩工期；

（2）《建设工程质量管理条例》规定建设工程发包单位不得任意压缩合理工期；

（3）《建设工程工程量清单计价规范》GB 50500 条文说明规定招标人应当依据相关工程的工期定额合理计算工期，压缩的工期天数不得超过定额工期的 20%，将其量化。超过者，应在招标文件中明示增加赶工费用。

因此，在实际操作过程中，需提前预判各环节的工期对施工工期、总工期的影响，合理确定各工作环节节点，严格按照上述相关规范，保障施工工期。

9.1.5 招标采购策划工作

1）存在问题：未进行招采合约前期规划与策划，导致招标子项目遗漏。

2）解决措施：合约规划是全过程工程咨询的招标采购版块的首要工作，是避免招标漏项，使招标工作具有前瞻性、计划性的前提。

依据项目建设单位方案、选址及调研、项目建设地相关政策等因素，全过程工程咨询单位需组织报建、设计、监理等各职能板块，提出服务、施工、材料设备招标初始清单，参照类似项目合同情况进行合约规划，初步确定服务需求、施工发包模式、重要材料设备类目的初始招标子项目清单。此外，随着项目的推进，合约规划还需按照实际做出适当调整。

9.1.6 择优竞争关系问题

1）存在问题：工程招标的目的就是通过竞争选择优质承包人，但是对于不同招标子项目工程，其规模、实施难度、复杂程度不同，择优与竞争两个因素需综合考量。

2）解决措施：对于服务类子项目招标，其本身服务费占项目投资比重较小，但是其管理效能却会对项目建设成效、投资等产生较大影响，所以应以择优为主、竞争为辅；对于通用施工技术的工程类子项目发包，具有资质的承包人都可以承担，应以竞争为主、择优为辅；对于实施风险高，技术条件复杂的工程，应采用择优为主、竞争为辅；其他项目可依据实际情况研判。

9.1.7 招标组织问题

1）存在问题：在各种建设模式下，招标组织不尽相同，实际操作中往往存在一个误区，即招标工作全部是招标管理或招标代理的范围，与其他职能部门无关，这将导致招标文件不严密、招标质量不高等现象。如施工合同执行过程中，监理工程师反映合同违约处罚条款不完善，对承包人约束力度不强。

2）解决措施：全过程工程咨询模式下，设计全新的招标管理协同流程，整个招标过程由全过程咨询各职能部门充分参与。招标采购管理负责招标条件核查、招标计划制订与执行、招标流程控制等，设计、监理、报建等围绕子项招标按照职责分别在合同起草、设计和技术支持、商务策划、基本建设程序履行，以及组织勘察设计、造价咨询等技术服务单位配合。

9.1.8 重视合同交底

1）案例问题：深圳某项目没有按合同约定开展初步设计和概算编制，引起合同争议、超投资风险。

2）解决措施：确定中标候选人后应对其投标文件进行全面复核，对投标文件中模糊表述、异议、错误、风险等全面清理，制作澄清文件，由中标候选人澄清并确认，作为合同文件组成部分；合同签订后，就招标投标情况、招标文件、补遗答疑情况、合同主要条款、澄清纪要等向全过程咨询各部门、合同乙方项目组织机构、造价咨询等相关单位交底，达到对合同条款理解一致的目的，加强合同执行效率。

9.1.9 试运行管理约定

1）案例问题：某航空大学项目，使用／运营单位物业和技术人员对工程情况不熟悉，尤其对工程设备、工艺等不了解，易误操作造成设备故障等情况。

2）解决措施

为保障项目试运行安全平稳，工程总承包招标文件的合同条款应明确约定工程总承包单位负责项目试运行管理，编制试运营方案及工程使用说明书，并进行详细的交底。

通过上述工作后，使用／运营单位较快地熟悉了解工程各方面情况，尤其是设备的正确操作、检修等，能够最大限度地保证项目试运行安全平稳，同时也避免了使用／运营单位出现误操作、使用维护不当、随意改动主体工程等情况，而出现保修期内质量争议。

9.2 设计技术风险管理

9.2.1 EPC项目设计管理

1）问题：EPC工程项目中，方案设计单位与EPC工程总承包单位之间设计工作如何实现高效对接，是全过程工程咨询设计管理的难点。

2）案例：深圳市DSW高级中学项目建设周期非常紧，建设模式采用了EPC模式，其中方案设计和EPC承担的施工图设计分别由两单位完成。在设计管理过程中出现了方案设计单位与施工图设计单位脱节，导致施工图设计工作举步维艰。在教学楼结构设计中，方案设计单位不同意调整平面布局，EPC设计单位设计的图纸满足不了超限审查。最终由建设单位与全过程工程咨询单位召开专题会，由方案设计单位委托结构事务所进行结构技术分析，完成了结构计算和设计，通过了超限审查。

3）主要原因：两家设计单位沟通不及时，管理者发现根本问题所在，没有对症下药，耽误出图时间。EPC单位缺少一个真正的统筹人来协调管理设计，不能做到真正发现问题、解决问题。

4）解决措施：由建设单位进行统筹管理，全过程工程咨询单位协助，组织专题会议有针对性地解决问题。

9.2.2 方案设计成果各方快速有效确认

1）问题：设计方案的确认是固化方案阶段成果的重要环节，如何使各方快速有效的达成一致意见，顺利推进项目是全过程工程咨询设计管理的又一难点；

2）案例：某大学扩建工程高层次人才科研楼项目方案及施工图为两家设计单位承担。在方案确定过程中，校方意见和建设单位意见分歧较大，导致方案反复修改，方案设计单位因投入成本较高，后续工作配合度很差。

3）主要原因：设计方案不能得到各方的认可，建设单位和校方意见不统一，出现反复修改情况，导致方案设计单位后续积极性很差。

4）启示与措施：组织校方和建设单位一起开会讨论，达成基本的一致意见，形成书面文件，各方签字确认，避免后续随意修改。对于这种情况，方案设计单位要合理引导、重点把控，最终促使各方达成一致意见。

9.2.3 设计需求管理

1）案例问题：需求管理是前期阶段的重要工作，对后续工作顺利开展至关重要。深圳市某学校项目，使用需求涉及的科室多，关联的专业性强。在需求沟通阶段，因没有做好相关的策划、形成相关的制度、确定使用方主要对接人，又因涉及两个使用方，管理协调非常复杂。虽多次召开需求会议，但都没有形成书面确认文件。

2）解决措施：当项目使用方需求较多且不统一时，应由使用方主要对接人组织内部沟通会议，并与设计单位对接，形成书面的需求确认清单。当使用方不能提出有效需求时，全过程工程咨询单位可以组织到相关类似项目考察，通过调查研究，借鉴成功案例予以确定。

9.2.4 设计进度管理

1. 设计进度管理风险

在项目实施过程中，设计进度与整体项目进展息息相关，无论是前期的土地整备与报批报建还是实施阶段的图纸完善与施工许可证办理都囿于图纸进度条件。但是由于使用方的需求动态变化，以及甲方对于方案的多次调整，设计进度控制面临巨大挑战。

1）因预留数据不足导致设计方案不合理。

当前许多建筑设计人员在工作中都暴露出了因预留数据的评估不当导致设计方案存在计算失误、内容不合理问题。例如在对高层建筑结构进行设计、对有关参数进行计算时，只预留出了结构节点因各种材料特性而造成的延展空间，而忽略了气候、温度、湿度变化等可能引起的延展问题，导致其预留数据不足，设计方案不够合理，后期施工人员可能会面临作业困难。

2）设计师设计水平良莠不齐。

3）因前期、设计、使用方、业主、社会原因等客观因素，导致会议组织困难，实施组织困难等。

4）因各参建单位无法达成一致意见，在各方角力拉扯的过程中，造成工期的拖延与浪费，以及设计等相关工作无效、重复、停滞不前等问题。

2. 设计进度管理产生风险的原因分析及规避措施

1）设计任务书完善

设计任务书是设计任务的基础，从项目立项开始，设计任务书就已经开启了编制工作。因为项目是一个完善变化的过程，所以设计任务书一定是跟随设计共同完善的，但在前期就要提出适当超前的设计要求，鼓励设计单位在满足现有设计要求的前提下，发挥能动性，为未来建设过程中可能遇到的新需求做好充分准备。应包含设计成果的定性要求（包括设计内容应满足相关专业规范要求，如材料设备选择、建筑类型要求、建筑风格要求、设计成果应满足使用方的生活方式要求、项目定位要求等）和定量要求（包括主要技术经济指标，如容积率指标、户型面积指标、比例指标、公建面积指标、绿地率等）。

2）明确图纸标准

包括方案的深度和初设的深度，特别是境外公司，必须落实制图标准相关文件，包括但不限于：《建筑制图标准》GB/T 50104 和地方相关标准，甚至可以使用一些业界标杆企业的制图标准，如《北京市建筑设计研究院制图标准》。同时，将合图工作所用的时间到计划中予以考虑，提前预留好，最大限度地使计划得以落地。

3）明确管理的分工和责任

从管理学角度来讲，管理需要做到分工和责任的明确，设计师在进行建筑工程设计之前，必须要明确自身的责任，做好各个环节的分工，尤其要注意前期对建筑工程项目实际施工环境、地点的勘察，获取精准的数据，清楚地了解建筑工程项目用户的需求和相关标准，以国家相关法律法规为依据进行工程项目的设计，担负起自身的职责。

9.2.5 设计质量管理

1. 设计质量管理风险

1）需求调整风险

使用方在项目实施的过程中，对于已经确认的需求进行调整；或部分未明确需求在设计过程中进行明确。

2）设计调整风险

（1）为达到限额设计目的，进行设计调整。如深圳某学校项目，由于概算批复时，施工图已基本完成，在第三方造价咨询单位进行招标控制价测算的过程中，发现项目存在严重的超概风险，同时，总包单位已经招标完成，仅能在其他分项设计，如幕墙、室内、景观等方面进行概算控制，导致从方案层面进行设计修改。又因项目投资测算是一个动态的过程，设计并未一次性调整到位，导致方案与施工图的反复调整。

（2）施工图阶段仍在进行的设计调整。如某实验室项目，方案设计单位为境外单位，受境外工作时间制约，出图时间较长，国内的施工图单位在与其配合时，由于方案设计单位提供方案不全面，导致图纸反复调整。

3）图纸错漏碰缺风险

（1）错项内容。如红线内管网标高远低于室外市政管网标高；建筑图和结构图数据不一致，造成电梯无法订货安装。

（2）漏项内容。如设计了网络和电视接口，但是没有配电源插座；设计了用水设备，但是没有配备给水；设计了电梯井道但是没有设计圈梁等。

（3）碰项内容。如体育场设计了钢结构网架和高杆灯，网架范围延伸至高杆灯上方，致使高杆灯和钢网架碰撞；设计的发电机房风管和发电机排烟管冲突，无法安装；设计了负压给水水罐，不考虑地下室高度，造成水罐高于楼层高度等碰项。

（4）缺项内容。如单回路供电未设计发电机组作为应急电源；设计了综合布线系统，缺少网络设备系统等。

4）施工图纸各专业存在无法衔接、不配套的问题

设计包括建筑、结构、给水排水、暖通、电气等，各专业设计应相互联系、相互配套衔接。但图纸中经常出现专业之间脱节、不配套的状况。例如土建幕墙专业设计电动排烟窗，但消防专业并没有配套的电源设计和联动要求；设计10kV高压冷水机组，但电源配备的是380V；弱电机房，土建专业不设计防静电地板；高低压柜采用下进下出的进线方式，但土建不设计电缆沟；给水排水设计了锅炉，但土建缺少相应的烟道，等等。

2. 设计质量管理风险原因及规避措施

1）稳定需求

已经确定的需求，尽量做到立字为据，如果想要更改需求，必须有正式的文件下发；同时向使用方进行实时交底，通知其提需求的截止时间，尽量做到"过时不候"。

2）快速、全面、专业、配合

（1）首先，限额设计应该从方案阶段就开始，并贯穿整个项目实施过程；其次，若已经超概，方案单位需快速反应，并提出解决办法，同时，施工图单位需在工作开始前评估该解决办法的可实施性，若方案从技术层面无法落地，则需尽快提出意见及解决办法，供项目组进行进一步的评估、决策。最后，当有明确指令时，方案单位与施工图单位需积极配合，尽快将决策落实到图纸。同时，设计单位也需增加技术力量，从设计角度，做好限额设计工作，如果缺少造价相关的技术人员，应自行补齐。

（2）明确设计阶段，进行多次交底与合图工作。在方案与初设阶段，设计师的想法可以随时变化并反映到图纸上，但是到达施工图阶段，原则上不允许设计单位擅自进行图纸的修改与调整，如确需调整，需提交项目组审核及评估后，下发设计联系单，明确指令，方可进行调整。同时，境外公司与境内设计院存在着建筑语言"不通"的情况，境外设计师更习惯于模型提资、模型画图。境内设计师更倾向于用CAD进行图纸绘制，在设

计语言转换的过程中，难免出现纰漏。

对于上述问题，方案单位与施工图单位，以及设计总包单位与各专业分包单位间，需要加强沟通，实时进行核图工作，避免图纸中出现专业之间脱节、不配套的状况。

（3）明确图纸质量标准。对于设计院，多次发生图纸问题，主要是因为内部审核不严格。很多设计院后续审核校对等形同虚设，把关不严、各种低级错误不断出现，导致图纸质量无法保障。

对于这种情况，需要负责人进行精细化管理，明确设计责任，将出图质量纳入考评范围，因设计造成的变更，也应明确责任。

（4）明确设计总包责任，禁止"以包代管"。一些设计院中标之后除了建筑结构专业之外，其他精装修、幕墙、智能化等专业一律进行分包，委托其他设计单位或者专业单位承担相应设计任务。专业单位设计专业图纸，质量本该有保证，但由于设计院总包统筹管理职责缺失，没有起到统筹协调管理的作用，没有考虑各分包与总包的衔接及各分包之间的配套问题，对各分包设计的图纸不审核、不把关，致使各专业之间无法配套衔接，出现诸多问题。

对于上述问题，需明确设计总包责任，禁止"以包代管"，各专业需在总包牵头下，编制"问题清单"且实时更新。同时，加强交底工作，上游单位对下游单位需进行多次交底，图纸整体审核过后，由全过程工程咨询单位设计管理组织交底会、出具审图确认书后流转造价做控制价确认版图，以此基准版。

9.2.6 重视各阶段总平面布置

1）案例与问题：以某大学深圳校区扩建工程为例，在施工总平面布置时，塔式起重机的位置没有合理避开设备房，导致设备房施工受影响。

2）解决措施与启示：在总平面布置时一定要先确定设备房的位置，尽可能避开。同时合理布置设备的堆放场地，合理规划设备的进场时间。

9.2.7 消防验收对进度的影响

1）案例与问题：某工程因为存在强制性不合规事项，导致了消防验收失败。如不同防火分区之间采用了 B 级防火门或铝合金玻璃隔断，个别楼梯不能满足疏散要求。

2）解决措施：在消防验收之前建议由消防单位统筹，最好邀请消防部门人员对现场进行模拟验收，提前发现存在的问题。对于问题要专人落实，确保得到彻底整改。

9.2.8 BIM 技术应用成效

1）存在问题：流于形式，不能真正将 BIM 技术应用到项目管理中。目前 BIM 技术在管线综合方面应用比较成熟，在设计管理阶段，特别是 BIM 正向设计方面存在一定的差距。碍于设计工作的实际现状，方案设计阶段存在反复修改情况，对于 BIM 的应用产生了很大的阻力。

2）解决措施：做好 BIM 技术应用策划，在有关内容招标阶段和合同条款中落实 BIM 技术应用的范围、深度和相关要求。拓宽 BIM 的应用领域，按有关政策要求，报建工作中增加 BIM 的应用，建立健全 BIM 应用的管理制度。借鉴深圳市建筑工务署在 BIM 推广应用方面的引领地位，利用好建设单位的平台，协助建设单位完成 BIM 应用的提质升级。

9.3 造价／投资风险管理

9.3.1 前期投资控制

1. 存在的问题及风险

1）投资决策缺乏前瞻性

投资决策阶段缺乏长远发展的思想意识，对项目规模、建筑标准及设计方案等考虑不足，致使工程建设中使用功能、建筑标准等经常发生变化，产生大量的设计变更、现场签证，从而导致投资不足，"三超"现象严重，工程造价一增再增。

2）决策欠科学、程序倒错

无视投资估算的严肃性、科学性和合理性，人为降低投资额。

3）基础资料收集工作不到位

投资估算所选用的数据、资料等信息收集不足或信息滞后，有时难以真实地反映实际情况，误差较大，致使投资估算不能真正反映工程的要求。

4）投资估算缺乏准确性

估算编制不够专业和细致，对工艺流程和方案缺乏认真研究，致使投资估算内容不完整，漏项严重。

2. 解决的措施及方法

1）明确使用功能及需求

协助建设单位明确拟建项目的功能使用要求、建设标准、生产工艺等需求，并根据历史项目的经验从项目的全过程周期尤其后期运维的角度考虑提出建设性的意见，尽量减少实际施工中的工程变更，真正做到造价管理的事前控制。

2）做好基础资料的收集工作

做好项目的投资估算，需要认真搜集有关基础资料，例如：行业部门、项目所在地工程造价管理机构或行业协会等编制的投资估算办法、投资估算指标；政府有关部门、金融机构等部门发布的价格指数、利率、汇率、税率等有关参数；拟建项目建设单位方案确定的各项工程建设内容；已批复的预可研文件、估算批复文件格式及要求；与项目建设相关的工程地质、水文资料等；有关专业提供的主要工程量和主要设备清单；工程所在地的水电路状况，地质情况，同期的人工、材料、设备的市场价格及阶段性浮动趋势，工艺及附属设备、市场价格和有关费用及阶段性浮动趋势，以及现有已建类似工程资料等。

3）科学地进行工程项目投资估算编制

结合企业数据库中类似项目指标，编制工程投资估算报告。投资估算编制要有依据，尽可能全面，并从实际出发，充分考虑施工过程中可能出现的不利因素及对工程造价的影响，使投资基本上符合实际并留有余地，真正起到控制项目总投资的作用。例如：天津某大学项目估算编制的过程中，多次与建设单位沟通，明确了建设标准、功能需求，会同设计单位共同制定了较为细致的设计方案、提供了详细的设备清单和主要工程量，并应用了企业数据库类似大学项目指标，结合拟建项目工程概况及天津当地同期人工、材料、设备价格和其阶段性浮动趋势重新测定指标，编制了精度较高的投资估算。

9.3.2 计价模式的选择

1）存在问题：招标计价模式不合理。有些非标准建设项目为了加快招标工作进程，在无初设图纸的情况下强行采用模拟清单招标模式，后期随设计的深化，建设单位要求的不断改变，造成原招标清单大部分无法使用，且易出现清单漏项情况，导致投资成本失控。

2）案例分析：例如义乌某学校项目，建设单位在前期对于项目需求、装修标准不明确，在甲供材无法确定，无初设图纸的情况下采用了模拟清单招标模式，出现边设计、边施工、边审批的情况，在实施过程中因审批不通过，从而导致返工，造成时间和经济的浪费。施工阶段随设计的深化，造成清单描述的特征发生局部变化，使得投标单位的报价不可用，新增项目重新核定清单单价，部分价格风险又转移给建设单位。

3）解决措施：合理选用招标计价模式。根据项目的实际情况选取合理的招标模式，一般模拟清单多用于功能单一、相似度较高且采用标准化设计的住宅类房地产项目，这类工程在编制工程量清单时参照工程易选取，材料做法后期变化较少，不易产生变更，风险相对较低；而其他非标项目由于设计的多样性和独特性，难以选择相似度高的项目作为参照项目，不宜采用模拟清单方式招标。

9.3.3 无价材料的管理

1）存在问题：无价材料询价、定价不规范。无价材料的选型、询价、定价工作是施工阶段的重点工作，也对整个工程造价的控制有着重要影响，但很多项目在施工前期没有重视这个工作，导致后期结算阶段甲乙双方在无价材料价格上产生巨大争议；目前大部分政府类公共项目在财政评审预算或结算过程中也有提供无价材料询价资料的要求。如果在项目后期再补充询价资料，不仅询价定价工作量大，而且延长了预算、结算审核期限，使工程预结算一拖再拖。

2）案例分析：例如某学校项目前期没有确定合理的无价材料询价定价原则，也未与当地财政评审部门沟通，项目已进入竣工验收阶段，工程量虽已经核对完成，但由于无价材料的定价问题与施工单位存在较大争议，工程预结算费用迟迟不能确定，并且存在后续预结算报财政审批时出现不合规的风险。

3）解决措施：无价材料询价定价原则及流程提前确定。施工阶段前期与建设单位、施工单位成立询价小组，共同制定合理的无价材料选型、询价、定价原则及流程，政府公建类项目应提前与财政或评审中心沟通是否有相关规定及要求；在项目实施过程中，严格按照制定的规章流程执行。

9.3.4 竣工结算的时效性

1）案例：某大学项目建设过程比较顺利，按期保质保量交付使用，并获得了鲁班奖殊荣，但是在项目结算上存在严重滞后问题。

2）存在问题：涉及很多工程变更及后期改造，严重阻碍项目结算进展。部分单位不重视结算工作，拖后整体进展。维保遗留问题没有得到妥善解决，使用方不在接收单上签字，导致结算工作不能闭环。

3）解决措施：需求的书面确认，界面划分的提前梳理确认，重视过程结算、过程移交；清单管理，责任到人；与使用方对接，减少后期改造的可能性。

9.3.5 EPC项目造价管理举措

1）案例：衢州市某项目为EPC项目，但由于目前国内EPC建设管理体系尚未健全，投资控制是项目管理中的一项难题。

2）管理举措

（1）编制项目管理清单。为了促进全体参建单位高度紧密配合，提高参建单位的责任意识，约束参建单位全面履行合同约定的各项义务，确保工程建设期间本项目的各项管理工作规范、有序，真正实现通过对项目建设全过程、一体化、专业化的管理，达到项目资源最佳配置和优化，最终确保项目投资效益最大化，全面实现项目预定目标。根据国家、省、市现行的有关现行法律、行政法规及项目管理规范的相关要求，以现代项目管理理论为指导，本着责权对应的基本原则，针对工程实际，项目全过程工程咨询单位编制《项目管理清单》，明确全体参建单位职责分工，规范全体参建单位人员日常建设的指导性文件。

（2）做好事前管控工作。项目全过程工程咨询单位在方案设计过程中及时与设计单位进行对接，并在方案设计初稿后及时征求建设单位意见的前提下，提前协助建设单位邀请规划、消防、交通、发改等相关主管部门及相关专家、设计单位人员等进行内部会议初审，对各方提出的建议形成会议纪要，督促方案设计单位在初审意见的基础上进行修改后再报批，初步设计阶段对设计单位提交的多方案比选工作，组织公司专业人员做好市场调查及使用单位、建设单位对功能的需求，从使用功能、造价、施工技术、后期维护等多方面分析，并提交咨询建议供建设单位决策使用。做好事前控制工作有利于各项工作按时完成，且在前期加强设计管控有利于造价控制及减少后续过程中的工程变更情况发生。

（3）充分发挥EPC工程总承包的优势。本项目采用以设计为主导的工程总承包模式，在项目管理中要真正发挥设计在整个工程建设过程中的主导作用。在全过程工程咨询单位强有力的设计技术咨询支持下，推进工程项目建设整体方案、初步设计、施工图阶段的不断优化及完善；有效克服设计、采购、施工相互制约和相互脱节的矛盾，实现设计、采购、施工各阶段工作的合理衔接，实现建设项目的造价、进度和质量控制符合建设工程承包合同约定，确保获得最优的投资效益。

（4）加强合同管理。建设工程合同管理是工程项目管理的核心。由全过程工程咨询单位和建设单位负责按合同约定内容进行招标及相关合同的签订，合同签订之后，项目全过程工程咨询单位和建设单位对承包单位进行交底，说明工期、质量、工程范围、工程界面划分、付款方式、发包单位职责、总分包的关系等需在合同执行过程中特别注意的问题，以便各岗位人员协调配合。合同承包单位必须严格按照合同约定条款开展工作。

9.4 建设程序风险管理

9.4.1 项目前期报批风险管理

1. 风险分析

1) 项目策划阶段——项目空间规划调研不充分

项目策划阶段是指项目建设单位提出建设意向，开展前期研究论证，初步落实建设条件并明确项目主要技术经济指标的过程。很多项目在调研选址阶段未做好空间规划分析及论证，包括项目选址位置是否涉及生态保护红线、永久基本农田、饮用水源保护区、地质灾害区、环境空气功能分区、公共交通等多项城市规划建设强制性条文，空间规划的调整至少需要经过市级、省级甚至国务院相关部门审批，时间相当漫长，项目空间规划不通过，后续直接导致用地及建筑方案无法审批、土地合同无法签订，项目无法按时开工。

2) 立项及用地规划许可阶段——经济技术指标无法确定

本阶段需要办理的关键节点手续为：项目建议书审批、建设项目用地预审与选址意见书、建设用地规划许可证、可行性研究报告批复。三个手续均是对项目建筑面积、功能用房面积、建设内容、建设标准予以批复。主要风险有以下几点：

（1）本项目是否需要办理项目建议书审批，通常情况下，市委常委会议和市政府常务会议审议通过的免于项目建议书审批的项目，可由发展改革部门直接核发项目资金下达计划，其法律效果等同于项目建议书批复，因此这类项目可直接办理选址意见书及建设用地规划许可证，这会导致前期建设单位在项目调研不充分、建设需求考虑不完善的情况下急于办证，使得用地规划及科研批复建设指标与后期概算、工规批复指标无法保持一致。

（2）确保立项、可研批复指标及建设用地规划许可证规模保持一致，根据前期审批流程，可研批复完成后才能进行用地规划审批，用地规划许可证的建设规模不得超过可研批复指标。

（3）各分项设计未提前控制投资、建筑标准，有些分项投资远超常规标准，导致申报可研投资不可控，在这个阶段能否考虑在使用单位完全确定使用需求且概算编制完成后，可研及概算同步申报。是否存在分期建设且分期周期较长，需考虑分期申报可研或概算。

（4）未能考虑主要材料价格上涨对已经立项、可研批复可研项目的投资影响。

（5）项目后续阶段周边是否有防洪排涝设施、高压迁改及大面积雨污水、给水管道改迁等工程需要纳入统筹，此项资金是否需要提前纳入项目建议书及可研报告。

3）建设工程规划许可和概算批复阶段——关联部门手续的完整性

本阶段作为前期规划的最终节点，需要办理的关键事项有建筑工程规划许可证、概算批复。存在风险如下：

（1）项目在申报工规前，需完成可能涉及的国家安全、文物保护、压覆重要矿产、机场、水务、危险品、燃气、电力、轨道交通、配建公共服务设施等主管部门同意，否则规划部门不予受理。

（2）工规证申报的同时需同步完成项目永久路口手续，确保项目所在区域交通规划与项目建筑规划相匹配，避免后续二次调整方案。

（3）工规批复的规定建筑面积不得超过建设用地规划许可证、土地使用权出让合同及概算批复的规定；初步设计提出的投资概算超过经批准的可研提出的投资估算10%的，项目单位应当向发展改革部门报告，发展改革部门可以要求项目单位重新报送可研。

4）施工许可阶段——主体施工许可证无法短时间内批复却又急需开工手续

主体建筑工程施工许可证需在项目空间规划及建筑规划全部完成的情况下才能申请，若项目规划尚未审批，为不影响进度，可考虑桩基先行，房建类项目取得用地预审与选址意见书或者用地规划许可，依规定确定施工单位、监理单位，采取保证工程质量安全措施，完成了基坑支护工程、土石方工程或者桩基础工程施工图设计的，可以申请办理基坑支护工程或者土石方工程或者桩基础工程施工许可证。

2. 案例与措施

1）案例1

（1）存在问题：深圳某学校项目在策划阶段，使用单位并未对项目的选址进行论证，也没有根据项目用地情况征询过规划、水务、环保、气象等空间性规划管控部门意见，直至管理单位进场对接规划时才发现项目用地涉及多个生态敏感区，比如项目红线范围内存在大面积的林地、选址占用二级水源保护线且位于省级生态保护区范围，以上空间规划调整全部完成至少需要一年半的时间，严重影响项目进度。

（2）采取措施：由于国家政策规定，生态保护区范围内不得施工，为保证项目按期开工，管理单位报建组通过与相关主管单位沟通协调后采取以下措施解决：

① 采取桩基先行模式，土方、桩基施工和空间规划调整同步进行。深圳市政府328文件明确规定，项目在取得建设用地规划许可证后即可办理土方、桩基施工许可证。

② 协调建设单位向市政府申请召开区长协调办公会，组织规资局、环境局、自然保护协会、城管局、林业主管部门，召开专题协调会协调解决。注：会议前，议题主要资料及依据要与各参会单位沟通确认，会议通过后，一次通过相关报审流程。

（3）启示：提前开工达到项目按期实施的目的，专题会议解决项目报建过程中各主管部门业务流转程序和要求的统一性，从而实现节约时间并保障项目建设程序合法化。

2）案例2

（1）存在问题：深圳某学校项目开工初期，因红线内场地限制，需在北区红线外租赁土地进行临建搭设。在土地监察局办理手续过程中，发现土地监察局在征询土地管理相关单位意见，因以下主要问题该地块不能批复使用：

① 环境局：用地涉及二级水源保护地，不可用（根据《中华人民共和国水污染防治法》第六十六条规定，禁止在饮用水水源二级保护区内新建、改建、扩建排放污染物的建设项目）。

② 前期办：涉及规划道路，不可用，需退出规划道路施工范围外。

③ 城管局：占用项目配套规划公园绿地，不可用。

（2）采取措施：

① 与二级水源保护区管理单位进行沟通，对临设方案修改，排污出口调整至水源保护地之外。

② 协调前期工作办公室，调整临时用地总平面，红线退让至规划道路边线。

③ 与城管局以及其上级主管领导沟通，调整项目配套规划公园建设时间。

（3）启示：通过项目报建过程中的主动参与，积极了解并解决审批事项的主要问题，保障报建工作顺利通过。

3）案例3

（1）案例介绍：深圳某学校项目由于前期方案未通过规划局审批，导致建设用地规划证、工程规划许可证审批不通过，无法办理施工许可证，考虑到项目工期紧急、桩基施工单位已经进场，全过程工程咨询单位提议采用质安监提前介入的方式，由建设单位牵头组织专项协调会，并准备项目立项批复、选址意见书、可研批复、监理合同、勘察合同、施工合同、设计合同和安全文明施工方案等资料，现场向住建局质安处领导汇报项目前期进展并重点解释桩基安全文明施工方案的可行性，同时出示重大项目证书，说明项目重要程度，最终质安站同意提前介入，确保项目按时开工。

（2）启示：本案例主要为政府投资项目，即使规划尚未通过，基本都能采用桩基先行的模式提前请求质安站介入审查并开工，但这种情形，需要建设单位主动发起沟通。

9.4.2 报建沟通意见需书面确认

1）案例：深圳市DSW中学项目人防报建问题。项目组在办理人防报建时，与深圳市宝安区民防科沟通，解决了存在的问题，初步口头确定了最终的人防报建文本，但一直未办理正式的报建手续。后续的消防报建还因为商定的人防建设内容进行了让步。项目人防验收时，验收人员认为之前沟通的做法不能满足人防相关规范，具体如下：

（1）局部人防地下室顶板标高大于周边市政道路标高，不符合规范要求；

（2）人防面积超过可研报告中的人防面积指标。

因为后续的相关工作已落实，大部分指标已稳定，无法进行修改，再加上项目工期非常紧，不允许再出现大的变动。

2）解决方案：与人防验收部门沟通之后进行了优化，通过教学楼局部结构的调整使此区域基础埋深小于3m，按照地上面积5%的方式计算人防面积，使人防面积比原方案减少了约640m²。人防第一次提资估算的面积4889m²，优化后的人防面积为4244.49m²。

3）启示：报建过程中口头沟通后一定要尽快落实书面文件，避免影响后续的工作开展。

9.5 安全文明施工风险管理

9.5.1 存在风险及案例说明

1. 临时用地选址调研问题

许多项目由于场地条件受限，需在施工现场外部另寻场地用于办公或生产加工临时用地。但当对临时用地的选址，未进行深入的研究，仅仅考虑距离的远近，将会对项目文明施工管理造成巨大的影响。

案例：深圳某大学项目，位于大学城核心区域，项目场地内部用地条件无法满足临时设施搭设，且在基坑阶段无法满足加工区设置。项目单位为便利，在项目一路之隔的废弃工业用地租赁作为临时用地。但从临时用地前往项目场地，无论是车行还是人行，都必须经过现状的涵洞口。项目在建设实施过程中，政府对该处涵洞进行改造，目前该涵洞较大可能性被取消，届时将无法从临时用地较为便利地通行到达项目现场道路组织。大量由临时加工厂转运至现场的钢筋、模板等材料运输，必须绕行，且经过两所小学，将会严重影响施工效率，同时对场外文明施工管理造成严峻的考验。

2. 场地总平面布置不科学

1）临时围挡设置不合理

围挡是施工现场的形象展示，更是用于封闭管理的重要措施。但往往很多项目在进行临时围挡搭设时，仅追求成本，对围挡搭设的重视程度不够，建筑围挡材料选择不合理，围挡未进行防治扬尘措施。更有部分场内围挡缺失，未进行完全封闭，对建设工程的顺利开工及相关安全问题均产生了不利影响。

案例：浙江义乌某大学项目，项目占地较大，场地内部道路组织复杂，如图9-1所示。项目采用PVC成品围挡对施工场地与外部进行隔离，生活办公区与施工现场通过砌筑围墙进行分隔。但场地内部主干道两侧与施工现场未设置围挡，车辆通行扬尘污染严重。经核查EPC单位在进行施工总平布置方案，未考虑该部位设置围挡。

2）扬尘治理不到位

扬尘污染治理是施工现场进行安全文明施工的基本要求，也是随着《大气污染防治法》的修订，针对建筑工矿生产作业对城市环境污染给予了法律层面的约束后，施工现场的扬尘污染管理更是重中之重。虽然各个项目在地方住建部门、环保部门及行政执法部门的强力监管下，扬尘污染管理有了很大的改观，但仍存在诸如裸土未覆盖、道路未硬化、围挡未喷淋、入口未洗车、出尘未封闭等情况。

图 9-1 浙江义乌某大学项目现场图

案例一：江西九江某学校项目，项目总占地面积为 1000 亩，场地条件较好。但在土石方施工阶段，依然存在裸土未覆盖、道路污染严重等情况。如图 9-2 所示。

图 9-2 江西九江某学校项目现场图

案例二：江西萍乡某中学项目，由于面临雨污水管网开挖施工，施工单位将前期的临时道路破除。导致现场内部道路雨后泥泞不堪,而天晴时又扬尘漫天(图9-3)。

图9-3 江西萍乡某中学项目现场图

9.5.2 管控措施

1. 强化合约控制、促监管有效

文明施工管理成效的好与坏,受各层级组织管理的行为和管理意识影响较大。通过合约落实的奖罚措施,促进对施工单位切实做好文明施工管理,形成有效的监管。

2. 富技术手段、优管理路径

文明施工管理成效,通过技术管理的运用效果能够直白地体现,技术优化管理行为,丰富管理手段,简化管理流程。运用以数字化、智慧化的技术管理,更是可以高效管理、精细管理,进一步优化管理路径。

3. 贯彻经济激励、调行为动能

文明施工管理需要组织人行为的知行合一。而经济激励是保障行为统一、目标一致的有效动力源。贯彻经济激励,是要落到实处,以合同管理为突破口,合理合规制定经济激励措施,切实调动全员参与文明施工管理的动能。

4. 落实安全文明施工费

建设单位应按照规定及时支付安全文明施工费,在工程总承包招标文件的合同条款和工程总承包合同中明确安全文明施工费支付方式计划,以最大限度地保证项目安全有序推进。确保工程建设施工期间安全,以防中标单位不落实施工安全保证措施,工程总承包招标文件的合同条款应明确约定建设单位应按照《建设工程工程量清单计价规范》GB 50500、《建筑工程安全防护、文明施工措施费用及使用管理规定》(建办〔2005〕89

号）的规定，在工程开工后的 28 天内预付不低于当年施工进度计划的安全文明施工费总额的 60%，其余部分应按照提前安排的原则进行分解，并应与进度款同期支付。工程总承包合同签订时同步纳入专用条款内。

第10章 投资/造价咨询与管理

工程建设项目在投资决策阶段、勘察设计阶段、发承包阶段、施工阶段和竣工收尾阶段均需实施投资控制，即将建设工程投资控制在各阶段批准或目标投资限额以内，及时采取纠偏措施，在保证工程建设项目质量、安全、进度目标的同时，合理使用人工、材料设备、资金等有效资源，以期取得良好的投资效益和社会效益。以全过程工程咨询模式组织建设的学校教育项目，按照现行法规规定的基本建设程序，全过程工程咨询单位介入时间一般在项目可行性研究报告批复后，项目投资估算已经得到发展和改革部门批复，并得到项目单位确认。

10.1 学校教育项目投资特点

1. 投资数额巨大

学校教育项目是由多类型、复杂功能的众多单位工程和附属工程组成的群体项目，投资额动辄几十亿元、上百亿元。项目建设目标和效果关系城市及地区教育事业发展，尤其是高校发展和学科建设，建设项目有"双一流"高校建设，也有按照一流高校和一流学科建设为目标的新建校区或扩建完善校园功能项目。

2. 投资差异明显

分析对比项目建设规模和投资数额，初高中学校项目规模适应市区教育需求和发展，高校项目按照高校发展规划、地区发展对人才需求实施建设，规模标准、学科建设、专业特色等因素各不相同。

3. 功能需求对投资影响

学校教育项目一般包括教学、科研实验、图书馆、体育馆、师生活动、学术交流、生活及室外配套设施等，各功能场所或楼栋的需求由使用单位的教学、科研、后勤、运营等多部门提出，各项需求提出是一个持续过程，这些功能和标准直接影响项目投资。

4. 发承包模式对投资影响

根据案例项目调研显示，围绕不同功能属性楼栋、建设进度目标约束和政策导向，学校教育项目较多地采用EPC工程总承包或施工总承包＋专业承包混合发承包模式，发承包模式不同，承包人承担的风险不同，不同专业工程市场竞争程度不同，均会对投资产生较大影响。

5. 实施周期对投资的影响

根据学校教育项目超大规模特点，建设的项目一般是 3～5 年工期，建设期间人工、材料、设备等要素存在涨跌波动，尤其是近年受到疫情等不确定性因素影响，项目投资也受到较大影响。

6. 投资确定依据复杂

学校教育项目与其他建设工程类似，在不同的建设阶段有不同的确定投资计价依据，这里就包括估算阶段的估算指标、概算阶段的概算指标或概算定额，招标控制价编制依据有计价规范和预算（消耗量）定额等，各阶段还需依据对应时点的要素市场价格，还需预判项目实施风险因素等。

7. 投资控制程序复杂

工程建设项目投资分多个阶段确定，每个阶段均会进行由总至分项的分解过程，还会通过计量计价由分项汇总至总投资过程，尤其是学校教育项目涉及单体多、功能多、专业工程多的特点，计量计价程序复杂，项目实施过程涉及技术服务类合同、施工类合同、供货类合同等数量庞大的合同费用管控。

8. 实施动态投资控制

项目投资是一个由粗至细、由计划至确定的过程，其中涉及估算控制概算、概算控制招标控制价（预算）、合同价与（过程）结算对比纠偏、各类费用汇总形成竣工财务决算，在整个建设过程中需定期和不定期、分重点地比对费用形成与计划投资，始终按照动态投资控制要求监控总投资和分项投资节超情况。

10.2 投资构成

建设项目总体分为生产性建设项目和非生产性建设项目：生产性建设项目总投资包括建设项目总投资组成图所示的全部费用，如图 10-1 所示；非生产性建设项目总投资则不包括铺底流动资金。学校教育项目相对比较特殊，依据建设项目性质、各地区建设规划不同而有所不同，深圳地区学校教育项目建设多数为政府投资项目，使用财政资金，一般包括建设投资部分，无需融资产生建设期利息，项目建成后移交给教育部门或学校使用单位，其开办性费用也不包括在概算投资中；某飞行学院 TF 校区等项目由学校筹建，则其概算投资中包括开办、运营性费用。

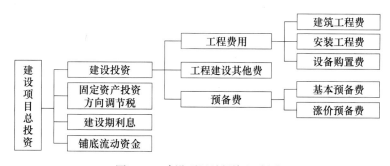

图 10-1 建设项目总投资组成图

10.2.1 建设投资

建设投资即工程建设项目在建设期预计或实际支出的建设费用,所以又称为工程造价,工程造价在建设项目总投资中占有绝对比例,在实行代建制的政府投资项目,不需筹措债务资金建设时,建设投资(工程造价)等于建设项目总投资。通常讲的"项目投资"就是建设投资和工程造价,但是仍应注意"建设项目总投资"与"建设投资"的区别。建设投资包括工程费用、工程建设其他费和预备费,其构成如图10-2所示。

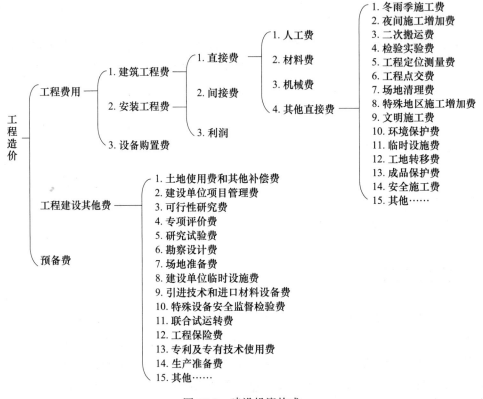

图 10-2 建设投资构成

1. 工程费用

工程费用指直接构成固定资产的工程建设项目费用,包括用于工程建设项目的建筑物、构筑物建设,设备购置及安装而发生的全部建造和购置费用,包括建筑工程费、安装工程费和设备购置费,是工程造价的主要组成部分:

1)建筑工程费是指用于建筑物、构筑物、桥涵、道路、水工等土木工程建设而发生的全部工程费用。包括基础工程、结构工程、建筑工程、装修工程,以及总图竖向布置、大型土石方工程等。

2)安装工程费是指用于设备的组装和安装,以及配套工程安装而发生的全部费用。包括各种机电设备、专用设备、仪器仪表等设备的安装及配线;工艺、供热、供水、供电等各种管道、配件和闸门、供电外线安装及各种室外管道铺设工程等。

3）设备购置费是指为建设项目购置或自制的达到固定资产标准的各种国产或进口设备购置费用，包括需要安装和不需要安装的全部设备购置费、备品备件购置费。

4）除上面明确的费用之外，理工科等高校尚有科研、实验等需求所建设大中型实验室，在通用房建项目中非常见的实验室工艺部分投资也应纳入项目投资独立申报。

2. 工程建设其他费

工程建设其他费是指从工程筹建到工程竣工验收交付生产或使用的整个建设期间，除工程费用以外的，为保证工程建设顺利完成和交付使用后能够正常发挥效益或效能而发生的各项费用，一般包括：

1）建设用地费；

2）场地准备及建设单位临时设施费；

3）建设单位管理费；

4）建设项目前期工作咨询费；

5）研究试验费；

6）勘察设计费；

7）施工图审查费；

8）工程招标服务费；

9）工程建设监理与相关服务费；

10）工程质量安全监督费；

11）工程保险费；

12）工程造价咨询费；

13）联合试运转费；

14）生产准备费用及开办费；

15）引进技术和进口设备项目的其他费用；

16）水资源费；

17）地震安全性评价费、航道维护费等。

以上类目的工程建设其他费并非每个项目都会发生，估算或概算编制时根据实际需要发生计取。为简化投资成果编制，对上述类目的费用也可以根据同类属性合并计算，但不得影响建设项目总估算或总概算的结果，在编制说明中也应予以说明。

3. 预备费

预备费指在概算编制时难以预料的工程和费用，包括基本预备费和涨价预备费。基本预备费为投资估算或工程概算阶段预留的，包括工程实施中不可预见的工程变更及洽商、一般自然灾害处理、地下障碍物处理、超规超限设备运输等而可能增加的费用。涨价预备费为在建设期内利率、汇率或价格等因素的变化而预留的可能增加的费用。

10.2.2 固定资产投资方向调节税

固定资产投资方向调节税指国家为贯彻产业政策、引导投资方向、调整投资结构而征收的投资方向调整税金。目前暂未开征该税种，建设项目总投资中不计列。

10.2.3 建设期利息

建设期利息指建设项目需筹措债务资金时，在建设期内发生的，并按规定允许在投产后计入固定资产原值的利息，即资本化利息。一般情况下，政府投资项目不使用债务资金，建设项目总投资中不计列。

10.2.4 铺底流动资金

铺底流动资金，即自有流动资金，为保证新建项目投产期正常运营所需流动资金有可靠来源而计列的。非生产经营性建设项目及改扩建项目、实行代建的政府投资项目不计列。

10.3 概算报审管理

初步设计概算应包括建设项目从筹建到竣工交付使用（立项、可行性研究、设计、施工、试运行到竣工验收等）所需的全部建设资金，初步设计概算是设计文件的重要组成部分，是确定和控制建设项目全部投资的文件。初步设计概算文件必须完整地反映工程项目初步设计的内容，严格执行国家有关的方针、政策和制度，实事求是地根据工程所在地的建设条件（包括自然条件、施工条件等影响造价的各种因素），按有关的依据性资料进行编制。初步设计概算是政府投资项目投资控制过程中非常重要的环节。

10.3.1 概算编制要求

1）初步设计概算应当由设计单位负责编制，编制单位及其编制人、审核人对其编制质量负责；设计单位也可以将概算编制任务委托给工程造价咨询单位，建设单位也可以同步委托第三方造价咨询编制概算。

2）设计概算的编制单位应该对概算编制全面负责。当由两个单位共同编制设计概算时，主体编制单位应负责统一制定概算编制原则和依据、工程设备和材料价格、取费标准等工作的协调和统一，并汇总概算，其他编制单位负责编制各自所承担部分的设计概算。

3）概算编制人、审核人必须具有相应的注册造价工程师，建设单位认为有必要时，应对概算编制、审核人组织面试认定。

4）概算编制应在初步设计文件达到规定深度和重大技术方案评审合格的基础上进行，概算编制、审核和报审过程中，设计工程师需全程配合。

5）概算文件应完整，既要符合发展和改革部门评审要求，还要满足建设单位归档和工程投资控制要求。

6）概算文件构成和编制层次要求如表10-1所示。

概算文件构成和编制层次要求　　　　　　　　　　表 10-1

构成关系			表格名称
建设项目总概算		1	封面
		2	签署页
		3	目录
		4	编制说明
		5	总（综合）概算表
		6	工程建设其他费用表
	单项工程综合概算	7	单项工程汇总表
		8	人工及主要材料设备（汇总）表
		9	主要工程数量（汇总）表
		10	设备购置费表/进口设备购置费表
		单位工程概算书	
		11	单位工程计价汇总表
		12	分部分项工程量清单计价表
		13	措施项目清单计价汇总表
		14	措施项目清单计价表
		15	规费、税金计价表
		16	人工及主要材料设备（汇总）表
		17	主要工程数量（汇总）表
		18	概算、估算对比分析表

10.3.2 概算编制准备

1. 投资估算复核

发展与改革部门批复可行性研究报告标志工程建设项目正式立项，建设单位委托全过程工程咨询单位介入项目组织管理。全过程工程咨询单位在此阶段首先分析投资估算合理性，对投资估算按照专业工程、大宗材料设备和其他费用类目进行投资分解，作为初步设计阶段限额设计的依据。

2. 复核可行性研究报告及批复事项落实

初步设计应按照建设方案、方案设计和可行性研究报告编制，设计的建设内容、建设范围、建设功能和建设标准应符合可行性研究报告各项要求，如对批复有建设规模、标准和内容进行优化调整的，在初步设计概算编制前应进行汇总对比，可以作为投资差异性分析的依据。

3. 审核初步设计文件

初步设计文件编制深度应符合《建筑工程设计文件编制深度规定》的深度要求，如某地区对概算编制有特殊要求时，初步设计深度还应达到计算工程量的深度要求。初步设计编制过程和编制完成后，全过程工程咨询单位还应组织审核，对重大技术方案组织专家论证。

4. 收集类似项目经济指标

与初步设计同时收集学校教育项目可行性研究报告（含估算）、概算等文件，或整理已完成结算的学校教育项目的结算等造价文件，考虑项目地区经济水平、建设规模标准、建设内容和建设期差异等因素，提取基本造价指标。

5. 确定概算编制主体和编制团队

一般情况下，概算由设计单位编制，对于学校教育项目规模超大的特点，可能划分设计标段来委托多个设计单位，此时应指定概算编制的牵头单位，统筹概算编制和统一工作规则；设计单位也可以另行委托造价咨询单位编制概算，应向建设单位报审概算编制单位的基本情况并获得批准；如果建设单位单独委托造价咨询单位编制概算，并不能免除设计单位编制概算义务和限额设计责任。

6. 工作交底

基本具备概算编制工作条件，全过程工程咨询单位应启动概算编制，组织建设单位、设计单位、造价咨询单位，或者设计工程师、造价工程师召开概算编制启动会，建设单位做工作部署，明确职责分工；全过程工程咨询单位向设计单位、概算编制单位做工作交底，设计工程师向造价工程师进行初步设计交底，概算审核单位提出概算编制工作要求等，概算编制单位编写概算编制方案和概算编制进度计划。

10.3.3 概算编制依据

初步设计概算应根据下列有关文件、资料进行编制，这些依据应作概算评审和审查的重点：

1）国家和地方主管部门颁布的有关工程建设和造价管理的法律、法规和规定；

2）相关的政府批文，例如，批准的建设项目设计任务书（或批准的可行性研究报告），以及有关会议纪要；

3）代建单位与使用单位关于投资界面划分文件；

4）能满足编制概算的各专业经过校审并签字的初步设计图纸或者施工图深度的初步设计方案、文字说明和主要材料设备表；

5）概算指标、概算费用内容和标准、市场材料、设备价格，以及国家和地方有关费用规定的文件等资料，包括全过程工程咨询单位造价数据库；

6）现行的有关其他费用定额、指标和价格，有关设备原价及运杂费率；

7）建设场地的自然条件和施工条件，土石方消纳场所和运距；

8）项目的技术复杂程度，以及新技术、专利使用情况等；

9）全过程工程咨询单位编制的项目策划、建设时序和工期计划、特殊技术措施方案等。

10.3.4 概算编制说明

概算编制说明在整个概算编制和报审流程中非常重要。一是体现概算编制范围、编制依据、编制方法和特别说明事项；二是方便概算内审控制和概算评审过程中，审核人员准确了解项目概况、建设标准等重要信息，了解概算编制思路，加快概算评审效率。概算编制说明应至少包括以下重要信息。

1）项目概述：简述项目的建设地点、建设性质（新建、改建、扩建）、工程类别、建设规模、主要工程内容等。房屋建筑工程应说明建筑面积、建筑高度、层数、结构类型、基础类型、主要装饰、各机电专业系统配置情况等内容。市政基础设施工程，如道路工程应说明道路设计等级、道路红线宽度、路面结构形式、道路横断面形式、绿化带宽度等内容；桥梁工程应说明桥梁结构类型、桥梁规模、桥梁跨度、上部下部结构形式、桥面面积等内容。

2）编制内容：说明概算文件编制内容的组成及设计分工。对于拆分报审概算更应对概算编制内容予以说明，并附上各阶段概算编制内容界面。

3）概算单元：说明各单项工程概算编制单元的划分。

4）编制依据：说明编制总概算所涉及的基础资料，包括：

（1）计量依据：说明采用的图纸（图号、图别、出图日期等）、文字说明、主要材料设备表和类似项目工程量指标的使用情况。

（2）计价依据：说明所采用的消耗量标准、概算指标、工料机单价的依据或来源、设备购置费的计算、各类费用的取费标准及依据。

（3）其他依据：可行性研究报告、相关文件、会议纪要等。

5）工程建设其他费内容、计算方法及依据。

6）预备费，包括基本预备费和涨价预备费的计算方法及依据。

7）税费、建设期利息及铺底流动资金的计算方法及依据。

8）概算总额（引进项目应列出外汇额度）和技术经济指标的分析及说明，包括对偏差较大的费用和指标进行分析说明。

9）国家、行业和地方政府有关法律、法规或规定。

10）其他有关问题的说明，如概算编制时拟定的内容、未包括的内容，以及其他与概算有关但不能在表格里反映的事项；对项目重点、难点、存在的不确定因素及相应的费用考虑等应进行重点分析与说明。

10.3.5 概算控制重点

1. 控制初步设计深度和质量

1）初步设计方案表述不完整、设计内容缺失等原因，会导致概算编制内容缺漏项和计量出现偏差，尤其是某些地区没有概算指标和概算定额依据的情形下，初步设计应满足主要工程量计算的深度。

2）设备选型不明确或材料设备技术要求、参数不完整，没有结合项目定位、功能、标准体现材料设备特殊的技术要求，材料设备从市场所获取的价格不能满足项目建设要求或无法询价。

3）初步设计优化和调整（可行性研究报告）建设内容、建设规模和建设标准等重要事项。

4）初步设计对部分专项工程设计深度不够，虽有内容但无法编制概算，如按项估算将存在较大的核减风险。

5）重要构件尺寸无标注或标注不详，无法正确计算工程量，尤其是机电安装管线。

2. 科学合理预判措施项目费

1）设计单位或概算编制人员往往只考虑工程实体设计，忽略了项目实施所应采取的各种措施，如对地基处理、标识系统、防降噪处理、节能工程、改造工程的拆除及加固等预计不足。

2）对项目重难点分析深度不足，全过程工程咨询单位应围绕项目特点、重难点组织编制和论证各类施工措施方案，如地下管线加固、交通疏解措施费用、高大支模、高大空间结构装修施工、大型构件设备吊装等。

3）地下管线迁改：

（1）因种种现实原因，地下管线资料往往比较缺乏，设计时设计单位无法获取详细、准确的现有地下管线资料，以至无法正确计算相应的处理费用。

（2）设计完成至实际开工时间间隔较久，在此期间地下管线发生较大变化而引起费用增加。

（3）若地下管线属特殊部门所有时，其迁移处理费用会相对较高而引起总费用增加。

4）地基处理费用，因地质资料不全、不准或存在误差等原因，若设计的地基处理方案与实际施工不符而产生设计变更，会影响地基处理费用的计算。

5）拆迁或加固费用，由于对施工现场缺乏了解或施工现场变化等原因，概算时未考虑到红线范围内可能存在原有建筑物在加固、拆除或拆除后要重建所需的费用。

3. 全面梳理工程建设其他费用

1）充分调查和研判项目周边配套、市政接驳，如市政水、电、燃气、排水、冷热源等接入和接入条件，充分论证其实施界面、实施条件及费用。

2）详细调研和勘验建设用地情况，对占用林地、边坡治理、不良地质处理、涉河涉海等情况重点研究，核查行政许可程序和费用，这些在初步设计文件中无法体现。

3）除常规工程建设项目所需的技术服务外，分析学校教育项目特征，结合项目建设场、建设条件，全面梳理和核实本项目技术服务需求，纳入工程建设其他费类目，不得遗漏。

除一般应包括的建设单位管理费、建设单位临时设施费、勘察设计费、监理费（设计监理、施工监理、燃气监理、环保监理）、安检等费用外，还应根据项目特点和实际需要进行调整，如：设计费（分标段），若按建安总费用及国家收费标准计算，结果可能与实际相比会偏低；因为实际部分专业工程会单独设计，设计费也会因此独立计算，费用相对会提高。容易缺项的费用，如工程造价咨询费、科研实验费（课题）、人防异地建设费等；特殊工程应考虑的费用，如桥梁检测费、边境作业费、抗震鉴定费等。

4. 合理测算预备费

1）基本预备费主要为解决在施工过程中设计变更和政策性调整所增加的投资，以及为解决意外事故而采取措施所增加的工程项目、费用，这部分费用应依据初步设计文件深度和质量、需求可靠性及有关风险预判。基本预备费包括下列情形所引起发生的费用包括：

（1）在进行设计和施工过程中，在批准的初步设计范围内，技术设计、施工图设计及施工过程中所增加的工程费用，以及设计变更、工程变更、材料代用、局部地基处理增加的费用，但不含建筑安装工程费应列支的有关变更设计增加的费用。

（2）在建设过程中，工程遭受一般自然灾害所造成的损失和为预防自然灾害所采取的措施费用，实行工程保险的工程项目，该费用适当降低。

（3）竣工验收时为鉴定工程质量对隐蔽工程进行必要的挖掘和修复费用。

（4）由于设计变更所引起的废弃工程，但不包括施工质量不符合设计要求而造成的返工费用和废弃工程。

（5）超规超限设备运输增加的费用。

（6）征地、拆迁的价差。

但对于一部分前期准备工作不充分、初设文件质量不高或存在较多不确定因素（改造）的项目，编制概算时，应根据项目的实际情况做出全面评估，适当提高费率，按8%～10%申报，同时应在编制说明中予以重点说明理由，以便概算评审人员能充分理解、接受。

2）涨价预备费

涨价预备费是指建设项目在建设期间内由于人工、材料、设备、施工机械的价格及费率、利率、汇率等浮动因素引起工程造价变化的预测预留费用，因此，全过程工程咨询单位在测算涨价预备费前应全面分析地方人工、材料设备等资源要素涨跌情况和涨跌系数，尤其考虑现阶段疫情影响。在深圳等地区可能不单列涨价预备费，全部并入基本预备费中考虑，或者在招标竞争下浮率中考虑，这一点在概算编制中充分论证其风险。

10.3.6 概算复核审查

1. 概算审查方法和内容对照（表10-2）

概算审查方法和内容对照表 表10-2

审查方法	审查内容
对比分析法	总体指标、含量指标、分项指标、概算内容、建设规模、建设内容、估算与概算
查询核实法	编制依据、人工和材料设备单价、取费标准、税率标准、调整系数、价格指数、主要工程量、综合单价或扩大综合单价的组成
联合会审法	编制方法、技术方案、重要项目错漏、概算范围、超估算分析、概算优化

2. 概算审查程序

全过程工程咨询单位组织初步设计审查，审查初步设计范围和内容是否符合可行性研究报告批复的建设规模和建设内容、建设标准，审查初步设计适用性和先进性，多方案技术比较，造价工程师组织审查经济合理性，多方案经济对比。造价咨询单位全面审查，审查工程量计量和计价、概算依据、计算概算指标，并与类似项目、本地区项目对比分析；建设单位复核审查结论。

3. 概算评审要点

1）审查概算的编制依据

（1）审查编制依据的合法性。采用的各种编制依据必须经过国家和授权机关的批准，符合国家的编制规定，未经批准的不能采用。不能强调情况特殊，擅自提高概算定额、指标或费用标准。

（2）审查编制依据的时效性。各种依据，如定额、指标、价格、取费标准等，都应根据国家、行业、地方政府发布的现行规定进行，注意有无调整和新的规定，如有，应按新的调整办法和规定执行。

（3）审查编制依据的适用范围。各种编制依据都有规定的适用范围，如各主管部门规定的各种专业定额及其取费标准，只适用于该部门的专业工程；各地区规定的各种定额及其取费标准，只适用于该地区范围内，特别是地区的材料预算价格区域性更强。

2）审查概算编制深度

（1）审查编制说明。审查编制说明可以检查概算的编制方法、深度和编制依据等重大原则问题，若编制说明有误，具体概算或有偏差。

（2）审查概算编制深度。一般大中型项目的初步设计概算，应有完整的编制说明和"三级概算"（即总概算表、单项工程综合概算表、单位工程概算表），并按有关规定的深度进行编制。审查是否有符合规定的"三级概算"，各级概算的编制、核对、审核是否按规定签署，有无随意简化，有无把"三级概算"简化为"二级概算"，甚至"一级概算"。

（3）审查概算的编制范围。审查概算编制范围及具体内容是否与主管部门批准的建设项目范围及具体工程内容一致；审查分期建设项目的建设范围及具体工程内容有无重复交叉，是否重复计算或漏算；审查其他费用应列的项目是否符合规定，静态投资、动态投资和经营性项目铺底流动资金是否分别列出等。

3）概算文件复核与审查

（1）审查概算总额不得超过批复估算的10%，否则应进行优化设计或进行可研修编。

（2）审查概算的编制是否符合规范，是否根据工程所在地的自然条件的编制。

（3）审查建设规模、建设标准（用地指标、建筑标准等）、配套工程、设计定员等是否符合原批准的可行性研究报告或立项批文的标准。对总概算投资超过批准投资估算10%的，应要求建设单位查明原因，重新上报审批。

（4）审查编制方法、计价依据和程序是否符合现行规定，包括定额或指标的适用范围和调整方法是否正确。进行定额或指标的补充时，要求补充定额的项目划分、内容组成、编制原则等要与现行的定额规定相一致等。

（5）审查工程量是否正确。工程量的计算是否根据初步设计图纸、概算定额、工程量计算规则和施工组织设计的要求进行,有无多算、重算和漏算,尤其对工程量大、造价高的项目要重点审查。

(6)审查材料用量和价格。审查主要材料(钢材、木材、水泥、砖)的用量数据是否正确,材料预算价格是否符合工程所在地的价格水平,材料价差调整是否符合现行规定及其计算是否正确等。

(7)审查设备规格、数量和配置是否符合设计要求,是否与设备清单相一致,设备预算价格是否真实,设备原价和运杂费的计算是否正确,非标准设备原价的计价方法是否符合规定,进口设备的各项费用的组成及其计算程序、方法是否符合国家主管部门的规定。

(8)审查建筑安装工程的各项费用的计取是否符合国家或地方有关部门的现行规定,计算程序和取费标准是否正确。

(9)审查综合概算、总概算的编制内容、方法是否符合现行规定和设计文件的要求,有无设计文件外项目,有无将非生产性项目以生产性项目列入。

(10)审查总概算文件的组成内容,是否完整地包括了建设项目从筹建到竣工投产为止的全部费用组成,是否有漏项。

(11)审查工程建设其他各项费用。这部分费用内容多、弹性大,约占项目总投资25%以上,要按国家和地区规定逐项审查,不属于总概算范围的费用项目不能列入概算,具体费率或计取标准是否按国家、行业有关部门规定计算,有无随意列项,有无多列、交叉计列和漏项等。

(12)审查技术经济指标。技术经济指标计算方法和程序是否正确,综合指标和单项指标与同类型工程指标相比,是偏高还是偏低,其原因是什么并予以纠正。

10.3.7 概算报审

1. 概算报审注意事项

1)初步设计概算应依据国家、省市有关法律、法规标准,并充分考虑有关费用。概算编制应依据充分、计算准确、全面、合理。

2)针对影响概算编制(复核)质量的两个主要因素,采取切实有效的措施,加强管理,督促相关单位提高设计的质量,提高概算编制(复核)的质量。

3)初步设计文件的深度应符合住房和城乡建设部印发的《建筑工程设计文件编制深度规定》;对于特殊工程,必要时也可采取按施工图设计文件深度要求编制初步设计概算的方法。

4)建设单位应组织对初设文件进行技术审查,对于技术复杂、投资额较大的项目,应申请专业组评审(先技术后经济),必要时可外请专家进行评审。

5)造价工程师应全面了解项目的主要建设内容,项目的特点、重点及难点,主要工法及建造标准等;并对工程的主要技术经济指标(消耗量)、主要材料设备的价格水平、同类工程经济指标等进行分析、复核、评估、调整。

6)需建立全面、系统的工程造价资料管理体系。

7）与发展与改革部门（评审部门）加强沟通。

（1）在申报过程中，要尽量提交齐全书面文字资料（图纸、合同等），以便有关部门评审。

（2）评审前应召开项目情况汇报会并组织现场勘察，评审单位、建设单位、设计单位、造价咨询单位等均应派相关人员参加，以便评审单位对项目的设计、建设场地的自然条件和施工条件、概算编制、概算复核等情况进行全面了解，做好评审准备工作。

（3）评审过程中，评审人员若要求对概算资料存在问题进行进一步的了解或补充资料的，建设单位应积极配合并及时处理。

（4）对于评审的初步结果，争取双方交换意见并确认，再出具最终评审结果。

8）要对评审过程中核减或调整的内容进行记录。

9）项目实施过程中遇到以下问题应及时与发展与改革部门沟通或报备：

（1）概算外新增建设内容或规模调整；

（2）超分项概算；

（3）超总概算需申请调整概算。

2. 预申报评审

当建设工程项目较复杂或规模较大时，投资主管部门需委托政府投资评审中介对初步设计进行评审，对概算进行审查，一般会先协调投资主管部门指定评审中心先行介入审查建筑和安装工程费、设备和工器具购置费部分；评审中心预评审所提出的意见应组织设计单位、造价咨询、建设单位解答和落实，需补充资料的应在正式申报前完善，需组织技术评审的应组织设计单位协调评审。

3. 概算修正

评审中心在预评审阶段提出修正概算和初步设计文件的意见，务必及时组织设计单位在正式申报前完成修正。

4. 申报准备

具备申报条件时，组织起草概算申请报告，报告内容包括项目基本情况、初步设计和概算编制情况、可行性研究报告建设内容、投资对比情况、差异分析和附件等。这里应注意项目单位与投资主管部门行政级别，如为平级则以函代报告。申请报告起草完成后，组织设计单位、造价咨询复核报告中引用内容和数据准确无误，经项目建设单位批准盖章，同时准备报告中所有附件内容，申报资料形式务必符合投资主管部门要求。

5. 正式申报

从投资管理平台正式申报，系统审核通过后，正式递交和送达概算申请报告和资料即进行正式审批程序。

6. 跟踪批复

投资主管部门对概算审批时限有明确要求，此时应安排专人负责与投资主管部门和评审机构人员密切配合，包括详尽解答、补充递交资料、异常情况反馈，直至取得概算批复。

10.3.8 概算收尾

1）批复概算与估算对比，最终概算与估算对比，查找核减原因及金额，评估实施风险。

2）概算分解和合约规划，对概算进行分解至专业工程或分部工程，实施施工图阶段限额设计，结合总体策划编制合约规划，指导招标采购。

3）概算资料归档，概算批复文件、初步设计及概算文件、过程文件归档保存。

4）概算总结，即对项目实施过程和结算阶段发现概算节超现象分析原因。

10.4 利用合约规划进行投资控制

合约规划管理的理论最早形成于地产行业的合约策划、目标成本管理理念，对于学校教育项目超大规模、多单体的群体复杂项目，全过程工程咨询单位对项目合同全方位管控尤其适用，在各个高校建设项目中运用取得较好的效果。合约规划可以在项目各个阶段进行，尤其是在初步设计概算批复后，项目投资目标、建设内容明确的情形下，能够综合项目前期已形成的合同，对整个项目的合同结构、合同形式、发承包模式、合同界面和合同金额等做出统一、合理和科学的规划，从投资管控上是非常有利的。

10.4.1 合约规划管理的主要内容

合约规划也称之为合约分判，指项目投资确定（概算批复）后，对项目建设周期内所要发生的所有合同进行策划，并对每个合同进行合同界面、范围的划分，将投资数额逐级分解至每个合同。合约规划包括以下几方面内容：

1）编制说明，包括项目概况和投资情况、建设内容、项目主要特点和建设组织模式，提取项目策划中涉及投资控制目标、发承包模式等重要内容，合约规划编制依据和主要考虑的因素，梳理项目前期已形成合同情况，以及其他重要事项说明。

2）合约规划表，合约规划表汇总以下关键信息：

（1）合同名称。合同名称一般格式为"项目名称＋工程／服务／货物名称＋施工／服务／采购"。合同名称为合约规划中对签订合同的唯一标识，应包括项目前期阶段已完成签订的合同和待进行招标、委托的合同。

（2）合同类型。学校教育项目归属于房屋建筑，合同类型一般为施工、货物采购（安装）、技术服务及其他。

（3）合同金额。合同金额与合同范围有关，合约规划编制阶段按照建设内容和概算投资进行拆分和归集。

（4）暂列金。为可选信息项，一般按照概算中预备费数额按合同金额比例分配，也可以依据合同风险预判结论暂估分配，也可暂不分配。

（5）合同范围。即每项合同计划发包范围和工作内容，特别注意施工总承包发包范围，各项合同范围和工作内容不应重复，全部建设内容也不应遗漏。

（6）合同界面。对于多阶段设计合同、多标段合同、总分包合同，应进行合同界面和工作界面的划分，确定合同边界和工作协同关系。

（7）招标方式。依据合同金额结合《必须招标的工程项目规定》确定，一般分为公开招标、邀请招标、竞争性谈判和直接委托等方式，如建设单位有预选招标成果或战略合作的，也应列入。

（8）合同责任人。注明合同管理的归口部门或岗位人员。

（9）其他事项。

10.4.2 合约规划的目的

1. 合约规划是贯彻项目策划体现

项目策划是对工程建设项目的总体规划，其中对项目建设组织模式、投资控制目标、发承包模式进行了纲领性要求。合约规划即是按照项目策划的原则，对投资目标、合同结构、发承包模式等有关内容具体化。

2. 合约规划是对项目合同结构梳理

合约规划是以建设项目投资构成为基础，按照合同属性进行项目整体合同框架的规划，按照工程建设项目组织形式规划合同管理、平行合同，以及合同包件数量。工程建设项目合同一般会按照属性分为技术服务、工程和货物采购三大类，通过合约规划，对合同包件全面梳理，避免工程建设项目发承包内容遗漏。

3. 合约规划是投资控制依据

在工程建设项目总投资确定的各个阶段，合约规划均会由浅入深地对总投资按照合同进行分解，确定各合同包件投资限额并予以论证合理性；依据项目前期工作和设计工作进展，逐步优化调整各分项投资构成，合约规划分解的投资可以作为限额设计、工程变更、动态投资控制的基础依据。

4. 合约规划是招标计划编制依据

合约规划已对合同包件进行了划分并表述合同结构关系，依据工程建设项目部署和对服务、施工承包人及货物的需求，招标计划和招标工作围绕合约规划做出具体细化，并围绕招标计划开展调研、启动招标等工作。

5. 合约规划是设计出图计划依据

合约规划对建筑安装工程费、设备工器具购置费等按照合同包件完成分解后，招标计划在此基础上完成招标范围和招标进度计划，那么设计出图计划和设计范围即围绕招标范围开展，配合招标工作进展，尤其是对不能一次完成出图或多设计标段的学校教育工程建设项目适用。

6. 合约规划是全过程工程咨询项目管理的纽带

合约规划是制定项目招标投标计划的基础，根据合约规划编制招标投标计划，同时根据合约规划分解的目标成本，指导合同的签订。

10.4.3 合约规划编制

1）初步设计概算批复后，以批复的概算表的类目为基础，结合概算评审过程中的核增减内容、数额和幅度调整概算文件。

2）概算批复前已发生的合同，按合同列入合约规划。

3）按照项目策划的发承包模式拟定的拟发包标包范围、工作内容，以概算口径拆分概算金额，填入对应的合同。

4）依据项目部权责，确定合同管理责任人，即为投资控制责任人。

5）合约规划应经各专业工程师复核确认，当分配的概算投资存在节余或短缺时，在有关专业工程师意见一致的前提下可分项调剂。

6）预备费作为机动投资，考虑地方（区域）投标下浮率情况，调整分项投资作为分项投资上限。

10.5 投资计划与资金申请

投资计划反映工程建设项目总投资在建设年份内分配情况，反映各建设年份建设内容和计划完成进度，分为项目投资计划、三年滚动计划和年度投资计划。三年滚动计划是向投资主管理部门申请项目资金的依据。

10.5.1 项目投资计划

项目投资计划可以在项目策划阶段按照项目投资匡算或估算总额、项目前期和建设期工作安排、主要形象进度节点，结合工程项目建设一般规律测算，项目投资计划也是可行性研究报告的重要内容。项目投资计划一般比较粗略，大致反映项目建设各年份投资计划额度，作为三年滚动计划编制基础和参照。项目投资计划应依据可行性研究批复、初步设计概算批复和工程项目实施进度随时修正和调整。

10.5.2 三年滚动计划

对于学校教育项目超大规模和投资的特点，一般建设实施周期持续超过三年，因此需要编制三年滚动计划，反映项目后续连续三年计划完成投资情况。三年滚动计划围绕项目投资计划、当年工作和工程进展情况、后续连续三年计划实施进度进行编制。

1. 三年滚动计划编制方法

1）检查和复核当年当前工作或工程实际进展，测算当年投资完成数额和累计完成投资数额；进行实际完成投资与计划投资对比，评估工程实施进度超前或滞后。

2）调整和修正项目实施进度计划，编制次年年度建设（施工）计划。

3）依据各阶段确定（批复）的投资目标修正项目投资计划。

4）计算次年各月计划完成投资累加至次年年度计划完成投资，测算第二、三年年度投资，累计各年年度投资并进行校核和修正，累计计算计划投资。

2. 三年滚动计划内容

1）项目基本情况。包括项目概况、建设期、项目重要性、项目性质、立项或概算批复文号、当前形象进度等。

2）申报计划的有关数据。包括总投资、累计下达投资计划、累计支付数额和计划余额、结转计划数额、次年申请计划投资数额。

3）次年投资计划。包括月度形象进度、计划完成投资额、主要建设内容等。

4）后续年份投资计划。包括后续年份主要建设内容、计划完成投资额等。

5）附件：包括有关进度计划、投资计算过程和依据等。

10.5.3 年度投资计划

年度投资计划一般会作为发改部门固定资产投资完成情况考核和下达年度投资计划依据，年度投资计划应符合建设期总体投资计划和三年滚动计划安排。项目前期阶段，依据项目总控计划安排的工作内容和建设内容合理预测；施工阶段，依据承包人施工进度计划、服务合同合理测算，工程费用按照计划产值除以投标净下浮率折算。

年度投资计划应按照已签合同、合约规划的待签合同分别按月测算并汇总至年。为保证年度投资计划精度，已签合同的计划产值由承包人报送，经造价咨询复核，全过程工程咨询单位审核；未签合同由全过程工程咨询单位组织造价咨询依据进度计划合理测算。

10.5.4 月投资计划

月投资计划应符合年度投资计划要求，主要为预判、评估项目进度计划执行偏差和纠偏措施，为管理性文件。月投资计划中工程费部分由承包人以月施工进度计划（含调整）为依据编制月计划产值，经监理组、成本组（可组织造价咨询）复核后除以投标净下浮折算成月投资计划；工程建设其他费部分可由设计组、成本组依据各服务合同测算，可以征求相关服务单位意见。

10.5.5 资金需求计划

1）资金需求计划分为项目总资金需求计划、年度资金需求计划和月资金需求计划。总资金需求计划以项目总投资计划为基础，结合项目投资控制和资金安全风险控制原则，确定支付比例，安排建设实施期各年资金需求，一般按照建筑安装工程费、工程建设其他费分别进行测算和汇总。

2）年度资金需求计划以总资金需求计划为上限控制，计算当年和次年资金需求，考虑项目实施进展和实际资金支付进度，围绕年度产值计划的各月计划产值，结合工程预算款、过程结算支付比例等情况合理测算；一般随时对比资金计划执行情况做出资金计划调整和结转计划，年终和年末向投资主管部门和财政部门提出调整申请，合理使用资金，提高政府投资项目资金使用效率。

3）每月需对下月资金需求做出研判，按合同口径编制月度资金需求计划，通知承包人计划要求实施工程建设，为工程计量支付做好计划准备。

10.6 工程商务策划

商务策划是指对项目投资控制和造价管理总体进行规划，可以在合约规划阶段进行初步研判和规划，在各项子项目招标前进行具体细化。

10.6.1 发承包模式策划

发承包模式一般包括施工总承包、专业承包、EPC工程总承包等常规模式，发承包模式选择应依据发承包阶段、发包条件和项目策划确定。

10.6.2 工程界面策划

工程界面策划应依据合约规划的原则：一是确定发包范围及边界条件；二是明确各合同工作内容的协作内容和界面。

10.6.3 计价模式策划

目前政府投资项目均采用工程量清单计价模式，但是在不同的发承包模式下，对应综合单价会存在区别。施工图条件招标有固定综合单价、固定综合单价＋分项固定总价等方式，初步设计条件EPC招标有固定综合单价、全费用综合单价、建筑指标单价、下浮率及混合计价，策划时依据不同发包条件和风险预判选用适宜的方式。

10.6.4 计价文件结构策划

计价文件结构一般按照清单计价规范和计价软件设定。对于特殊类项目、超常规类工程应进行特殊处理，如对于超大型项目的分项工程的清单子目超过999条时，应进行特别策划，或特殊专业工程、EPC模式等进行针对性的策划。

10.6.5 计量支付条件策划

1）计量策划。一般按照工程量清单及专业工程计量规范、合同约定计量，但是对于总价合同、分项固定总价、安全文明施工措施费、特殊专业工程、工程建设其他费等特殊类目，应重点进行策划，确保计量规则明确，且具有可操作性；尤其是对EPC模式按节点支付工程款时，应测算对应节点工程价值。

2）支付策划。支付策划包括明确服务类合同支付条件和成果内容，对于工程类合同按有关文件要求合理设定支付比例（一般为80%～90%）最低支付额度、止付线及结算支付等内容，计量与支付比例、滞留金、违约金、其他扣款应建立逻辑的勾稽关系。材料设备供货类合同按照材料设备价值和调研设定支付条件和比例。支付策划首先应防范超付的资金风险，其次还要保证承包人资金需求，以保障项目进度。

10.6.6 结算条款

依据《住房和城乡建设部关于印发"十四五"建筑业发展规划的通知》，在竣工结算基础上应增加过程结算条件，一般可以按照工程实施阶段和完整的分部工程组织过程结算；正确认识过程结算与工程计量的关系，有条件的项目可以将工程计量与过程结算、竣工结算挂钩，提高结算效率，夯实结算责任。

10.6.7 商务风险研判

商务风险研判包括四个方面：第一，前述 10.6.1～10.6.6 策划进行模拟、分析、评估，查找漏洞、歧义、不严密等情况并予以修正；第二，子项目工程招标时围绕具体招标工程的招标条件、性质、择优目标等，组织造价咨询单位参与研究，进行合同商务条款风险评估；第三，围绕工程类招标，在工程量清单、招标控制价过程中，对特殊事项进行商务处理和说明，编制投标报价规定；第四，对项目实施期间工料机波动趋势和幅度进行预测，设计工料机调差种类、风险范围、调差方式、调差时段等。

10.6.8 竞价机制设计评估

竞争机制设计与评估是指在子项目招标阶段，按照招标择优原则和目标，设计商务标评标、清标内容和标准。采用综合评分法定标方式的招标子项目，商务标评标分值宜占 60%；采用定性评审评标的招标子项目，可以设定考察商务标报价偏离度和报价水平等，如评标后进行量化清标时，商务标评分应为客观标准，分值比重依据招标策划确定，重点量化分析商务标横向比较、综合单价偏离度和商务标风险等。

10.7 工程造价管理

10.7.1 招标控制价

招标控制价管理包括工程量清单、招标控制价（预算）的编制、审核等。非公开招标项目的预算编审工作程序可参照本节。

1. 工作程序

1）组织造价咨询及相关单位召开招标交底会并进行踏勘现场。

2）造价咨询单位编制工程量清单和招标控制价初稿。

3）对造价咨询单位编制的初稿进行复核，为缩短审核时间，造价工程师可同步开展招标控制价审核工作。

4）项目单位对初稿进行复核。

5）造价咨询单位依据审核意见对初稿进行调整修改，并出具工程量清单和招标控制价正式文件。

6）招标控制价呈批并公示招标控制价。

7）造价咨询将招标控制价文件、询价文件、工程量计算等资料归档。

2. 工程量清单编审原则

1）工程量清单应依据招标文件中约定的工程量计算规则计算工程量，且应列出招标范围内图纸、招标文件、技术规范等要求的所有工程内容的清单编号、名称、项目特征或工作内容、单位以及数量。

2）货物采购清单应符合货物采购文件中关于货物名称、种类、规格、型号、参数及技术标准等方面的要求，且应列出货物采购的名称、规格型号、技术要求、单位及数量。

3）服务采购清单应包括服务采购文件已明确的服务内容、服务要求、服务时间和服务质量等内容。

3. 招标控制价编审原则

招标控制价编审应保证编审依据的合法性、有效性和造价成果文件的完整性、准确性、全面性；应考虑施工现场实际情况，结合合理的施工组织设计进行编审，并考虑一定幅度的风险费用。

4. 招标控制价编制要求

招标控制价编制应遵循客观、公正、合理的原则，不得上调或下浮，价格水平应符合编制时期的市场价格水平，不宜过高或过低。若公布的招标控制价过高，易形成投标人围标串标的情况；若公布的招标控制价远低于市场平均价，又可能出现流标的情况。

招标控制价的编制保证工程无漏项、工程量计算准确；编制的招标控制价应控制在已批准的设计概算投资范围内。

5. 编制依据

1）《建筑工程工程量清单计价规范》GB 50500及相关工程的国家计量规范；

2）国家或省级、行业建设主管部门颁发的计价定额和计价办法；

3）建设工程设计文件及相关资料（包含已批准的施工图设计及相关标准图集和规范）；

4）拟定的招标文件（含答疑补遗）；

5）与建设项目相关的标准、规范、技术资料；

6）施工现场情况（自然条件、施工条件）、地勘水文资料、工程特点及常规施工方案；

7）工程造价管理机构发布的工程造价信息，当工程造价信息没有发布时，参照市场价。

6. 图纸要求

招标控制价编制时以审核盖章的设计图纸为依据。加强设计图纸管理，尽量避免招标过程中图纸不断变化，导致重复编制工作，降低效率。拒绝接收设计院更换版号而不注明变化之处的图纸。

7. 计价模式

原则上招标工程均应根据已批准的施工图设计及经审批的招标文件编制工程量清单、招标控制价；特殊情况下，无施工图设计而采用模拟工程量清单或EPC模式招标的，需报建设单位决策机构审批同意。同时，全过程工程咨询单位应采取必要措施，加强后续的设计、合同、施工图预算、工程变更、结算等过程管理工作，以确保项目管理有序、可控。

8. 时序要求

招标文件编制要在工程量清单、招标控制价编制开始之前完成。

如因项目原因，工程量清单、招标控制价的编制与招标文件编制同时进行或早于招标文件编制时间，容易出现与招标文件约定不一致的情况，如套用计价定额的依据、采用工程造价信息的时间点、费用计取标准等。为保证两者一致性，最终的工程量清单、招标控制价必须与定稿的招标文件进行全面比对和相应调整，做到不缺漏项。

10.7.2 清单复核

工程量清单复核是工程（施工）类合同签订后，作为造价管理的重要手段和环节之一；即承包人依据招标文件、施工图重新计算工程量，按照投标综合单价完成合同范围内工作计价，对比招标工程量清单和商务标报价，分析工程量差异、工程量清单错漏项等。

1. 工程量清单复核依据

1）招标文件。工程量清单复核应遵从招标文件的招标工程范围、工作内容和风险范围。

2）施工图。工程计量依据施工图，按照招标文件报价要求、工程量清单计价规范计算。

3）商务标报价。工程计价按照承包人投标综合单价计入，对于约定总价包干项的按总价项目的投标总价计入。

4）定额或消耗量标准。对于工程量清单错漏项的新增清单子目，按照合同约定的定额、消耗量组价。

5）信息价或市场价，同上款。

2. 工程量清单复核工作流程

1）合同交底，合同签订后，造价工程师组织造价咨询就合同约定的有关商务内容向承包人交底，包括承包范围和工程界面、投标报价规定、计量计价要求、分项总价包干项目及风险事项等。

2）承包人按照合同约定计量和计价，提交工程量清单复核成果。

3）造价工程师做符合性审查后转造价咨询。

4）造价咨询复核，承包人配合核对。

5）造价工程师审核，报项目组审议。

6）根据工程量清单复核结果分别处理。

3. 工程量清单复核重点

1）招标阶段将工程量清单复核要求的有关内容纳入合同条款，包括工程量清单复核条件、依据、时限等。

2）合同签订后及时启动合同交底和工程量清单复核工作部署。

3）规范工程量清单复核成果格式要求，包括编制说明、计量软件和计算书、计价文件、对比表、材料设备单价表及定价依据等。

4）控制工程量清单工作进程，一般承包人30天内完成编制，造价咨询30天内完成审核，合理预判异议处理时限。

5）审核承包人工程量计算是否符合招标文件、工程量计算规范规定，注意合同约定的计量规则与定额计量区别，不得混用；工程计算书必须完整、依据明确、汇总计算无误。

6）审核计价文件引用单价是否与投标报价一致，非新增项目不得重新组价；如合同约定工程量偏差超出幅度调价的，应按合同约定的规则调整。

7）审核新增项目真实性和新增单价组价，应与合同约定的规则一致，并按照投标净下浮率下浮。

8）审核新增材料设备单价及来源、依据，如需按照合同约定的方式定价的应组织定价后计入。

9）审核合同约定的分项固定总价，承包人不得改动。

10）施工图错漏碰缺的，应进行工程变更，本阶段不得纳入计价。

11）审核费税，应与投标报价一致，尤其注意深圳地区采用竞争性税率的计价模式。

12）审核总价，汇总计算无误。

13）审核差异对比及说明，差异项应原因清楚、量化。

4. 差异处理

1）当工程量复核数额超出合同价，且突破暂列金额，建议签订补充协议调整合同价格，此时，仍应在合同中预留暂列金额以备后续变更消耗。签订补充协议前，应对照合约规划和动态投资控制表复核分项概算和总概算余额，如存在超投资风险，应优先进行优化设计。

2）当工程量复核数额超出合同价，未突破暂列金额，暂不签订补充协议调整合同价格。

3）当工程量复核数额低于合同价，应将该差额一并计入暂列金，在投资风险可控的情况下，可以建议适当优化设计品质。

10.7.3　变更费用

1. 工程变更定义

1）工程变更为签订施工合同后，在实施过程中所发生的工程变更，包括设计变更、现场签证。

2）设计变更是指工程完成施工招标后，对比招标图纸，由设计单位发出的所有施工图纸调整文件（包括修改、增补、废除等）。禁止以新版图纸替换的形式，对招标图纸进行调整。特殊情况下确需替换图纸的，须报项目单位决策批准。

3）现场签证是指施工合同中的发、承包双方因不可抗力影响或特殊情况下非施工单位原因，由发包方项目组与承包方现场代表就合同价（标底价、工程量清单）之外的额外施工内容及其涉及的责任事件所作的签认证明。

4）对于工程总承包（EPC、DB等）合同，应针对计价模式等特定环境对工程变更另行设计、明确定义。

建议工程变更按照变更费用绝对数额和累计总额、影响工期程度、对规划（方案）影响程度，实施分级管控。

2. 工程变更的主要原因

工程变更的主要原因分为以下八种，一般由全过程工程咨询单位会同项目组专业工程师进行判别：

1）政策、规范或规划调整。因政策、工程技术规范或规划调整等导致的工程变更。

2）建设单位需求变化。因项目实施过程中建设单位（或应上级部门、使用单位要求等）提高或降低建设标准，增加或减少建设内容，改变功能等导致的工程变更。

3）现场条件变化。现场条件较勘察设计阶段发生变化导致的工程变更。

4）勘察原因。因勘察工作缺陷导致的工程变更。

5）设计完善。因设计缺陷或施工专业分包要求补充深化设计导致的工程变更。

6）施工不当。因施工单位自身原因导致的工程变更。

7）不可预见因素。自然现象、社会现象、不可抗力或事先无法预计的因素导致的工程变更。

8）其他。上述以外的其他原因导致的工程变更。

3. 工程变更流程

1）工程变更包括变更事项发起、洽商、审批、实施与计量等环节。造价管理一般在两个阶段介入：第一是变更洽商，这个阶段负责复核或测算变更费用估算，用于变更决策和审批；第二阶段是费用审批，这个阶段是依据变更令和变更文件实施变更费用复核，并与承包人达成一致，经确认后追加或核减合同价款。

2）以上变更流程仅是在全过程工程咨询模式下的一种设计模板，具体项目应用量可依据项目管理组织模式进行调整，并另行文字说明。

4. EPC变更设计

1）概算后EPC发包模式下，承包人承担施工图设计责任和设计风险，可以以初步设计为基础来设计工程变更流程，根据变更将工程造价、工期影响因素分为A、B两类：

A类变更是指可以调整合同结算价格或工期的变更，需符合以下情形之一：

（1）发包人提出的，相对初步设计、工程技术规范和要求，建设规模、建设标准发生变化的变更；

（2）发包人提出的，相对初步设计、工程技术规范和要求，单体建筑功能发生变化的变更；

（3）政策性文件调整预制率和装配率，经发包人确认得变更；

（4）其他由发包人提出的变更。

B类变更是指不调整合同结算价格和工期的变更，需符合以下情形之一：

（1）为满足招标文件要求，参建各方提出的承包人需对施工图的设计、采购、施工、竣工试验、竣工后试验存在的缺陷进行的修正、调整和完善；

（2）施工图经发包人确认后，承包人对自身施工图设计文件的错、漏、碰、缺的修正，或承包人对发包人新发现的施工图设计文件的错、漏、碰、缺的修正；

（3）装修材料依据发包人定样确定颜色、纹理、款式等；

（4）使用单位对后期深化设计成果确认后，承包人配合相关专业或系统的调整；

（5）发包人指定的分包人交叉施工干扰；

（6）发包人指示的施工现场施工时序调整，但未调整合同约定的开竣工日期。

2）变更费用控制

（1）施工图设计完成后，承包人应编制施工图预算，组织造价咨询复核，复核方法参与招标控制。施工图预算应按照清单计价规范和合同约定的组价方式编制，并按照中标净下浮率下浮调整，调整后的造价仍超出合同价的，应继续下浮至合同价一致，其中工料机均应同步下浮。如调整后的造价低于合同价，具体分析原因，防止承包人降低工程质量和标准。

（2）发生变更时，首先判断变更分类，对于A类变更则进入费用复核环节，按照施工图预算同一口径编制变更费用文件来差额计算变更费用。

5. 变更费用控制

1）审核分工。设计变更费用应经过设计单位、监理单位、造价咨询单位审核，各单位依据下列分工审核并表述审核意见：

（1）监理单位对承包人申报资料完整性进行复核，检查本项变更实施状态，审核意见中应表达实施完成、正在实施、待实施或不具备实施条件的意见。

（2）设计单位应对承包人申报资料中设计变更文件的合法性、完整性予以确认，包括"工程变更事项"审批环节上传的《设计变更单》及附件；确认知悉《工程变更令》已生效，应将本项变更纳入竣工图。

（3）造价咨询单位对变更费用全面审核和复核（如有），出具审核报告和复核报告（如有）。

（4）承包人除按要求编制变更费用预算外，还需对造价咨询审核报告予以确认，如提出异议时，应提供有关资料并配合造价咨询复核。承包人可以继续对造价咨询复核报告表述争议，但应在保留意见的基础上予以确认；承包人不确认复核报告的，不影响审批流程继续进行和效力，争议后续专题研究。

2）前置条件。承包人申报设计变更费用应具备以下条件：

（1）工程变更洽商和工程变更事项申报流程中的各方意见均已落实闭合。

（2）工程变更令生效。

（3）工程变更事项审批流程中提供经设计单位确认的正式版设计变更单及设计变更文

件，变更单及设计变更文件为 PDF 格式和 DWG 格式。

3）否决条件。设计变更费申报出现以下情形，应终止审核：

（1）工程变更申报费用绝对值超过本项变更费用估算绝对值，未重新履行变更事项审批手续或未履行备案手续。

（2）无价材料未按程序完成定价，或者承包人承诺暂不计取该部分材料费。

4）申报资料。承包人严格按下列要求编制设计变更费用预算资料：

（1）变更预算文件；

（2）工程量计算书；

（3）工程变更令；

（4）变更文件、图纸；

（5）变更前图纸（原图）；

（6）变更台账；

（7）新增项目台账及单价分析表；

（8）材料设备定价材料及依据。

5）造价咨询复核。造价咨询分两阶段审核变更费用：第一阶段为独立复核，并出具变更费用复核报告；第二阶段与承包人核对变更费用，出具变更费用审核报告，并对审核差异、处理措施做出详细说明。

6. 全过程工程咨询审核要点

全过程工程咨询单位在设计变更费用审核时依据系统设定的审核阶段分别或合并审核以下重点内容：

1）工程变更令是否合法、完整，关联设计变更文件有无错误；申报费用超过经批准的估算费用，应提供重新履行变更事项审批手续或履行备案手续。

2）变更责任主体和变更主要原因务必明确，否则暂按不利于承包人的方式处理，处理结果应在审核报告中体现。

3）洽商意见中涉及工程计量和费用计算的洽商意见落实情况，否则暂按不利于承包人的方式处理，处理结果应在审核报告中体现。

4）造价咨询提交的审核报告和复核报告是否规范、完整；承包人申报是否资料规范、完整；承包人意见是否明确、无保留。

5）分别抽查造价咨询人、承包人成果文件中工程量计算书与计算依据的一致性。

6）核实造价咨询人的复核报告事由、原因和处置意见是否合法合规。

7）对承包人成果准确率小于 97% 的提出履约评价意见。

8）组织研究争议。

9）可以向专业工程师核实相关情况，如变更事项完成对应层级决策机构审议情况、变更责任主体和变更主要原因、实施情况、征询意见等。

7. 变更费用经审核确认后，应登记变更费用管理台账，累计变更数额应关联《动态投资控制表》。

10.7.4 结算策划

1. 结算方式

工程结算是指对建设工程的发承包合同价款进行约定和依据合同约定进行工程预付款、工程进度款、工程竣工价款结算的活动。依据《建设工程价款结算暂行办法》《加强和改善工程造价监管的意见》《关于落实建设单位工程质量首要责任的通知》《住房和城乡建设部关于印发"十四五"建筑业发展规划的通知》等文件精神，全过程工程咨询单位在实施项目管理中大力推行过程结算、动态结算和分部结算，以加快合同结算和项目竣工结算进度。

2. 结算层级

结算层级反映过程结算、分部结算、动态结算与合同结算、项目竣工结算之间的逻辑关系和结算构成，也是项目动态投资控制的重要措施。

1）过程结算，包括预付款支付和工程进度款计量支付。

2）分部结算，按照分部分项工程划分原则，当分部分项工程或单位工程实施完成且具备先行办理结算条件时，复核过程结算资料办理分部结算。

3）动态结算，是指将过程结算、分部结算、变更价款数据、奖罚金额导入动态投资控制表，进行合同价款与结算价对比分析，从而发现存在的投资控制风险。

4）合同结算，是指合同范围内工程完工验收后，结合前期结算数据，全面复核结算依据资料办理合同结算；尤其是对于学校教育项目中多达几百个合同的情况下，合同结算尤其重要。

5）竣工结算，整体项目竣工验收后，全面复核和汇总各个合同结算情况，清理各合同之间结算界面，关联结算并校核形成项目竣工结算。

3. 结算进度

按照结算方式和结算层级，依据工程实施和合同履行进度编制结算进度计划，并控制实施，各级结算计划实施动态管理和调整，结算计划编制应依据合同实施进展和工程进度，对结算条件、时序安排应有预判性。结算计划一般包括：

1）合同结算计划，包括各合同结算编制、报审、审核和评审时间安排等。

2）年度结算计划，围绕合同台账和合同履行情况编制，已履行完成的合同、合同中已实施完成的阶段工作、分部分项工程、单位工程的，应纳入年度结算计划，拟定结算编制、报审和审核时间安排、预估结算金额。

3）子项结算计划，以合同为单位，按照合同履行进度，分别制订分部结算、单位工程结算计划。

4）月度结算计划，这部分计划相对简单，一般执行月进度计量和合同约定的支付条件。

4. 结算资料

1）通过分析了多数项目结算的案例，要推行过程结算、动态结算，加快合同结算和项目结算进度,减少结算争议和提高结算质量,结算资料的完整性、真实性是非常重要的结算保障。在全过程工程咨询模式,应在项目实施各阶段按表10-3要求收集有关结算资料。

工程各阶段收集结算资料要求表 表10-3

序号	工程管理各阶段	相关资料
一	前期阶段	项目建议书及批复,或项目计划文件、有关会议纪要; 可行性研究报告及批复; 初步设计概算及批复; 下达投资计划或资金计划文件; 与项目有关缴费用依据和凭证
二	招标阶段	招标文件(含补遗答疑、施工图); 投标文件(含技术、商务标书); 评定标报告等文件; 委托文件(含会议纪要、记录等); 合同(含补充协议、中标通知书、澄清纪要等); 其他与招标、合同签订有关的决策、会议纪要等资料
三	施工阶段	工程计量支付资料; 工程变更(含设计变更、签证等)资料; 过程结算资料; 奖金、违约金、绩效费等计算依据及凭证; 项目管理团队人员变更、安全质量等相关资料; 其他与结算有关的依据资料
四	结算阶段	结算书及结算资料; 造价咨询单位审核报告; 全过程工程咨询单位审核报告; 结算评审结果征求意见及回复; 结算评审报告

2)除必要的结算资料外,对于大型学校教育项目,合同承包范围包含多个单项工程,或者执行过程结算时,应对结算资料的组卷范围、卷册目录和内容进行策划,以利于合同结算、竣工结算有组织、按照一定规律进行最终组卷。

5. 结算程序

对于采用全过程工程咨询模式组织项目建设,策划结算编、审组织和顺序,规定各岗位和各单位在结算工作中的职责和时限等。以下为合同结算全流程,过程结算、分部结算等不需先行送财政评审外,可参照执行。

1)全过程工程咨询单位组织参建单位(承包人、监理单位、造价咨询单位)举行结算启动会,发送结算通知。

2)承包人编制和申报工程结算。

3)监理工程师审核承包人结算资料:结合竣工结算资料移交清单,审核资料是否齐全;设计变更、签证单手续是否齐全。

4)造价咨询单位审核结算,出具审核意见初稿。

5）全过程工程咨询单位会同项目组组织审核工程结算意见，造价咨询单位进行复核修改。

6）造价咨询单位与承包人核对，在达成一致意见后出具结算审核报告。核对过程中存在争议时，全过程工程咨询单位组织专题会议进行协调处理，如遇重大分歧可外请专家审议。

7）全过程工程咨询单位组织整理结算资料（送审稿），协助建设单位办理呈批。

8）全过程工程咨询单位配合建设单位报送市财政评审中心评审。

9）财政评审中心出具审核初稿后，全过程工程咨询单位组织建设单位、承包人、造价咨询单位复核，补充资料或做出说明。

10）财政评审中心出具结算审核意见征求意见稿。

11）全过程工程咨询单位组织审核征求意见稿回复和具体说明。

12）财政评审中心出具最终结算审核报告，全过程工程咨询单位组织结算相关资料归档。

10.7.5 结算审核

1. 审核结算依据

1）《建设工程工程量清单计价规范》GB 50500；

2）有关合同；

3）发承包双方实施过程中已确认的工程量及其结算的合同价款；

4）发承包双方实施过程中已确认调整后追加（减）的合同价款；

5）建设工程设计文件及相关资料；

6）招标文件和投标文件；

7）其他依据。

2. 审核工程计量

无论是过程结算计量，还是合同结算复核计量，均按照以下方式进行。

1）计量原则

（1）依据设计文件完成实体工程且工程质量验收合格；

（2）经批准工程变更；

（3）其他经批准费用。

2）计量依据

（1）一般情况下，依据施工图＋批准的工程变更计量，依据竣工图复核；

（2）特殊情况下，依据竣工图计量。

无论采用哪种计量依据，均需复核工程验收资料和原始计量依据，用于对工程计量依据和工程量进行校核。

3）检查隐蔽验收记录

所有隐蔽工程均需进行验收并经监理工程师签字确认，验收结论应为合格；隐蔽验收内容与施工图＋变更或竣工图一致方可列入结算。

4）检查设计变更签证

设计修改变更应由原设计单位出具设计变更通知单和修改的设计图纸、校审人员签字并加盖公章，经发包人和监理工程师审查同意、签证；重大设计变更应经原审批部门审批，否则不应列入结算。

5）核实工程数量

竣工结算的工程量应依据竣工图、设计变更单和现场签证等进行核算，并按国家统一规定的计算规则计算工程量，或按合同约定的计算规则计量。工程竣工结算子目多、篇幅大，往往有计算误差，应认真核算，防止因计算误差多计或少算。

3. 审核计价

1）分部分项工程和措施项目中的单价项目应依据双方确认的工程量与已标价工程量清单的综合单价计算；如发生调整的，应以发承包双方确认调整的综合单价计算。

2）措施项目中的总价项目应依据已标价工程量清单的项目和金额计算；发生调整的，应以发承包双方确认调整的金额计算，其中安全文明施工费应按国家或省级、行业建设主管部门的规定计算。

3）分项固定总价项按总价计价，合同约定调整除外。

4）其他项目应按下列规定计价：

（1）计日工应按发包人实际签证确认的事项计算；

（2）暂估价应按计价规范相关规定计算；

（3）总承包服务费应依据已标价工程量清单的金额计算；发生调整的，应以发承包双方确认调整的金额计算；

（4）索赔费用应依据发承包双方确认的索赔事项和金额计算；

（5）现场签证费用应依据发承包双方签证资料确认的金额计算；

（6）暂列金额应减去工程价款调整（包括索赔、现场签证）金额计算，如有余额归发包人。

5）规费和税金按国家或省级、建设主管部门的规定计算。规费中的工程排污费应按工程所在地环境保护部门规定标准缴纳后按实列入。

6）发承包双方在合同工程实施过程中已经确认的工程计量结果和合同价款，在竣工结算办理中应直接进入结算。

4. 审核人工材料调差

项目实施过程中，依据进度款计量支付、价格信息、调差条款约定等相关资料，审核人工材料调差范围、调差标准、调差计算方法和调差幅度。

5. 审核奖罚

工程结算时应对以下奖罚金额和依据进行审核：

1）工期奖罚；

2）质量安全奖惩；

3）项目经理、项目负责人等管理团队人员更换处罚；

4）履约评价绩效酬金；

5）其他违约金。

6. 关联结算

1）工程结算需关联甲供材料、设备的领用量，多领或超领的材料设备造价应从结算价款中扣回。

2）承包合同与其他合同存在合同界面时，应关联有关合同，对合同界面进行全面清理查清，组织有关承包人达成一致意见。

7. 特殊情况

同一工程签订两份以上合同情况，如第一份合同因特殊原因终止，后续又再次签订第二份合同时，在结算审核中要注意之前结算与之后结算的工程量衔接，之前结算一定要用文字或图示标（说）明已结范围和位置，之后结算要在结算前先核对之前各结算书已结时间段、位置和范围，避免重复。

10.8 项目投资控制

10.8.1 合同下浮率计算

对照批复的概算投资，结合项目具体情况进行合约规划分解概算作为合同上限（各合约估算金额合计不大于概算金额，各合约估算包含预备费）；依据签约合同价（含暂列金）计算合同下浮率（1－签约合同价／合约估算）。

10.8.2 计量支付统计

监理工程师复核确认计量周期末工程实体形象进度；承包人依据形象进度申请计量，造价工程师组织造价咨询复核和审核计量（项目组计量）；承包人依据计量结果和合同约定的支付条件申请支付。计量支付原则：

1）依据设计文件完成实体工程且工程质量验收合格。

2）经批准工程变更。

3）其他经批准费用。

4）服务类、预选招标子项目委托类合同依据合同约定支付。

10.8.3 月度投资统计

月度投资统计包括合同产值、概算投资和支付统计：

1）合同产值应包括本统计周期内所有合同完成的产值汇总，其中施工、供货类合同按照计量（含变更）产值统计，服务类合同按照支付金额统计。

2）概算投资按照各合同产值除以对应合同下浮的方法同口径折算。

3）支付统计按照本支付周期（跨期支付的，需注明计量期）内完成支付金额统计。

10.8.4 投资完成进度评价

造价咨询单位于每于 10 日前对照上一计量周期的形象进度踏勘工程现场，对形象进度真实性予以复核，滞后情况应予以记录并由监理工程师确认，作为调整形象进度的依据；依据签认的形象进度（含调整），按照合同约定的计量方法和 10.8.2 计量支付原则计量合同产值（复核计量），再按照合同下浮率同口径折算完成概算投资。对比项目白皮书月度完成投资计划和累计完成投资计划，分析投资进度超前和滞后情况。

10.8.5 支付风险评价

依据计量结果和合同支付约定计算上一支付周期（跨计量周期的支付应进行计算调整并予以说明）支付金额，支付和扣回的工程预付款均不纳入统计；对比项目组计量与复核计量、已付金额与复核金额，根据对比结果提出超付风险及调整支付建议、欠付风险。

10.8.6 支付进度评价

对比项目投资白皮书月度完成支付计划和累计完成支付计划，分析支付进度超前和滞后情况，同时也反映工程实体进度。

10.8.7 综合评价

综合评价须综述投资完成进度、支付完成进度的执行情况，依据复核和计量结果表述形象进度确认（真实性）、工程计量（准确性）误差情况，调整支付和支付风险防范建议等。

10.8.8 投资偏差分析

1）造价工程师应随时掌握动态投资控制数据和支付台账，按月定期更新投资、支付数据，投资、支付数据按照 10.8.2 计量支付统计、10.8.3 月度投资统计的数据填列。

2）比较总投资，按照已签合同（含修正金额、预计结算金额）和待签合同的合计数与概算总投资对比，发现总投资节超情况。

3）比较工程建设其他费各类目对应合同金额，发现专业工程、分项费用分配和差异。

4）对比建筑安装工程费与各合同钩稽关系，对比工程、材料设备分项投资节超情况。

5）对比各合同暂列金消耗情况，与预备费支出对比。

6）统计和分析分项投资调剂情况。

10.8.9 投资预警

当工程投资出现超概算风险时，造价工程师应及时启动投资预警，并向项目单位报告。投资预警分为黄色预警、橙色预警、红色预警三级。建议项目预警启动标准设定如下：

1）黄色预警。当动态投资额达到概算投资额的95%时，启动黄色预警，并组织设计、监理、造价咨询等相关单位对投资进行全面梳理，分析工程建设过程中可能引起投资增加的各种因素，评估投资超概算的风险，并采取针对性措施严格控制投资。

2）橙色预警。当动态投资额达到概算投资额的98%时，启动橙色预警，组织相关单位对投资进行详细分析，评估投资超概算的风险，并从严控制建设标准及工程变更，必要时应与使用单位协商，采取优化设计、调整建设标准等措施控制投资。

3）红色预警。当动态投资额达到概算投资额的100%时，启动红色预警，应组织相关单位对投资进行详细分析，与使用单位协商，采取优化设计、调整建设标准等措施，力争把投资控制在概算投资以内。需要调整建设标准或建设内容的，应与发改部门沟通。

第3篇

需求管理及后评价

需求管理包括项目需求及设计需求管理。项目设计过程主要经历项目需求的提出、项目需求转化为设计师能够读懂的"工程语言"(即提出设计需求)、设计师按照设计需求完成设计工作三个阶段。

学校教育项目主要服务于师生教学及科学研究,服务对象类别、人员众多,项目需求复杂。在学校教育项目建设过程中,由于校方基建力量有限,提供的项目需求常常存在偏差、缺漏、滞后,设计任务书等设计需求文件质量不高,亟须引入设计招标前的使用功能需求与设计需求咨询工作。此外,为了积累学校教育项目建设经验,需求咨询管理后评价工作是项目建成后不可缺少的重要环节。本篇将通过项目需求与设计需求管理、需求咨询管理后评价两个部分内容进行说明。

第 11 章 项目需求与设计需求管理

需求管理是将用户期望在项目或产品中加以实现的管理系统工作中的一环,其目的是实现产品与需求的最佳结合,实现和提升用户期望的满意度。学校教育工程建设项目的成功与否,不仅在于是否获得了外界的好评、荣誉,更重要的是能否很好地满足学校的各类需求。

11.1 项目需求概述

11.1.1 建筑工程项目需求分类

1. 目标需求管理

建筑工程项目目标需求管理包含建筑定位、施工目标、使用阶段愿景等,主要是从整体角度来调查、研究工程目标的需求管理。

2. 功能需求管理

以建筑工程项目总体目标为参考,界定整体项目的功能定位及功能下属构成要求,以未来建筑投入使用后充分满足业主需求为设计核心,执行更为有效的功能性需求管理。

3. 技术需求管理

建筑工程项目技术需求管理通常包含建筑结构、水电通风、防火防雷、节能减排等专业性技术需求。通常以建筑功能需求为前提进行选择,包括与其技术相配套的设备、工艺、材料选择等。

4. 运维管理需求

当建筑工程项目竣工移交后就进入运维管理阶段,管理内容主要包括物业管理、项目管理、运营管理、维护管理、节能管理等,同时整体运营管理目标、管理方式、管理手段等随项目设计要求而变动,主要是为了满足项目日后长期的运营、维护需求。

11.1.2 建筑工程项目需求管理存在问题

含糊的需求和频繁的变更是项目需求管理最大的障碍,如何做好项目的需求管理常常是项目管理需要解决最困难的问题之一。需求研究是建设和使用单位最重要的工作,也是全过程工程咨询服务设计管理前期最核心的任务,结合以往项目建设、使用单位的建设经验及项目管理案例,总结项目管理中常见的几种需求管理问题包括:

1. 需求不明确

建设使用单位对于建筑产品的期望不明确，对于建筑的定位、标准、部分使用功能等不清晰，导致设计依据不足、无方向性；若干需求在项目实施阶段才得以明确，引起设计重大变化甚至调整原始方案，影响项目顺利推进。

2. 需求蔓延

使用单位对需求没有进行分析、研究、筛选，希望在项目全过程中所有需求均被满足。在项目设计、施工甚至收尾时不断加入新功能、新需求，从而使项目在进度管理、投资管理和质量管理方面存在失控风险。

3. 需求不充分

使用单位前期项目需求考虑得不够充分，没有考虑到各个单位、各个部门的不同使用需求，后期提出易造成部分工程返工及延误工期。

4. 需求滞后

使用单位在设计各阶段（方案设计、初步设计、施工图设计）需求迟迟无法明确，造成需求滞后，在项目设计完成或实施中才提出需求，或者随时提出需求，有的甚至增加规模，引起规划调整并需要批后修改，造成项目进度滞后、追加投资、变更不断。

11.1.3　学校项目需求管理的方法及工作内容

学校教育项目因其服务对象类别及人员众多，项目需求复杂，尤其是教育类综合大学项目需求管理，更是有区别于其他类型项目的重要特点。通过对在建、已建的同类大学项目功能需求管理进行分析研究，并与各项目的主管单位、建设单位、使用单位、设计单位、监理单位、施工单位、造价咨询单位等进行实地调研、问卷调查等方法，方能编制出综合性大学类房建项目的需求管理内容。

综合性大学类房建项目的需求管理需重点阐述项目前期规划设计、方案招标及方案优化设计、初步设计、施工图设计各阶段需求管理内容，编制需求管理示范用表，为建设单位及咨询管理、使用单位、设计单位等在实施类似项目的前期设计过程中的需求管理提供科学、合理、有效的参考，全面推动教育类项目建设管理工作的规范化、精细化且以需求为导向的建设。

当前，大学项目需求管理的相关参考依据不多，可参照《普通高等学校建筑面积指标》（建标191）规定的大学、专门学院各类校舍用房必配的十二项用房执行，即教室、实验室、图书馆、室内体育用房、校行政办公用房、院系及教师办公用房、师生活动用房、会堂、学生宿舍、食堂、教工单身宿舍（公寓）、后勤及附属用房。本章在此基础上，编制了项目需求管理示范用表，使用者可针对立项批复的具体项目、具体内容、具体事项，对照本书提供的参照样表，调整并填写项目需求示范用表，使其更具可行性、可操作性，从而达到需求管理的目的。

11.2 项目需求调研方法

需求管理中最主要的工作是需求调研，调研的目的在于尽可能获取完整、准确、清晰的信息，最大限度地实现用户期望。调研的质量水平直接决定了项目能否稳定、健康地发展。本节主要从需求来源等多个方面阐述需求调研的有效方法，供读者参考。

11.2.1 需求来源

需求最直接的来源是用户或服务对象。不同的服务对象，由于所处职位、知识技能等的差异，所关注的需求层面或细节不尽相同。对于学校教育项目，不同的服务对象，其关注的或其提出的需求是不同的。

1）对于当地政府部门，其主要关注学校建设带来当地教育的发展、经济的提升。
2）对于学校的高层决策者，其主要关注学校的宏观定位，如是否满足其学校未来的发展要求。
3）对于科研人员，其主要关注学校的科研设施、实验室的建设情况。
4）对于教职工，其主要关注教学设施、周边配套工程。
5）对于学生，其主要关注学校的学习环境、生活配套等。
6）对于后期服务管理人员，其主要关注设备设施是否便于运营管理。

因此，对用户进行需求调研时，应适当细分用户的类别，选取不同类别的代表作为调研对象，以便在调研工作中"向对的人问对的问题"。

当本项目用户对自身需求不太明晰的时候，其他参考对象也不失为有价值的需求来源。对于学校项目而言，与本学校办学规模、类别、性质类似的兄弟院校等均可作为调研对象，通过对这些建筑的考察分析形成相关的功能描述，即可成为激发用户不断明晰自身需求的引导型调研工具。

此外，经验丰富的工程建设、维护人员，国家或行业的各级政策制度和法律法规，都是需求来源的一部分，在需求调研中不可忽视。

11.2.2 调研人员

传统的调研人员一般由全过程工程咨询单位或设计单位的主要设计人员（通常是建筑专业）担当，但实际上若想获得良好的需求调研结果并使工程受益，传统的调研人员远远不够。调研人员的工作经验和能力对调研的质量、进度有重大影响，应选择既熟悉建筑工程、又熟悉用户行为习惯的人员或团队，以便能在通俗的需求语言和建筑专业语言之间进行"翻译"，并引导和启发用户清晰地描述需求。此外，调研人员还需要牵头部署调研计划，并将需求管理工作贯穿于建筑工程全过程，深入了解需求的前因后果，保证需求稳定。

相比于设计单位的建筑师，全过程工程咨询可在投资决策阶段项目立项时即提前介入,在前期项目各方沟通交流过程中,无形中开展需求调研的工作,对项目需求的了解更为深刻。

11.2.3 范围和内容

只有深入了解项目的背景,收集、理解与项目相关的内外部资料,才能很好地识别调研范围,并将调研范围合理划分为若干个领域,锁定每次调研的内容,把握调研重点与控制调研过程,避免在调研过程中偏离主题。学校教育项目不仅需了解项目的相关背景及资料,还需了解学校的发展与规划,对于改扩建学校,更需将原校区的情况纳入调研范围、内容。

另外,需求管理是一个伴随项目开展由粗到细、逐步深入的过程,不可能也没有必要在项目开始之时就一次性挖掘所有需求。因此,在每一次调研之前,都应准备好适合当前深度的调研内容,渐进明细地把需求融入项目。

11.2.4 调研方式

调研方式主要有主导型(调研人员强势)、被动型(调研对象强势)、引导型(调研人员与调研对象实力相当,配合程度高)。其中,学校教育项目,调研对象大多均为高层次知识分子,被动型调研的质量和进度风险最小。

11.2.5 调研方法

需求调研的方法主要有访谈法、调查问卷法、实地考察法、资料查阅法等。对于需求调研来说,访谈法通过面谈激发调研对象的积极性,获取准确的需求信息;调查问卷法是标准化调查,是访谈法的有效补充;实地考察法和资料查阅法较依赖调研人员的知识经验和主观判断,局限性较大,只可作为辅助手段。

11.2.6 调研步骤

无论采用何种调研方式、方法,在确定需求来源和调研范围及内容后,调研人员都应当在调研开始前编制整体调研计划、调研工具文档和表格,以及调研提纲,并将上述准备资料告知调研对象,便于对方有足够的准备时间。

在调研的过程中,倾听和记录调研对象的描述是最基本的工作。调研人员复述记录的内容,则可减少理解上的偏差,获取调研对象的真实意图;当调研对象不能清晰完整表达内心想法时,调研人员掌握的项目相关资料、知识和经验,则成为引导用户的有效工具,帮助挖掘用户的需求;当调研行将结束时,调研人员应当对本次所调研需求的合理性、可行性进行初步判断,将不合理的需求和建议反馈给调研对象,力争达成一致意见,降低后期工作的复杂度。

完成调研后,应编制需求调研报告,使不同的调研对象对项目不同方面的期待得以准确传达,避免因需求信息不对称和需求描述错位导致后期出现大量的需求变更。在项目内外部约束条件下，当出现矛盾或不能满足的需求时，要对需求进行评估取舍，并与调研对象及时反馈沟通。需求调研报告经用户审核确认后，方能成为项目后续工作的依据。

11.2.7 需求变更

随着项目内外部环境的变化、技术的进步和用户水平的提高，需求总是不可避免地发生改变。因此，需求管理人员必须加强需求管理，控制需求变更。而积极主动、高质量的需求调研，及时获取完整、清晰的需求，是比控制需求变更更好的办法。因此，合理分析项目环境，挖掘用户隐含的、潜在的需求，保持需求的稳定，对需求管理人员提出了更高的要求。

以某大学本科生公寓提前竣工投入使用时，全过程工程咨询单位及设计单位对重大需求变更提供的咨询服务为例，予以说明。

11.2.8 需求变更案例分析

1. 项目概况及使用需求变更

某大学分为一、二、三期建设，三期工程总建筑面积约为 455648m^2，其中，地上建筑面积约为 343472m^2，总体而言一、二期以科研教学为主，三期工程以科研教学及配套工程为主，分为 E、F、G、H、I 五个区，主要包括教学中心、科研中心、实验实训楼、实验动物中心二期、试剂周转房、图书中心、体育中心、教工之家、学生活动中心及学生食堂、教师周转公寓、学生公寓、师生食堂、校医院、后勤综合楼、其他后勤辅助用房及地下车库等。

本工程原计划工期为 2021 年 12 月 1 日—2024 年 7 月 17 日，共 960 天。由于有两路 220kV 高压铁塔横穿本工程，直接影响 F、E、I 三个组团施工，根据《中华人民共和国电力法》第五十四条规定：任何单位和个人需要在依法划定的电力设施保护区内进行可能危及电力设施安全的作业时，应当经电力管理部门批准并采取安全措施后，方可进行作业。

因此，220kV 高压铁塔影响 E、I 组团为关键线路，造成工期延误。高压铁塔拆除涉及面广、难度大，前期预测拆除时间为 2022 年 6 月 30 日，将给工程带来至少 7 个月的工期延误。此外，由于学校一、二期工程以教学科研为主，部分学生公寓规划在三期，校方考虑到学校一二期投入使用后的学生住宿问题，对工程提出了提前一年竣工投入使用的需求变更。

面对现场工期延误的实际及使用方提前竣工的重大需求变更，考虑到 H 区 4 栋本科生公寓在项目东北角，不受高压铁塔因素影响，且自由时差及总时差均超过 1 年，从工期角度分析可以满足提前竣工要求，因此建设单位要求全过程工程咨询单位及设计院对这 4 栋本科生公寓提前竣工投入使用进行分析，提供技术及经济可行性咨询报告，并说明相应的风险及困难。

2. 部分单体提前竣工投入使用方案调整前的准备工作

1）分析提前竣工投入使用的关键因素

本科生公寓提前竣工投入使用属于重大需求变更，涉及设计方案、施工组织设计调整，重点需考虑技术因素、造价因素及报批报建方面的因素，考虑到施工组织设计可以进行相应的调整以满足工期要求，因此本案例重点分析设计技术因素及造价因素。

设计技术因素主要需考虑提前竣工的建筑能否满足独立使用的功能需求及消防验收的要求。造价因素主要考虑提前竣工增加的造价是否在建设单位可接受范围之内。

2）充分理解原设计意图

实现提前竣工的需求变更是在原设计方案的基础上进行调整，力求以最小的调整量及造价变动完成方案调整，因此需充分理解原设计意图，分析提前投入使用需求引起原方案调整的范围。

3）调研现场实际情况

现场实际情况是制约方案调整的又一重要因素，应充分了解现场情况，划分施工阶段安全施工范围，模拟本科生公寓方案调整阶段、施工阶段各个时间节点、组织因素，预估竣工阶段各影响因素，统筹考虑本科生公寓单体周边道路设施、给水排水设施、电力设施、消防设施的建设情况，避免出现因现场实际原因造成无法投入使用或无法通过消防验收的情况。

3. 编制技术咨询方案

完成上述准备工作后，全过程工程咨询单位及设计单位通过沟通研究，提出了提前竣工存在的困难及相应的调整方案，形成技术咨询报告，主要涉及给水排水专业、电气专业、智能化专业、建筑专业。

1）给水排水专业分析

室外消防系统：本科生公寓提前使用前应完成由市政二路供水的室外直供给水环状管网施工，确保室外消火栓系统供水。如本科生公寓提前验收，在不改变现在的管网前提下，需完成整个校园环状管网系统。如整个管网系统不能按时完成，需在本科生公寓处独立成环，并保证该区域具备两路供水。

生活给水系统：本科生公寓加压供水由学生活动中心及学生食堂地下室生活水泵房加压供水，本科生公寓使用前应完成学生活动中心、学生食堂地下室区域生活水泵房及相应区域的室外给水管网。如学生活动中心不能同步验收，则需在本科生公寓设置生活水泵房$300m^2$，并增加相应管网系统。

室内消防系统：本科生公寓加压供水由西区师生食堂地下室校区消防水泵房加压供水，本科生公寓使用前应完成西区师生食堂地下室校区消防水泵房及校区的室外消防给水环状管网。若师生食堂不能同步验收，则需在本科生公寓设置消防水泵房$200m^2$，并增加相应管网系统。同时需在本科生公寓最高处设置箱消防水箱1处，面积约$30m^2$，高3.3m。

2）电气专业分析

强电系统：本科生公寓四幢单体10kV电源引自实验实训楼一层的2号高配。若实验实训楼不能同步验收，需要与供电公司沟通，提前取得两路双重10kV电源并设置临时高配。同时在本科生公寓设置房高配机房1间，面积约$200m^2$。

消防控制系统：本科生公寓四幢单体的火灾自动报警主机均设置在图书馆消防控制室。如图书馆不能同步验收，需在本科生公寓单独增设室消防控制室 1 间，面积约 $100m^2$。

3）智能化专业分析

本科生公寓计算机网络、通信、安防干线均引自学生活动中心及食堂（H-5 号楼）通信机房。如学生活动中心不能同步验收，需在本科生公寓增设房通信机房 1 间，面积约 $50m^2$，同时需单独拉缆 1 条通信光缆从一期总机房引至本科生公寓。

4）市政专业分析

本科生公寓 A 及本科生公寓 B 部分雨水排至西大环路市政雨水系统，验收前需确保西大环路市政雨水系统已完成，否则需增设管雨水系统间的沟通管，近期通过校内其他雨水系统排放。

5）建筑专业分析

消防车道：本科生公寓提前验收，周边消防车道及室外消火栓需供水，消防车道需环通，其中一路需南接 13 号桥，北部靠西大环路的一侧的校园环路至北校门需接通。

消防控制室：需要新增一个消防控制室。

4. 编制造价咨询方案

根据上述的方案，若能实现该需求变更，经过造价测算，共需投入总造价 3195.6 万元。

5. 结论及思考

全过程工程咨询单位提供的技术方案及风险说明、造价咨询报告等咨询成果，为建设单位提供了决策依据，最终建设单位通过校方实际需求、技术难度及造价投入，决定高压铁塔能在 2022 年 6 月 30 日前拆除的，将采用项目整体赶工的方式，实现项目按照原节点计划完成。若 6 月 30 日前不能拆除，则将采用本科生公寓提前竣工的方案。

群体项目部分区域提前竣工投入使用的建设方案调整以满足建设单位使用需求，期间涉及设计方案调整、施工组织规划、验收流程及期间各项风险因素研究等。全过程工程咨询单位需统筹协调各方需求与实际情况，提出既对项目实际推进影响最小、又能满足建设单位的使用需求的方案，并附上实现提前竣工投入使用的成本即造价咨询意见，供业主决策。

此外，还需协调施工单位调整提前竣工单体的工作面及施工组织计划，跟进设计方案调整的报批报建工作，以及分析区域提前竣工的消防验收流程等。

11.3 设计各阶段的项目需求管理

为促进需求质量的提高，项目有序可控，成功实现使用单位的需求，避免因需求引起的变更对项目的影响，参建各方需注重对需求工作的过程需求管理。设计分为几个不同阶段，每个阶段的侧重点有所不同，需要解决的问题也不尽相同，要让使用方在设计方案招标阶段就把所有的需求考虑清楚是不现实的，应随着设计的不断深入，分阶段地提出需求，方可使需求更加细致、扎实，避免需求的反复甚至颠覆。因此，前期项目需求管理工作应通过过程需求管理来实现，即在设计各阶段分别提出各阶段需求并对需求进行确认。

根据教育类房建项目的复杂程度和设计深度，项目工程设计一般分为方案设计、初步设计（扩初）和施工图设计三个阶段。设计单位的选择一般通过招标程序征集建筑设计方案，即方案招标，方案招标阶段的设计单位只需要进行概念方案设计，中标后再进行深化设计，进而完成方案设计工作。

11.3.1 项目规划设计阶段的需求管理

校园工程项目建设应一次性规划，可分期实施，改建、扩建学校的规划建设应在充分利用原有设施的基础上进行。规划阶段需求描述主要包括以下方面：

1. 学校定位需求管理

1）总体目标定位

是在未来某个时段内，学校生存发展中带有全局性、方向性的奋斗目标，是对学校未来发展趋势、发展方向的科学预见和理性思考。它是对学校发展目标和方向的总体概括和描述，具有理论性、宏观性、纲领性的特点，对其他定位具有统摄作用。

在总体目标定位需求管理过程中，需深入研究国家及当地的教育发展相关政策、社会需求，并结合学校自身实际，制定出符合国家发展战略、适应区域经济社会发展、满足学生全面发展需求、并与学校自身相吻合的总体目标定位。

2）学校类型定位

当前高校定位标准众多，有按科研含量和学术水平分类，如研究型大学、教学研究型大学、教学型院校；有按隶属关系分类，如部属高校、地方高校；有按学科含量分类，如单科性院校、多科性院校、综合性大学；有按人才培养类型分类，如以培养研究型人才为主的高校、以培养应用型人才为主的高校、以培养技能型人才为主的高校。

学校类型定位对学校确定学科专业结构、办学规模、办学层次、办学形式等具有重要的引导作用。学校类型定位需求管理过程中，需结合学校发展总体目标定位，充分分析学校自身发展实际制定。

3）学校类别定位

我国高等教育学校类别分为综合大学、理工院校、农业院校、农林院校、医药院校、师范院校、语言院校、财经院校、政法院校、体育院校、艺术院校、民族院校等。在国家制定的评估标准、普通高等学校建筑规划面积指标、普通高等学校基本办学条件指标中，不同类别的学校存在一定的差异。

在学校类别定位需求管理过程中，要求学校对学校类别做出选择，这一定位对于学校的办学规模、学科专业结构等具有重要的引导作用。

4）办学层次定位

办学层次的定位主要是指人才培养的层次。我国的高等教育在学历教育中有研究生教育、本科教育、专科教育3个层次，在学位教育中有博士、硕士、学士3个层次。

在办学层次定位的需求管理中，学校要在学历或学位的3个层次中选择发展方向，同时选择多个学历或学位层次时，一般也应确定占主导地位的办学层次。

综上，在学校定位需求过程中，学校的定位要依据社会发展和经济建设的需要，以社会需求为导向，要根据自身条件和发展潜力，要体现自己的特点、个性，不能盲目攀比。

2. 办学规模需求管理

办学规模需求管理是学校对办学规模做出的界定，是数量目标的定位。学校的规模与结构、质量、效益密切相关。学校要根据自身条件和社会需求确定一个合适的办学规模，确定学生数（含专科生、本科生、硕士和博士研究生）及教职员工数等。

3. 规划用地及建设需求管理

规划用地及建设的需求管理，是校方根据学校的建设定位、办学规模及当地的教育用地规划等因素，明确校区选址、校区用地规划、校区建设规模。此外，若校园分期建设，还需明确各期的建设内容及范围。

在规划用地及建设需求管理的成果是指导规划设计，明确规划理念的基础，其中，规划设计目标管理包括：

1）校区整体风貌、特色应体现办学目标需求；
2）校区设施功能应满足办学目标需求；
3）建筑和空间设计应因地制宜、以人为本、具有人文关怀；
4）校区和城市规划协调统一，紧密融合。

规划理念管理包括：

1）校园规划要体现中国传统文化元素、中国传统空间组织方式及意向，并具有当地建筑特色；
2）体现学校精神、学校文化；
3）校园建设中要充分运用现代技术，建低碳校园、生态校园、绿色建筑；
4）校园规划中要充分考虑校区所在区域的气候、地理、本土文化、本土植物的多样性；
5）校园规划须根据事业发展规划的要求，匹配校区的办学定位和办学特色。

4. 规划设计阶段项目需求相关示范用表（表11-1、表11-2）

某大学规划设计使用需求示范用表 表11-1

	使用需求内容	使用需求方提供	备注
	办学定位		如教育部直属的综合性重点大学、一般院校、综合性大学，学科设置如：理工、文法、艺术、体育、医学、外语等
	办学目标		如建设成国际、国家、省、市一流大学校园
	办学规模		
1	学生、教职工人数		学生总人数、其中本科生人数、硕士和博士研究生人数、教职员工人数

续表

	使用需求内容		使用需求方提供	备注
2	学校类别（生）	一般院校		一般院校系指综合、师范、民族、理工、农林、医药、财经、政法、外语等院校
		体育院校		
		……		
3	学科结构比例（%）	理工类		参考大学、专门学院的学科结构比例
		文法类		
		……		
4	学院设置（生）	工学院		按照大学办学规划目标，设定的学院（系）填写，本表只列举了有关综合性大学的普通院系，具体院系设有特色专业的或艺术、体育、农、林、医、师等院校，可在空格中填写
		理学院		
		法学院		
		医学院		
		……		
5	建筑面积总指标（m²/生）			参考大学、专门学院校舍建筑面积生均总指标
	校区选址			
	校区用地范围			
	校区建筑规模			一期、二期……
	总用地面积（公顷）			
	总计算容积率建筑面积（m²）			
	总容积率			总计容建筑面积/总用地面积
	总绿地率（%）			总绿化面积/总用地面积
	总建筑密度（%）			总占地面积/总用地面积
	各期用地面积（公顷）			

注：以上使用需求内容，是总体规划设计任务书编制的前提条件，需使用需求方提供

某大学规划建设项目需求情况示范用表　　　　表11-2

编制单位：　　　　　　　　　　　　　　　　某大学编制时间：　　年　月　日

序号		项目名称	拟计划计容建筑面积（m²）	使用需求方提供	备注
一		总建筑面积			
其中		公共建筑			
		医科组团			
		工科组团			
		……			
（一）		公共建筑			
1.1		公共教学楼			可设计若干个单体教学楼
1.2		公共实验楼			

续表

序号	项目名称	拟计划计容建筑面积（m²）	使用需求方提供	备注
1.3	网络数据中心			
1.4	图书馆			可含校史馆
1.5	……			
（二）	医科组团			
2.1	医学			
2.2	……			
（三）	工科组团			
3.1	机械工程			
3.2	……			
二	室外体育设施	数量（个）		
1	田径场（足球场）			例如400m跑道田径场
2	篮球场			
3	……			

注：教学科研区含教室、教学实验室、科研实验室、院系及教师办公用房

11.3.2 方案设计招标和方案深化设计阶段的需求管理

方案设计招标及方案深化阶段的需求管理是项目需求管理最核心的阶段，在该阶段中，需要确定校园各功能单元之间的关系需求（教学楼、实验用房、图书馆、办公用房、风雨操场、教师和学生公寓、食堂、生活福利及其他附属用房等），建筑单体合理布局，明确校园内外交通等。

因此，该阶段的项目需求管理成果需满足设计规划布局、空间功能布置等方面的需求，明确项目范围、功能定位、使用需求等，确定各项功能配比、功能要求和建设规模，以及从交通组织、景观规划、建筑风格、单体建筑设计等方面提出要求。

1. 方案招标阶段需求管理

1）明确细化项目的功能定位，包括明确学校的建设类型、办学理念、建设目标和建设标准，提出学校的教学、学科发展规划，教学模式、科研模式特点。

2）明确地形地貌、场地地质条件，提供地形图、初步勘察报告等。

3）明确项目所在地的气候特征，包括日照、雨量、气温、风力等。

4）明确项目用地情况：

（1）详细介绍现状用地情况，场地内现有的绿地、建筑物、构筑物、河流、重要植物等。如遇场地特殊地形条件，如高压线、山体、水体等，应提出保护要求与边界条件；

（2）场地内需保留的建筑物、古文物、古树等，以及其他拆除、搬迁、改造的要求，如表11-3、表11-4所示。

场地内现有建筑一览表　　　　　　表11-3

编号	名称	层数	建成时间	面积（m²）	备注

场地内现有古文物、古树一览表　　　　　　表11-4

编号	名称	时间	拆除或搬迁或改造的要求

5）明确交通条件：介绍项目东西向交通、南北向交通，周边的公交站点、轨道站点，途经项目的地铁线、城际轨道线、城市新型有轨电车等。

6）明确市政配套设施：包括污水排放位置，基地附近可为本项目使用的变电站，给水排水及电信等市政公用配套设施情况介绍。

7）明确规划设计指标：包括总用地面积、总建筑面积、建筑密度、容积率、绿地率、建筑高度、建筑退让、车辆出入口、停车位、人防初步要求。

8）明确详细的设计原则：以人为本原则、可持续发展原则、综合生态效益平衡原则、物质环境与人文精神并重原则、整体协调原则、适度超前原则、规范性原则、投资控制原则、数字化与智能化原则。

9）明确总体设计内容与要求：

（1）建设规模：包括本项目的总用地面积，总建筑面积；分期建设要求，首期建设规模及包括内容；学校招生人数，首期及远期数据；主要规划建设规模及经济技术指标等。

（2）总体要求：提出大学校园设计的总体要求及分期建设方面的要求。设计应从学校长远发展角度出发，根据项目的建设内容，进行科学的总体规划研究，校区建设在设计时要充分考虑建设时序、分期实施的可行性及每期建设的效果，减少后期工程对教学秩序、安全等方面的负面影响。

（3）总平面布局：提出总平面布局要求，对出入口、相邻建筑物、各功能分区、室外运动场地等提出要求。

（4）交通组织：提出内外部交通组织要求、交通顺畅及人车分流要求、停车场及临时停车位要求、自行车停车要求。

（5）绿化景观：提出整体协调性、安全性、立体绿化要求。

（6）建筑风格及装饰装修要求：提出校园建筑风格、装修标准、用材标准、室内外装修具体要求。

（7）绿色建筑要求：明确绿色建筑星级要求、新材料新工艺要求、节能节水要求等。

（8）智能化及智慧校园要求：提出建筑智能化及智慧校园的设计目标和要求，明确系统实施范围。

10）明确单体建筑设计内容与要求：

（1）教学用房：提出教学用房总建设规模、教室类型、比例要求，标准化及模块化设计要求，教学用房建设标准等，卫生间设置数量及男女比例要求，交通组织要求，具体功能设置可参见表11-5。

教学用房具体功能　　　　　　　　　表11-5

序号	名称		可容纳人数	间数	小计	备注
1	小教室					
2	中教室					
3	阶梯教室					
4	专业教室	琴房				
		形体房				
		……				
5	附属用房					

（2）实验用房：包括明确建设规模、类别及比例要求，标准化模块化设计要求，公共活动空间设置要求，层高和承重方面要求，人流物流交通流线要求，电力负荷及水质污水处理要求，空气调节及洁净等级要求，具体功能设置可参见表11-6。

实验用房具体功能　　　　　　　　　表11-6

序号	名称		可容纳人数	间数	小计	具体要求
1	专业教室	材料				
		力学				
		……				
2	听力实验室					
3	计算机实验室					
4	网络中心实验室					
5	仪器仪表储藏室					
6	……					

（3）图书馆：包括明确总建设规模、藏书量、阅览坐席数、特藏书库间数量等，平面布局要求，空间设计要求，通风采光要求，智能化及智慧图书馆要求等，具体功能设置可参见表11-7。

（4）校／院系行政办公用房：包括明确建设规模要求，标准化、模块化设计要求，建设标准，用房设置及安全保密要求，卫生间数量及男女搭配要求，具体功能设置可参见表11-8。

图书馆具体功能　　　　　　　　　　　表 11-7

序号	名称	可容纳人数	间数	小计	具体要求
1	普通期刊阅览室				
2	综合阅览室				
3	×××阅览室				
4	书库				
5	出纳、检索部分				
6	展览、陈列				
7	行政办公接待				
8	会议室				
9	学术报告厅				
10	……				
建筑面积合计					

校/院系行政用房具体功能　　　　　　表 11-8

序号	名称	可容纳人数	间数	小计	具体要求
1	大、中、小会议室				
2	大、中、小办公室				
3	控制室				
4	档案室				
5	学术报告厅				
6	……				
建筑面积合计					

（5）会堂：包括明确建设规模，位置设置、共享性要求，舞台机械、灯光、音响要求，具体功能设置可参见表 11-9。

会堂具体功能　　　　　　　　　　　表 11-9

序号	名称	可容纳人数	间数	小计	具体要求
1	大、小型舞台				
2	化妆间				
3	更衣室				
4	练习室				
5	……				
建筑面积合计					

（6）学生/教工活动中心：包括明确建设规模，总体布局要求，具体功能设置可参见表 11-10。

学生／教工活动中心具体功能 表11-10

序号	名称	可容纳人数	间数	小计	具体要求
1	多功能厅				
2	团委				
3	学生会				
4	就业指导				
5	……				
建筑面积合计					

（7）体育活动场地：包括明确体育活动场地的总建设规模，类型、比例要求，提出体育活动场地设置要求，具体功能设置可参见表11-11。

体育活动场地具体功能 表11-11

序号	名称	可容纳人数	间数	小计	具体要求
1	体育馆				
2	室内游泳馆				
3	篮球馆				
4	×××馆				
5	器材室				
6	管理用房				
建筑面积合计					

（8）学生公寓：包括明确男女公寓宿舍分区、男女生宿舍的规模比例，各类型户型（单人、双人、四人）比例，是否需要特殊户型，水电等功能需求（是否需要分户计量、单人刷卡）。具体功能设置可参见表11-12。

学生公寓具体功能 表11-12

序号	名称	可容纳人数	间数	小计	具体要求
1	双人宿舍				
2	四人宿舍				
3	值班室				
4	管理员宿舍				
5	便利店				
6	洗衣房				
7	……				
建筑面积合计					

（9）教师公寓：包括明确教师公寓的类型，单身、家庭公寓规模比例，各类户型比例，是否需要设置特殊户型，水电等功能需求。具体功能设置可参见表11-13。

教师公寓具体功能 表11-13

序号	名称	可容纳人数	间数	小计	具体要求
1	教师—家庭				
2	教师—单身				
3	教室周转公寓				
4	首席讲师公寓				
建筑面积合计					

（10）食堂：包括明确建设规模要求，食堂运作模式要求（自助式、西餐厅、清真菜馆），厕所及男女比例要求，水电等功能需求。具体功能设置可参见表11-14。

食堂具体功能 表11-14

序号	名称	可容纳人数	间数	小计	具体要求
1	餐厅				
2	主副食加工车间				
3	备餐间				
4	冷库				
5	炊事人员休息室				
6	……				
建筑面积合计					

（11）后勤附属用房：包括明确后勤及附属用房建设规模、内容及设置要求，具体功能设置可参见表11-15。

后勤附属用房具体功能 表11-15

序号	名称	可容纳人数	间数	小计	具体要求
1	生活超市				
2	理发室				
3	邮局				
4	校医院				
5	物业管理用房				
6	……				
建筑面积合计					

2. 方案深化设计阶段需求管理

方案深化设计阶段的需求管理主要是在方案招标阶段的中标方案基础上提出需求，除设计单位在方案深化阶段除完成方案招标阶段设计任务书中所要求的全部设计内容和要求外，在平面布局、垂直交通组织、结构、设备分区与设备用房、地下室、消防设计、市政管线设计等方面提出需要重点关注的内容。

1）规划要求：对方案的规划指标进行分析与优化，确保满足规划指标要求。

2）平面布局要求：对功能布局、出入口、交通流线及疏散组织、车库出入口、防火分区的合理性进行分析与优化。确定各功能教室的面积和位置，根据不同教室具体的教学内容，完善各功能教室的内部功能用房布置。

3）立面效果要求：对方案的立面效果进行评价，提出立面效果实现形式、材料要求等。

4）垂直交通组织要求：对主体建筑垂直交通组织进行优化，确定楼梯、电梯的位置、形式及数量。合理配置供学生和教师使用的客梯，并满足消防要求。

5）结构设计要求：对方案所采用的结构体系、选型、布置、特殊地形处理、基础形式及埋置深度、变形缝设置、抗震设计等进行优化并制定初步方案。

6）设备分区与设备用房要求：对主要建筑内管道井和设备层的设计方案进行完善，进一步核实、确定各设备用房面积与位置。需重点考虑设备用房对实验室精密仪器等数据精细程度的影响，合理安排各设备用房的位置。

7）地下室设计要求：完善地下室设计方案，综合考虑人防区的面积需求，合理设置人防空间需求。

8）消防设计要求：对方案防火分区的合理性进行分析与优化，结合学校建筑的特点，教学楼及学生公寓、教师公寓部分每层防火分区，应根据面积大小和疏散路线进行再分隔。核实消防疏散距离、安全出入口的数量及位置，消防车道及扑救面布置、消防水池等设施布置并进行完善，提出消防系统设计及配置建议。

9）市政管线设计要求：室外管网的设计应根据功能规划分区、分片、分组进行设计，校园内给水、雨水、污水、燃气、电力、电信、网络等管网全部为暗铺，纳入地沟统一管理、沿路布置、统一进楼，避免破坏路面，做到好用、好管、好维护；平面布置上应避免各管、网、线可能出现的抢位、冲突现象。重点考虑各类管线与城市管网的对接，同时，对景观用水水源设置提出具体的方案。

3. 方案设计（含招标、深化）需求管理参建各方关注重点内容

1）使用单位在方案阶段提供的使用需求内容，除规定建筑规模外，应尽量考虑设置连廊、架空层及地下室等不计容面积等内容。

2）方案设计深度符合相关规定，特别是符合地方政策。完成的项目方案设计效果图、实物模型、平面图、立面图、剖面图等，必须体现规划布置和建筑设计风格。

3）审查编制的详细投资估算：如设计说明和方案图纸不能表述投资估算需求时，可以通过简单草图进行说明，满足编制估算的需求。

4）建筑造型要求新颖、美观，能体现院校及当地建筑的特色。

5）使用功能满足要求，布局合理。主要面积指标、覆盖率、绿地率满足规定的指标。

6）建筑总平面设计合理，楼层平面功能分区清楚，有较高的使用率，建筑高度、体量等相互关系合理。

7）满足消防规范要求。包括建筑间距、消防疏散等。

8）积极听取相关部门和单位的意见，组织有关单位和部门，对项目总体方案进行审核、优化，使设计方案满足相关需求。

11.3.3 初步设计阶段的需求管理

初步设计阶段的需求管理是在固化版的方案设计的基础上，提出更为细致的功能需求及水电气装饰装修的具体需求。该阶段的需求管理是设计需求管理的最后一环，需高度重视，避免需求遗漏，影响项目使用及项目超概。

1. 初步设计阶段总体需求管理

初设阶段主要明确建筑结构选型、水、电、通风空调、动力、室内装修、智能化等需求。初步确定建筑外立面用料、屋面构造及用料、内装修使用的主要或特殊建筑材料，协调各专业技术矛盾，出设计总图（如明确给水水源、市政供水压力、自来水管网接管位置和管径，市政供电电源的电压等级、回路数及距离、进线方式、位置、标高等，同时包含概算编制）。对于复杂的大型的工程，必要时可进行扩初设计，对相关细节、工艺、设备、材料要求进一步细化明确，对工艺、设备、材料、技术的可操作性、可行性做出最后确认，以便于控制项目投资的"三超"风险，把可变因素降到最低程度。

因此，此阶段设计需求管理是在方案深化设计成果的基础上开展建筑、结构、给水排水、电气、空调、动力、室内装修、智能化等各专业设计需求管理，充分考虑各专业的技术要求，将方案设计中存在的不合理问题进行调整。就国家规范与各专业的体系设计、系统和选型设计进行多方案论证和优化，综合平衡协调各专业、专项技术设计。配合基坑、燃气工程、标识工程、绿色建筑、外水外电等专项设计工作，提供设计条件及优化建议。

2. 各专业初设要求

1）建筑专业要求

（1）根据各部门的意见继续深化和完善设计方案、建筑功能和主要结构节点，使设计方案满足规划、交通、消防、人防等规范要求。总体布局合理、交通组织顺畅有序、平面功能深化且能满足大学的使用需求，并根据大学不同功能用房的使用要求合理布置室内空间。

（2）重点关注建筑各层平面布置（含总图），设备房、构筑物、主要管道布置、风口位置等对建筑功能、空间及外立面的影响。对建筑的外立面用料、屋面结构及用料、内部装修使用的主要或特色建筑材料提出具体的方案。

（3）深化、完善建筑的节能设计，确定体形系数、窗墙比、大窗屋面比等主要参数。

2）结构专业要求

（1）需与建筑专业和机电专业密切配合，根据方案要点，经过多方案结构选型比较论证、周密结构计算，确定结构设计体系、结构选型。在技术可行的情况下尽量采用经济、安全的设计模式，从技术上解决设计中的难点，并在合理的情况下使用结构的新材料和新技术，确保结构设计安全、经济、合理。

（2）结合地质勘察报告和方案特点，确定本工程的地基处理方案及基础选型。

（3）针对设计方案，合理分析项目的超限内容，反复论证，如确有超限设计，需组织详细文件资料申报项目超限审查并通过。

3）给水排水专业要求

（1）明确给水水源、市政供水压力；自来水管网情况，如接管位置、管径、服务水压等。

（2）明确可接入污水、雨水管接管处的市政污水、雨水管的坐标位置、管径、管底标高。

（3）提出校园给水排水设计标准及要求：给水排水、雨水及各种污水处理按市政有关规定、规范设计，充分考虑场地与外围市政管线的接入要求。雨污水分流，污废水处理后统一排放，需重点考虑生物、化学等实验室的污废水处理及排放。合理确定设备选型，管线敷设方式等。整个校区引用中水回用系统，收集校区的优质杂排水、雨水进行集中处理，用于景观绿化、冲厕、洗车等，代替市政供水，节省宝贵的水资源。

4）电气专业要求

（1）明确供电电压等级、回路数及距离、进线方式、位置、标高。

（2）提出校园强电系统设计标准及要求：供配电系统设计应贯彻执行国家的经济技术指标，做到保障人身安全、供电可靠、技术先进和经济合理。按各功能区和单体建筑的用电等级合理分设供配电站，等级较高的配置备用发电机组。整体建筑群设置可靠防雷设施，应按国家标准考虑等电位接地。

（3）提出校园弱电系统设置范围：弱电系统包括消防自动报警和自动喷淋、物流传输、闭路电视、电话系统、校园公共广播及背景音乐系统、楼宇自控及安保监控系统、多媒体教学系统、计算机网络系统、日常生活信息系统等。

（4）提出机房、设备管线布置要求：电气专业需密切配合建筑专业进行设备专业的机房、管井、电缆井及管线设计，确定设备选型、系统设置、管线敷设方式等。在设计中务必做到良好满足建筑使用功能需要，机房布置紧凑合理，设备管线布置简洁，并尽量少占用建筑面积。

5）采暖通风与空调专业要求

（1）需重点考虑生物、化学等实验室的使用要求，合理安排通风与空调的处理方式。

（2）合理确定设备选型，管线敷设方式等。

（3）结合气候特点，按建筑功能不同需求和特点合理设计空调系统，达到容量合理、布局科学、切换方便、使用方便、节约能源的要求。

6）人防专业要求

对地下人防区的分布及出口设置提出具体方案，确定人防各防护单元主次出入口、人防报警间位置，合理设置人防空间。

3. 初步设计需求管理参建各方关注重点

1）使用单位在初步设计阶段提供的使用需求内容必须全面、完整，如专项设计（幕墙、厨房深化、智能化需求、海绵城市等）个性化需求。

2）初步设计阶段，初步设计图纸应符合已审定的方案，各专业应对本专业设计方案和技术问题的解决方案进行综合技术分析，确保经济性、可靠性、适用性、规范性等得以综合后为最佳方案。

3）完成的设计说明书，包括主要结构方案及构造特点、建筑材料及装修标准、主要技术经济指标等。

4）审核工程概算，确保未出现大的缺项漏项现象。

5）总体设计、布局设计、主要的工艺流程、设备的选型和安装设计应完成。

6）平面布置功能分区明确，主要功能性房间面积及尺寸满足使用要求，办公室面积满足国家标准，房间布局合理，考虑阳光照射等事宜，楼梯、电梯、卫生间、开水间、无障碍、食堂数量、食堂位置及容纳人数等满足使用要求。

7）重点审查给水、排水管线管径、方向，以及泵房、污水处理方式、与市政连接位置、用水人数、用水量、用水标准等。

8）重点审查电气管线布置、施工方式、变电所规模、供电方式、电压等级是否满足当地电力部门要求，变压器数量和容量配置是否合理，是否需对食堂、大型实验室等配置发电机；弱电系统的机房、网络设备，系统设计功能合理，满足使用要求。

9）初步设计图纸满足人防、节能、消防、环保、无障碍等设计要求。

10）初步设计阶段需求管理，要求设计院根据已完成初设图纸与当地电力、供暖、自来水、政府、燃气、消防等各职能部门沟通，确保当地能提供的参数与图纸相符，并协调当地政府部门召开协调会，并就会议结果形成会议纪要。

11）初步设计必须满足编制施工招标文件、主要设备材料订货和编制施工图设计文件的需要。

12）初步设计需完成鸟瞰图和制作模型。

11.3.4 施工图设计阶段的需求管理

施工图设计阶段需求管理是在初步设计图纸的基础上提出需求。该阶段以前功能需求基本已经反映在初步设计文件中，施工图设计阶段的需求管理，重点是对材料设备提出技术要求，对施工工艺提出要求，从而提升项目的品质。

1. 施工图设计阶段总体需求管理

施工图设计阶段重点确定材料和设备选型，各设备的型号、平面布置、运转重量、用电负荷、安装要求，确定重要节点大样的做法的需求（如满足设备材料采购，非标准设备制作和施工的需要，能指导现场具体施工的定位放样、材料选择、工序安排和质量控制）。因此，此阶段确定建筑、结构、给水排水、电气、采暖通风与空调、人防、室内装饰、室外配套、园建等专业设计图纸，最终体现使用者需求。

2. 各专业施工图要求

1）建筑专业要求

（1）应重点综合考虑场地土方平衡、场地防洪、排水，以及外围市政管线的接入要求、单体出入口与场地的高差等因素，合理确定场地竖向标高系统，明确标注各主要室外场地和道路的竖向标高、坡度。

（2）深化平面功能使方案更好地满足大学的使用需求，室内空间尺度符合功能及直观感受要求，提高有效使用面积，使设计方案满足规划、交通、消防、人防、通信、法规和规范要求。

（3）结合国际国内先进构造方法及当地现行的法规、相关部门的要求，研究主要节点构造的可行性、材料选择的适宜性、施工工艺的可实施性及经济造价的合理性，特别注意窗台节点、卫生间管口节点、屋面防水节点、地下室防水等节点的构造。在完成构造节点优化设计的同时，做好预留孔洞和管线综合布置，确保设计意图在施工图中得以贯彻落实。

（4）根据大学不同功能用房的使用要求合理布置家具和设备，注意房门布置、开启方向、墙垛尺寸对室内布置的影响；窗户设置应充分考虑采光、节能和使用功能，开启方式、开启面积和开启部位应便于窗户清洁。

2）结构专业要求

（1）配合建筑和机电专业，在初步设计的基础上进一步完善并优化结构设计，选择合理的结构受力体系、计算模型、计算参数、配筋方案等，确定基础及主体的结构布置。在满足结构的安全和建筑的功能、使用及品质的前提下尽量做到结构优化、构造合理、节省投资。

（2）结构设计需满足建筑效果和建筑功能要求，结构布置、结构构件尺寸要与建筑使用功能相适应，避免竖向构件局部突出、水平构件影响净高、完整的功能空间出现机构构件的情况。

（3）对各类设备孔洞、管井位置、标高、尺寸、埋设件，以及设备基础外轮廓及在结构上坑、槽、埋设件等位置尺寸提出优化建议。

3）给水排水专业要求

（1）在初步设计的基础上进一步完善并优化给水排水系统设计，合理选择泵房位置，以达到提高供水质量的目的。

（2）合理利用市政管网压力，合理进行系统分区，以达到供水可靠、节能的目的；

（3）生活水泵房、消防水泵房、水箱间、报警阀间、热水机房等设备间，布局应合理，既要满足使用及管理需要，又要节约建筑实际使用面积。

（4）生活污废水排水布置合理，达到排水顺畅的目的。

（5）实验室排水需根据污废水实际进行处理，达到标准后方能排放。

4）电气专业要求

（1）在初步设计的基础上进一步完善并优化电气系统设计，根据用电负荷分布特点，合理选择变电所位置，以达到缩短供电半径、降低电能损耗、节约有色金属、减少电压损失、提高供电质量的目的。

（2）合理选择应急电源，一方面要满足重要负荷及特别重要负荷的使用，另一方面还要满足消防负荷的使用。对于照明灯具、变压器等电气设备，均选用高效节能产品。

（3）强弱电井、配电间、弱电间及弱电机房等设备间，布局应合理，既要满足使用、管理需要，又要节约建筑实际使用面积。

（4）有关校园建筑的防雷、防电磁脉冲干扰等设计措施应全面完善，同时还应注重总等电位联结、局部等电位联结，充分保证校园的安全及正常运行。

（5）优化计算机网络系统、安防系统、电话系统、火灾报警系统、视频监控系统、多媒体教学系统、校园公共广播及背景音乐系统等弱电系统设计。

5）采暖通风与空调专业要求

（1）在初步设计的基础上，进一步完善并优化采暖通风与空调系统设计，满足不同功能用房的室内使用要求，重点考虑生物、化学等实验室的通风与空调的处理方式。

（2）各系统风机房、空调机房合理经济，控制噪声水平，机房内部设备布置及流程合理，管线配合无冲突。

（3）对设计中进排风、防排烟、空调风系统、水系统布置进行优化设计，防排烟系统各种阀门设置、控制满足消防要求。

（4）合理进行材料、设备选型，采用新技术、新设备。

3. 施工图设计需求管理参加各方关注重点

1）施工设计阶段，设计单位需提供装饰装修设计方案，使用需求方组织各部门对方案进行确定，特别应关注地面、墙面、天花装饰材料及造型，水电气末端确定，办公家具、设备设施摆放位置确定，特别注意图书馆、实验室、会议室、餐厅食堂等装饰效果的需求。

2）施工图设计深度必须符合设备材料采购、非标准设备制作和施工的需要。

3）施工图设计图纸应正确、完整，避免错、漏，尤其是达到各个专业之间协调统一。

4）设计图纸节点或说明应详细，便于施工和验收。

5）施工图设计各专业人员对施工图纸进行使用功能审查，达到满足施工要求的深度，各房间水、暖、电、网络配备，参数满足使用需求；并且应满足各种材料的订货、备料，非标准设备的制造需求。

6）施工图纸中需提供详细的设备系统图纸，设计深度应达到招标及施工要求，并配备详细的设备参数表，对特殊设备需达到国家或地方强制要求标准。

7）电梯数量、参数达到使用需求，并配置无障碍电梯，设计施工图应满足电梯安装和使用要求，并实现"五方通话"。

8）图纸中开水间、清洗间、储物间、卫生间等配备齐全，配置相应的水、电设计，设备或房间大小达到使用要求。

9）设计院应安排设计师代表负责总协调工作，随时解决不明确的设计事宜，满足设计和施工协调的需要，避免施工过程中出现较大、较频繁的设计修改变更。

11.4 设计需求管理

11.4.1 设计需求概述

设计需求是在项目需求明确固化的基础上，将项目需求翻译为设计师语言，指导各阶段的设计工作，也是后续全过程工程咨询设计管理的主要依据，最终将体现在设计招标文件中。设计需求主要是指设计任务书、设计交付标准等技术文件。

设计任务书是项目前期策划的重要成果，是研究和解决项目需求所有决策问题的书面表达，是项目设计的基本依据和指导性文件，是充分反映建设意图和要求的关键性文本。本章重点以某高等院校设计任务书为案例予以分析。

11.4.2 学校设计任务书的案例分析

考虑到篇幅有限，本节重点对某高等院校的单体建筑设计要求举例说明。各单体建筑的设计使用要求及平面布局，后期设计时可随项目研究的深入和校方的使用需求，做相应的调整。

1. 教学用房设计使用要求

1）教室大小建议以 30 人教室为基本单元进行模块化设计，桌椅为活动桌椅，部分教室用活动隔断隔开，可合并成 60 人教室或更大的教室。

2）教学楼需设 10 间 200 座的阶梯教室。

3）教学楼设计应满足现代化、数字化和信息化教学功能需求。

4）教学楼一楼配备大型智能显示屏，可公告教学重要信息。

5）每层楼配置适量的厕所，男间、女间比例搭配合理，厕所的位置及朝向设计科学合理。

6）楼梯和各楼层走道设计科学合理，保证承受足够的通行流量，便于师生上、下课通行，便于组织紧急疏散。

2. 实验用房设计使用要求

通用基础实验室应配备网络、电脑、多媒体等设施；涉及生化、危险品的特殊实验大楼，位置考虑预留在本项目基地下风向。设计使用要求如下：

1）基础教学实验室大小建议按照 30 人实验室为基本单元进行模块化设计，并可合并成为更大的实验室；设计时应以适用、灵活、经济、方便为原则，创造既能满足实验的使用要求，又能适应今后需求灵活变动的建筑空间。

2）合理规划公共空间，如讨论室、休息廊、茶室、室外庭院等休闲场所，促进学术交流，提高教学和科研效率。

3）将有层高要求及荷载要求的实验空间底层布局；每一楼层应设一般消耗品的贮存间。

4）每层楼配置适量的厕所，男间、女间比例搭配合理，厕所的位置及朝向设计科学合理。

3. 图书馆设计使用要求

集中建设现代化多媒体图书馆，可考虑建设地下密集纸质书库，以留出更多的阅览室面积供学生使用。设计使用要求：

1）布局合理，既要照顾读者，又要考虑工作流程，科学、合理、统一。

2）防盗、防潮、防尘、防火、防噪声，避免图书文献阳光直射；

3）天然采光和自然通风；

4）采用建筑智能化系统，利用现代计算机技术，网络技术，控制技术，通信技术和相应设备的有机结合，将数据、通信、语音、消防、安防等集中监控管理，实现建筑物运行、管理、安全防护及信息服务方面的智能化；

5）设置阅览区及书籍借阅功能的楼层应同时考虑设置适量计算机，以方便读者信息查询；

6）用房建筑面积划分参考表，如表11-16所示。

图书馆用房建筑面积划分表 表11-16

序号	名称	单个建筑面(m²)	间数	小计（m²）	备注
1	普通期刊阅览室	200	2	400	
2	综合阅览室	300	2	600	
3	学生阅览室	400	12	4800	
4	视听阅览室	200	6	1200	
5	教师阅览室	200	2	400	
6	书库	500	4	2000	
7	出纳、检索部分	100	2	200	
8	行政办公	20	5	100	
9	接待室	50	2	100	
10	会议室	100	4	400	
11	采编室	120	4	480	
12	计算机网络中心	350	1	350	
13	学术报告厅	800	1	800	
14	其他	545	1	545	
建筑面积合计				12375	

4. 行政办公用房设计使用要求

1）办公建筑应根据使用要求，结合基地面积、结构选型等情况按建筑模数选择开间和进深，合理确定建筑平面，并为今后改造和灵活分隔创造条件。

2）党政办公室、接待室安排在同一楼层。

3）机要部门办公室应相对集中，与其他部门宜适当分隔。

4）各楼层、各相对独立功能区域按就近、方便的原则设盥洗室（含开水房）、厕所、数量要充足，男女数量相等。

5）办公用房面积应符合《党政机关办公用房建设标准》（发改投资〔2014〕2674号）的相关要求。

6）用房设计要求：

楼内应设置校董事会主席办公区（含董事会主席办公室、接待室、休息室、两个助理办公室、校董事会会议室，80m²），校长及副职办公室7间（含秘书室、讨论室），外事接待室2间、大会议室1间（150m²）、中会议室1间（150m²）、小会议室2间（50m²），合用办公室若干，档案室5间（60m²），学术报告厅1间（850m²）。

5. 院系办公用房设计使用要求

院系办公用房采用标准模块化设计，可结合教学楼、实验楼设置，办公室数量由设计人拟定。要求系主任、教授与副教授均按一人一间配备，使用面积15m²左右。配备一个办公桌、两个立式书柜、六个人的座谈区、一个三人沙发。其他合用办公室可按15人小班教室规模配置。院系办公用房总面积不超过项目规定的建筑面积控制指标。

6. 会堂设计使用要求

会堂应设于校园其中较醒目的位置，作为大学的会议中心使用，可单独设置，亦可结合其他单体设计。行政楼、图书馆内的多功能厅可考虑与其功能合并，设置一大一小两个厅，大的可容纳1200个座，小的容纳800座，适合多种用途，如舞台表演、大型讲座。

其他相关设施：化妆间、更衣室、练习室、排练间、灯光视听控制室及接待室等。

7. 活动中心设计使用要求

1）规划布局功能分区明确，交通组织合理并使建筑与校园环境相协调，体现出综合性和多样性。

2）用房面积划分参考表如表11-17所示。

活动中心用房建筑面积划分表　　　　表11-17

序号	名称	建筑面积（m²）	间数	小计（m²）	备注
1	多功能厅	400	1	400	
2	团委	50	2	100	
3	学生会	50	3	150	
4	学生社团	30	15	450	
5	心理咨询	50	2	100	
6	帮困助学	50	2	100	
7	勤工俭学	50	2	100	
8	就业指导	50	2	100	

续表

序号	名称	建筑面积（m²）	间数	小计（m²）	备注
9	文娱活动用房	50	6	300	
10	广播室	50	1	50	
11	其他用户	—		150	
建筑面积合计				2000	

8. 室内体育用房（风雨操场）设计使用要求

需考虑各种体育项目的训练场地，满足学校日常体育训练需求，尽可能扩大各项体育活动场地数量。

1）设计一座室内风雨操场，多功能设计，建筑面积 5550m²。

2）满足篮球场、排球场、羽毛球场的同时使用。

3）设置一个不小于 25m×20m 的室内游泳池及小型桑拿室。

4）配置适当厅室满足健身、形体、瑜伽、舞蹈、乒乓球等项目训练及教学需求。

5）设置器材室、管理室、教师办公室等相关辅助用房。

9. 学生公寓设计使用要求

1）公寓半数以上居室应有良好朝向，并应具有住宅居室相同的日照标准。

2）公寓的设计应方便促进学生之间的交流互动。

3）每座公寓楼须提供公共设施如洗衣房（洗涤，烘干和熨烫）、小卖部等。

4）公寓建筑内宜在每层设置开水设施。

5）每座公寓楼还应设值班室、接待室。

6）四人间公寓卫生间的浴、厕、盥洗功能应分开。

7）每间公寓设置卫生间、阳台。

8）用房面积划分参考表如表 11-18 所示。

学生公寓用房建筑面积划分表　　　表 11-18

序号	名称	单元建筑面积（m²）	一期数量	二期数量	总数量	一期面积（m²）	二期面积（m²）	总建筑面积（m²）	备注
1	本科生宿舍	36	300	325	625	10800	11700	22500	4人间
2	研究生宿舍	30	600	625	1250	18000	19500	37500	2人间
3	值班室	40	6	6	12	240	240	480	
4	接待室	40	6	6	12	240	240	480	
5	管理员宿舍	40	12	12	24	480	480	960	
6	便利店		若干	若干		300	300	600	
7	洗衣房	200	6	6	12	1200	1200	2400	
8	其他用房					1740	2090	3830	
建筑面积合计						33000	35750	68750	

10. 教师公寓设计使用要求

1）必须考虑到当地的气候特征。

2）设置一定数量的教师停车位及访客车位。

3）为教职工的子女提供小型露天游乐场。

4）数量要求：要求设计 50m² 公寓 200 套、100m² 公寓 100 套，合计 300 套。50m² 公寓包含两间卧室，采用标准化设计，合并后为 100m² 公寓，内部功能可以灵活转换。

5）用房面积划分参考表如表 11-19 所示。

教师公寓用房建筑面积划分表 表 11-19

序号	名称	单元建筑面积（m²）	一期数量	二期数量	总数量	一期面积（m²）	二期面积（m²）	总建筑面积（m²）	备注
1	教师－家庭	100	50	50	100	5000	5000	10000	
2	教师－单身/已婚	50	100	100	200	5000	5000	10000	
3	其他用房					525	600	1125	
建筑面积合计								21125	

11. 食堂设计使用要求

1）食堂应设于方便师生的位置。

2）食堂设施由学生及教职工共享，不设教职工专用饭堂，但可分为自助式快餐、西餐厅、清真菜馆等不同形式的设施。

3）可考虑采用食物广场的运作模式。

4）配置适量的厕所，男间、女间比例搭配合理，厕所的位置及朝向设计科学合理。

5）食堂用房建筑面积划分如表 11-20 所示。

食堂用房建筑面积划分表 表 11-20

序号	名称	单元建筑面积（m²）	一期数量	二期数量	总数量	一期面积（m²）	二期面积（m²）	总建筑面积（m²）	备注
1	餐厅	1000	1	1	2	1000	1000	2000	
2	主食加工间	600	1	1	2	600	600	1200	
3	副食加工间	450	1	1	2	450	450	900	
4	备餐间	100	1	1	2	100	100	200	
5	食具洗涤消毒间	100	1	1	2	100	100	200	
6	食具存放间	100	1	1	2	100	100	200	
7	库房	200	2	2	4	400	400	800	
8	特色餐厅	100	4	6	10	400	600	1000	
9	维修室	60	1	1	2	60	60	120	

续表

序号	名称	单元建筑面积（m²）	一期数量	二期数量	总数量	一期面积（m²）	二期面积（m²）	总建筑面积（m²）	备注
10	管理办公室	40	4	4	8	160	160	320	
11	其他用房					30	180	210	
建筑面积合计						3400	3750	7150	

12. 后勤及附属用房设计使用要求

包括超市、理发室、邮局、储蓄所、医务室、物业管理用房、配电房、水泵房、锅炉房等。可单独设置，亦可结合食堂、学生公寓设计。

13. 地下室

地下室建筑面积满足停车、设备用房、人防的使用要求，兼顾其他使用功能。

第 12 章 需求咨询管理后评价

需求咨询管理后评价是校方、建设方、全过程工程咨询方、设计方等获取需求咨询的反馈信息和有效改进需求咨询的一种重要方法，同时也是为建筑设计提供重要参考价值的重要手段。本章重点介绍学校教育项目需求咨询管理后评价的方法，编制了综合性大学使用需求调研问卷，供类似项目提供参考。

12.1 需求咨询管理后评价概述

12.1.1 需求咨询管理后评价的含义

需求咨询管理后评价指的是在完成了项目需求、设计需求及建筑设计一系列工作后，将其用户作为主体，对建筑工程的设计在应用一段时间后进行综合比较与评价，分析项目需求是否已经达到、工程建设指标是否已经完成、主要的效益及影响目标是否实现。

学校教育项目的需求咨询后评价，在通过该方法进行评价的过程中，其主要的评价内容是学校的实际应用效果和项目需求、设计需求提出者之间存在的出入。

12.1.2 需求咨询管理后评价方法分析

在需求咨询管理后评价的过程中，其主要方法可分以下三类：
1) 对建筑的技术性进行评价；
2) 对建筑的客观物理性进行评价；
3) 对建筑的主观性能进行评价。

在一般情况下，前两种方法是对建筑本身的客观性评价，例如可以借助相应的检测仪器进行检测，例如对室内温湿度、空气洁净度进行检测，审查是否满足设计要求。对建筑的主观性能评价可通过用户访谈、问卷调查等方式来实现，以此获取到用户对项目需求的实际应用体验评价。如果对主观性能使用后评价的方法进行划分，可将其分为三种类型：
1) 陈述形式的使用后评价；
2) 调查形式的使用后评价；
3) 诊断形式的使用后评价。

陈述形式的使用后评价是用户在使用一段时间后对项目需求及建筑设计的优点、不足进行的描述，这种评价的进行时间通常比较短，可以通过问卷调查、文件档案等评价方法来实现；调查形式的使用后评价是对陈述评价后发现的不足进行进一步研究，从而实现相关问题的补充，并将其更加精准地表达出来，最终形成更具专业性的建议；诊断形式的使用后评价比上述两种评价方法更加深入和全面，但这种评价方法也会投入更多评价成本，涉及方法也更多，通常这种评价方法需要持续几个月的时间，以全面深入地进行评价。

12.2 调研问卷

通过需求咨询管理后评价方法分析，本节重点对建筑的主观性能进行评价，即设计综合性大学需求调研问卷，并对沈阳药科大学新校区、鲁迅美术学院、浙江大学、深圳大学进行问卷调研。部分大学需求调研问卷如表 12-1～表 12-5 所示。

综合性大学需求调研问卷样表	表 12-1
1. 贵校在新校区建设设计阶段是否遇到如下困惑？在下列选项中您遇到的问题后方框内打 √ A. 不能保证设计质量；□ B. 不能保证设计进度；□ C. 设计总包对设计分包没有管理；□ D. 设计范围不齐全，出现遗漏；□ E. 不同专业设计间界面不清晰，无交叉检查；□ F. 设计出图范围和招标范围出现偏差；□ G. 设计人员不固定；□ H. 施工期间出现大量功能性变更；□ I. 使用功能未得到充分满足。□ 其他设计困惑或问题：	
2. 关于学校功能需求您认为如何有效落实到设计文件中？ A. 校方分阶段提交，设计院设计成果汇报调整，校方最终确认；□ B. 校方根据进展随时提出需求，设计院或施工单位直接修改。□ 其他措施：	
3. 如何有效组织学校各使用部门全面及时提出功能需求？ A. 校级领导层负责哪些功能需求？ B. 院系领导负责哪些功能需求？ C. 一线教员负责哪些功能需求？	
4. 贵校有哪些办学特色专业，该专业在设计或使用阶段有哪些注意事项？	
5. 贵校在智慧校园建设方面有何举措？	
6. 贵校在新校区建设设计需求管理阶段有哪些好的经验分享？	
7. 您认为贵校新校区建设亮点是什么？	

续表

8. 您认为在方案设计阶段重点解决哪些需求问题？

9. 您认为初步设计阶段重点解决哪些需求问题？

10. 您认为施工图阶段重点解决哪些需求问题？

11. 贵校新校区主要技术指标。

沈阳药科大学新校区需求调研问卷　　　　表 12-2

1. 贵校在新校区建设设计阶段是否遇到如下困惑？在下列选项中您遇到的问题后方框内打 √
A. 不能保证设计质量；☑
B. 不能保证设计进度；☑
C. 设计总包对设计分包没有管理；□
D. 设计范围不齐全，出现遗漏；☑
E. 不同专业设计间界面不清晰，无交叉检查；☑
F. 设计出图范围和招标范围出现偏差；□
G. 设计人员不固定；☑
H. 施工期间出现大量功能性变更；☑
I. 使用功能未得到充分满足。□
其他设计困惑或问题：电力、弱电、消防、给水、供暖设计方案及设计参数满足设计规范及业主使用的参数要求，但与当地市政部门所能提供的参数及要求存在较大差异。

2. 关于学校功能需求您认为如何有效落实到设计文件中？
A. 校方分阶段提交，设计院设计成果汇报调整，校方最终确认；☑
B. 校方根据进展随时提出需求，设计院或施工单位直接修改。□
其他措施：学校提交的设计需求应以正式文件形式提交设计院，并保留原件。

3. 如何有效组织学校各使用部门全面及时提出功能需求？
（1）校级领导层负责哪些功能需求？
建筑风格、校区内整体布局及规划要求、装修风格、预算指标等。
（2）院系领导负责哪些功能需求？
房间分布、提供院系的设计任务书、学院整体的特殊要求及特殊事项等。
（3）一线教员负责哪些功能需求？
房间布局、房间使用功能、水、电等安装专业的需求、其他特殊要求。

4. 贵校有哪些办学特色专业，该专业在设计或使用阶段有哪些注意事项？
　　学校以药物研发为主导，实验室及实验设备特别多，实验产生有毒气体较多，实验废水具有腐蚀性；所以实验室对电力、排风要求相对严格，要求双回路供电且通风量要求较大，通风管道要求具备强耐腐蚀性，排水管道要求耐强酸、强碱。

5. 贵校在智慧校园建设方面有何举措？
（1）学校对校园进行一卡通智能管理，实现就餐、购物、宿舍能源管理、门禁、各种费用缴纳等学生在上学期间需要的缴费项目均可以通过一卡通完成；
（2）为方便学校师生上课节省时间，学校设置校园电瓶车；
（3）学校建设百草园一处，供学校师生了解及掌握各种草药等生长习性；
（4）学校对图书馆进行智能化管理，实现信息化管理。

续表

6. 贵校在新校区建设设计需求管理阶段有哪些好的经验分享？
（1）需区分精装修和粗装修，如需单独进行招精装修施工单位，需要求设计院对精装修房间明确标注，该房间不要再进行装修设计，待精装修深化完成后按照精装修图纸招标，避免产生混淆；
（2）学校建筑单体多，楼体较分散，对室外管网施工需进行综合排布，尽量统一开挖，需避免各专业各自施工，容易造成大量管网被破坏及二次开挖现象；
（3）网络及移动数据覆盖，我校未要求网络运营商免费敷设园区内网络管线，由学校招标一家弱电施工单位完成园区内网络布线工作，避免后期更换网络运营商产生麻烦；对学校需配置移动、联通、电信手机信号问题，学校与当地铁塔公司签订协议，由铁塔公司统一完成校园内手机信号覆盖工作，避免运营商各自设立信号放大器、信号放大线杆，影响校园景观和楼内观感；
（4）实验室一般都存在通风的事宜，需与设计院进行交底，实验室风机不仅要满足规范要求，更要特别注意是否达到实验室实际使用要求；
（5）教室的教学设备，如黑板、投影、桌椅安装方式等需提前确定，避免教学楼施工完成后发现缺电、网络或预留不满足安装要求的情况；
（6）实验台、教学座椅、会议室桌椅等办学用品需在施工完成前完成订购，厂家提前进场，避免造成无法安装或完成建筑二次拆改现象；
（7）根据学校实际需求和各使用部门提供需求，统一规划电力容量、弱电专业参数，避免出现不满足使用要求和浪费现象，切忌向电业局申请容量并不是各使用部门提供的使用容量的总和，因为各用电设备不可能同时使用。对园区电力和弱电管网需设一定的预留管；
（8）对污水处理系统、虹吸雨水、空调系统、恒温恒湿系统等务必要求设计院提供的图纸具备招标条件，避免造成缺项漏项或无法招标现象；
（9）建立完善的设计管理和工程管理流程，对各种设计变更需求和工程管理指令统一管理，形成有效的过程资料备查；
（10）对暂不明确或存在变更材料或尺寸等参数的材料和设备尽量在招标清单中体现可能变更的参数，避免造成过多的新增单价和签证；
（11）建立各种台账，如收发文、过程图纸、施工图纸、变更图纸、联系单、工作函、各种手续办理情况等；
（12）对施工需使用的临水、临电、临路需要求设计院根据施工需求综合考虑，既满足施工要求、又不造成浪费；
（13）在合同中需详细明确总包对学校招标的如电梯、消防、弱电、电力等专业分包的管理职责和义务；
（14）在设计合同中需明确设计范围、设计深度、对深化设计配合、驻场设计代表需求、竣工图编制和审核、设计院需无偿配合因功能性调整或其他原因产生的需调整设计的情况等，避免产生歧义。

7. 您认为贵校新校区建设亮点是什么？
学校依山而建，主校门横跨景观河，依山傍水，动静结合；园区道路两侧种植银杏、枫树，形成银杏路、枫叶路等具有一定特色的道路；在某些区域种植具有药用价值的植物作为绿化植物，景观雕塑等均与"药"有关，突出药科大学"药"的特色。

8. 您认为在方案设计阶段重点解决哪些需求问题？
（1）方案必须贯彻国家及地方工程建设的政策和法令，尤其是审核地方政策，方案深度符合有关规定的要求，应符合现行的国家建设执行标准、设计规范、制图标准及确定投资的有关指标、定额和费用标准规定；
（2）方案中需具有较详细的投资估算，如设计说明和方案图纸不能表述投资估算需求时，可以画简单的草图进行说明；
（3）建筑造型是否新颖、美观，能体现建筑的特色；
（4）要求的功能是否得到满足，并合理布置。主要面积指标、覆盖率、绿地率达到规定的范围；
（5）建筑总平面设计合理，楼层平面功能分区清楚，有较高的实用率，建筑高度、体量等相互关系合理；
（6）满足消防规范要求。包括建筑间距、消防疏散等。

9. 您认为初步设计阶段重点解决哪些需求问题？
（1）各专业应对本专业设计方案和技术问题的解决方案进行综合技术分析，确保经济性、可靠性、适用性、规范性等综合后为最佳方案；
（2）初步设计图纸应对应方案设计，符合已审定的方案；
（3）对应设计图纸审核设计院提供的工程概算，确保未出现大的缺项漏项现象；

（4）给水、排水管线管径、方向、泵房、污水处理方式、与市政连接位置、用水人数、用水量、用水标准等是审查重点；

（5）电气管线布置、管线施工方式、变电所规模、供电方式、电压等级、是否满足当地电力部门要求，变压器数量和容量配置是否合理，是否需对食堂、大型实验室等配置发电机；弱电系统需要的机房、网络设备齐全，系统设计功能合理，满足使用要求；

（6）供暖方式、换热站容量需对于市政热源实际参数，供暖面积不能满足理论参数，考虑学校建筑单体的层高，按照本地标准超过3m层高，每增加0.3m，供暖面积应增加10%，如采用空调供暖，要考虑二次网热水温度是否满足空调换热温度要求；

（7）通风：学校是否有实验室或者能产生有毒有害有腐蚀气体的房间，对通风管道、风机容量是否有特定要求等；

（8）平面图：平面布置功能分区明确，主要功能性房间面积及尺寸满足使用要求，办公面积需满足国家标准，房间布局合理，考虑阳光照射等事宜，楼梯、电梯、卫生间、开水间、无障碍要求、食堂数量、食堂位置及容纳人数等需满足使用要求；

（9）图纸需满足人防、节能、消防、环保、无障碍等设计要求；

（10）按照节能要求需设计中水处理系统，需检查是否具备，图纸是否完整；

（11）在此阶段需要求设计院根据已完成初设图纸与当地电力、供暖、自来水、政府、燃气、消防等各职能部门沟通，确保当地能提供的参数与图纸相符，如学校能协调当地政府部门召开协调会并对会议结果形成会议纪要为最佳。

10. 您认为施工图阶段重点解决哪些需求问题？

（1）需各专业人员对施工图纸进行使用功能审查，达到施工深度，各房间水、暖、电、网络是否配备，参数是否满足使用需求；

（2）审核学校需求的主要设备：施工图纸中需提供详细的设备系统图纸，设计深度应达到招标及施工要求，并配备详细的设备参数表，对特殊设备需达到国家或地方强制要求标准；

（3）学校应具有人防功能，是否设计中已考虑人防设计，是否为达到人防验收标准；

（4）学校如配有校医院，对医疗废水、医用垃圾处理需满足当地卫生防疫要求；

（5）污水处理、实验室废水处理系统需完善，达到招标和施工要求，对实验室废水处理要注意管材的选择，如必要需做耐腐蚀试验；

（6）电梯数量、参数是否达到使用需求，是否配置无障碍电梯需求，五方通话等是否已进行设计；

（7）审核图纸中关于开水间、清洗间、储物间、卫生间等是否配备齐全，需要配置相应的水、电是否具备，设备或房间大小是否达到使用要求。

11. 贵校新校区主要技术指标。

用地面积（m²）	120.35万	建筑面积（m²）	381545	总投资（亿元）	18.2
办学规模（人）	13500	教职工人数	1500	后勤人数	98
行政楼面积（m²）	14248	图书馆面积（m²）	25077	宿舍面积（m²）	104351
餐厅数量	3	餐厅总面积（m²）	21351	实验室面积（m²）	75162
地下停车位	1200	地面停车位	1000	宿舍楼层数	6
人/间宿舍（博士生）	2	人/间宿舍（硕士生）	2	人/间宿舍（本科生）	4

鲁迅美术学院需求调研问卷　　　　　　　　　　　　　　　　　　表 12-3

1. 贵校在新校区建设设计阶段是否遇到如下困惑？在下列选项中您遇到的问题后方框内打√

A. 不能保证设计质量；□

B. 不能保证设计进度；□

C. 设计总包对设计分包没有管理；□

D. 设计范围不齐全，出现遗漏；□

续表

E. 不同专业设计间界面不清晰，无交叉检查；☑
F. 设计出图范围和招标范围出现偏差；☐
G. 设计人员不固定；☑
H. 施工期间出现大量功能性变更；☑
I. 使用功能未得到充分满足。☐
其他设计困惑或问题：

2. 关于学校功能需求您认为如何有效落实到设计文件中？
A. 校方分阶段提交，设计院设计成果汇报调整，校方最终确认；☑
B. 校方根据进展随时提出需求，设计院或施工单位直接修改。☐

3. 如何有效组织学校各使用部门全面及时提出功能需求？
（1）校级领导层负责哪些功能需求？
组织使用部门提出需求，组织专业人员进行审核优化，组织使用部门与各专业设计人员对设计方案进行评定，对设计方案进行决策。
（2）院系领导负责哪些功能需求？
对学科建设发展有较长远的规划，提出适应学科发展的空间规划。
（3）一线教员负责哪些功能需求？
具体使用功能要求，设备实施的空间需求，前瞻性的计划及建议。

4. 贵校有哪些办学特色专业，该专业在设计或使用阶段有哪些注意事项？
各学科特点不同，应注意相关专业特殊工作空间的设计。如天光教室、雕塑专业的大型工作空间、摄影专业的摄影棚、设计专业的各类实验空间等。

5. 贵校在智慧校园建设方面有何举措？
（1）基础环境：专业方面的校际合作、优势互补、资源共享，同时要求充分体现各校的教育特色；
（2）应用服务：主要体现在学校智能化的管理应用服务、教学应用服务和学生自主学习服务；
（3）数字资源：采用"群建共享"模式，为各学校的"以教为主"进一步转向"学教并重"创造条件。
（4）信息能力：力求师生具备信息技术条件下的高效学习、高效教学，形成较强的创新意识和一定的创新能力；

6. 贵校在新校区建设设计需求管理阶段有哪些好的经验分享？
实行限额设计，即按照批准的设计任务书及投资概算，在满足功能的前提下控制初设限额，并建立落实到专业设计人的奖惩机制，避免因设计不精、深度不够造成的频繁变更，从而控制工程造价变化。建立健全沟通机制，即建立QQ及微信群，突发问题及时与专业设计人沟通解决，并可提请各单位负责人注意，指令发布迅速及时。定期组织设计人到现场进行实地踏勘，确定设计效果的实现程度，明确下步是否进行调整。

7. 您认为贵校新校区建设亮点是什么？
一流的设计方案。

8. 您认为在方案设计阶段重点解决哪些需求问题？
规划及建筑设计方案。

9. 您认为初步设计阶段重点解决哪些需求问题？
在初步设计阶段需解决以下问题：
（1）结构选型、设备选型；
（2）立面材料选择；
（3）外立面标准做法；
（4）场地竖向设计。

10. 您认为施工图阶段重点解决哪些需求问题？
施工图设计首先应满足设计深度要求。其次应满足各种材料的订货、备料，非标准设备的制造。

续表

11. 贵校新校区主要技术指标。

用地面积（m²）	49万	建筑面积（m²）	42万	总投资（亿元）	15
办学规模（人）	5000	教职工人数	450	后勤人数	30
行政楼面积（m²）	9840	图书馆面积（m²）	641	宿舍面积（m²）	4.4万
餐厅数量	2	餐厅面积（m²）	6955/1026	实验室面积（m²）	1.2万
地下停车位	1200	地面停车位	1000	宿舍楼层数	6
人/间宿舍（博士生）	2	人/间宿舍（硕士生）	2	人/间宿舍（本科生）	4

浙江大学需求调研问卷　　表12-4

1. 贵校在新校区建设设计阶段是否遇到如下困惑？在下列选项中您遇到的问题后方框内打√
A. 不能保证设计质量；□
B. 不能保证设计进度；☑
C. 设计总包对设计分包没有管理；□
D. 设计范围不齐全，出现遗漏；☑
E. 不同专业设计间界面不清晰，无交叉检查；☑
F. 设计出图范围和招标范围出现偏差；□
G. 设计人员不固定；□
H. 施工期间出现大量功能性变更；☑
I. 使用功能未得到充分满足。□
其他设计困惑或问题：① 图纸不详细，需深化设计较多：如木质张弦梁、泳池水处理系统、膜结构等；甚至有图纸上仅为详细厂家配套等；
② 我校为国际联合学院不了解外方学校提出的使用功能要求，出现大量设计修改和不明确事宜如：外方的试验室设备较大，对建筑空间、结构荷载有特殊要求，设计不了解；
③ 设计定样出现反复现象，前面定的样后面又推翻重定等。

2. 关于学校功能需求您认为如何有效落实到设计文件中？
A. 校方分阶段提交，设计院设计成果汇报调整，校方最终确认；☑
B. 校方根据进展随时提出需求，设计院或施工单位直接修改。□
其他措施：

3. 如何有效组织学校各使用部门全面及时提出功能需求？
（1）校级领导层负责哪些功能需求？

（2）院系领导负责哪些功能需求？

（3）一线教员负责哪些功能需求？

4. 贵校有哪些办学特色专业，该专业在设计或使用阶段有哪些注意事项？
（1）设立若干个中外合作办学机构、交叉研究中心和成果转化机构，与世界一流大学开展教育、科研和成果转化的合作。浙江大学—帝国理工学院应用数据科学联合实验室、中国学中心、浙江大学—爱丁堡大学联合学院和浙江大学—伊利诺伊大学厄巴纳香槟校区联合学院已正式成立。
（2）联合办学，"1＋X"的结构下，设有多个学院，英国帝国理工大学、英国爱丁堡大学、美国卡内基梅隆大学、美国伊利诺伊大学和美国诺特丹大学（圣母大学）等世界名校，都已与浙江大学初步达成了国际合作项目方案。

续表

5. 贵校在智慧校园建设方面有何举措?
实行校园卡一卡通(特别要解决一卡多门与一门多卡问题),其他与智能化设计规范一致。

6. 贵校在新校区建设设计需求管理阶段有哪些好的经验分享?

7. 您认为贵校新校区建设亮点是什么?
(1)湿地书院式大学,具有真实的生态系统,与鹃湖真正融合,鹃湖水域面积达1300亩,湿地环绕,一条景观线纵贯校园,湿地环境之间有着足够的课外空间和休闲交往空间;
(2)英式的建筑风格,大学校园的格局、尺度、空间围合等保持了良好的比例关系。

8. 您认为在方案设计阶段重点解决哪些需求问题?
(1)完成项目方案设计,以效果图、实物模型、平面图、立面图、剖面图等形式,初步展示规划布置和建筑设计。
(2)对功能需求、设计风格、结构、技术等方面确认后,进行初步设计。
(3)应当听取相关部门和单位的意见,可以组织有关单位和部门,对项目总体方案进行审核。审核的重点包括设计依据、建筑规模、项目组成及布局、占地面积、建筑面积、建筑造型、协作条件、环保措施、防灾抗灾、建设期限、投资概算;设计方案是否符合设计大纲要求,符合国家有关工程建设的方针政策,符合现行设计规范、标准;项目的可靠性、经济性、适用性等。
(4)需要对根据各部门的意见,来对设计方案进行不断的完善和优化,而加强设计的过程控制则是这一阶段的重点内容,对于设计方案的优化需要多方面进行,从而使设计方案能够满足相关需求。

9. 您认为初步设计阶段重点解决哪些需求问题?
(1)总体设计、布局设计、主要的工艺流程、设备的选型和安装设计应完成;
(2)应完成设计说明书,对于设计方案的主要意图及优缺点,主要结构方案及构造特点,建筑材料及装修标准,主要技术经济指标等应交代清楚;
(3)工程量及费用的估算应完成;
(4)应当满足编制施工招标文件、主要设备材料订货和编制施工图设计文件的需要;
(5)需完成鸟瞰图和制作模型。

10. 您认为施工图阶段重点解决哪些需求问题?
(1)设计图纸应正确、完整、避免错、漏,尤其是各个专之间应统一;
(2)需深化设计的内容应明确,深化设计应及时得到设计确认;
(3)尽可能采用标准设计,并利于施工,设计定样应十分明确,不能反复或含糊不清,要达到能安排材料、能完成设备的订货,能进行非标准设备的制作;
(4)设计院应安排设计师驻场,随时解决不明确的设计事宜;
(5)避免出现较大较频繁的设计修改变更;
(6)设计图纸节点或说明应详细,便于施工和验收。

11. 贵校新校区主要技术指标。

用地面积(m²)	666700	建筑面积(m²)	399231.31	总投资(亿元)	21.9
办学规模(人)	8000	教职工人数		后勤人数	
行政楼面积(m²)	4340	图书馆面积(m²)	54670	宿舍面积(m²)	108002.82
餐厅数量	4	餐厅总面积(m²)	3302	实验室面积(m²)	98311
地下停车位	730	地面停车位	711	宿舍楼层数	5~10
人/间宿舍(博士生)		人/间宿舍(硕士生)		人/间宿舍(本科生)	

深圳大学需求调研问卷　　　　　　　　　　　　　　　　　　表 12-5

1. 贵校在新校区建设设计阶段是否遇到如下困惑？在下列选项中您遇到的问题后方框内打 √
   A. 不能保证设计质量；☑
   B. 不能保证设计进度；☑
   C. 设计总包对设计分包没有管理；□
   D. 设计范围不齐全，出现遗漏；☑
   E. 不同专业设计间界面不清晰，无交叉检查；□
   F. 设计出图范围和招标范围出现偏差；☑
   G. 设计人员不固定；□
   H. 施工期间出现大量功能性变更；□
   I. 使用功能未得到充分满足。□
   其他设计困惑或问题：

2. 关于学校功能需求您认为如何有效落实到设计文件中？
   A. 校方分阶段提交，设计院设计成果汇报调整，校方最终确认；☑
   B. 校方根据进展随时提出需求，设计院或施工单位直接修改。□
   其他措施：

3. 如何有效组织学校各使用部门全面及时提出功能需求？
   （1）校级领导层负责哪些功能需求？
   校领导层应明确校区建设规模及标准，明确各单体的使用单位和使用功能，按时间进度落实各使用单位设计需求。
   （2）院系领导负责哪些功能需求？
   院系领导应根据校方分配的指标和建设标准，协调归纳各部门提出具体设计需求，包括平面功能排布、设备等方面使用要求等。并能组织各部门配合设计单位，对方案及初步设计阶段完成的成果仔细核查，提出优化意见至确认。
   （3）一线教员负责哪些功能需求？
   一线教员须积极配合院系领导和设计单位，按时提出个人对使用空间的具体需求，包括公共空间、教研室（办公室）、教室（实验室）等部分。并在方案及初步设计阶段，对设计成果进行确认或提出优化意见。

4. 贵校有哪些办学特色专业，该专业在设计或使用阶段有哪些注意事项？
   深圳大学西丽校区除布置了公共教学楼、图书馆、宿舍及体育设施外，还设置了医学院、生命科学院、化工学院、材料学院等。其中医学院各栋单体均涉及较复杂的技术要求，包括荷载设定应具有一定范围的适用性、尽早落实特殊设备的安装和要求、室内通风空调的特殊要求、综合管线的合理排布等方面；其他几个学院均涉及实验空间的深化设计问题，在施工招标前应完成使用方提供平面布置、设备点位排布、设计院配合完善设计图纸等系列过程。

5. 贵校在智慧校园建设方面有何举措？
   智能化系统采用光接入（全光网络），全校范围内设置视频监控、楼宇设备自动化控制、智能照明、校园卡系统。

6. 贵校在新校区建设设计需求管理阶段有哪些好的经验分享？

7. 您认为贵校新校区建设亮点是什么？
   西丽校区建设亮点：① 与其他高校组成大学校园片区，整体环境及氛围不同单一校园；② 校园相对完整，设计结合基地地形、地貌，做到土方自行平衡；③ 校园规划及单体建筑均由深大设计院完成，有效保证了校园整体风格的协调统一；④ 结合景观水面，解决雨水收集和中水处理问题，达到节水的目的；⑤ 除特殊大空间外，教研室、教室、宿舍、食堂等均采用 VRV 空调系统或分体空调，达到节能的目的；⑥ 本着实用、坚固、耐久、美观、环保的原则，选用建设材料。

8. 您认为在方案设计阶段重点解决哪些需求问题？
   方案设计阶段应重点解决面积分配、功能排布的问题，须确定建筑层数及层高、外立面造型效果及面层材料、室内设计效果及材料的选用、结构体系及选型、设备各专业的系统设计。

续表

9. 您认为初步设计阶段重点解决哪些需求问题?
初步设计阶段应遵循方案确定的方向,对各部分内容及系统进行初步的深化设计,并结合概算结果进行设计优化。重点解决:明确系统平面布置、选材及做法,起到承接方案设计、指导施工图设计的作用。

10. 您认为施工图阶段重点解决哪些需求问题?
施工图阶段应延续初步设计阶段的成果,结合使用单位、建设单位、专项深化设计、重点难点设计评审等各方面意见和建议,进行深度深化设计,其成果既要满足概算批复的限额设计要求,也要满足施工招标设计深度要求。

11. 贵校新校区主要技术指标。

用地面积（m^2）	1381206	建筑面积（m^2）	857949.5	总投资（亿元）	21.9
办学规模（人）	15300	教职工人数		后勤人数	
行政楼面积（m^2）	4000	图书馆面积（m^2）	36000	宿舍面积（m^2）	169500
餐厅数量	3	餐厅总面积（m^2）	18500	实验室面积（m^2）	268000
地下停车位	789	地面停车位	2384	宿舍楼层数	24
人/间宿舍（博士生）		人/间宿舍（硕士生）		人/间宿舍（本科生）	4

12.3 需求管理调研问卷结果分析

1. 学校需求管理及设计中所遇问题分析

调查报告总结了学校需求管理及设计管理中所遇问题,包括:使用功能未得到充分满足,施工期间出现大量功能性调整,设计人员不固定,设计出图范围和招标范围出现偏差,不同专业设计界面不清晰、无交叉检查,设计范围不齐全、出现遗漏,设计总包对设计分包没有管理,不能保证设计进度,不能保证设计质量的 9 项问题。4 个项目问卷调研如图 12-1 所示。

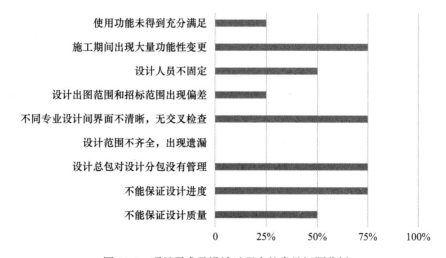

图 12-1 项目需求及设计过程中的常见问题分析

从图12-1中统计数据可知，功能需求不充分及后期实施过程中变更比例较高，体现了学校教育项目需求管理的难度。其余设计阶段的问题也同样较为突出，后续项目需要引起重视。此外，部分调研报告中提到，水、电、气等需要与相关部门对接的参数与建设单位所需参数有一定的差异，无法满足项目需求，也需引起重视。

2. 学校功能需求有效落实到设计文件中的问题分析

在学校功能需求如何落实到设计文件中时，4所院校均选择了校方分阶段提交，设计院设计成果汇报调整，校方最终确认的方式，体现了校方对功能需求把控的重视，最终需求的决定权应该在校方。

3. 学校各使用部门全面及时提出功能需求总结

1）调查结果显示，校级领导层对功能需求主要关注校区的建设规模、各单体的使用单位及使用功能、建筑风格、总体规划布局、装修风格等。

2）调查结果显示，院系级领导对功能需求主要关注学科建设发展有较长远的规划、房间分布及提供院系的平面功能排布、设备等方面使用要求情况等。

3）调查结果显示，一线教员对功能需求主要关注房间布局、房间使用功能、水、电等安装专业的需求等。

4. 学校在智慧校园建设方面的调研总结

1）校园智能卡

校园智能卡构建了一个完整的智能卡应用环境，为校园师生员工在校园内的门禁、考勤、餐饮、消费、停车、查询、办事、小额支付等提供便利。校园智能卡需覆盖身份识别、金融服务、信息服务、流程整合等领域，形成高效稳定、功能全面、扩展灵活、管理方便的新一代数字化园区平台。

2）智慧教室

智慧教室是校园信息互动平台重要的组成部分，多媒体教学系统需为智慧教室提供音视频多媒体教学及远程教学录播的辅助教学手段，实现校园教学资源的共享和交互。

3）智慧图书馆

智慧图书馆需设置智慧图书馆系统，包含图书流通管理系统、图书自助借还系统、图书自动分拣系统、图书预约系统及安全门、电子阅览管理等。

5. 学校特色专业的设计管理要点总结

1）对于专业性大学，如沈阳药科大学以药物研发为主，拥有众多生物医药类实验室，设计管理时需重点关注生物医药类实验室的建设，包括实验设备结构荷载、室内空气品质和气流组织、废气废水处理与排放、供电可靠性、材料设备防腐等设计重点工作；鲁迅美术学院以美术教育为主，重点需关注美术教学空间的设计，如雕塑的大空间、摄影专业的摄影棚等；

2）对于综合性大学，如深圳大学西丽校区各学科特点不同，包括医学院、生命科学院、化工学院、材料学院等，需充分考虑各类学院的特点，重点对各类型的教学楼、实验室进行分析研究，提出相应的需求。

6. 学校在新校区建设设计需求管理阶段较成功的经验分享总结

1）在设计合同制定过程中，需在设计合同中明确设计服务范围、设计考察要求、设计驻场服务、设计缺陷、错误赔偿措施等。

2）需建立完善的设计管理工作流程，对各类设计变更需求指令统一管理，形成有效的过程备查资料。

3）对于限额设计方面，按照批准的设计任务书及投资概算，在满足功能的前提下控制初步设计限额，并建立落实到专业设计人的奖惩机制，避免因设计不精、深度不够造成的频繁变更，从而控制工程造价变化。

4）在需求管理过程中，学校的实际需求及各部门提供的需求，既要避免不能满足功能需求，又要避免提出过度需求。

5）需重视学校特有的工艺、专业的功能需求管理，如实验室、教学设备等。

第 4 篇

运营咨询与管理

　　学校运营管理的核心是提高教学质量、培育人才，围绕这个核心目标需进行内部人、财、物的管理和对外的宣传推广等工作。学校使用阶段的内部管理工作中对前期建设的使用评价可以进一步总结建设过程中的得失，成为今后项目建设的宝贵经验。随着全过程咨询向项目运维阶段的服务延伸，全过程工程咨询单位也可以为学校运营提供更好的咨询管理服务。本篇结合实际工程，重点对学校运营管理工作中的资产经营及后勤管理的内容进行论述。

第13章 学校运营管理

13.1 学校运营总述

运营是管理学上的一个概念,从词汇定义上说,是对产品生产和提供服务全过程所有管理工作的计划和组织,是对生产和提供主要产品、服务的系统进行设计、运行、评价及改进的所有管理工作的总称。从市场经济来看,公司的运营是生产和营销的总称,生产是公司内部管理和产品的制作,营销指对外的宣传和用户管理。按照服务对象不同可以把运营进一步分为内部运营、市场运营、用户运营等。学校的主要目的是"育人",这一点和大多数以经济回报为主的公司不一样,但是从运营的内容来看具有相同之处。学校运营内部管理有教学、人事、财务、后勤等,对外营销主要是通过强势学科和品牌建设进行宣传,吸引优质师生等。

学校运营活动会受到来自社会各方面的约束和影响。从高校的角度来说,影响其生存发展的因素归纳起来有两类:一是外生因素,即产生于高校机体外的影响因素,包括政治、经济、消费者、竞争者、科学技术、社会公众、社会文化等因素;二是内生因素,即产生于高校机体内的并为机体所控制的影响因素,包括师资、经费、特色及产品等因素。两类影响因素的作用力大不相同:外生因素决定了高校生存发展的空间及前景,是高校生存发展的条件;内生因素则决定了高校在一定生存发展空间的占领能力(即竞争力),是高校生存发展的基础。因此高校的生存发展主要取决于内生因素。

13.1.1 学生因素

在高校生存发展的影响因素中学生因素比较特殊,因为其同时身兼两种角色,具有两种不同的效用。

一方面,学生是教育服务的消费者,是高校的顾客,其数量的多少、生源是否充足有保证直接影响了高校的生存和发展。没有了学生,学校也就失去了继续存在的理由;若学生不足,学校运营则陷于困境。此时学生因素具有决定高校生存发展空间的效用,呈现出外生性。对外生因素的影响,高校只能通过自身行为的调整来实现积极适应,因此为适应顾客因素的影响,高校必须尊重并充分满足学生的需求、努力扩大学生数量、吸引更多的学生报考入学。

另一方面,学生又担当了高校运营的产品角色,是高校生产加工的对象,产品质量的优劣直接关系到高校的生存发展，而毕业生的素质和能力是衡量高校产品质量优劣的主要标准，是高校参与消费者市场和劳动力市场竞争的基础性工具。此时学生因素则具有决定高校竞争力的效用，呈现出内生性。对内生因素的影响高校可以通过自身行为的调整来实现主动控制，因此高校可以通过注重学生素质和能力的提高，以及在招生、教学、考试、毕业等教育全过程的严格质量把关等主动控制措施，促进"产品"质量的稳定和提高。

13.1.2 教师因素

教师是教育服务的制造者和提供者，其素质直接影响着学生需求的满足程度和对学校的满意度，其数量直接影响学校的办学规模，是影响高校市场竞争力的关键因素。拥有很高学术声望和学术地位的著名教授具有提升学校声望的效用和"磁场"效应，能吸引众多学生报考入学。通常每个高校都十分重视师资队伍建设，都在努力培养著名教授。目前高校的师资竞争正越演越烈，教师的流动已基本无障碍，高校必须特别关注和重视教师的引进及稳定问题。

13.1.3 经费因素

高校运营中的任何活动无不需要经费的支持，经费多少反映了一个高校的财力状况，经费的筹集能力在一定程度上反映了该高校的竞争力水平。高校应广开渠道，设法筹集到充足的办学经费。归纳起来，高校的经费来源主要有以下 5 种渠道：

1）政府资助。这是高校经费来源的主要渠道。在高校获得的政府资助中有一部分经费固定属于政府行政性资助，其他部分经费则不固定，是政府通过市场中介或借助市场方式来下拨的，属于政府市场性资助，如专项教学建设经费、科研经费等需要高校申请才能争取得到。随着市场经济的发展，政府市场性资助比重不断扩大，已成为政府资助改革的基本趋势。

2）学费。即高校通过提供高等教育服务与消费者交换而实现的利益，包括各种教育服务收入，如普通教育、成人教育及各种培训活动的学费收入，这是高校经费来源的重要渠道。

3）企业性收入（也可称为营利性收入）。即高校运营中的营利性活动所创造的收入，是指高校通过提供营利性的非教育服务与消费者交换而实现的利益，包括校办产业创收、科技成果转让收入、顾问咨询收入等。

4）社会捐赠。是指社会各界给予学校的捐款和赠送物品，具有无偿性，它包括校友捐赠、非校友捐赠、企业捐赠等，其中校友是主要的社会捐赠者，例如在美国的私立大学中社会捐赠占其经费总额的比重平均达 8%。

5）社会投资。是指营利性组织或个人向高校的资金投入，主要有企业投资（如与高校合资兴办二级学院、投资高校的大型教育建设工程等）、银行贷款等具体投资形式，这种社会投资并不形成学校收入，需要偿还，但可以在一定程度上缓解高校的财力困难，可为高校的发展做出一定的贡献，因此也可以将它列为经费的来源渠道。

13.1.4 特色因素

公平竞争、优胜劣汰是市场经济的基本法则。只要存在着市场,竞争就不可避免。"适者生存、不适者淘汰"的市场竞争法则驱使高校努力创造竞争优势、提高竞争力。而竞争优势的创造在理论上存在着两条路径:一是总成本领先;二是差异化。对主要提供教育服务的高校而言,不适宜追求成本的领先,因为服务的成本对交换实现的影响相对较小,努力实现服务的差异化则是创造高校竞争优势的最佳路径。特色就是一种差异化竞争优势的体现,是一种"人无我有、人有我优"的个性化特征,其实质就是提供与众不同的产品或服务,以吸引和满足市场的特别需求。高校间的竞争实质上就是各自特色的竞争。名牌高校之所以能吸引众多考生竞争入学,关键在于消费者认为它能提供一般高校所不能提供给消费者的价值,即名牌高校的著名声望和雄厚资源可以提高其毕业生在劳动力市场上的价值。其他高校之所以也能在抗衡中生存和发展,关键在于它能适应环境变化、形成了各自生存特色。特色的功用在企业界与高校竞争中已得到了证实。

从这些影响学校发展的内在影响因素分析可以看到,"教学管理"和"特色建立"是学校核心的竞争力。有形的资产经营可以为学校发展提供经费支持,无形的资产经营除了经费收益还会促进学校核心竞争力提升。在宣传方面,除了传统的媒体及学校自身推介之外,微信公众号、短视频平台等新媒体渐渐成为学校宣传的重要方式,如何运营这些新媒体也是需要着重考虑的。

13.2 有形资产经营管理

学校的资产主要服务于教学、科研或后勤保障等功能,部分资产带有经营性质,可以为学校创造经济效益,也有部分资产可以与社会共享、服务周边社区,一同为学校创造很好的社会效益。学校的后勤服务将在本书第 14 章中进行论述,本章主要叙述学校经营性资产的运营及部分资产的社会共享。

当前,教育部提出让高校建立新型产业管理体制,政策发布之后,绝大多数高校纷纷组建了资产经营管理公司,各高校仅对资产经营公司行使出资人的权利,原来的校办企业不再由学校直接负责经营,而是交给资产经营公司来管理,由公司作为代表向企业投资,持有相应的股权。公司通过社会化运营,以期取得国有资产的保值、增值效果,让高校的行政部门回归"教书育人"的本来属性,为学校承担起国有资产"防火墙"的作用。高校委托资产经营公司代为管理经营性资产,双方建立委托代理关系。在获得高校授权之后,资产经营公司采取社会化经营手段,确保资产的保值和增值。对于高校来说,资产经营公司就如同一个实现高校战略意图的平台,通过其运营管理,使得高校的经营性资产发挥企业和社会效益。

13.2.1 学校资产经营公司的类型

资产经营公司除了具备所有公司共同的特征之外,还有自身的特殊性。在其组建和经营过程中,不仅要符合《民法》和《公司法》,还应该受到《教育法》等相关法律的约束。资产经营公司只能接受高校的经营性资产投入,不能接受用于科研、教学或者后勤保障等工作的财产。若高校计划向资产经营公司投资,在投资之前需要完成资产评估工作,确保这部分资产符合国家规定,并且得到政府部门批准后才能进行投资,否则可能导致国有资产流失。如果资产经营公司需要贷款或者参与融资活动,高校是不允许为其提供担保的。在资产经营公司成立之后,高校就失去了参与对外投资的资格,对外投资只能依靠资产经营公司来参与运作。

资产经营公司主要有以下两类经营模式:一是纯粹性公司,这类公司只经营产权,不开展生产活动,也不推出产品,更不提供劳务,仅仅行使股权;二是混合型公司,这种公司不仅经营产权,还从事生产活动,拥有十分复杂的组织结构。高校具体要建立哪种资产经营公司,要从实际出发,依照自身特点来选择。无论选择什么类型的资产经营公司,都要确保公司可以经营好产权。

13.2.2 学校资产经营公司的组织构架

由高校成立的资产经营公司从性质上说属于国有独资企业,不设股东会,而是成立董事会,同时设置监事会,公司的最高权力机构是董事会。总经理负责在现代企业制度框架内完成日常管理工作,所有事项必须符合公司章程,且不违背《公司法》的规定。董事会执行股东会职权,决定公司的重大事项,董事会成员均来自高校。监事会成员分成两部分:一部分来自高校;另一部分是公司的职工代表,它的职责是监督。总经理由董事会聘任,负责执行公司战略。在总经理之下,还设有多名副总经理,他们的职责是协助总经理经营管理公司事务。以前,由高校的校长管理处长,再由处长管理经理,这种固有模式已经被打破,如今资产经营公司采取管理责任制度,设置董事会和监事会,对公司每个层面都采取严格的监管,避免国有资产流失(图13-1)。

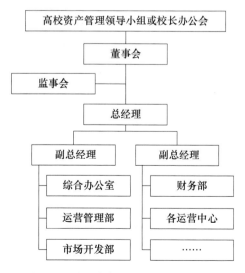

图13-1 学校资产经营公司组织构架图

13.2.3 学校资产经营公司的运营管理

1. 经营性资产管理

高校经营性资产应由高校资产管理领导小组或校长办公会审议来界定，由资产经营公司依法开展经营活动。资产经营公司负责的工作是高校经营性资产的保值和增值，公司旗下有参股企业，也有运营中心。公司应当根据每月汇总的财务报表进行研究，对其经营状况做出判断，在此基础上向董事会汇报，并给出建议和意见。在对此类企业进行监管的时候，如果发现违规操作，必须马上纠正，不允许投资出现风险。由高校资产经营公司直接管理投资企业，可以有效降低法律风险，提高经济效益，也可以避免高校的经济行为引发不良影响。资产经营公司犹如"防火墙"一般，实现了高校间接管理需求，对高校起到保护作用。

2. 对外投资管理

为了让高校经营性资产实现增值，采取科学民主的方式做出投资决策，在投资过程中符合公司制度要求，就需要构建投资风险约束机制，使其充分发挥作用。对于公司的各类经营活动，都要有严格的监管，只有项目通过了可行性分析，确定最佳投资结构之后，才能进行投资。由公司制定对外投资方案并予以落实，在投资新项目时，既可以使用自有资金，又可以使用国有资产收益，还可以通过多种渠道获取融资，通过扩大投资规模来实现经济效益最大化。

3. 绩效考核管理

为了能提高员工的积极性，让资产公司能够更好地运转，应建立有效的激励和约束机制。公司管理层根据财务部门提供的经营业绩数据，经总经理办公会审议，制定各运营中心的绩效考核细则，并与各中心负责人签订经营业绩责任书，年终决算时，对达到经营目标或超额完成任务的管理人员给予相应的奖励，如果经营目标没有完成，则需要接受相应的惩罚。在资产经营公司建立科学的绩效考核制度十分有必要，这也是现代企业管理中的重要组成部分。这样做才能确保全公司上下努力工作，让公司实现持续稳定发展，充分发挥职能使国有资产实现保值、增值。

4. 财务管理

财务管理在公司运营中极为重要，如果此项工作出现问题，势必会影响实际经营，造成经济效益受损。高校资产经营公司按照国家颁布的财务制度开展财务工作，并且设置专门部门，建立完善的财务制度，所有人员必须按照制度开展工作，规范财务操作行为。每年财务部门都需要从公司实际出发编制财务计划，加强财务监督，坚决杜绝违反财务纪律的行为。

财务部门内部根据具体工作不同设置多个岗位，每个岗位都有特定的工作职责。所有财务资料必须准确、真实且完整，严格按照会计制度编制财务报表。身为财务人员，必须守住法律底线，遵守公司管理制度。此外，公司还应该制定内部稽核制度，开展内部审计。作为经济主体，资产经营公司需要在经营过程中自负盈亏。由于公司性质和事业单位不同，制定的财务制度也存在一定的差异。按照教育部的政策规定，资产经营公司需要单独建账，与高校的财务分开，形成清晰化的产权关系。

5. 人事管理

在人事管理方面，教育部门对资产经营公司也有规定，高校的人事管理必须与资产经营公司分开。资产经营公司的人员主要有三个来源：高校人员调动，社会招聘以及劳务派遣人员。所有职工的合法利益都应该得到公司的维护，按照同工同酬的原则在公司内部建立符合公司实际情况的人事管理制度，并按照制度规定开展相关工作。资产经营公司负责推荐董事和总经理人选，在拟定人员名单之后，需要经过校长办公会或者得到高校资产管理领导小组批准。在资产经营公司确定领导班子之后，再聘任其他管理人员，且有权对其进行解聘。所有聘任人员需要与公司签订合同，在合同中明确规定权利、义务、期限、待遇等事项。高校资产经营公司每年都应对职工进行考核，考核结果在个人档案中形成记录。

13.2.4 学校资产的社会共享

除了经营性资产的运营实现国有资产保值和创造经济收益之外，高校还有双创空间、体育场馆等建筑，可以在师生使用的同时实现社会共享，从而提高学校的社会效益。学校资产社会共享应坚持服务为民的理念，但也要避免其对教学活动的影响。

1. 高校创客空间的运营模式

高校是富有创造力的青年聚集地，高校创客空间承载着大学生创客实现创意、分享技术和交流思想的重要功能，其作用愈发突出。高校创客空间聚集了一批有想法、有能力、有创造力的大学生，并通过创新创业老师的指导，将创意变成现实，实现大学生创新创业的"从0到1"，成为大学里的创新工场，深化对学生创新创业方面的教育和辅导，也进一步加强了高校创新创业教育。国家一系列政策及资金支持，使我国创客空间数量猛增，由2017年的5320家增长到2020年近万家，其中，创业人群中大学生比例稳居第一。通过高校给予学生的理论知识与实操平台，充分培养创新型人才，加之以资金及场地等硬件支持，使创业前期的运营较为稳定；通过企业对项目的指导和投资，并以企业化管理使创业项目逐步适应市场，有利于创业项目的长期发展。高校与企业的联合，促进了人员、资金、信息、技术等资源交流与合理配置，提高了创业项目从0到1、孵化成功的概率，从而也成为高校创客空间运营模式的首选。

创客空间的类型大致可以分成三类，即高校主导型、校企联合型和企业主导型。其中，校企联合型创客空间逐渐成为我国高校建立并运行创客空间的主要运营模式。在校企联合的创客空间内，高校提供平台与教育，通过学生活动提高学生创业意识，开发创新型人才，为创客空间引进更多优质创客。应新时期发展要求，创客空间应坚持弘扬合作共享的发展理念。定义中的"高校"不仅可指本身，也可包含其他高校，通过高校间的有效交流、资源共享，达到合作共赢、协同共进的最终目标。企业以更切合实际的角度提供指导及市场资源，帮助创业项目孵化出成果并迅速适应市场，利于创客空间的高效运作。各类社会组织不仅限于投资机构、交易机构，任何可以为创客空间提供便捷的组织都可划为这个范畴，是创客空间运营不可缺少的保障。与此同时，政府提供政策及资金支持，提供适宜的政策环境，使创客空间规范运营和发展。

2. 学校体育场馆对外开放运营

体育场馆作为高校重要的健身资源和体育资源，在学校发展中发挥着重要作用，对所在地方的体育事业发展和群众健康事业也应起重要作用，但是目前发挥作用的情况不是很理想，尤其是在突发公共卫生事件后更是几乎处于停滞的状态。高校拥有较为丰富的体育教育资源，集中体现为拥有众多的体育场馆，如何发挥这些资源的最大效益，在保证校内利用的基础上如何发挥其社会效应，已经成为学界研究的热点之一。高校体育场馆对外开放是其社会服务功能的体现和质量提升的需要，可以满足周边群众休闲健身的需要，场馆的开放还可以提高学校的知名度和办学实力。国家和地方政府都有鼓励学校体育场馆向社会开放的政策，《公共文化体育设施条例》明确提出："鼓励学校、机关等单位内部的体育设施向公众开放"。国务院公布的《全民健身条例》规定，学校在节假日和课余时间向学生开放体育设施，公立学校应当积极创造条件向公众开放体育设施。广东省教育厅和体育局联合出台《关于开展广东省学校体育场馆向社会开放示范单位创建活动的通知》，对于规范高校体育场馆的经营与管理提供了政策支持。

学校体育场馆的经费来源主要还是体育财政经费，当前多数学校体育场馆建设经费主要是依靠地方财政拨款、学校自筹、学校和政府共同出资以及国家财政拨款。同时，（BOT）私营机构参与国家项目开发和运营、（TOT）转让—经营—转让模式、（PPP）公共部门与私营机构合作、（LBP）全寿命周期经营伙伴参与融资模式、BOT-TOT 组合互补模式等体育场馆融资模式也渐渐出现在高校的体育场馆之中。另有少部分学校采用冠名权融资、建设—经营—转让、银行贷款及其他融资形式。个别高校采用土地置换、无形资产融资、体育彩票融资形式，但还没有学校采用信托融资形式。国务院《关于加快发展体育产业促进体育消费的若干意见》（国发〔2014〕46 号）中指出，支持社会力量通过投资、冠名、合伙制、捐赠等形式参与高校体育场馆建设和开放工作，充分发挥其在资金、技术、项目、运营、评估等方面的优势。并且国内已经有多个高校体育场馆市场化融资的成功案例，例如，清华大学的综合体育馆以 5000 万元的价格把冠名权出售给曹光彪，以 3000 万元的价格把游泳馆的冠名权出售给陈明；华东师范大学总投资 4800 万元的体育馆是由学校出土地、台商提供 3550 万元资金合作共建。此外，2014 年吉林康乃尔集团捐赠 1 亿元建设吉林大学新体育馆，2015 年卓尔控股有限公司捐资 6000 万元支持建设武汉大学卓尔体育馆。众多社会资金的参与取得了良好的经济效益与社会效益，极大地推动了高校体育场馆市场化、专业化的运营与管理水平。

在进行价格策略定制时，高校体育设施要本着兼顾社会效益与经济效益的原则，按照当地物价部门制定的《学校体育场地设施向社会开放项目和标准》，由各学校制定具体项目和标准，报市和区物价局批准后执行。有关研究发现，北京高校的体育设施有 75% 以上长期处于"基本持平"或"较少盈利"的状态，对高校体育场馆的定价并非易事。调查显示公办本科高校体育场馆对外开放定价采用校外收费、学生优惠或免费，是较多被采用的做法。高校体育场馆社会化服务的对象决定了其对外开放定价必须遵循社会化服务定价、坚持普惠路线，以满足更多社会化服务的需求。但是，高校体育场馆的非经营性资产按照国家政策转化为经营性资产来使用，通过有偿服务并收取一定费用，实施"以馆养馆"来弥补事业经费的差额，这与企业型场馆以经济利润为目标有本质区别。周边同类场馆价位、地理位置、硬件设施水平、消费水平及支付能力、成本投入等是影响高校体育场馆对外开放定价的主要因素，而消费习惯与意愿、服务质量水平等是影响较小的因素。受场馆的公有资产属性和市场化运营程度影响，场馆自行定价、市场倒推定价和成本核算、其他定价形式在有偿开放的高校体育场馆定价中尚未采用。高校体育场馆的定价在成本优势、差异化优势方面相比大型体育场馆和企业型场馆而言具有一定的竞争优势，高校体育场馆拥有强大的用户群体（学生、教师、社区居民、社会群体等），这些是高校体育场馆能够持续运营的重要原因。

一直以来，高校体育场馆专业管理人才不仅数量不足，而且存在学历低、专业素质不高、年龄偏大等问题。当前，场地管理部的重要性受到各高校的普遍重视，而通过设置综合管理部、物业管理部、体育学院、体育部、后勤集团等其他部门进行人力资源管理的高校数量较少，暂且没有学校设置场馆市场业（服）务部开展对外服务市场开发工作。由于受到高校岗位和编制等限制，大部分高校很难设置完备的场馆部门管理岗位，后勤管理专职人员、学校内部的工勤人员、兼职教师、兼职学生成为场馆管理的主要人员，技术工人、临时招收的进城务工人员成为场馆管理人员的重要补充，仅有部分高校设置了场馆中心主任和副主任岗位。

从现实情况看，高校体育场馆运营与管理模式多样，管理主体多元。由于各类管理主体和管理模式存在着各自的优势与不足，不同高校会根据自身特点选择相应的模式。为更好地发挥高校体育场馆的服务功能，各类高校也在尝试构建适合学校自身特点、与地方经济和社会发展水平相适应的、能够充分发挥高校体育场馆职能和效能的运营与管理模式。同时我们也应该看到，高校体育场馆管理制度不健全、管理机制不顺畅、利益分配不均等管理问题在一段时间内依然会存在。

13.3 无形资产经营管理

学校无形资产是指学校所控制的、不具有实物形态的、可辨认的非货币性资产，包括专利权、商标权、著作权、土地使用权、技术秘密、校名、校誉，以及依照国家法律、法规规定或者依法由合同约定享有或持有的其他无形资产。学校无形资产管理的主要任务是：完善管理体制，建立健全规章制度；明晰产权关系，保障无形资产的安全和完整；加强无形资产的开发和利用，促进其价值的转化；规范无形资产处置行为，提高无形资产使用的经济效益和社会效益。

13.3.1 无形资产的类型与获取

1. 学校无形资产的类型

1) 专利权：依照《中华人民共和国专利法》的规定，界定学校为专利权人的，在法定期限内为学校所占有或专有的各种发明创造（职务发明）。

2) 商标权：以学校名义申请注册的，一定期限内在指定的物品或服务上使用特定的名称、图案、标记的权利。

3) 著作权（即版权）：由学校主持，代表学校意志，并由学校承担责任的文学艺术创作、科学著作、音像制品、图纸、模型、计算机软件等，依法界定学校为著作权人，学校享有出版、发行等方面的专有权利。

4) 技术秘密：是指学校作为权利人，由学校独有的、不公开的、具有实用价值的先进技术、科研成果、资料、技能、知识等。

5) 土地使用权：学校依法、有偿取得的土地使用权，视为学校的无形资产。国家土地管理部门无偿划拨的，专门用于与教育事业活动有关的土地使用权，一般不作为无形资产。

6) 特许经营权：是指学校所属经济实体在某一地区经营或销售某种特定商品的权利，或是依法取得使用他人商标、专利技术的权利。

7) 校名校誉：是指所有以校名为核心的所有不具有实物形态、能为学校创造价值的无形资产权益的总称。

8) 软件类无形资产：是指学校购入或自行研发的软件。

9) 植物新品种、集成电路布图设计等其他无形资产。

2. 学校无形资产的获取

学校依据国家法律法规或者合同约定，通过自创、购置、受赠、调拨等形式，形成或取得的各类无形资产，要严格履行登记、审核、使用、处置等手续，合理计价，及时进行账务处理。利用学校的名誉、承接的各类课题形成的无形资产，除法律法规规定和特殊约定外，所有权均属学校。

1) 自行开发或研制形成的无形资产，应依法及时申请并办理注册登记手续，明晰产权关系，依法确定由此形成的无形资产权属。

2) 学校与外单位或个人共同研发形成的无形资产，应在研发前与合作方签订合同，明确成果权属，并按合同约定执行。

3) 学校外购无形资产要符合事业发展规划，进行充分论证，严格审批程序和权限。

4) 学校接受各级政府、企事业单位、社会团体和个人捐赠的无形资产，由合作发展部代表学校进行接收，并协调归口部门进行登记入账。合作发展部和归口部门在接收后应及时收集相关资料，办理产权变更登记等事宜。

5) 上级部门调拨给学校的无形资产，由归口管理部门负责办理调拨手续和产权变更登记等事宜。

13.3.2 无形资产的计价与使用年限

1. 无形资产的确认和计价

当某无形资产相关的服务潜力很可能实现、经济利益很可能流入学校，或者取得该资产的成本能够可靠地计量时，应当予以确认。学校无形资产在取得时应当按照成本进行初始计量：

1）外购的无形资产，其成本包括购买价款、相关税费以及可归属于该项资产达到预定用途前所发生的其他支出；委托软件公司开发的软件，视同外购无形资产确定其成本。

2）通过置换取得的无形资产，其成本按照换出资产的评估价值加上支付的补价或减去收到的补价，加上换入无形资产发生的其他相关支出确定。

3）无偿调入的无形资产，其成本按照调出方账面价值加上相关税费确定。

4）自行开发的无形资产，其成本包括自该项目进入开发阶段后至达到预定用途前所发生的支出总额。

5）接受捐赠的无形资产，其成本按照有关凭据注明的金额加上相关税费确定；没有相关凭据可供取得，但按规定经过资产评估的，其成本按照评估价值加上相关税费确定；没有相关凭据可供取得，也未经资产评估的，其成本比照同类或类似资产的市场价格加上相关税费确定；没有相关凭据且未经资产评估，同类或类似资产的市场价格也无法可靠取得的，按照名义金额入账，相关税费计入当期费用。

6）盘盈的无形资产，其成本按照相关凭据或评估价值确定；没有相关凭据且未经资产评估的，按照名义金额入账。

2. 无形资产的使用年限

无形资产的使用年限是有限的，应当估计该使用年限。无法预见无形资产为学校提供服务潜力或者带来经济利益期限的，应当视为使用年限不确定的无形资产。对于使用年限不确定的无形资产不应摊销，对使用年限有限的无形资产应当按照以下原则确定无形资产的摊销年限：

1）法律规定有效年限的，按照法律规定的有效年限作为摊销年限；

2）法律没有规定有效年限的，按照相关合同或单位申请书中的受益年限作为摊销年限；

3）法律没有规定有效年限、相关合同或单位申请书也没有规定受益年限的，应当根据无形资产为学校带来服务潜力或经济利益的实际情况，预计其使用年限；

4）非大批购入、单价小于1000元的无形资产，可以于购买的当期将其成本一次性全部转销。

13.3.3 无形资产使用

拟使用学校无形资产（除校名、校誉外）的单位或个人应向无形资产管理归口部门提交使用申请。归口部门会同有关单位共同进行论证后，委托聘请评估机构对无形资产的价值进行评估。论证、评估完成后，归口部门对相关材料进行初审，并提交国资办。国资办按照相关规定权限提交国资委或党委常委会进行复核、审批或报备报批。校名校誉包括学校及所属各单位名称及其注册商标、服务标记、标志性物品、建筑等；国家及各部门、单位或个人授予、赋予、赠予学校的各种名誉及各种特许权等。学校内部机构、学校举办的独立法人单位、校外单位及个人使用学校名称、徽章、服务标记等，须报党委、校长办公室批准，并协议约定相关责任、义务与收益分配等事项。对使用学校校名（含简称、字样）、校徽的单位和个人，党委、校长办公室应严格审查其资格、资信；用于经营或对外服务的，要签订合同，合理取费，定期检查。对损害学校权益的，应追究相关人员（单位）责任，及时收回学校的权益。学校占有、使用的无形资产发生产权纠纷，应由归口部门按相关规定予以调解，必要时可通过法律途径解决。

13.3.4　无形资产管理机构及职责

学校无形资产作为学校国有资产的重要组成部分，实行"统一领导、归口管理、分级负责、责任到人"的管理体制，学校国有资产管理委员会（以下简称校国资委）、资产管理主管部门、归口部门、使用部门（使用人）共同组成学校的无形资产管理体系，并建立各级对应的无形资产管理岗位责任制度。

1. 学校国有资产管理委员会主要职责

校国资委对学校无形资产管理实行统一领导。其主要职责是：

1）负责领导全校无形资产的管理工作，研究决定学校无形资产的使用、转让、处置等重大问题，必要时提交校长办公会或党委常委会决策。

2）负责根据学校建设与发展的需要，对全校现有无形资产的优化配置提出指导意见，必要时提交校长办公会或党委常委会决策。

3）负责根据财政部、教育部要求和学校实际情况，布置、监督检查学校无形资产管理的各项工作等。

为促进科技成果转移转化，校国资委授权成立科技成果转移转化工作领导小组和工作小组，负责统筹协调学校科技成果转移转化及相关知识产权管理工作。

2. 国有资产管理办公室主要职责

国有资产管理办公室或经营性资产管理办公室（以下简称校国资办）是校国资委的日常办事机构，作为学校资产管理主管部门，对无形资产实施统一监督管理。其主要职责是：

1）根据国家法律和上级有关规定，制定学校无形资产管理规章制度并组织实施。

2）负责学校无形资产管理部门之间的综合协调工作；检查、指导相关部门做好无形资产的管理工作。

3）参与学校以无形资产对外投资、转让的决策，负责拟使用无形资产的评估备案工作等。

4）组织对无形资产的清查、登记、汇总及监督检查。

5）负责学校无形资产的使用、处置的审核及报批报备。

3. 学校无形资产管理的归口部门主要职责

学校无形资产管理的归口部门，负责具体业务管理。其主要职责：

1）根据学校无形资产管理规章制度，制订具体的业务管理规范、标准及有关实施办法。

2）根据使用单位或个人提出的申请，组织无形资产的技术评价和评估，参与学校无形资产使用或处置的决策。

3）负责建立和登记无形资产卡片及明细分类账（台账），并根据无形资产变动及时进行台账管理。

4）组织无形资产的审核、清查、统计等工作。

5）牵头组织学校利用无形资产进行投资的可行性论证；办理无形资产的使用和处置等初审、报批手续。

6）检查、指导具体使用单位做好无形资产管理工作。

7）负责协调处理无形资产权属争议、侵权纠纷等法律事项。

8）做好无形资产权益资料的归档与保管工作。

4. 无形资产使用单位主要职责

无形资产使用单位负责对其使用的无形资产实施日常管理，其主要职责是：

1）执行学校无形资产管理的规章制度，配合归口部门提供无形资产相关材料。

2）建立并登记无形资产使用台账。

3）向归口部门提报无形资产的使用和处置申请。

4）检查并报告无形资产的日常使用情况。

5）各单位应配备专职或兼职的无形资产管理人员，建立岗位责任制，规范本单位无形资产的使用和管理。

13.4 新媒体宣传

宣传是运营工作的重要组成部分，良好的推广对外可以让更多的人了解产品吸引潜在客户，对内可以加强凝聚力使内部管理更加顺畅。学校的运营也需要借助媒体宣传，传统的报纸、电视都是重要的媒介。学校自身还会通过招生推介、校报、校园广播等进行外部宣传及内部管理。网络时代之后，网页、公众号、短视频平台等新媒体的宣传逐渐成为学校对外宣传的主力渠道。

13.4.1 学校新媒体的类型

当下，互联网已经全面渗透到人们的生活中。为了助力学生的全面成长，早在1998年底，清华大学就在局域网内开设了班级共产主义理论学习主页"红色网站"，这是我国高等学校第一次触网。随后，各大高校均建立起BBS、领导邮箱等网络相平台。2000年以来，教育部多次强调，要求高等学校将思想政治教育工作与网络相结合。各大高校不断尝试并总结经验，涌现一大批红色教育、革命教育、爱国教育的网站，也有一批高校辅导员、思政教育工作者深入博客、人人网等社交平台，拓展育人空间。2011年，微信这一即时通信软件迅速得到普及，很快发展成为用户基数大、操作便捷的社交平台，人们开始从QQ空间社交转向朋友圈社交。2012年8月，腾讯推出的微信公众平台成为各大企业、媒体等社会机构的一个重要宣传、服务平台。各大高校为抢占网络思政教育新高地、利用网络平台服务学生，纷纷开通微信公众号，致力于生产并传播符合学生表达和接受习惯的内容。2013年，移动短视频真正拉开序幕，秒拍以及微视等立足于社交平台的短视频传播出现。对大学生而言，短视频已经不再单纯是一种获取信息的工具，而是他们的一种生活、学习方式。高校作为大学生学习和生活的重要场所，其依赖于利用网络渠道特别是短视频平台对大学生进行教育与引导，并通过相对成熟的内容运营团队及专业科学的运营策略实现较好的传播效果。

13.4.2 学校新媒体运营策略

移动互联网时代，微信公众号成为高校思想政治教育的重要平台，也是高校招生宣传、新闻报道、服务学生的重要渠道之一。如何提升传播力、影响力是当前高校微信公众号运营的主要困境和难题。上述研究发现，推送频次存在较大差异，推文主题对阅读量影响最大，推文形式对在看数影响最大。

1. 明确运营目的，实现精准推送

高校微信公众号不同于其他类型，其目标受众为在校师生、毕业校友、未来师生及家长等人群。经研究，许多高校都能够明确运营目的，在传播校园资讯、宣传学术动态等方面下了很大功夫，但在校园服务和社会热点等方面存在欠缺，这在很大程度上消减了用户黏度。高校微信公众号要对时政热点评论及时发声，从而有效地纠正学生可能出现的错误思想，树立正确观念。如今的微信公众平台已经不再是单纯的信息平台，其正朝向服务平台发展，将校园服务与微信公众号结合将是下一阶段高校微信公众号运营的方向。

2. 建立高水平团队，形成矩阵联盟

高校官方微信公众号大多数由学校宣传部门组织学生干部运营。根据推文形式的阅读量和在看数，我们不难发现，其形式越丰富和生动，传播效果就越好。因此，微信运营团队的图文和音视频制作等媒体技术格外重要。目前的矩阵联盟主要有两种形式：一种是不同人基于不同目的运营同一平台；另一种是同一批人运营不同平台。部分高校存在多个公众号，甚至一个部门一个公众号。这种运营方式存在很大弊端，既增加运营成本，又会分流粉丝群体。究其原因一方面，这种形式的高校微信公众号每天推送大量消息，在运营中很难聚焦于重点话题；另一方面，一味转发使同质化推文泛滥，会引起粉丝反感，甚至取消关注。高校可以将微信公众平台与易班、口袋校园等网络思政教育平台归口运营，既避免了内容同质化带来的粉丝分流，又降低了技术水平差异带来的失衡。

3. 鼓励原创推送，增强内容的吸引力

互联网时代，信息爆炸带来信息过载，人们花费在单一媒体上的时间和精力不可避免地减少。高校微信公众号对推文严谨性要求更高，在题材和形式上不及其他公众号抓人眼球，只有坚持内容原创才能够充分吸引受众阅读。原创内容阅读量和在看数明显高于其他文章来源。目前的原创内容绝大多数是在多个平台同时投放，这些内容既有校报报道，又有微信推文，甚至还会挂上官网、抖音等平台。这类推文标题严肃、内容深刻，在一定程度上削减了用户兴趣。2019年11月29日，同济大学推送的《饭卡里突然多了钱，同济这波"宠爱"太暖心！》获得了超过4.4万次阅读量。该推文利用标题设置悬念，激发用户好奇心，加上通俗幽默接地气的内容，又在推文结尾处与用户互动，符合新媒体内容的传播规律，值得学习借鉴。

13.5 应用案例

本节以某飞行学院TF校区公寓中心及其他类似项目为例，介绍项目运营方案。

2020年，全过程工程咨询单位主持了某飞行学院TF校区建设工程的项目全过程管理工作。该项目总用地面积约1606.36亩，总建筑面积约117.75万m^2。项目主要包含理论教学部分、学生宿舍、科研实验室、行业实训基地、校医院、中国民航高原医学研究中心等。项目建成后将容纳2.5万名全日制学生。

为保证项目在设计、采购、施工、安装调试等各个环节的顺利进行，围绕"安全、质量、工期、投资"控制目标，对建设项目策划管理、投资管理、报建报批、勘察管理、设计技术质量管理（含设计优化管理）、招标采购管理、合同管理、环境管理、风险管理、质量管理、安全管理、进度管理、成本管理、信息管理、施工组织管理、参建单位管理、验收组织、BIM管理、档案信息管理、实验室、医院、食堂等工艺咨询管理、人力资源管理等的计划、组织、协调、指挥、实施与控制，办理相关土地手续，协助办理资产转固，完成对供应商设备的安装、调试、试运行管理，协助委托方完成竣工决算及审计工作。项目计划2023年5月竣工投入使用，学校的运营工作届时将全面开始。现对其中公寓中心的运营方案做简要介绍，有助于部分了解学校运营的实际工作如何开展。

13.5.1 公寓中心基本情况简介

公寓中心共24栋学生宿舍，总平面图如图13-2所示。其中飞行专业学生宿舍12栋（表13-1）、南区研究生宿舍4栋、南区本科生宿舍8栋（表13-2）、总建筑面积约25万m^2。

本项目定位：结合本项目军事化管理、服务育人、设施设备先进的特点，本项目的物业服务定位为安全为先、服务育人、智慧科技随行。本项目特点：

1. 育人属性

学生大约有60%的时间在宿舍度过，学生公寓兼顾着育人的重要职能。

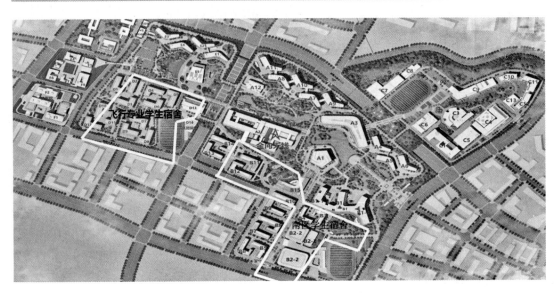

图 13-2　某飞行学院 TF 校区公寓中心总平面图

2. 军事化管理

由于飞行学院的军事化管理的特殊性，学生公寓的安全管理是管理重点。

3. 设施设备先进

新建校区设施设备完备先进、要求管理者具有现代化的设施设备管理理念及经验。

D 区飞行专业学生宿舍建筑明细表　　　表 13-1

建筑编号	建筑名称	建筑面积（m²）	保洁区域面积（m²）	楼层数	备注
D1	飞行专业学生宿舍	8685.3	4861.56	6F	标准层 2～6F37 间，1F28 间（含 2 间无障碍宿舍）
D2	飞行专业学生宿舍				
D3	飞行专业学生宿舍				
D4	飞行专业学生宿舍				
D5	飞行专业学生宿舍				
D6	飞行专业学生宿舍				
D7	飞行专业学生宿舍				
D8	飞行专业学生宿舍				
D9	飞行专业学生宿舍				
D10	飞行专业学生宿舍				
D11	飞行专业学生宿舍				
D12	飞行专业学生宿舍				

注：内容仅示意，供参考。（下同）

B区南区学生宿舍建筑明细表　　　　　　表 13-2

建筑编号	建筑名称	建筑面积（m²）	保洁区域面积（m²）	楼层数	备注
B3	研究生一号组团1栋	8711.67	3626.67	6F	标准层 2～6F44 间，1F40 间（含 1 间无障碍宿舍）
B4	研究生一号组团2栋				
B5	研究生二号组团1栋				
B6	研究生二号组团2栋				
B7	本科生一号组团1栋				
B8	本科生一号组团2栋				
B9	本科生二号组团1栋				
B10	本科生二号组团2栋				
B11	本科生三号组团1栋				
B12	本科生三号组团2栋				
B13	本科生四号组团1栋				
B14	本科生四号组团2栋				

13.5.2　类似高校公寓运营案例

1. 天津大学北洋园校区

天津大学北洋园校区于 2015 年建成并投入使用，并全面推进社会化改革，逐步建立和完善了"服务外包、学校监管"的体制机制，摸索出一套适合双校区运行的"属地管理＋延伸管理"相结合的保障模式。两校区之间实行"管理互通、技术共享、制度统一、人员流动"的运行方式。天津大学北洋园校区学生公寓建筑面积约 30 万 m²，采用分区域外包的管理模式。该校区学生公寓采用"书院制"管理模式，和本项目的 D 区飞行专业学生宿舍类似。学生公寓管理采用学工与后勤交叉管理，其中学工负责学生的生活学习，后勤负责卫生安全等，天津大学北洋园校区总体效果图如图 13-3 所示。

图 13-3　天津大学北洋园校区总体效果图

2. 华南理工大学广州国际校区

华南理工大学广州国际校区是教育部、广东省、广州市、华南理工大学四方共建的高规格的院校。华南理工大学广州国际校区总建筑面积为 110 万 m^2，其中，一期工程总建筑面积 50 万 m^2，二期工程总建筑面积 60 万 m^2。该校区学生公寓采用"书院制"模式，书院楼内设有本科生宿舍、硕士研究生宿舍、博士研究生宿舍，每层设有辅导员房间；学生公寓设置有图书馆、艺术空间、研讨室、琴室、排练厅、健身房、公用厨房、心理活动室、党建活动室、社团活动室等生活功能用房。华南理工大学广州国际校区总体效果及内部设施图如图 13-4 所示。

图 13-4　华南理工大学广州国际校区总体效果及内部设施图

3. 复旦大学枫林校区

复旦大学枫林校区是复旦大学的四大校区之一，占地 288 亩，是复旦大学上海医学院除药学院外各院系的所在地，校区建筑面积约 34.7 万 m^2。项目采用整体外包的服务模式。复旦大学枫林校区学生公寓建筑面积约 8.7 万 m^2，入住学生约 10000 人，其中 60% 为研究生和博士生。学生公寓设置有学工处、食堂、超市、导师室、活动中心、党员之家、学术汇报厅（100 人）、洗衣房、咖啡吧等功能辅助用房。复旦大学枫林校区总体效果及内部设施图如图 13-5 所示。

图 13-5　复旦大学枫林校区总体效果及内部设施图

13.5.3 公寓中心建设咨询方案

学生公寓已经不仅是学生晚上休息的地方，更融合了学生的学习社交等一系列活动，生活配套服务设施齐备会进一步提升学生使用的舒适性，故而在本公寓中心建设之初，运营方就对除宿舍外的配套设施做了详细的规划建议，详见图13-6。

图 13-6　公寓中心学习社交配套用房总体建议

1. 学习社交辅助用房设置

针对学生的学习和社交空间有如下建议：

1）图书室

建议面积：40m²。功能需求说明：

（1）隔声处理；装修营造舒适安静的氛围。配备桌椅、书架等家具，考虑成都潮湿天气，可配备相应的除湿设备。

（2）设计图纸（研究生宿舍除外）已规划宿舍每层包含1间活动用房，建议设置在5楼。

2）自习室

建议面积：40m²。功能需求说明：

（1）隔声处理；装修营造舒适安静的氛围。

（2）设计图纸（研究生宿舍除外）已规划宿舍每层包含1间活动用房，建议设置在6楼，座位间用挡板隔开、互不打扰；照明设置白色普通灯光和黄色护眼灯光两种模式，并配备插座，以供手机或笔记本充电。

3）共享大厅

建议面积：10m²。功能需求说明：

可做休闲交流使用；主入口安装人脸识别设备；设置晚间独立安全通道并设置自助刷卡通行功能，方便早出晚归同学出入的同时，保障楼幢安全。

4）多媒体室

建议面积：40m²。功能需求说明：

（1）配置电视机、音响等多媒体设备。

（2）设计图纸（研究生宿舍除外）已规划宿舍每层包含1间活动用房，建议设置4楼。

5）健身房

建议面积：80m²。功能需求说明：

（1）隔声处理；避免对相邻房间影响。配置跑步机、动感单车等有氧器械和适量无氧运动器械，需有自然采光通风。

（2）建议小组团宿舍设置1个，靠近主出入口附近的公共区域。

6）舞蹈瑜伽室

建议面积：40m²。功能需求说明：

（1）镜面墙；运动地板；墙面软包；隔声处理。

（2）设计图纸（研究生宿舍除外）已规划宿舍每层包含1间活动用房，建议设置在女生宿舍2楼。

7）乒乓球室

建议面积：40m²。功能需求说明：

（1）运动地板；隔声处理。

（2）设计图纸（研究生宿舍除外）已规划宿舍每层包含1间活动用房，建议设置在男生宿舍2楼。

8）活动室

建议面积：40m²。功能需求说明：

（1）室内空间要求布置可活动桌椅并配有桌椅储藏室，配备电视机、音响等多媒体设备。

（2）设计图纸（研究生宿舍除外）已规划宿舍每层包含1间活动用房，建议设置3楼。

2. 生活配套辅助用房设置

在生活配套方面，除了常规了便利店、理发、文印等常规辅助用房之外（表13-3），还建议设置一站式服务中心，可以较快速地处理学生生活服务所需。如图13-7所示。

公寓中心生活配套辅助用房设置明细表 表13-3

序号	功能用房名称	建议面积（m²）	功能需求说明
1	24小时超市	180	①水电能单独控制计量；收银台预留插座及网络接口；根据配置冰箱冰柜预留电源插座； ②建议B、D宿舍区各设置1间
2	理发店	50	①水电能单独控制计量；收银台预留插座及网络接口；根据洗头位预留上下水及电源插座； ②建议B、D宿舍区各设置1间

续表

序号	功能用房名称	建议面积（m²）	功能需求说明
3	咖啡水吧	30	① 水电能单独控制计量；收银台预留插座及网络接口；根据配置咖啡机等设备预留上下水及电源插座； ② 建议 B、D 宿舍区各设置 1 间
4	文印店（含拍照）	25	① 水电能单独控制计量；收银台预留插座及网络接口；根据配置的打印机、复印机、扫描仪等预留电源插座及网络接口； ② 建议 B、D 宿舍区各设置 1 间
5	书店	100	① 水电能单独控制计量；预留面积要大； ② 建议 B、D 宿舍区各设置 1 间
6	干洗店、缝纫店	60	① 水电能单独控制计量；收银台预留插座及网络接口；根据配置干洗、缝纫设备预留上下水及电源插座； ② 建议 B、D 宿舍区各设置 1 间
7	水果店	25	① 水电能单独控制计量；收银台预留插座及网络接口；预留清洗水果水槽； ② 建议 B、D 宿舍区各设置 1 间
8	菜鸟驿站	250	① 水电能单独控制计量；收银台预留插座及网络接口；有通室外的门，门口预留卸货平台； ② 建议 B、D 宿舍区各设置 1 间
9	手机营业厅	60	① 水电能单独控制计量；办公位预留插座及网络接口； ② 建议 B、D 宿舍区各设置 1 间
10	ATM 自助取款机	60	① 根据使用需求，建议选择两家以上银行； ② 建议 B、D 宿舍区各设置 1 间

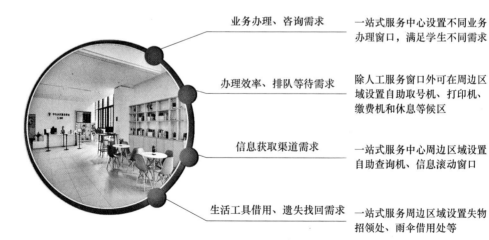

图 13-7　公寓中心一站式服务中心功能建议

13.5.4　公寓中心物业运行方案

公寓中心物业主要由综合管理服务、环境保洁服务、门卫值班服务、零星维修服务、设施设备管理服务组成。公寓中心物业服务内容明细如表 13-4 所示。

公寓中心物业服务内容明细表　　　　表 13-4

序号	服务项目	服务内容
1	综合管理服务	① 前期管理服务（接管验收、承接查验、辅助功能区规划、开荒保洁服务（含施工单位保洁监管）；② 标识标牌管理服务；③ 一站式中心服务（投诉接待、报事报修、便民服务、代缴电费等）；④ 公寓文化建设及服务育人；⑤ 迎新入住、毕业退宿管理；⑥ 物业档案及制度管理；⑦ 疫情防控；⑧ 节能管理服务；⑨ 应急管理服务；⑩ 垃圾分类管理
2	环境保洁服务	① 宿舍建筑物内公共区域保洁；② 公共卫生间及盥洗室保洁；③ 垃圾收集；④ 防疫消杀
3	门卫值班服务	① 宿舍门卫值班；② 楼内安全巡视；③ 钥匙管理与借用；④ 大件物品进出登记；⑤ 应急安全保障
4	零星维修服务	① 建筑本体零星维修；② 室内水电零星维修；③ 质保期外的家具维修
5	设施设备管理服务	① 锅炉房 24 小时值班；② 高压配电室 24 小时值班；③ 生活水泵房、弱电机房、暖通机房等巡检

1. 综合管理服务

服务范围及内容：前期管理服务（包括接管验收、承接查验、辅助功能区规划、开荒保洁服务等）；一站式中心服务（包括投诉接待、报事报修、便民服务、代缴电费等）；标识标牌管理服务；信息化服务；垃圾分类管理；疫情防控；公寓文化建设及服务育人等。综合管理服务主要内容如图 13-8 所示。

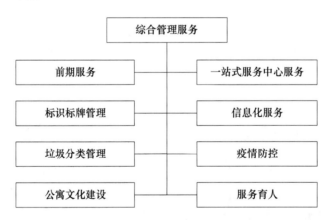

图 13-8　综合管理服务主要内容示意图

2. 环境保洁服务

服务范围及内容：以学生公寓建筑物滴水线为界。包括 12 栋飞行专业学生宿舍和南区 4 栋研究生宿舍、8 栋本科生宿舍楼内公共区域保洁，卫生间及盥洗室保洁，楼内垃圾收集，防疫消杀等。

3. 门卫值班服务

服务范围及内容：包括 12 栋飞行专业学生宿舍和南区 4 栋研究生宿舍、8 栋本科生宿舍门卫值班及安全巡视，报修登记，人员进出管控，大件物品进出管控，钥匙管理，应急安全管理等。

4. 工程维修服务

服务范围及内容：以学生公寓建筑物滴水线为界。服务内容包括水电零星维修、建筑物本体零星维修、弱电设备维修管理、宿舍内家具保质期外的维修等。

5. 设施设备管理范围及内容

1) 包括内容：高压配电室和锅炉房的24小时值班巡视，水泵房、排风机房、暖通机房等的维护巡检等。

2) 不包括内容：室内独立空调维护（在质保期内由厂家维修，质保期外外包给专业空调维护公司）、消防控制室值班及消防设施设备维护保养（并入大物业内）。

学生宿舍所涉及设备较多，包含了供水、供电、供暖、消防通风、雨污水排放等各系统专业，所关联的设施设备维修管理相对复杂，工作量比较大。涉及工种种类较多：包括锅炉工、高压值班工、低压维修工、暖通空调工、土建维修等专业。按照本项目特点可选择将设施设备管理并入大物业进行管理或放在公寓中心进行管理两种模式。

（1）并入大物业模式：

优点——可以比较系统地统筹安排相关维保维护处理，专业人员能力更强。整体人员综合成本较低；

缺点——不利协调快速处理日常维修，因为大物业维修以计划性的工作为主，导致速响应变慢灵活性较差。

（2）公寓中心自行管理模式：

优点——日常快速维修应急处理响应速度更快，便于管理。

缺点——专业人员需求量增加，综合人员成本稍高于大物业管理。

综合分析两种设施设备的管理模式，为了快速应对公寓中心的设备维修和公寓中心物业的扁平管理，本项目采用公寓中心自行管理模式，形成公寓中心整体管理构架，如图13-9所示。在此物业运行方案之下，公寓中心人员配置详见表13-5。

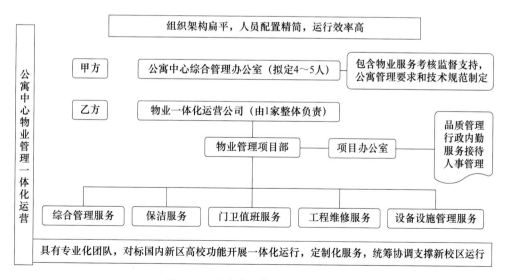

图13-9　公寓中心管理架构示意图

公寓中心人员配置明细表

表 13-5

楼栋编号	楼宇名称	建筑面积（m²）	公寓值班 门值	公寓值班 公寓管理员	环境保洁 保洁员	环境保洁 垃圾分类管理员	工程维修	设施设备管理员	综合管理	人员配备标准
D1	飞行专业学生宿舍飞行一大队	8711.67	3	0.25	2	0.25	0.5	高压配电间值班：　人 锅炉值班：　人	项目经理：　人 项目内勤：　人 综合主管：　人 保洁主管：　人 公寓门值主管：　人 工程维修及设施设备管理主管：　人 一站式服务中心：　人 高压配电间值班：　人 锅炉值班：　人	（1）门卫直班／巡逻：三班两运作，24小时值班。 （2）保洁员：学生宿舍按校园物业二级标准测算，　m²／人测算 （3）工程工按校园物业三级维修工标准测算，　m²／人配
D2	飞行专业学生宿舍飞行一大队									
D3	飞行专业学生宿舍飞行一大队									
D4	飞行专业学生宿舍飞行一大队									
D5	飞行专业学生宿舍飞行一大队									
D6	飞行专业学生宿舍飞行一大队									
D7	飞行专业学生宿舍飞行一大队									
D8	飞行专业学生宿舍飞行一大队									
D9	飞行专业学生宿舍飞行一大队									
D10	飞行专业学生宿舍飞行一大队									
D11	飞行专业学生宿舍飞行一大队									
D12	飞行专业学生宿舍飞行一大队									
B3	南区学生宿舍研究生一号组团1栋									
B4	南区学生宿舍研究生一号组团2栋									
B5	南区学生宿舍研究生二号组团1栋									
B6	南区学生宿舍研究生二号组团2栋									
B7	南区学生宿舍本科生一号组团1栋									
B8	南区学生宿舍本科生一号组团2栋									
B9	南区学生宿舍本科生二号组团1栋									
B10	南区学生宿舍本科生二号组团2栋									
B11	南区学生宿舍本科生三号组团1栋									
B12	南区学生宿舍本科生三号组团2栋									
B13	南区学生宿舍本科生四号组团1栋									
B14	南区学生宿舍本科生四号组团2栋									
小计									人员合计：　人	

13.5.5 物业运行费用测算

物业运行费用主要由综合管理部门费用和各楼宇服务费用两部分组成，如表13-6、表13-7所示。

综合管理部门费用测算明细表

表13-6

岗位	岗位工资	社会保险	福利、高温及加班费	服装费	投入设备及工具耗材	企业管理费	法定税金	岗位人均年费用	岗位人数	岗位年费用
项目经理										
项目内勤										
综合主管										
保洁主管										
公寓门值主管										
工程维修及设施设备管理主管										
一站式服务中心										
设施设备管理员										

各楼栋费用测算明细表

表13-7

楼栋编号	楼栋名称	建筑面积	公寓值班员		公寓管理员		保洁员		垃圾分类管理员		工程维修员		楼栋年费用
			岗位人数	人均单价	岗位人数	人均单价	岗位人数	人均单价	岗位人数	人均单价	岗位人数	人均单价	
D1	飞行专业学生宿舍飞行一大队												
D2	飞行专业学生宿舍飞行一大队												
D3	飞行专业学生宿舍飞行一大队												
D4	飞行专业学生宿舍飞行一大队												

续表

楼栋编号	楼栋名称	建筑面积	公寓值班员		公寓管理员		保洁员			垃圾分类管理员		工程维修员		楼栋年费用
			岗位人数	人均单价	岗位人数	人均单价	岗位人数	人均单价		岗位人数	人均单价	岗位人数	人均单价	
D5	飞行专业学生宿舍飞行一大队													
D6	飞行专业学生宿舍飞行一大队													
D7	飞行专业学生宿舍飞行一大队													
D8	飞行专业学生宿舍飞行一大队													
D9	飞行专业学生宿舍飞行一大队													
D10	飞行专业学生宿舍飞行一大队													
D11	飞行专业学生宿舍飞行一大队													
D12	飞行专业学生宿舍飞行一大队													
B3	南区学生宿舍研究生一号组团1栋													
B4	南区学生宿舍研究生一号组团2栋													
B5	南区学生宿舍研究生二号组团1栋													
B6	南区学生宿舍研究生二号组团2栋													
B7	南区学生宿舍本科生一号组团1栋													
B8	南区学生宿舍本科生一号组团2栋													
B9	南区学生宿舍本科生二号组团1栋													
B10	南区学生宿舍本科生二号组团2栋													
B11	南区学生宿舍本科生三号组团1栋													
B12	南区学生宿舍本科生三号组团2栋													

续表

楼栋编号	楼栋名称	建筑面积	公寓值班员		公寓管理员		保洁员		垃圾分类管理员		工程维修员		楼栋年费用
			岗位人数	人均单价	岗位人数	人均单价	岗位人数	人均单价	岗位人数	人均单价	岗位人数	人均单价	
B13	南区学生宿舍本科生四号组团1栋												
B14	南区学生宿舍本科生四号组团2栋												
合计													

上述各楼栋费用测算明细表中的人均单价如表13-8所示。

一线员工人均单价明细表

表13-8

岗位	岗位工资	社会保险	福利、高温及加班费	服装费	投入设备及工具耗材	企业管理费	法定税金	岗位人均年费用	岗位人数	岗位年费用
公寓管理员										
门卫值班										
保洁员										
垃圾分类管理员										
工程维修人员										

13.5.6 运营咨询管理小结

学校运营是一个复杂工程，围绕着提高教学水平、教书育人的核心，通过有形资产的经营可以扩大经费来源，实现国有资产保值，无形资产的经营除了获得经济收益，还可以进一步扩大学校的影响力。教学提升和资产经营的同时，学校还需要通过宣传进行推广，其中新媒体因为受众广泛应该得到更多关注。通过某飞行学院TF校区天府校区公寓中心运营方案可以看到，除了常规的后勤管理部分，公寓的运营还有配套用房设置及运营。在具体的配套功能如校园超市、快递服务等，还可以借助专业的运营企业实现连锁经营。

第14章 后勤服务

后勤管理工作是服务高等院校教学与科研的重要组成部分，在保障师生教学、科研及在校教职工、学生基本生活方面发挥着不可替代的作用。

高等教育的健康发展离不开高校后勤强有力的支撑与保障。高校后勤社会化改革快速推进，社会公益性与市场经济性成为高校后勤的突出特征，这就要求后勤既要能提供完善的服务，又要能够实现科学管理，达到服务育人的目的，而且还要在保证经济效益的同时注重服务质量。新时期下，国内经济高速发展的同时，带动工资水平、物价大幅增长，高校后勤运营成本持续攀升。高校后勤工作面临新挑战，高投入、低效率的粗放式管理模式已不能够满足当前高等教育发展要求和后勤社会化需求，新时期高校后勤必须要结合自身实际情况，探索科学化管理新模式，学习先进管理经验。若要进一步加强后勤保障服务，提高服务水平与质量，提升资源配置效率，降低管理成本，首先应当从精细化与信息化管理入手，向着精细化、信息化方向改革、发展。

本章以某高校后勤管理服务体系与方案为例，对学校教育项目后勤服务进行阐述。

14.1 后勤服务概述

高校后勤管理是指对后勤服务项目的管理和监督，具体管理范围与内容包括："食"，包括食堂食品卫生安全、工作人员服务质量监测；"住"，包括学生宿舍的居住环境、居住安全；"行"，包括校园巴士收费、运营情况掌握；同时还包括了水、电、暖等日常生活基础保障设施设备的检查与供应；校园环境、医疗卫生、商业性质的服务场所的维护与管控，管理内容复杂且烦琐。高校后勤管理主要为满足在校师生在科研、教学和学习方面的需求，满足学校发展所需要的物资供应与服务保障。

我国高等教育蓬勃发展，形成了具有典型中国特色的高等教育体系与规模。近年来，招生规模持续扩大，已成为世界高等教育第一大国。随着经济体制的改革，高校后勤先后经历了传统后勤、机制改革、社会化后勤三个阶段。

1. 传统后勤阶段

新中国成立至20世纪80年代中期，这时期的经济等各项指标都是政府统一计划，高校后勤处于传统后勤阶段。在计划经济与政府高度的行政管理下，形成了一校一户办后勤的局面。这时期高校的经费完全依靠政府投入，同时也是后勤管理经费的唯一来源。后勤为学校提供无偿服务，不用考虑经济效益。受经济发展的制约，投入经费有限，后勤无论是从硬件设施、还是软件方面都比较落后。另外，后勤主要是为高校师生、职工提供"吃、住、行、水、电、医疗"等日常的服务性保障工作，很多人认为从事后勤工作不需要专业与技术，对后勤工作思想上认识的不足和偏见，后勤成了安置教师家属和没文化、缺技术、老弱病残等职工的地方，因此从事后勤工作的员工总体素质偏低、高水平管理人才缺乏，从而导致后勤队伍结构不合理，严重制约着后勤服务质量与管理水平，影响了高校后勤的发展。

2. 机制改革阶段

20 世纪 80 年代中期至 90 年代末是我国高校后勤的改革阶段。这个阶段我国由计划经济向市场经济改革。计划经济时期建立的传统后勤，随着社会主义市场经济体制的推进，逐渐暴露出问题、矛盾日益突出，发展受到了极大的限制。1985 年国家提出对教育体制进行改革，后勤作为高校系统中的重要角色，国家明确后勤应向社会化方向改革。当时很多高校看不见社会化后勤带来的优势，并未转变原有的后勤模式。1999 年 6 月国家提出深化教育改革，要求高校后勤加大改革力度，循序渐进地从高校分离出去，同时鼓励社会资源融入后勤，促进社会化改革。此时，少数高校通过实行简单的经济承包责任制，并在运行过程中不断完善管理措施，改善了后勤服务的质量、态度，一定程度上提高了后勤管理水平。紧接着全国高校掀起了后勤全面承包的浪潮，一方面通过转变传统后勤的落后观念，另一方面开展有偿服务，建立新的人事、财务和分配制度，逐步向企业管理方向发展。各高校后勤由经验管理转变为科学定额管理，一边进行理论研究，一边进行实践探索。

3. 社会化后勤阶段

大部分高校成立了后勤管理处，代表学校履行管理职能，拟定并实施学校后勤管理及改革发展规划，不从事经营活动。该部门对后勤保障经费进行预算，并以后勤服务项目发包的形式代表学校与后勤服务实体签订协议。学校后勤管理处向后勤服务实体提出具体的规划、任务及指标，对后勤服务实体进行日常监管、履约考核和结算。后勤服务实体根据协议中约定的事项，以企业经营的方式运营，做好高校后勤的各项服务工作。

14.2 某高校后勤服务管理体系

14.2.1 后勤服务定位分析

1. 市场分析

1）在建设服务型、节约型社会的大背景下，负责各级学校日常运行管理的事务管理部门，正逐步尝试用市场化手段引入社会企业，把各学校的安保、卫生、绿化、工程等物业管理工作面向社会外包，以便提高服务保障能力。

2）对于高校来说，其物业形式应当归属于特殊物业，它不同于商业写字楼，更不同住宅物业，对物业管理质量要求特别高，服务管理项目要求多，对服务人员的综合素质要求也高。故从事校园物业管理的人必须注重自身的综合素质，努力提高校园物业管理服务质量，才能为校园物业发展战略的制定提供坚实的基础。校园的物业管理有更强的教育文化内涵，不仅要讲究经济效益，更要注重社会效益。这就要求校园物业管理要体现市场化、社会化的同时，还要有重要的教育特色。

3）现代物业管理的一些基本特征，如清新优雅的环境，方便迅捷的维修和规范服务，健全的信息接收与反馈机制，会让学校师生享受到高质量的工作学习环境，从而保持愉悦的心情，更好地学习及工作。

2. 服务对象分析

1）安全问题一直属于学校关注的重点问题，物业企业作为为学校提供服务的公司，要在安全方面积极配合。不但要求自身员工日常工作的规范操作，在日常工作中更要提高警惕，对疑人疑事要询问跟踪，减少安全事故发生。

2）该高校的业主是校内工作的老师及学习的学生，他们对物业服务有较高、较广泛的需求。

3）该高校来访者大多为上级教育管理部门、学生家长等，这就要求物业员工态度和蔼，服务到位，给来访人员以亲切感。优秀的后勤物业服务亦是物业公司形象的展现。

4）该高校项目，对环境抗干扰性要求较高，需要物业公司的本项目物业员工在进行日常服务工作时杜绝噪声干扰。

5）该高校项目，对工程设施设备的安全运行维护及公共区域的检修、维修的工作时效性和工程人员的技术技能、服务意识要求较高，岗位培训、绩效考核是巩固项目服务质量的根本。

14.2.2 管理模式

本物业项目的管理模式，实行的是执行机构、责任机构、监督机构相结合的"三位一体"式的共管运行方式。各相关单位、机构权利、责任如下：

1. 责任机构：物业管理公司

是本管理目标的最终责任人，负责对本物业项目的管理服务执行状况进行整体监控和督导。

2. 执行机构：某高校项目部

是某高校物业管理的具体实施机构，对师生和物业公司负责，确保物业管理服务的各项工作达到既定目标。

3. 监督机构：某高校领导及后勤处

通过行使以下权利，对物业公司管理行为进行监督：

1）审核物业项目部提交的年度管理计划报告，审议项目部经理的工作述职报告。

2）组织对管理工作的抽检、检查，审核管理效果。

3）评审物业项目的管理状况、交流意见。

4）及时就管理中的问题向项目部或公司投诉。

5）对管理中出现的重大问题进行审议。

14.2.3 后勤服务内容

后勤服务内容如表 14-1 所示。

后勤服务内容 表 14-1

序号	部门	工作内容
1	综合管理处	日常保洁；问询接待；档案管理；财务管理；邮件收发；投诉处理；楼宇管理；环境消杀；垃圾收集；网络管理。
2	工程处	公共设施维修；报修、维修；设备检查、维护；设备应急处理。

14.2.4 后勤服务重点难点与措施

1. 重点难点一：秋冬季容易发生地下生活水管爆裂

相应管理措施：

1）要求工程人员每个月将水表指数记录在档，并与上月进行对比。

2）要求工程人员每日巡查学院，发现排水管道有异响或者路面出现大面积积水的必须认真检查是否属于水管爆裂引起。

3）若发现爆裂处，立即进行挖掘并通知学院后勤处购买相关配件，同时张贴停水通知以告知停水区域。

4）待配件到达后即刻展开维修，维修完毕后将路面修补原样。

2. 重点难点二：夏季暴雨季节容易积水

相应管理措施：

1）日常检查学院内排水沟，尤其内涝严重地带。

2）暴雨多发季节密切关注天气情况。

3）待台风暴雨来临前，立即启动《防台风暴雨应急预案》《防涝应急预案》。

4）暴雨结束后立即安排保洁、工程人员对内涝地带进行排水及清洁工作。

3. 重点难点三：师生人数多，清洁、环保工作量大

师生多，学校约有师生上万人。本项目每日的清洁工作量、垃圾收集处理量、环境保护工作量均非常大，必须做到时时保洁，垃圾收集处理日产日清。其教学楼及办公大楼公共区域地板、地面和电梯间、洗手间保洁服务质量要求高，必须进行专业化清洁保养的处理。

相应管理措施：

1）不间断循环保洁，将工作区域具体量化后，按固定岗和机动岗配置保洁员，对产生的垃圾及时收集进垃圾堆放点，结合室内室外的果皮箱、垃圾桶收集垃圾。通过垃圾的分类处理来尽可能地回收有价值的垃圾，统一变卖。对有害垃圾单独放置、集中处理。保证本项目中垃圾堆放点干净整洁，尽可能地按照绿色环保的标准来管理本项目。

2）项目部将根据公司保洁作业指导书要求及学校实际课间时刻表，安排保洁员在学

生上课期间进入各自区域厕所进行保洁。而在周末、节假日等学校人员较少时候，安排保洁人员对厕所内的小便槽、蹲位进行深度清洁，去除日常较顽固的尿迹、污迹，以确保校园内厕所的干净整洁。

4. 重点难点四：由于学院内绿化覆盖率高且有丰富水源，此环境非常容易滋生蚊蝇

相应管理措施：

项目部将在蚊虫繁衍密集时期对校园内的排水沟进行清污，尤其是在大雨过后检查校园内是否有大面积积水现象并及时处理，尽可能减少蚊虫繁衍场所。此外将定期利用节假日或学校放学后等人员较少时间，对绿化进行消杀。

消杀工作前，保洁领班必须详尽地告诉作业人员应注意的安全事项，将过期灭鼠药饵料及时清理。保洁领班每周检查一次消杀工作的进行情况，并现场跟踪检查，确保操作正确。

5. 重点难点五：项目部设备房内设施设备保养要求较高且存在安全隐患

相应管理措施：

1）建立全面的维修保养计划。

2）实行以日、周、月的检查制度，即项目部工程人员对校园内设备房设施设备进行日巡查，并将相关数据填入日巡查表；由项目经理带领的项目部管理技术人员开展周巡查。

3）由公司品管部每月 1～2 次到项目部进行服务质量检查，站在专业角度为项目部提供现场难点指导，发现问题隐患及时通报并限时整改反馈。

4）除了以上保养计划外，项目部技术操作人员的人身安全也是后勤管理关注的重点。针对安全防范，物业公司也将施行以下工作：

1）项目部所配备的技术操作人员必须经过专业培训并获得上岗证。

2）设备房悬挂安全操作上墙资料及警示标识。

3）除了项目部自身的日常培训以外，公司品管部还将每月举行至少一场的工程培训，沟通和培训相关工程问题及安全须知。

6. 重点难点六：师生对项目部误解及投诉

项目部依据校方领导及后勤处指示，为校方领导、老师、学生提供后勤物业服务，在日常执行后勤处指示提供服务过程中师生对项目部会产生误解及投诉。

相应的管理措施：

1）项目部将以员工为培训对象，旨在提高员工的知识、观念、技能、工作能力的一种再教育方法，通过岗位培训、业余学习、专题培训、脱产进修等方式，以便提高员工整体素质和物业管理服务水平。

2）加强与校方沟通，做好与校方领导、行政部门的沟通工作，及时处理学校投诉，不断改进工作。

7. 重点难点七：员工素质、技术培训

目前各高校的物业管理大多数是以原后勤职工为主体，物业管理的专业知识、专业技

能相对缺乏，员工的培训极为必要。

相应的管理措施：

要依据职责分别进行专业技能、礼仪礼貌、文明执勤、行为作风等方面的培训。制定计划，制定培训大纲，组织编写教材，进行专业讲授、示范训练，进行实践考试。如对护卫员可进行准军事化训练、应急预案演练、考核标准的培训；对保洁员进行服务程序、服务标准和服务技巧的培训；对维修人员进行安全操作规程、礼仪服务和回访规范的培训；对教室服务人员进行计算机多媒体的培训，等等，形成一个自我培训、自我开发的人才机制，并逐步实现持证上岗，不断提高技术、技能及管理水平。

8. 重点难点八：服务客户群体的特殊性

1）学校管理群体包括学校领导和教师职工。该群体的服务要求是建立完善的物业管理服务体系，确保服务模式与学校的行政管理、教务管理、学生管理、后勤管理系统进行有机对接，实施切合学校实际的管理模式创新，创造优良的校园环境，和学校一起共建一流管理品牌。其核心价值诉求主要是创新、稳妥、安全、效率、品质。

2）大学学生群体。该群体处于青春成长期，是人生观、世界观形成的关键期。该群体生活自理能力较差，心理素质不稳定，又面临着学业及交际相处的双重压力。一方面，他们需要的是完善的服务，使他们获得心无旁骛的优良学习环境；另一方面，他们需要引导和管理，以维持安全、舒适、和谐的生活环境与学习氛围，以确保他们专业学习进步和素质增进。其核心价值诉求主要是安全、舒适、引导、和睦、温馨、方便。

9. 重点难点九：物业管理的内容和范围相对狭窄

高校教学区建筑物及其附属设施设备的维护、保洁标准要求和管理的规范化程度还较低，为学生、教师服务还不够全面周到。

相应的管理措施：

进一步拓展管理服务的内容和范围。不仅要做好常规的环境卫生、秩序维护、设备维养等物业服务，还应做好具有高校特色的服务项目，如教学后勤保障和服务、学生特约服务、教育宣传活动等等，并随着学校发展的要求及师生的需求对这些项目进行不断调整和优化。教学后勤保障如协调教室的分配使用、课桌椅的配备和调整、教学器具的管理和发放、特殊教室的管理和维护、运动场馆的管理等。为师生服务方面，如为教师布置好教员休息室，准备好老师饮用水，准备好老师课后的洗手用品等；为学生提供专门饮水处等。

14.2.5 管理理念

某高校项目涵盖了教学楼、实验楼、科研实验综合楼、图书馆、文体馆、工程训练中心、综合楼、大学生活动中心、校园保洁（含各类运动场，主要是垃圾清捡及两间男女厕所保洁）、自行车棚等物业的管理服务版块。

服务设想主要包含以下九项：

1）建立适合本项目的组织架构；

2）设置版块条线式管理模式；

3）建立多层级、多部门有效联席机制；

4）建立公司与项目联动的品质保障体系，采取项目常态化交叉检查制度；

5）建立快速支援服务体系；

6）导入公司规范化的VI标识体系，标准化服务模块设置；

7）严格执行考核体系；

8）阶段式、常态化培训支持体系；

9）先进智能管理手段的嵌入。

随着高校后勤社会化改革的不断深入，高校物业管理也呈现出了良好的发展态势。在后勤社会化改革的初期和前期，高校物业管理还是一个极其陌生的词汇，说得更多的是校园环境管理。

随着社会的发展及高等学校办学规模的普遍扩大，加之学生对求学环境要求的不断加深，原来的校园管理模式已经不能适应形势的需要。

后勤社会化改革的重要目的是为学校减轻后勤管理上的负担，以保证用更多的精力去抓学校的教学及科研质量。因此，在这些背景下，学校更需要适合学校发展的管理模式。

为使学校环境更加清新、优美，后勤服务更加优质高效，须对某高校的校园管理功能和作用进行正确地定位，从而有效地建立与之相适应和配套的高校物业管理组织结构、管理模式、操作办法及服务内容，才能最大限度地保证高校物业管理的方向性和目的性。正确设计和分配高校物业管理的功能还有利于作为甲方的学校对物业管理企业及其质量标准进行科学监理、督促和检查，从而确保高校物业管理服务水平的不断提升和发展。

1. 为学校及师生生活提供良好的生活环境及活动空间

为广大师生营造安全、优美、舒适、洁净的生活、学习环境及其活动空间是物业管理最基本的功能，高校物业服务也不例外。

高校物业从使用功能上讲，更多的是师生进行教学活动的场所，师生对学习环境的要求并不亚于对生活环境的要求，因为整洁、清新的学习环境不仅能保持师生身心愉悦，更能有效地提高教学效率。高校物业还具有一个十分明显的特点，那就是学生的流动性较大，物业使用的频率相对较高，这给环境的维护造成了极大的难度。另外，从社会稳定和发展的角度来讲，高校是一块十分敏感的区域，因此，公共秩序维护的责任极其重大。这些特点决定了高校物业服务在环境营造上必须以高标准、高质量的要求进行和实施。在不断引进社会专业标准的同时，还要针对某高校的实际情况，提出具体的标准和要求。

1）在清洁卫生方面，要确立专业操作、保持整洁、服务教学的目标。在具体操作当中，一方面，要全面引入物业管理行业具体操作模式及质量标准，并严格参照标准进行规范化、程序化的实施；另一方面，针对专业的特点及学生活动的要求进行点对点的操作，利用岗位安排、提高标准、特别突击等方式来应对高校物业使用频率较高、临时性要求较大等问题。比如，学校的各种大型活动开展较为频繁，每次大型活动之前都必须进行清洁卫生突击清理，以达到活动组织者及学校的要求。再如，教室的清洁卫生，每天受污染度较重，因此必须选择时机及时进行保洁。对教室清洁卫生的要求即在上课之前做到"两个无尘"——学生课桌无尘、老师讲桌无尘。在我们进行校园清洁卫生服务工作中，全面提倡量化和细节管理，促使各项环节都能够进行数字化的标识，取得较高的成效。

2）在园林绿化方面，要确立协调统一、美观健康、陶冶情操的目标。校园绿化不仅能衬托校园的和谐美、自然美，更能够启发学生的美感，陶冶学生的情操。在开展园林绿化工作时，从规划设计到方案确定，从日常维护到适时调整，物业服务部门都需要参与其中。

3）在公共秩序维护方面，要确立安全第一、规范操作、责权统一的目标。安全级消防工作应该是高校物业服务工作中的重中之重，它直接关系到学生的切身利益，关系到学校的利益、稳定和发展。高校物业管理部门必须通过严谨、科学、规范的管理，充分利用各种安全防护技术，确保公共秩序处于有序、安全、健康的状态。由于人员流动性较大、楼宇设计、使用功能杂乱等原因，高校物业的安全管理难度极大。

2. 为学校管理、教学、师生生活提供全方位、多元化、实效性的服务

这个功能应该是高校物业服务特有的功能，这也是高校物业管理的特色所在。此功能的全面实现将进一步完善高校物业管理的模式，也将会把高校物业管理与社会物业管理区别开来。这个功能的提出和实施应该是基于高校物业管理管理特色的定位，即：物业服务与学校育人环境的营造实现有机、和谐、自然地统一，先进的物业管理理念与现代学校教育、管理理论实现完美结合，此功能延伸了物业服务的概念，让高校物业服务在管理力度和深度上进行了尝试性的扩展，同时诠释了高校实施物业管理的终极目的——为学校在后勤管理上最大限度地减轻负担。

1）管理上的服务

高校物业管理企业不仅是一个服务部门，在高校中，有的时候还作为学校的一个管理部门出现。比如：物业管理部门可以承担学校部分接待工作。优质的服务、规范的操作、人文化氛围一定会给各种接待工作带来新的气象，对学校整体形象的提升将会起到积极的作用。在学校组织开展的各种活动及安排的突击任务中，物业管理部门除了履行自身服务职责外，还能够进行协调和资源配置，以保障活动有序进行，在这个过程当中，物业管理部门充当了学校行政部门的强力助手，扮演了效果极佳的管理角色。

2）教学服务及教学后勤保障

教学服务及教学保障在高校未实行物业管理以前，属于教务处的职责，这让本身履行确保教学质量的学校部门不得不分出精力来做教学后勤保障的一系列琐事，这极大地影响了教学质量的提高。实行物业管理后，物业管理部门应该主动承担和履行教学服务的职责，在具体操作中，根据教学的需要，不断优化教学服务的模式，不断扩展教学服务活动的项目和内容，以达到教学有序、师生方便的目的。具体的内容可以涉及协助教室的分配、教学器具的管理和发放、特殊教室的管理和维护、运动区的管理等。

3）为师生生活提供全方位服务，营造良好的育人环境

为师生提供多元化、全方位的服务，其目的是让广大师生感受到物业管理给他们生活和学习带来的便利，让大家在文明、雅致、方便的生活空间里更好地完成自己的工作和

学习。主要应该做三方面的工作：一是为师生提供生活和学习上力所能及的便利。随着生活水平的提高，师生在学校里需要更便捷的服务，作为物业服务部门，应该随时了解和分析师生的满意度，让服务受众不断地感受服务的新颖性和及时性。二是根据学校的情况及学生的需求适时开展各种特色活动及宣传教育活动，这不仅能疏通和加强与广大师生的联系，寻求师生的合作与支持，有利于加强服务受众对物业部门的理解，而且通过活动的开展，能够提升物业管理部门的知名度和服务品牌。

3. 房屋及公共设备、设施的管理和维护

房屋及公共设备、设施的维护首先要确立专业、规范、节约的管理目标，以保障物业得到科学、有效维护。具体应该做到：小修要及时，以免造成大修；中、大修要合理措施、规范设施，既要考虑成本，又要考虑成效。这就需要严格参照物业管理行业的维护标准，根据实际情况有效地组织实施。在日常管理中，完善各项操作规程，不断提升维护人员的技术含量，做好巡检、记录和反馈。通过专业化的操作和运行，保障房屋及相关配套设备设施随时处于良好、可利用状态。

14.3 应用案例

14.3.1 管理指标与措施

管理指标与措施主要如表14-2所示。

管理指标与措施 表14-2

类别	主要指标	实施措施
安全管理	无火灾事件发生	① 加强管理员消防安全意识，落实责任人负责巡视，发现隐患、苗头及时处理； ② 制定火灾事故应急措施，定期演练； ③ 杜绝室内明火和使用大功率电器； ④ 定期宣传，让学生了解防火知识，组织由学校、物业、学生共同参加的消防演练
	无偷盗案件发生	① 对区域内物品的出入实行登记放行手续； ② 执行24小时巡查制度，确保无偷盗案件发生； ③ 制定楼宇钥匙管理规定，钥匙的登记、领用有序； ④ 加强法制宣传、教育，培养学生知法、守法的意识
	无打架、斗殴事件发生	① 充分发挥团组织及学生群体组织的示范作用，加强学生凝聚力。组织学生之间的交流，培养学生"互帮互助"的思想； ② 制定斗殴事件的应急程序和解决措施，定期演练
环境卫生管理	保持整洁卫生，不见积水、积土、杂物，不漏收垃圾，不乱倒垃圾；路面净、路沿净、人行道净、雨水口净、果皮箱净	① 加强保洁员的业务培训，熟练掌握操作技能和专业知识； ② 严格按照保洁工作程序操作，加强监督检查； ③ 保证对垃圾实行袋装化； ④ 按区域责任到人，加强巡查，监督检查，严格考核制度

续表

类别	主要指标	实施措施
环境卫生管理	做好传染病的预防与处理	① 制定传染病防治预案，管理人员必须按照规定的预案程序处理，发现问题及时向学校汇报； ② 宣传传染病防治知识，加强学生身体健康检查；定期请学校医务处医生为学生进行健康教育
维修服务管理	设备设施完好率98%以上	① 做好交接验收工作，发现问题及时与相关部门沟通解决； ② 根据ISO9001：2000质量管理体系制定严格的维修、保养制度； ③ 落实责任人，定期对水、电设施巡查，发现问题及时处理，做好详细记录； ④ 制定完善的维保计划，利用节假日实施
	设施维修及时、妥善	① 加强维修人员的培训，提供专业技能； ② 执行24小时抢修制度，设立报修电话（值班室），接到报修及时通知维修人员，并做好相关记录； ③ 维修人员接到报修电话后，必须立即赶赴现场进行维修，零星维修及时完成； ④ 维修后，进行跟踪回访，对维修质量进行检验确认
内部管理	保证管理人员精神饱满，有良好服务意识和态度	① 制定严格的工作行为礼仪规范，管理人员上岗必须统一着装； ② 佩戴工号牌，并不断地加强培训； ③ 聘请专业人员讲课，增强管理人员的服务水平； ④ 组织学习劳动模范的事迹，增强服务意识； ⑤ 组织服务竞赛，鼓励管理争创服务标兵
	完成学校布置的工作，执行学校的规章制度	① 学校布置的工作，由管理站站长亲自指挥负责，保证按时完成； ② 管理站的工作以学校的规章制度为依据，工作规程不能和学校制度相抵触； ③ 加强与学校各处室、各院系的沟通与交流，了解工作的不足之处，认真改进
突发事件管理	做好应对突发事件的处理工作	① 加强平时的管理与培训，遇到突发事件，不慌不忙，冷静处理； ② 制定突发事件紧急处理预案，管理人员必须按照规定的预案程序处理； ③ 对突发事件要按程序及时汇报学校，并配合学校对事件的调查

14.3.2 日常安全方案

1. 安全稳定服务规范和技术标准

1）随时维护楼宇周边车辆停放秩序，严禁乱停乱放。

2）定期对楼宇内的消防设施设备、公用电器进行巡视、检修，保证楼内消防设施设备、公用电器完好，消防设施设备设置明显的提示标志。

3）楼宇内严禁违规使用高负荷大功率电器、动用明火、私拉乱改用电线路或插座；严禁随意动用消防设施设备。

4）闲杂人等严禁随意进出楼宇。

5）楼宇内无火灾、失窃、触电、斗殴、赌博、传播不良文化等事件和违法行为。

2. 安全教育与管理

1）严格要求学生、增强防范意识。楼宇管理人员教育学生自觉遵守管理规定，不在楼宇内存放易燃易爆、有毒有害物品，不在楼宇内抽烟，不在楼宇内使用明火，注意自身的安全，不在楼梯上追逐打闹，不从楼宇阳台向外探身张望。

2）加强管理人员责任感。管理人员要树立防患于未然的思想，提高防范意识，注意信息的收集和汇报，争取早发现、早报告、早控制、早解决，做好对安全事件预防工作。熟练掌握楼宇内各种安全设施、设备的使用方法，熟悉本院就规定的各种安全事件的处理程序，恰当应对和处理安全事件。

3）做好设备、设施的检查维护工作。管理人员配合相关部门定期对楼宇内的各种电气设备、消防设备等进行检查、维护，保证各种设备设施始终处于良好状态，保证设备设施应急条件下的正常使用。楼宇的安全通道不能堆放电线，开关要每周检查一次，并把开启工具放在方便取用的位置，标示清楚，保证在应急状态下安全疏散通道的畅通。

4）加强值班工作。

5）加强楼宇安全检查。管理部要组织人员定期对楼宇进行安全检查，严格查处学生违纪行为。

14.3.3 消防安全服务方案

1. 消防安全管理要点

1）强化消防意识：坚决贯彻"预防为主、消防结合"的消防管理方针，确保火灾事故的零发生率。

2）建立消防队伍：根据消防管理"预防为主，消防结合"方针，设置专门义务消防队伍，成立消防紧急应急分队，任命义务消防队员（原则上为服务中心全体人员）。

3）健全消防制度：建立周密完善的消防疏散图、防火责任制，制定消防作战方案、救护措施，定期检查各类消防设施，明确防火档案制度及消防员职责，并定期邀请消防专业人员进行专题培训，定期进行消防模拟演习，以防患于未然。

4）落实防火责任制：坚决执行消防安全责任制，落实各级和各项消防管理责任人和灭火指挥人员。

5）强化消防意识：加强服务中心员工的消防观念和防火意识，任何管理服务人员都有消除火灾隐患的责任。

6）加强过程控制：各个环节严格遵照国家有关规定和公司质量管理体系文件之要求，各消防设施定期检测，保证完好无损，随时可以启用。各类简易灭火器材固定位置放置，便于有需要时有关人员取用方便。

7）24小时监控：对物业各区域实行24小时消防安全监控，对火灾易发生区加强防范和巡查，重点防范。

8）定期消防预演：定期组织员工进行防火灾演习，熟练掌握各种消防设施的使用方法，提高对火警的应对能力。

9）全员防范：安全管理员、保洁员及全体工作人员日常工作注意巡视，保持警惕，对于不应放在某处的物体，不能解释来历的物体和不适宜放在某处的物体要及时处理，对危及消防安全的事故隐患及时报告、处理。

10）标识完备：完善各类防火标识、消防设施的使用说明标识。

2. 强化消防意识

1）坚决贯彻"预防为主、防消结合"的消防管理方针，每月举行一次消防宣传。

2）每季度组织一次消防知识培训。

3）每半年组织一次消防演习，确保火灾的零发生率。

3. 建立消防队伍

1）根据消防管理"预防为主，防消结合"方针，设置专业消防队伍，成立消防紧急应急分队（成员为服务中心全体人员）。

2）服务中心经理为消防安全管理第一责任人，依照消防法律、法规履行消防安全管理职责，组织消防安全工作的落实和监督总结，建立健全防火安全责任制度。并在一旦发生火情时，担任服务中心消防灭火总指挥。

3）经理落实和监督消防工作，督促完善防火安全责任制度。

4）各主管为消防管理分项责任人，具体负责组织消防工作的具体组织、落实、培训、演习、检查、完善消防设施，组织和建立义务消防队，依照有关消防法规，建立落实各项消防安全措施，并制定消防作战方案。

5）指定专人为各项消防管理工作的直接执行人，负责各项消防安全措施的具体实施，组织消防安全知识的宣传及消防安全检查，消防火险隐患，及时制止、纠正违章行为。

6）全体员工都有维护消防安全、保护消防设施、预防火灾、报告火警、参加灭火工作的义务。

4. 建立消防制度

1）建立周密完善的消防疏散图、防火责任制，制定消防作战方案、救护措施，定期检查各类消防设施，明确防火档案制度及消防员职责。

2）服务中心全体人员组建一支义务消防队伍，制定出一套有效的、切合实际的消防作战方案，由服务中心经理审批后报公司品质管理部验证生效。消防作战方案、消防作战示意图应悬挂于控制中心及安全员宿舍。

5. 建立与社会救援机构的密切渠道

为将火灾所造成的损失降至最低程度，有效控制灾情，与社会救援机构建立密切的联系。

14.3.4　楼宇管理服务方案

高校楼宇物业管理不同于社会的专业性物业管理，其根本的区别就是要在学校物业管理中实现"管理、服务、育人"三位一体化的物业管理模式，因此在物业管理过程中，不但要做好硬件管理，使之达到保质增值的功能，而且要以员工的高素质、企业的文化品位、人性化的管理来达到育人的根本目的。

1. 楼宇管理总体目标

在物业管理中，能否管出最佳效果，能否实现"管理、服务、育人"三位一体化管理，对高校、物业公司的影响都很大。楼宇管理三项管理目标是：

1）力争服务"零投诉"为质量管理目标，通过专业化的管理、规范化的服务、贯穿"以人为本"的服务思想，致力在校内创造一个舒心、安心、顺心的学习和生活环境。

2）自接管物业管理之日起，按优质标准实施物业管理服务，做到管理无盲点。

2. 楼宇管理主要思路

根据某高校物业管理的特点，在具体的管理服务过程中，我们将牢牢把好以下几个关口，确保物业管理各项工作的正常开展，以求得最佳的管理效果。

1）把好安全关，确保安全有序

经常性加强管理员的安全意识教育，运用各种手段，确保安全工作万无一失。

（1）统筹计划安排。把学校安全管理方案统筹考虑，全盘计划安排，以形成下紧上松、内紧外松的防护体系。

（2）突出防范重点。根据安全防范特点，并结合楼宇实际情况，确定治安防范重点部位。保证24小时值班，每秒钟不脱人，建立闭锁门窗交接制度、夜间值班巡查制度。主动配合学生处和校保卫处工作，加强消防和安全用电、用水工作，经常性地检查水、电、消防器材和设备设施，确保状态良好。对于违章用电、用水的同学，要加强管理和教育。

（3）制订突发事件应急预案。设想可能在楼宇内发生的突发事件（如盗窃、火灾等），制定相应的应急处理预定方案。

2）把好卫生关，确保保洁质量

整洁的环境，是管理最基本的要求。把环境整洁作为提高管理档次的重要的一个方面抓紧抓好，实施全天候、全方位保洁，做好公共及周边环境的绿化保洁工作。

（1）严格规定各部位保洁作业指导书，发现不洁现象，随时处理。严格遵守质量标准和工作流程，真正做到无可挑剔、人人满意。

（2）严格检查考核，通过每天的巡视和不定期检查，通过公司和管理处的定期考核和奖惩措施，使每个保洁员保持足够的工作动力和衡定标准，坚持不懈。

（3）实施"物业110服务中心"服务模式，赋予每位物业管理人员对保洁的监管职责，发现不洁现象随时处理。

3）把好服务关，确保工作秩序

根据学校作息时间，由管理人员开关出入口。每班设管理员、值班员，并且每位员工无微不至地关心学生的学习生活。在服务过程中要求做到班班有记录、事事有依据，始终注重谦逊礼貌、热情周到，主动接受师生的监督。

14.4 后勤信息化管理

随着教育现代化建设，以及国家大力推进建设的以信息化带动现代化工程，高校后勤

工作也有相应的独立的信息化设备,实现信息化管理可以给后勤服务带来以下几点好处:

1) 大大提高工作效率,提高工作积极性,减少人力资源浪费。

2) 采用智能化信息化管理特种设备,可以预防安全事故的发生,减少事故损失。

3) 节约能源,为学校创造经济效益,保护环境,节能减排。

4) 网络报修平台的建立,使工作人员能第一时间得到准确信息,便于及时处理,保证教学科研的正常运行。

14.4.1 信息化系统通用功能模块设计

信息化系统通用功能模块设计如图 14-1 所示。

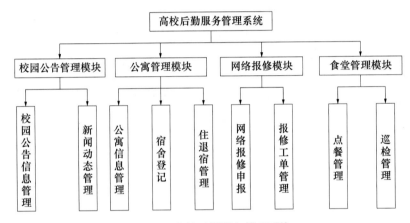

图 14-1 高校后勤服务管理系统

1. 校园公告管理模块

校园公告管理模块主要用于对后勤部门的具体校园公告信息及实时的新闻动态内容进行编辑与发布等操作。

1) 校园公告信息管理子模块:主要包括校园公告编辑、校园公告审核与修改,以及校园公告发布三大子功能。

2) 新闻动态管理子模块:主要包括新闻信息编辑、新闻信息审核与修改,以及新闻发布三大子功能,具体操作与校园公告管理操作过程较为类似。

2. 公寓管理模块

公寓管理模块主要包括公寓信息管理、宿舍分配及住退宿管理这样三个子功能,进而用于对学生宿舍分配、住退宿等情况进行规范化管理。

1) 公寓信息管理子模块:主要包括楼宇管理及房间管理这样两大子功能,进而便于对每年新生报到和毕业生离校后宿舍楼宇的重新划分,以及宿舍房间基本信息的录入、修改及删除等操作。

2) 宿舍登记子模块:主要包括宿舍智能分配及宿舍入住统计两大子功能,其中,宿舍智能分配子功能主要是结合新生所注册的基本信息,如籍贯、录取专业、高考成绩及兴趣爱好等,通过上述信息的导入、筛选和挖掘分析,根据所属学院,经上述关联信息通过关联规则算法挖掘后将所有新生所需的宿舍进行均衡的智能化分配，通过合理地分配，能够基本使得所有新生在宿舍室友的相互影响下，共同学习和进步。在进行新生宿舍智能分配功能设计时同样采用关联规则挖掘算法进行挖掘分析。

3）住退宿管理子模块：主要包括住宿管理及退宿管理这样两大子功能，进而便于对学生宿舍的入住及退宿申请进行审核、记录等操作，便于对学生宿舍更加规范化地管理。

3. 网络报修模块

网络报修管理模块主要包括网络报修申请、网络申报审核及报修工单管理三个子功能，主要负责对学校内的教师公寓、学生宿舍、教学科研场所的供水供电等方面存在的故障进行管理，便于用户能够及时通过平台上报出现的故障，也便于学校及时了解校内设施的故障情况。

1）网络报修申请子模块：主要包括申报信息录入及申报信息提交两个子功能，主要负责故障申报信息的在线填写与提交，当相关设施发生故障后，用户可以通过维修申报申请模块填写相应的故障信息，并进行在线提交。

2）网络报修审核子模块：主要包括报修信息审核及审核结果反馈两个子功能。通过该子模块，负责对各类故障维修申请进行审核与反馈，相关人员审核通过后将审核结果填入系统，并反馈至申请发起人以便查询审核进度。

3）报修工单管理子模块：主要包括维修处理安排及工单状态反馈两个子功能，负责故障维修的安排、维修状态的反馈。相关工作人员通过系统查看审核通过的维修申请单，并根据故障的紧急情况等，对故障维修工作进行安排，并将安排的维修人员、维修日期等输入系统，反馈至故障维修申请方，便于其及时了解故障维修的状态。

4. 食堂管理模块

食堂管理功能分为点餐管理、巡检管理及建言献策三大子功能，通过该功能，教职员工能够通过在线的方式选择相应食堂的厨师进行点餐，进而较好地解决了由于加班等原因无法及时去食堂吃饭的问题，同时教职员工还可以利用本模块对食堂的饭菜情况建言献策。后勤部门领导还能够通过巡检方式不定期地对食堂的相关情况开展巡检处理，保证食堂服务质量与规范化的管理。

1）点餐管理子模块：主要包括点餐信息编辑与提交、信息查询及订单处理三大子功能，进而便于相关人员根据具体需求对所需点餐信息进行编辑，待录入完成并检查无误后，便可以直接上传。食堂工作人员能够根据新上传的点餐信息查询，并对其订单及时处理与安排。

2）巡检管理子模块：主要包括巡检任务管理及巡检处理两大子功能，后期部门领导通过本模块能够对所需的日常巡检任务进行制定与规划，并对实际的巡检情况及时处理与记录，便于食堂的规范化管理。

3）建言献策子模块：主要包括意见编辑及意见查询两大子功能，主要用于就餐人员对食堂服务质量、饭菜口味等建议进行反馈，便于食堂工作人员和后勤部门领导查询与处理，促进食堂服务水平的提高。

14.4.2 信息化成效分析

1. 强化信息化管理，创建节约型校园

通过使用能耗监控平台，实时监控学校水电使用，及时发现跑冒滴漏现象。通过使用招标采购系统，将每日供应的日常消费品精确到"生均日"供应量，合理采购，保障食品新鲜、及时。

2. 升级一卡通，推进后勤全程一体化服务

通过建立师生个人"一卡通"账户等数据管理平台，服务师生校园生活的新需求。通过对"一卡通"的升级改造，扩大"一卡通"功能，使之成为全校的个人账户、商户账户、数据中心之间的金融业务和数据处理的媒介。

"一卡通"能够提供服务柜台、门户网站、多媒体机等信息服务，师生能够随时、方便地食堂就餐、超市购物、门禁刷卡、图书馆借阅，远期还将实现在线消费、全程了解自己的学业情况和周围的信息等功能，帮助师生更加主动地安排自己的学习、科研和生活，在精品的生产、细节的服务、最后一公里的工作上实现后勤一体化的综合服务。

3. 整合后勤信息化系统，实现管理全覆盖

坚持管好导向、管好阵地，实时关注学生需求，实现与学生沟通引导"零距离"。把学生公寓的安全和食堂管理，作为后勤的重中之重。安装 LED 显示屏，滚动播放学生社区服务通知、安全提示等，让每位学生及时了解最新信息；运用门禁系统和监控设备，全方位监控社区安全；公寓管理人员通过系统实现卫生检查、辅导员走访、学生违纪、宿舍违纪、学生寝室报修、维修登记和跟踪、住宿调整等服务，做到了便捷、高效。

通过大数据的调研分析师生需求，开辟了清真餐饮和专柜；为教职工提供了校内菜市，供应蔬菜、水产、肉类等，接受预订。根据后勤员工特点，利用多种数据平台加强了对后勤员工的定期、随机动态考核，增强了工作的实时性，调动了员工的工作积极性，使员工考核工作保持在良性循环状态。

随着高校信息化步伐的加快，大数据在高校后勤运用的成效越来越凸显，为实现传统后勤向智慧后勤的转型提供可能。当前，聚焦传统后勤的问题，借助信息化和大数据，调结构，补短板，实现向智慧后勤的转型升级，是高校后勤供给侧结构性改革的一项重要任务。

4. 拓宽信息渠道来源，建立完善的大数据库

大数据是由人类日益普及的网络行为所伴生的，蕴含数据生产者真实意图、喜好的，非传统结构和意义的数据。高校后勤是对"人、财、物"系统统筹，要使后勤智能化，需要广泛开辟信息来源，建立丰富完善的后勤数据库。这个数据库应具有如下特征：

1）呈现多元性特征的数据库。这个"多元"的数据库，要涵盖学生、教师、国有固定资产、设备、能耗等多方面。通过分析这些海量的数据，提高为师生服务的及时性、有效性，让我们能准确判断：宿舍自动售货机上需要在哪个时间及时供货，提供哪些商品学生更加受欢迎等等。

2）呈现多维性特征的数据库。"多维"的概念指时间、空间等共同的联系。这个数据库给人以时空上的延展。例如，国有资产的数据库，可以以"学校的平面图"作为起始画面，点击"图文中心"，显示其占地面积、楼层、建筑年代、功能；点到每一个房间，可以看到它的空间、现有资产等信息，包括校园珍贵古树木也可在此系统内进行归口、统计。

3）呈现多向性特征的数据库。"多向"指的是学生来源的多方向性。"大数据"的一个重要的观点就是要"纷繁的数据越多越好"，而现在高校后勤掌握的数据，仅仅停留在学生报考志愿时填写的，如政治、性别、籍贯等简单要素的信息，而对于他们的生活特征、个人喜爱、消费习惯等却没有，而这些数据，正是做好新时期后勤服务工作大大需要的。

4）呈现多层次特征的数据库。既要有学生信息资料，还要有教职工的信息资料；既要有新生的信息资料，还要有老生的信息资料；既要有个性化信息资料，还要有群体性、地区性信息资料；既要有综合性信息资料，还要有不同民族、性别、年龄等信息资料。

通过这个多元、多维、多向和多层次的数据库，可以开展数据挖掘分析，深入研究师生消费者的习惯、偏好、兴趣等特征，以及涉及后勤人、财、物管理的地理、历史等信息，为精准定向服务和精细化管理提供可能。

5. 集成后勤信息化平台，依托互联网＋实现服务的转型升级

高校后勤管理涵盖了餐饮管理、资产管理、设备管理、财务管理、教室管理、住宿管理、修缮管理、医疗管理、物业管理、能源管理、车辆管理、一卡通管理、门禁管理等多种业务。要使这些管理高效智慧，不但需要建设十几种借助计算机管理的信息化系统，而且需要建设一体化的后勤信息化平台，实现服务转型升级。要开展如下工作：

1）集成后勤信息化平台。后勤数据量大且系统分散，信息整合的难度很大，需要将其集约到一个平台上，达到安全运行可控、可追溯、可评价，资源共享、利用高效。

2）转变观念加快后勤社会化步伐。改变传统后勤"校方提供服务，学生被动接受服务""校方提供产品，让学生消费"的模式，改变一味从提升传统的、单一质量入手的习惯，调整靠提供本地特色服务品种创品牌的固有做法，加大推进后勤社会化工作力度，将更多有实力、有品牌、有良心的市场主体引入校园，使其参与校园市场竞争，为广大师生提供质优价廉的服务。

3）服务创新满足多样化需求。以师生不同种类、不同特色、不同要求的多样化的需求为目标，在供给侧做文章、下功夫，借助手机终端，以 APP、微信等载体开辟"互联网＋"餐饮服务、"互联网＋"学生公寓、"互联网＋"能源监管、"互联网＋"智慧教室、"互联网＋"便捷维修、"互联网＋"现代物业等，实现服务质量质的飞跃。

6. 强化大数据分析，实现智慧后勤

大数据分析是在研究大量数据的过程中寻找相关性和其他有用的信息，具有高可靠性，高扩展性和高效性等特点，可以更好地做出精准的决策。在传统后勤向智慧后勤的转型过程中，需要在大数据应用上做好以下工作：

1）要制定后勤信息化建设规划。要结合后勤管理、服务的需要及存在的问题，制定信息化建设规划，将后勤各部门信息化建设的功能需求、供给、建设步骤和相互支持统一落实在规划中，形成智慧后勤建设的进军路线图，为迈向智慧后勤规划目标方向。

2）建成后勤信息化中心引进专业人才。要按照后勤信息化建设规划，建设后勤信息化中心，统筹推进后勤信息化建设工作，在集成后勤各信息化业务系统的基础上，引进后勤信息化专业人才，加强人员培训，开展后勤大数据应用的分析研究，提高各业务系统的整合与互相支持，逐步建立大数据库，推进大数据的运用和管理。

3）建设完善线上线下的互动渠道。根据"全数据模式"的"大数据"核心理念，要建设完善线上线下的沟通渠道。要更多地了解师生的信息需求，更加经常性地通过微博、微信了解、发现、掌握、跟踪师生的诉求，在及时帮助师生解决难题上下功夫，并且搭建覆盖全省、全国高校的信息化公共服务平台，为掌握更多师生需求提供足够信息。

4）要完善大数据运用的管理机制。要按照国家信息化建设的规定和相关法律制度体系，加强后勤信息化建设的统一领导，在开展整合信息化系统和大数据挖掘的工作中，要以安全和科学为原则，加大体制机制建设，落实管理合法合规，确保大数据运行科学可靠，维护师生权益和切身利益，为学校发展和教学科研管理提供高效有用的后勤服务保障。

第5篇 咨询与管理案例

学校教育工程项目按照教育阶段可以分为幼儿教育、中小学教育和大学教育，不同阶段教育所需要的教学与生活设施（包括硬件、软件等）均有所不同，随着年龄和专业化程度的提升，学校建设项目的复杂程度也不断增加。因此，针对不同教育阶段的工程项目，其全过程咨询的关注点、咨询服务的方法、手段与措施也有所不同。本篇按照高等院校、中小学、幼儿园三种学校教育项目类型，进行全过程工程咨询案例分析，项目各有侧重点，使读者能更全面、更深刻地对学校教育项目全过程工程咨询有进一步了解。

第15章 高 等 院 校

大学教育的任务是为社会培养各类高等专业人才,以满足经济社会发展的需要。近年来,高等教育迅速发展,已由精英教育阶段过渡到大众教育阶段,入学人数激增,促进了高等院校建设的大力发展。高校建设占地规模之大,建设速度之快,建筑形式之多样是这个时期的突出特点。可以说,高等院校建设经历了一个卓有成效的发展阶段。

高等院校的建设要求高标准、高质量,坚持现代化、数字化、智能化的建设要求,高等院校的建设不仅展现了学校的硬件条件,文化气质,还承担了学生教师日常学习、工作、生活的使命。所以高等院校的建设对于高校来说都是百年大计,质量及功能规划都是重中之重。随着我国相关建设法律法规的完善及相关监管工作的落实,使高校基础建设逐步规范化,使高校新校区建设稳定、有序地开展。

15.1 中山大学深圳校区

在本系列丛书《房屋建筑工程全过程工程咨询实践与案例》分册的编写过程中,主案例中山大学·深圳建设工程项目处于工程设计、招标采购和工程施工阶段,也是项目实施策划方案落地阶段,目前项目建设内容已经全部完成,编写组组织项目全过程工程咨询的咨询师们对项目实施策划方案有关内容的实施效果进行复盘总结,分别从项目简介、项目特点、咨询管理成效、项目策划各项工作落实情况分析、方法论的建立、成功经验分析、全过程工程咨询项目实践体会进行阐述,以检验全过程工程咨询选用的咨询方法、手段措施、制度流程、体系和路径等的有效性、可行性,为后续全过程工程咨询工作提供借鉴。

15.1.1 项目简介

1. 项目概况

中山大学·深圳建设工程项目,位于深圳市光明区,总占地面积110.35km^2,总建筑面积127.53万m^2,总批复概算127.29亿元。包括医科、理科、工科、文科四大学科组团及图书馆、体育馆、大礼堂、学生宿舍及食堂等公共配套设施。办学规模20000人,其中本科生10000人,研究生10000人。项目于2018年5月1日开工,截至2022年8月,已完成104万m^2竣工交付,剩余23万m^2建筑计划2022年12月全部竣工交付。中山大学效果图如图15-1所示。

图 15-1 中山大学效果图

2. 背景介绍

为贯彻落实党的十九大及习近平总书记"四个走在全国前列"系列讲话精神，积极响应住房和城乡建设部开展全过程工程咨询试点要求，结合深圳市建筑工务署（以下简称工务署）大力推行政府工程高质量发展理念，打造现代建筑业 3.0 版，实现工务署在行业内理念引领、品质引领和技术引领的总体要求，于 2017 年 6 月，在中山大学·深圳建设工程项目率先引入全过程工程咨询管理模式。

15.1.2 项目特点

1. 项目重要性

中山大学·深圳建设工程项目的建设，是深圳引领粤港澳大湾区发展、实施人才强市战略、加快优质人才战略性集聚的重大举措；也是依托中山大学附属医院的优质资源，开展医学科研和高层次人才培养，为深圳市民提供高水平医疗卫生服务，提升深圳市整体医疗卫生水平的重要依托。

2. 技术先进性

项目采用 BIM 应用、装配式建筑、综合管廊、边坡生态修复、海绵城市、智慧校园、绿色建筑等先进技术及设计理念，需要全过程工程咨询单位提供技术支撑，并进行综合有效管控。

3. 工程复杂性

1）挑檐屋面。本项目建筑屋面采用大挑檐结构，大挑檐离地悬空高度为 20.15～90.15m，构件荷载较大，其中三角梁与柱连接处高度达 1.8m，大挑檐最大悬挑长度 8.95m。由于构架层悬挑长度大，且需要长期高空作业，安全风险多，管理难度大。

2）新型陶砖幕墙。本项目幕墙使用的陶砖幕墙，因陶砖幕墙无标准化验收规范，且造型多样、工艺复杂、专业工种稀缺、质量要求高。

3）双层网架穹顶。本项目图书馆穹顶结构为双层网架，网架顶标高84.6m，最大跨度为63.88m，结构进深45.6m，单榀桁架最重为19t，钢结构总重量约1123t，且桁架上下弦均有拱形或者斜率较大的混凝土现浇结构，浇筑成型难控制，施工难度极大。

4）大跨度网架。本项目体育组团布置3个大面积网架结构，网架最大长度95m、宽度80m、总面积21980.4m^2，屋面大跨度、大面积网架安装精度控制难度大。

5）高等级实验动物中心。实验动物中心是面向大湾区、亚洲规模最大的综合性动物实验公共服务平台，总建筑面积36100m^2，其中净化区面积9725m^2，并与人体解剖、法医、标本库及预留转化医学平台在同一建筑单体。工艺流线复杂，设计专业性强、难度大。

4. 自然条件恶劣性

项目范围地形复杂，需要治理山体边坡11万m^2，基础施工过程中发现地质断裂带；场地范围内存在大量软弱地基等需要处理；台风暴雨时间长，对现场施工影响大。

5. 质量进度要求高

本项目为深圳市政府投资重点项目，定位创办世界一流大学，要求保证项目高标准、高质量，并需按期交付，2020年首批交付建筑工期仅有18个月。

6. 政治与社会复杂性

本项目涉及50万m^2建筑需要拆迁，其项目用地范围内存在古墓群及庙宇，此外还有运营中的工业园厂房，对当地本土居民居住及生活影响较大。

15.1.3 咨询管理成效

项目荣获2020年中国工程咨询协会优秀成果奖、2020年浙江省工程咨询行业协会咨询成果一等奖、2019年（第七届）广东省土木建筑学会科学技术奖二等奖、2019年广东省工程建设优秀质量管理小组二等奖、2020年广东省土木建筑学会科学技术奖三等奖2项、2019年第十届"创新杯"建筑信息模型（BIM）应用大赛-工程全生命周期-房建类BIM应用第一名、2020年第十一届"创新杯"建筑信息模型（BIM）应用大赛-工程建设综合BIM应用二类成果。

15.1.4 项目策划各项工作落实情况分析

1. 项目管理模式实施情况分析

基于全过程工程咨询模式下"小业主、大咨询"的定位，以及通过工程咨询合同充分授权、履约考核等措施，基本实现了预期目标。主要体现如下：

1）实现理念引领

项目实施期间一些优秀管理理念实现了在工务署乃至全国的引领效应，如策划先行理念、立体型学习组织理念、三位一体投资控制理念、党建引领理念、节能减排等。

2）出经验、出成果

通过项目策划，参建单位全体管理人员有了统一性、全局性的目标以及实施路径，在质量、进度、安全、投资、技术及管理创新等方面的管控较传统模式均得到不同程度提升，总结了一系列可推广的管理经验，如建立工作清单机制、问题跟踪矩阵机制、项目管理人员融合机制、大讲堂及微课堂机制等；提炼了一批优秀技术成果，如出版专著《房屋建筑工程全过程工程咨询实践与案例》、卫生间防水关键技术等三项技术成果荣获广东省科学技术奖、实用新型专利19项、省部级工法6项等。

3）涌现人才

在项目实施期间，建设单位、全过程工程咨询单位及承包单位的管理人员打破层级和界限，相互融合，综合素养得到快速提升，培养出了一批优秀项目管理人才。

4）优化人力资源配置

若按照传统监理模式，参照工务署组织建设深圳大运会时期人员配置标准，中山大学项目组至少需配置60人，但实际上建设单位项目组高峰期仅配置10人，极大地释放了工务署人力资源，充分体现了优化资源配置的目的。

2. 建设目标实施情况分析

项目策划明确了总体进度目标、质量目标、投资控制目标、安全文明施工目标、绿色建筑目标、技术创新、海绵城市、BIM应用共八大项目标体系，各项目标完成情况如下：

1）总体进度目标

策划目标：原进度目标为2020年6月首批36万m^2建筑交付，2021年6月全部单体交付。

实施情况：受2020年以来新冠肺炎疫情等原因影响，本项目2020年8月交付首批36万m^2，2021年8月交付第二批40万m^2，较计划延后2个月；2022年8月交付第三批28万m^2，2022年12月剩余建筑将全部交付。

2）质量目标

策划目标：鲁班奖、国家优质工程奖。

实施情况：质量目标达到预期目标，已经取得24项质量类奖项，其中包括深圳市优质结构、广东省优质结构奖、上海市建设工程金属结构"金钢奖"、广东省风景园林与生态景观协会科学技术奖——金奖等。尚有多项质量类奖项正根据计划申报办理。

3）投资控制目标

策划目标：结算不超概算。

实施情况：总概算批复119.8亿元，合同金额117.44亿元，预计结算额117.92亿元；实验室工艺概算批复7.69亿元，签订合同额6.71亿元，预计结算额6.51亿元。

4）安全文明施工目标

策划目标：零死亡、"国家AAA安全文明标化工地"。

实施情况：当前项目无重大伤亡事故，获得全国建设工程项目施工安全生产标准化工地证书等共计19项，其中，设计施工总承包I标段获得国家AAA安全文明标化工地。

5）绿色建筑目标

策划目标：最高绿色建筑设计三星认证。

实施情况：综合服务大楼获得绿色建筑设计三星认证，其余公共建筑获得绿色建筑设计二星认证。

6）技术创新目标

策划目标：取得省部级科学技术奖，省部级工法若干项，专利若干项，论文集 1 册、建设风采录 1 部。

实施情况：取得广东省科学技术奖 3 项，广东省风景园林与生态景观协会科学技术奖 1 项，获得省部级工法 6 项，实用新型专利 19 项，出版《房屋建筑工程全过程工程咨询实践与案例》专著 1 部，已发表论文 90 篇，建设风采录排版中。此外，项目评为新技术应用示范工程、深圳市新技术应用示范工程、广东省新技术应用示范工程。

7）海绵城市应用目标

策划目标：年径流总量控制率指标高于地方标准。

实施情况：年径流总量控制率 74.35%，高于光明先行示范区 73% 的标准。

8）BIM 应用目标

策划目标：全过程 BIM 咨询应用，发挥智慧建造、协同管控作用。

实施情况：取得了一些 BIM 类奖项，一定程度上实现智慧工地展示目标，协同管控效果未达预期，未体现 BIM 专项咨询应有作用。

3. 进度实施情况分析

1）策划目标：原进度目标为 2020 年 6 月首批 36 万 m^2 建筑交付，2021 年 6 月全部单体交付。

2）实施情况：受 2020 年以来新冠肺炎疫情等原因影响，本项目 2020 年 8 月交付首批 36 万 m^2，2021 年 8 月交付第二批 40 万 m^2，较计划延后 2 个月；2022 年 8 月交付第三批 28 万 m^2，2022 年 12 月剩余建筑将全部交付，最迟交付一批相较总进度目标滞后 18 个月。

3）进度滞后原因分析：

（1）使用需求不确定及反复调整

① 设计阶段面临的实验室使用团队不确定，造成无法开展施工图纸设计，如实验动物中心使用团队更换三次，无法及时明确使用需求，造成施工总承包招标采用模拟工程量清单。

② 施工期间使用需求反复调整，项目实验室建筑面积约 30 万 m^2，其中约 1/3 在施工期间发生颠覆性功能调整，需要重新设计，如新增加农学院等办学功能；生态工程学院、生物医学工程学院由理工科组团整体调整至医科组团；1/3 建筑面积发生平面调整，造成重大变更，直接影响工期。

③ 个别建筑方案发生重大变化，如图书馆穹顶方案变化，造成停工 3 个月；综合服务大楼调整部分建筑功能，将原来三层办公室调整为一间三层通高会议室，影响工期 2 个月。

④ 因实验室使用需求反复造成工期拖延太久，且各方合同均没有费用补偿，引发各单位产生疲倦心理，进一步造成管理力度下降、各类资源投入不足。

（2）不可抗力影响

① 不可预见地质因素，一是图书馆桩基施工期间出现异常，经超前钻分析，图书馆坐落于地质断裂带，影响工期3个月。二是综合服务大楼现场地基检测报告显示承载力不满足原设计要求，经多点复测并举行专家论证后，调整设计方案，影响工期2个月。三是国际学术交流中心基坑开挖过程中发现局部区域回填渣土造成土体塌方，增加钢板桩支护，影响工期1个月。四是西区宿舍静压管桩频繁遇见孤石等地质异常，造成114根管桩断桩，占总数量7%，影响工期1个月。

② 新冠肺炎疫情影响，2020年初至2022年，项目多次停工应对疫情，一是直接停工影响，2020年直接停工影响工期33天，2022年直接停工影响工期28天。二是因疫情影响造成务工人员返岗率低、返岗周期长、人员流失，间接影响工期3个月。三是部分材料、设备工厂在疫区无法按时生产、发货，如实验室多种类型设备万向罩、风阀、洁净空调机组等工厂在苏州、上海，影响工期40天。

③ 极端天气等因素，一是极端天气影响23天，二是2019年国庆特别防护期间影响8天。

（3）土地整备不及时

项目土地整备工作量大，项目根据土地整备情况调整了招标时序，但仍因土地整备不及时影响部分单体及时开工，如：医科组团20号楼，施工总承包于2018年11月进场，该地块于2019年5月移交，影响工期6个月；西区宿舍范围原有消防站搬迁不及时，影响西区宿舍工期3个月。

（4）施工组织及资源调度

① 施工组织能力未达到合同要求，3家施工总承包单位中标项目经理、技术负责人等主要管理人员不能到岗履职，虽已按合同约定进行违约处置，但造成管理能力与项目定位不匹配、与招标要求不符，资源调度不及时，技术支撑不能完全满足项目要求，对项目工期产生系统性影响。

② 劳动力市场长期趋紧，按定额测算，项目高峰期2020年3～5月，劳动力数量需达到15000人，实际仅为12000人，为定额的80%，其他时期劳动力与需求普遍存在约30%负偏差。

③ 部分材料生产供应不及时对关键工序产生影响，主要表现为施工单位计划性不强，提报生产计划滞后，市场波动影响，合同签订后供应商有调价诉求，施工期间破损丢失，补单周期长，施工单位付款不及时，供应商延迟发货。如西区公共教学楼7000m^2PVC卷材，延迟供货20天，最后采用空运发货以降低其对工期影响。

（5）承包单位投标及履约风险影响

① 防水单位重新委托，防水供货施工合同Ⅲ标的某防水公司，为工务署预选招标合作单位，在合同履行约50%时，因企业经营问题无法继续履约。按照流程先办理合同解除，再重新委托，2家防水单位交接转换影响工期约40天。

② 装饰中标单位投标期间发生诉讼造成投标无效，国际学术交流中心第一次招标于

2021年4月确定某装饰公司为第一候选中标单位，经复核该单位投标期间存在诉讼，不符合中标条件。然而重新招标确定的装饰单位履约能力较差，重新招标及履约能力不足影响工期10个月以上。

③装饰施工单位受某房地产债务事件影响破产重组，无法履约，采取紧急处置措施，按照流程办理合同解除，重新招标，装饰单位交接转换影响工期约6个月。

4. 招采合约实施情况分析

策划方案制定了大总包＋专业分包＋预选招标组合招标方案，通过市场调研，实现全链条择优的总体招标原则。从实施情况分析，总体思路可行，基本上实现了施工总承包、智能化、园林绿化等专业承包单位，以及实验室、园林绿化专项设计择优的目标，也存在部分承包单位企业综合实力强但履约能力差、室内装修单位良莠不齐、项目经理普遍不能到岗等现象。具体实施情况如下：

1）招标工作总体实施情况

本项目共完成招标151项，累计招标金额1116095万元。其中按招标方式划分，本项目公开招标57项，招标金额1011124万元；预选招标65项，招标金额97208万元；简易招标12项，招标金额483万元；直接委托17项，招标金额7279万元。如图15-2所示。

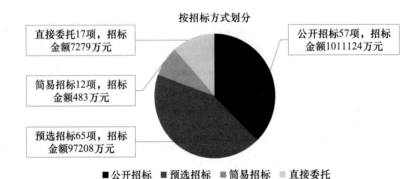

图15-2 按招标方式划分

按招标类型划分，施工类招标37项，招标金额942872万元；采购类招标49项，招标金额124994万元；服务类招标65项，招标金额48230万元。如图15-3所示。

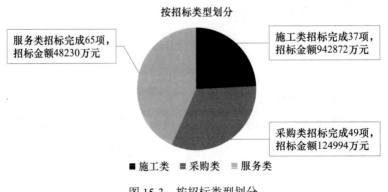

图15-3 按招标类型划分

2）施工总承包招标策划与履约情况分析，详见表15-1～表15-3。

设计施工总承包（EPC）Ⅰ标段主要目标复盘　　　　表15-1

复盘内容	合同约定	实施情况	备注
人员到岗	① 项目经理：高级工程师、本科学历、1项鲁班奖、2项10万 m^2 以上最具代表性的已完工的类似工程业绩； ② 技术负责人：高级工程师、本科学历、2项10万 m^2 以上最具代表性的已完工的类似工程业绩	① 项目经理：更换，无鲁班奖业绩，其余条件与投标项目经理相当； ② 技术负责人：更换，与投标项目技术负责人不匹配	项目经理违约金500万元，技术负责人违约金100万元
工期目标	第一批2020年6月，第二批2021年6月	第一批2020年8月；第二批2021年8月	疫情、土地整备等影响
质量目标	深圳市优质工程奖	省优质结构，省优在评	可实现
投资目标	16.8亿元	15.6亿元	指标可控，进度略有滞后
安全文明施工	工务署排名靠前给予奖励	国家级AAA文明工地，4个季度排名靠前	超指标完成
技术成果	BIM、装配式类主要技术成果	广东省科学技术奖等	超指标完成
综合评价	总体履约表现良好，各项指标基本符合约定，尤其是技术创新方面，提前策划、积极推动，取得了良好成效。在商务管理、保修期管理方面有待加强		

施工总承包Ⅱ标段主要目标复盘　　　　表15-2

复盘内容	合同约定	实施情况	备注
人员到岗	① 项目经理：1项国家优质工程奖、2项20万 m^2 以上的公共建筑； ② 技术负责人：高级工程师、本科学历	① 项目经理：更换，与投标项目经理不匹配； ② 技术负责人：更换，与投标项目技术负责人不匹配	项目经理违约金500万元，技术负责人违约金100万元
工期目标	第一批2020年6月，第二批2021年6月	第一批2020年8月，第二批2021年8月，第三批2022年8月，尚有13万 m^2 计划2022年12月交付	多重因素叠加
质量目标	"图书馆"获得"鲁班奖"	图书馆尚未竣工	
投资目标	247897万元	299782万元	需求不稳定导致设计深度不够，模拟清单招标预估投资指标不足
安全文明施工	AAA级安全文明标准化诚信工地	广东省安全文明工地	未达到合同约定
技术成果	专利、工法、论文等若干	按约定完成	
综合评价	总体表现尚可，管理基本规范，管理人员年轻化程度高，冲劲足，但经验尚缺，关键节点资源调动能力较强。管理人员流动性较大，机电、市政专业化程度有进一步提升空间		

施工总承包Ⅲ标段主要目标复盘　　　　　　　　　　　　　表15-3

复盘内容	合同约定	实施情况	备注
人员到岗	① 项目经理：2项鲁班奖、1项20万m²以上的公共建筑工程业绩； ② 技术负责人：高级工程师、研究生学历	① 项目经理：更换，无鲁班奖业绩，与投标项目经理不匹配； ② 技术负责人：更换，与投标项目技术负责人匹配	项目经理违约金500万元，技术负责人违约金100万元
工期目标	第一批2020年6月，第二批2021年6月	第一批2020年8月，第二批2021年8月，尚有10万m²计划2022年12月交付	多重因素叠加
质量目标	国际学术交流中心获得"国家优质工程奖"	尚未竣工	装修单位破产重组
投资目标	354566万元	386696万元	需求变化、设计深度、清单质量等原因
安全文明施工	AAA级安全文明标准化诚信工地	广东省安全文明工地	未达到合同约定
技术成果	专利、工法等若干，论文集、风采录各1部	按约定完成	
综合评价	总体表现尚可，公司治理结构制约项目层级管理体制，管理相对松散，关键节点资源调动能力欠缺。基础、幕墙专业程度有较大提升空间		

施工总承包招标实施建议

（1）招标规模，施工总承包标段划分应充分分析潜在投标企业在项目所在地的资源投放能力、核心管理团队到岗可行性。从项目实施情况分析，对于复杂程度一般、分期交付、标准化程度较高的建筑，如宿舍、公寓类，总承包每个标段承担的建筑规模最大不宜突破30万m²；对于包含有一定复杂程度的公共建筑，如图书馆、体育馆、大礼堂、教学楼、实验楼等，总承包每个标段承担的建筑规模最大不宜突破20万m²。

（2）招标范围，宿舍公寓类，承包范围尽可能扩大，涵盖房屋建筑各专业及室外配套工程，不建议发包人另行分包专业承包单位，大型设备如电梯可单独采购安装；公共建筑类，专业技术性特别强、建造标准特别高、整体性要求特别高的部分专业工程，建议发包人另行发包并纳入总承包管理，如实验室工艺工程、高标准装修工程、智能化工程、园林绿化工程等。

（3）工期设定，一方面，要参照工期定额、类似项目经验并结合使用单位需求合理测算工期，避免过度压缩工期（30%以上）；另一方面，对于群体工程，同一施工标段范围建筑交付工期节点不多于2个。

（4）人员考核，一方面，对于主要管理人员条件设置要贴切，避免过度提高要求，造成人员高配，中标后无法到岗履职；另一方面，强化项目主要管理人员到岗要求，提高人员变更成本，对于中标后不同阶段更换项目经理、技术负责人等主要管理人员的问题，除设置相应额度违约金以外，还可以联动行政主管部门进行诚信处置。

3）专业承包招标分析

本项目将室内装饰装修、智能化、消防电、园林绿化、实验室工艺、舞台工艺等专业性强的专项工程采取单独招标、纳入施工总承包管理方式。从中标单位选择、履约表现等方面分析，总体表现符合预期，但存在部分室内装饰装修单位管理不规范、个别实验室单位不熟悉工务署管理规定，造成上述单位履约表现不佳。详见表15-4～表15-7。

室内装饰装修专业承包招标一览表

表 15-4

标段	承包范围	装饰面积（m²）	合同额（万元）	单方指标（元/m²）
合计15个标段	教学楼、实验楼、大礼堂、体育馆、图书馆、学术交流中心等单体除车库、楼梯、机房外室内装饰	621695	68689	1105

综合评价：
　　室内装饰单位从管理规范性与施工总承包企业有较大差距，个别单位存在转包挂靠嫌疑，部分单位在材料采购环节存在恶意降低标准的现象，大部分单位现场文明施工管理不规范，大部分单位施工质量基本可控，大部分单位内业资料重视不够，大部分单位变更结算办理极为缓慢，整体缺乏技术创新意识和能力

建议：
　　（1）降低室内装饰装修独立招标规模、减少招标数量，仅对极少部分室内装饰标准特别高的装饰装修工程如图书馆、大礼堂、学术交流中心等进行单独招标。教学楼、实验楼等均可纳入施工总承包范围。需要在设计阶段各专业同步。
　　（2）单一标段合同额控制在6000万元以内，不可分割的特殊情况不建议超过1亿元。
　　（3）招标阶段重点考核企业财务状况如资产负债表、净现金流等指标

实验室工艺专业承包招标一览表

表 15-5

标段	功能类别	招标内容	合同额（万元）	建筑面积（m²）
医科组团 6个标段	实验动物中心、生物安全实验室、医学类实验室、生态修复及提升类实验室、临床医学类实验室等	电气、通风与空调、给水排水、实验室环境工程、净化装饰工程、纯水系统工程、气体工程	47674	124699
理工科组团 5个标段	航空航天、电子通信、计算机网络、材料设备	电气、通风与空调、给水排水、净化装饰工程	14419	107614

综合评价：
　　（1）医科类实验室专业性强，施工单位较为重视，管理基本规范，整体技术水平基本满足要求，材料设备采购相对规范，施工质量基本可控，文明施工管控不到位，非洁净区装饰工作不专业，变更结算工作推进不力。
　　（2）理工科类实验室复杂程度不高，招标选择施工单位针对性不强，施工单位管理水平良莠不齐

建议：理工科类实验室工程，在需求稳定、设计同步情况下，可纳入施工总承包范围

智能化专业（含舞台工艺）承包招标一览表

表 15-6

标段	承包范围	合同额（万元）
合计4个标段	智能化、消防电及舞台灯光、音响、机械	32891

综合评价：总体表现良好

建议：招标阶段就技术研发及创新方面提出明确要求

园林景观（含边坡生态修复）承包招标一览表　　　　　　　　　　　表 15-7

标段	承包范围	合同额（万元）
合计 3 个标段	园林绿化、园路、硬质铺装、水系、小品、边坡生态修复	26800

综合评价：整体技术能力一般，现场管控能力薄弱，无法支撑高强度、大片区施工

建议：
（1）招标规模不宜太大，合同额 3000 万元以内；
（2）发包范围仅限于绿化、园艺、水景、围墙、园路、硬质铺装、构筑物纳入总包范围

4) 预选招标分析

工务署预选招标制度实行多年，保证了工程质量和建设标准，简化了材料设备招标流程，极大地提高了项目建设品质。本项目完成货物类预选招标 36 项，招标金额 72445 万元；服务类预选招标 26 项，招标金额 14644 万元。详见表 15-8 ～表 15-10。

供货及施工类预选招标一览表　　　　　　　　　　　表 15-8

数量	承包范围	合同额（万元）
合计 17 项	电梯、防水、木门、钢质门、防火门、铝合金门窗、人防	47960

综合评价：
产品品质可控、供货相对及时、施工质量基本可控、施工进度管控不力，管理不规范，管理人员数量严重不足，在安全管理、文明施工、内业资料不能按照程序、标准同步进行

建议：
（1）电梯可进行公开招标，提高竞争意识和管理规范程度；
（2）人防工程可纳入施工总承包范围，允许专业分包；
（3）其余产品可采用列入品牌库方式，供货、安装纳入施工总承包或装饰装修施工范围

货物类预选招标一览表　　　　　　　　　　　表 15-9

数量	供货范围	合同额（万元）
合计 21 项	变压器、电缆、灯具、开关插座、母线、瓷砖、PVC 卷材、卫浴产品、天花铝板	34535

综合评价：
（1）品质可控、供货可控；
（2）产品系列不能完全覆盖项目需求，经常出现一个单体内同类产品既有甲供又有乙供的现象，造成管理界面混乱、使用维护难度大；
（3）挤占施工单位利润空间

建议：列入品牌库，可由施工单位在品牌库范围任意选择

服务类预选招标一览表　　　　　　　　　　　表 15-10

数量	服务范围	合同额（万元）
合计 26 项	勘察、设计、造价、前期专项咨询，如可行性研究、环评、地评、防洪评价等	14644

综合评价：
（1）大部分咨询服务单位服务质量基本可控，但不能体现高质量服务水准；
（2）服务意识总体相对淡薄，主动性不够，缺乏竞争意识

续表

| 数量 | 服务范围 | 合同额（万元） |

建议：
（1）前期专项咨询类服务费较低，市场竞争不充分，可继续采用预选承包模式，也可纳入全过程工程咨询范围，允许分包；
（2）勘察、设计、造价咨询应采用公开招标模式，或允许联合体方式纳入全过程工程咨询，牵头单位不具备资质或能力的服务内容允许分包

5）品牌库分析

（1）品牌库实施情况

工务署材料设备品牌库品种数达到100多种，在用品牌数700余家，从源头保障了材料设备品质，为高质量发展奠定基础。实施期间，也暴露出一些品牌库管理突出问题，如承包商与品牌库厂家议价能力弱，厂家支付条件苛刻，部分品牌库厂家供货能力不能保障，部分品牌可选厂家较少，少量品牌库产品因第三方抽查不合格造成施工方、监理方被动扣分等现象。

（2）实施建议

从品质、技术、价格、供应、违规处罚等全面优化品牌库供应商管理体系，营造供货、采购、施工、监管良性循环。具体建议如下：

① 明确品牌库产品尤其是进口品牌产品原产地或主产地，避免歧义和纠纷。

② 每一品牌入库数量原则上不少于5个，特殊条件下不得少于3个。

③ 不要求投标人在投标文件中填报具体品牌，实施期间可自由在品牌库范围内选用。

④ 不限定品牌供应商。

⑤ 实施期间，遇到供应不及时、质量问题、价格异常等情形，明确退出机制。

5. 合同管理分析

1）合同管理总体实施情况

合同管理作为项目管理工作内容的重要组成部分，在工程建设各个阶段发挥着重要的作用，直接关系到建设工程的质量、工期和投资效益。本项目共签订合同189份，合同签订金额120.57亿元，本项目具有合同数量多、标的额大的特点，且履约时间长，期间经历了材料设备异常涨价、经济环境发展速度整体放缓、企业经营状况出现危机、疫情反复等特殊情况，合同管理难度大。为了做好本项目合同管理工作，项目部坚持策划阶段确定合同管理目标，以管理制度为依托，通过履约评价、约谈等管理措施，创新推行合同交底制度，率先编制合同违约处理细则，采用合同履约情况白皮书对合同履约情况进行动态监控等一系列管理手段，取得了良好的管理成效，充分维护了建设单位的合法权益。

2）合同管理情况分析

本项目合同均根据工务署发布的招标文件示范文本最新版本签订，合同体系完整，与工务署管理制度完美结合。从材料设备进场、质量安全排名、施工进度管理、履约评价管理、项目管理人员更换、工程款支付及结算等方面进行了详细的约定，针对性和可执行性强，保障了建设工程目标的实现和管理制度的落地。但在合同执行阶段仍发现部分问题：

（1）部分合同条款有失公允。为了保证维护建设单位的合法权益，避免扯皮等现象，合同条款中多次出现"综合考虑……费用不予调整""包括但不限于""发包方有最终解释权""一切后果由承包人自行承担"等描述，一定程度上有失公允。

（2）部分合同界面划分不合理。因场地范围大、专业分包多，造成合同条款中部分界面划分存在不合理之处，如EPC总承包单位，承包范围不包含室外道路及小市政管线、综合管廊工程，上述室外工程分别由另外的施工总承包单位负责，在施工期间遇到场地移交不及时、土方标高测量不完整、雨季土方回填压实度困难等困扰。

（3）违约条款落地难、效果差。合同条款中就施工单位现场管理不规范、质量安全不合规、不服从管理等情形设置了违约条款。实施过程中，对部分违规情形进行了处罚，但处罚只是从进度款中扣除，公司领导不知情、管理人员不受影响，对现场管理未起到正面促进作用。

（4）合同风险防范意识不足。本项目防水工程、塑胶跑道工程、部分装饰装修工程承包单位由于涉诉或经营状况出现问题导致合同无法履行。在合同策划阶段未充分预料此种情况，在合同条款中也没有专门的针对性条款约定。

（5）本项目合同履行期限长。建设期间材料、设备价格出现大幅上涨和疫情防控等异常情况，导致承包人成本和工期增加；由于相关政策出台不及时，导致合同条款未明确约定调价或补偿措施。

（6）使用需求不稳定导致的合同变更。本项目交付时间紧张，为了保证交付使用节点，在使用需求未完全稳定的情况下，部分工程先行开展施工，后期使用单位需求频繁变化导致出现大量合同变更发生。

（7）保函管理待改善。部分合同由于履约保函或预付款保函过期导致合同存在履行风险，合同未明确约定保函续保的相关条款。

3）合同管理实施建议

合同管理已不再是简单的要约、承诺、签约等内容，而是一种全过程、全方位、科学的管理。为了实现合同管理的目标，不仅要重视签订前的管理，更要重视签订后的管理。结合本项目管理经验建议如下：

（1）建立科学高效的管理制度

工务署现有履约评价管理制度、不良行为管理制度能够将项目履约情况及时反馈给承包单位高层领导，可以很好地督促承包单位诚信履约，应坚持发扬和完善。

① 履约评价管理制度。第一，根据实际情况调整履约评价频率，部分季度由于不具备工作面或者其他原因，该季度实际未组织施工的，允许不进行履约评价，服务类合同、货物供货类合同建议按阶段进行评价，从而提高履约评价结果的真实度；第二，加强履约评价的应用力度，适当增加履约评价在分类分级和评定标参考因素中的应用权重；第三，建议履约评价增加主观分，比例控制在10%之内。

② 不良行为管理制度。首先，建议建立不良行为红线触发机制，例如履约评价结果不合格或质量安全不达标，可通过OA系统直接给予不良行为，不必上会审议，从而提高

决策效率，减少人为管理因素；其次，部分履约行为不必约谈企业法人，项目经理作为承包单位法定的授权管理人，突出项目经理负责制，不必再单独要求提供授权文件，项目经理签署不良行为即视为有效。

③ 建立合同交底制度。合同管理工程师组织专题交底会，在进场前向参建单位进行合同交底，全面陈述合同背景、合同工作范围、合同目标、合同执行要点及特殊情况处理。要求参建单位向其管理人员和分包单位再次进行合同交底，陈述合同基本情况、本部门的合同责任及执行要点、合同风险防范措施等，并解答所属人员提出的问题。

④ 建立动态管理制度。项目组织编制《合同履约情况报告白皮书》对合同履行情况进行动态监测和分析。首先，从合同来源分析合同签订的合法性；其次，对合同签订程序进行分析，保证合同签订程序符合规定；再次，对支付情况以及概算批复进行对比，及时发现合同履行风险；最后，对合同结算变更情况进行分析，保证项目动态结算进度。

（2）加强保函管理。工务署现行履约保函格式版本为"闭口保函"，即规定了具体的有效日期，过期则保函失去效力。建议统一修改为开口保函，保函有效期至工程竣工验收合格之日为止。若要求承包人只能提供开口保函，则可按合同竣工日期后延3个月为有效期终止日，并承诺若保函到期仍未竣工，同意及时办理续保，否则发包人可暂停支付工程款。此外，各个银行对保函的格式均有不同的规定，实际上很难和工务署提供的格式一字不差，因此建议明确保函审核职责，将有关法务顾问添加至审核流程中，由法务顾问把关保函条款，登记保函期限，保证保函的合法有效的同时，可以提醒项目组及时要求承包人办理续保。

（3）加强建设资金使用监管。为了加强建设资金使用效率，建议与第三方监管银行签订三方监管协议作为合同附件。承包人保证本项目建设资金专款专用，承包人使用工程款监管方需告知发包人，大额转账需取得发包人许可。

（4）完善合同版本。目前工务署专业承包合同也根据施工总承包合同签订，没有专门的承包合同示范文本，建议专门编制装饰装修等专业承包工程合同示范文本，根据各专业工程特点有针对性地编制合同条款。

（5）统一合同处罚标准。本项目初始就根据项目整体情况规划了项目的违约处罚办法和标准，后被其他项目大量借鉴引用和大力推广，取得了一定的管理成效。据了解，大型地产公司也有固定的违约处罚条款，建议按质量、安全、进度、管理、造价等方面从署级层面编制统一的违约处罚条款，加强工务署建设管理的标准化程度。

（6）明确安全文明措施费的支付。从建设单位角度出发，及时足额地支付安全文明措施费，可充分履行建设单位安全管理责任。工务署目前规定的开工预付款比例较高，反而导致项目收尾阶段建设资金相对不充足。建议在合同签订后足额支付安全文明措施费，并适当减少预付款比例。针对合同额较高的施工总承包合同，按金额约定若干档的预付款标准，取消按固定比例支付。

6. 先进建造体系实施情况分析

围绕政府投资工程高质量建设目标，结合项目特点，分别从绿色建造、快速建造、优质建造、智慧建造四方面制定了具体实施方案，并得以实施落地。具体实施情况如下：

1）绿色建造

项目坚持技术创新，推行绿色建造，助力实现"碳达峰、碳中和"。

（1）铝模应用。项目近 40 万 m^2 建筑采用铝合金模板，提高施工精度，实现"零抹灰"，铝合金模板周转次数达 50 余次，践行绿色环保理念。

（2）建筑工业化。本工程装配式建筑面积达 32 万 m^2，共降低碳排放超过 40%，减少废弃物污染超过 90%，节省能源超过 60%。

（3）新能源使用。停车位安装充电桩 915 个，占总停车位 30%，推动绿色发展。

（4）节能减排。施工期间通过采用太阳能路灯、雨水回收、预制板循环使用、建筑垃圾回收等措施，节省标煤 600 万 t，减少碳排放 2000 万 t，减少污染物排放 7 万 t。

2）快速建造

（1）策划先行。策划方案引领项目建设全过程，提前把控重大事项，建设期间未出现重大决策及建设目标调整，保障工程有序推进。

（2）市政先行。本工程 6.5km 环山道路按照永久道路与临时道路相结合的原则设计、施工。设计阶段，主干道按照 100t 重载车辆荷载设计，兼顾施工期间通行要求；在招标文件编制时，明确了主干道路先行施工、永临结合的建设原则，避免二次建设。既提升了现场施工环境，又节约临时占地。

（3）绿化先行。项目率先完成 12 万 m^2 边坡生态修复，环山路段行道树率先种植，裸土区域率先整理地形进行绿化。基本实现了提升施工期间场地环境，提高项目交付时苗木长势的效果。

（4）设计标准化。学生宿舍、通用课室等通用空间采用标准化设计，大面陶砖、大挑檐工程量大且较对工期影响大的节点采用标准化设计、标准化施工方案。

（5）建设并联化。建设期间，通过调整设计时序、招标时序、空间顺序等手段，实现并行工作、工序穿插，缩短建设周期。

3）优质建造

为实现优质建造目标，项目采用多种先进施工工艺。如：封闭式楼梯模板加固、三段式止水螺杆、钢筋锯切机、钢筋定位卡箍、定型钢模、承插型盘扣式脚手架具、钢管卡管器、簸箕口、方圆扣柱箍系统的应用，以及控制底板钢筋网眼尺寸对柱角采取保护措施、混凝土浇筑前对柱钢筋用塑料薄膜进行覆盖等数十项先进工艺措施，提升了项目施工品质。

通过一系列质量提升举措，项目在质量控制方面取得显著成效。5 个季度第三方质量巡查排名全署前三，被深圳市住建局评为 2019 年上半年度房屋建筑工程质量第一名，成功举办了 2019 年度中国施工企业管理协会现场技术与管理创新成果应用观摩交流会。

4）智慧建造

为实现智慧建造目标，项目搭建了智慧工地应用平台，借助工务署质量安全 APP 应用，一定程度上实现了智慧建造目标。

（1）项目采用劳务实名制系统，环境监测联动降尘喷雾系统塔机监控、防碰撞预警及盲区可视化系统，视频监控系统，高边坡、深基坑安全状态无线监测预警系统，规划钢结构健康状态监测体系，车辆识别准入监控系统，塔式起重机运行状况移动端远程实时监控、无人机巡检系统等举措，支撑项目安全、智慧目标。

（2）运用深圳市建筑工务署工程管理平台、智慧工地移动端APP，对项目信息维护、进度管理、安全质量管理、材料设备管理、合同管理、变更签证等内容实施云端管理，从而打造一个安全、高效、舒适、便利的建造环境。

7. 投资控制实施情况分析

1）总体实施情况

策划方案根据全过程咨询模式特点，结合以往项目成功经验，推行设计管理、造价管理、工程监理三位一体的投资控制模式，充分发挥全过程咨询模式优势。投资控制呈现总体投资额度可控、结算及变更进度吃紧、编制审核精细化程度有待提升的局面，实施期间暴露出部分概算批复分部分项工程与招标金额偏差较大，部分招标项目工程量清单编制偏差较大、清单漏项，50万元以上变更办理及结算审核慢等情形。

（1）概算执行情况分析：通过对概算定期、逐项动态对比分析，及时掌握概算执行情况，对单项招标金额与概算偏离较大情形，进行重点分析。截至2022年8月底，总概算批复119.8亿元，签订合同金额117.06亿元，已申报结算88.21亿元，预计结算额118.23亿元；实验室工艺概算批复7.69亿元，签订合同额6.75亿元，预计结算额7.15亿元。详见表15-11、表15-12。

工程投资控制表（中山大学·深圳建设工程项目概算与实际投资对比） 表15-11

序号	项目费用名称	概算投资（万元）	占总投资比重（%）	合同金额及费用（万元）	预计最终投资金额（万元）
一	建筑安装工程费用	1074974.15	89.70	1087471	1090025
二	工程建设其他费用	66322.67	5.54	86967	89214
三	预备费用	57065.18	4.76		
	合计	1198362.00	100.00	1174438	1179239

工程投资控制表
（中山大学·深圳建设工程项目实验室工艺概算与实际投资对比） 表15-12

序号	项目费用名称	概算投资（万元）	占总投资比重（%）	合同金额及费用（万元）	预计最终投资金额（万元）
一	建筑安装工程费用	74729.98	97.09	67119	65064
二	预备费用	2241.02	2.91		
	合计	76971.00	100.00	67119	65064

（2）招标控制价分析：通过控制价对比概算、多方询价、调整设计标准、调整材料档

次等措施，合理确定招标控制价，项目概算汇总后实际最终招标控制价 140.21 亿元（含暂列金 6.4 亿元），扣除暂列金后控制价与概算持平。实施期间，累计询价 2500 余项、局部调整设计标准 12 次，调整材料设备档次 30 余项。

（3）工程量清单编制情况分析，截至 2022 年 8 月，已完成全部工程量清单复核，工程量清单复核较合同金额增 4.85%。

增加造价主要原因：

① 设计图纸问题，图纸标注不全，设计不完善，清单编制期间提出问题未能在挂网图纸之中修订。

② 界面划分问题，清单编制单位忽视招标文件界面划分或理解错误，造成工程量偏差。

③ 清单漏项，清单编制人员业务能力不足、措施方法有限，造成清单漏项。

④ 清单描述与图纸、技术要求不符，编制、审查环节未能全面核查清单描述、设计文件、技术要求一致性。

（4）结算情况分析，通过实施动态结算、过程结算、容缺结算等措施，结算工作整体推进可控。详见表 15-13、表 15-14。

已办结情况总览表 表 15-13

合同数量	合同额，含补充协议（万元）	上报金额（万元）	咨询审核额（万元）	咨询审减率（%）	审计审定额（万元）	审计审减率（%）
32	26364	30746	27135	11.7	26778	1.3

说明：已办结合同中以签字咨询服务类合同数量居多，金额较小，送审金额占比 85% 为施工类合同，两级审核核减率总体在规定范围内

过程结算办理进度总览表 表 15-14

合同名称	合同额，含补充协议（万元）	已上报金额（万元）	对应合同额（万元）	上报额超合同比例（%）	咨询核减率（%）
设计施工总承包（Ⅰ标）	168095	165698	168095	-1.43	5.8
施工总承包（Ⅱ标）	299782	246826	235721	4.71	6.45
施工总承包（Ⅲ标）	386696	347873	323956	7.38	6.97
专业承包单位	188236	91091	86275	5.58	3.59
合计	1042809	851488	814047	4.6	—

说明：通过过程结算专项方案，明确了过程结算申报进度、成果质量、审核标准、技术资料等要求，截至 8 月底，施工单位总体商务申报进度符合预期，成果精度基本符合要求，但技术资料缺失比例较多，对结算审核进度影响较大

（5）变更办理情况

变更办理进度如表15-15所示。

变更办理进度总览表 表15-15

合同名称	变更总数	事项审批	费用上报	费用审核	变更金额（万元）
设计施工总承包（Ⅰ标）	86	86	86	86	1825
施工总承包（Ⅱ标）	700	645	519	148	7600
施工总承包（Ⅲ标）	1576	1438	760	156	5800
专业承包单位	1047	608	563	109	4500
合计	3409	2777	1928	499	19725

说明：分析可知，施工总承包单位变更上报基本满足进度要求，专业承包单位变更事项审批发起进度总体较慢，造价咨询公司费用审核环节滞后极为严重。设计变更金额占总投资比例2%，变更金额在新的施工图基础上基本可控

2）投资控制存在问题原因分析

（1）建设单位方面

战略合作合同中缺乏对造价咨询单位的成果质量、服务人员不满足要求等情形的有效约束手段。

（2）全过程工程咨询单位方面

① 审查措施方法局限，经验为主。

② 审查人员力量配置有限，未能做到全覆盖。

（3）设计单位方面

① 设计文件质量存在"错、漏、碰、缺"等常见问题。

② 没有完全按照各方图纸审查意见修改设计文件或出具设计变更。

③ 设计人员普遍缺乏现场经验，对现场经常出现的设计问题不能系统总结、及时改进。

（4）造价咨询单位方面

① 作为预选承包商，没有竞争意识，缺乏主动服务意识。

② 造价公司普遍不能发挥全过程造价主动控制投资的作用，仅是被动开展工作。

③ 造价公司人员投入不足、变动频繁，缺乏高质量开展投资控制的措施和方法。

3）投资控制改进建议

（1）理念先行。在项目启动阶段即明确各阶段投资控制目标，并编进项目策划方案，作为后续开展工作的依据。

（2）合同落地。策划方案被批准后，由全过程工程咨询单位制定相应措施及约束条件，落实在相关招标文件中，并最终体现在合同条款中，形成有约束力的刚性要求。

（3）制度保障。为推动过程投资控制有序实施，建立相应配套制度，如：例会制度，定期推进、检查进展及质量，统一工作思想，宣贯相关政策制度；专题会制度，根据需要召开新增单价定价专题会、争议处理专题会、审核报告会审专题会等；容缺申报制度，比

如过程结算期间会存在相关档案资料不齐全、不完善现象，在不影响关键结算成果前提下，允许容缺受理，并要求施工单位限期补充完整。

（4）组织有力。投资控制由全过程工程咨询单位编制详细实施方案，组织相关单位严格执行，对于不按规定执行的，按约定给予相应处罚。

8. 设计管理实施情况分析

设计管理分析从需求管理、设计进度、设计标准、设计质量几方面开展。

1）需求管理

（1）需求管理基本情况

项目启动阶段通过制定需求管理办法，明确需求对接机制，有效地控制了需求管理工作，除约 30 万 m^2 实验室因使用团队不确定造成设计滞后、反复修改之外，其余 97 万 m^2 建筑仅有极个别单体出现重大需求变化，但实施期间局部区域单一专业功能性、一般性需求变化数量偏多。

（2）需求管理经验总结

① 需求管理是渐进明细的过程。建设单位应避免要求使用单位一次性提出全面、清晰的使用需求，使用需求是随着设计工作的推进逐渐深入、清晰、明确的。

② 避免需求指令多渠道传递。建设单位或建设单位委托的全过程工程咨询单位设计管理部门负责接收使用需求，使用单位由基建部门发出需求最终指令。使用单位除基建部门之外的后勤部门、总务部门、信息管理部门等其他部门均不可以直接发送书面需求指令，建设单位方面除设计管理部门之外，其他部门包括设计单位不可以直接从使用单位接受书面指令。

③ 避免需求蔓延。需求管理应做到满足要求并适合使用。避免在需求管理过程中，不考虑工期、造价、审批风险等因素接受使用单位超出立项时的范围和功能。

④ 避免项目镀金。需求阶段严格按照限额设计思路开展设计工作，避免设计阶段随意提高标准，采取华而不实设计手法，造成投资增加。

⑤ 避免需求自我否定。随着使用单位对项目了解的深入，需求更加清晰，会出现当前阶段否定上一阶段需求的现象，给项目推进造成很大困扰。每一个阶段的需求都应该充分论证、认真评估，避免需求自我否定。

2）设计进度管理

服从总控制性计划要求，设计进度基本满足要求，2017 年 8 月确定设计方案、2017 年 11 月完成初步设计、2018 年 6 月完成第一版施工总承包（Ⅱ、Ⅲ标）招标图、2018 年 10 月完成施工总承包（Ⅱ、Ⅲ标）施工图。实验室工艺施工图、室内装饰施工图、园林绿化施工图受需求不稳定及方案反复调整影响，出图周期相对较长，实验室工艺施工图修改对工期产生一定负面影响。

3）设计标准管理

按照限额设计理念，咨询公司分阶段组织对设计院进行交底，组织各类方案比选、选型，总体标准掌控到位，投资在可控范围内，少量专业内容存在过度设计情形。如西区公共教学楼车库部分消火栓间距仅有10m，间距过密；部分合成树脂乳液涂料墙面设置消火栓装饰门；陶砖柱内部设置防水铝板。

4）设计质量管理

施工总承包（Ⅱ、Ⅲ标）招标图出图周期较设计周期压缩45%，受时间限制，2018年6月施工总承包（Ⅱ、Ⅲ标）招标图深度未达到规定深度，尤其是医科组团动物实验中心因需求无法剔除，图纸深度尚不能达到初步设计深度，与2018年10月正式施工图对比，出现大量标注不清晰、节点做法不完整、设计遗漏、专业间不能衔接等问题。正式施工图与招标版施工图对比，造成投资较大幅度增加，经测算施工总承包（Ⅱ、Ⅲ标）分别增加造价5.18亿元、3.21亿元，增加额占合同额分别为21%、9%。

5）设计变更管理

截至2022年8月，施工期间累计发生变更3409份，经分析，约53%为设计完善类，28%为需求变化类，现场条件变化及其他原因各占8%，其余可忽略不计。分析可知，设计质量仍有较大改进空间，需求管理仍需要在各阶段重点管控。变更原因统计分析表详见表15-16。

变更原因统计分析表 表15-16

合同类型	变更数量	变更原因及占比												
		需求变化	占比（%）	设计完善	占比（%）	条件变化	占比（%）	规范调整	占比（%）	勘察原因	占比（%）	施工不当	占比（%）	其他	占比（%）
总包土建	1186	230	19	773	65	86	7.3	2		5		5		87	7.3
总包机电	1008	296	29	475	47	137	1.3	18						82	8.1
室内装饰	542	189	35	293	54	16	3	9				3		14	2.9
实验室	269	66	25	134	49	20	7.4							21	7.8
智能化	226	97	43	84	37	11	4.9							34	15
园林绿化	149	54	36	41	28	13	8.7							35	23
其他	29	11	27	16	55									2	6.9
合计	3409	943	28	1816	53	283	8.3	29		5		8		275	8

9. 资源管理实施情况分析

1）实施情况

策划方案中强调搭建资源整合平台，充分发挥全体参建单位资源优势，形成优势互补、集成共享的效应。项目实施期间重点从发掘企业高层领导资源、企业技术专家资源、外部专家资源等方面开展。实施期间累计通过各种渠道调动参建企业副总裁以上高层领导达200余人次，通过企业内部专家支持项目技术攻关50余次，组织外部专家解决项目技术问题30余次，通过项目平台实现各类技术交流30余次。解决了陶砖幕墙实验、大挑檐施工方案、穹顶钢结构方案、穹顶混凝土、装配式机房、山墙外墙防水、边坡支护及生态修复等重大技术难点。

通过资源整合管理,发挥了领导调度资源的优势,体现了集中力量打攻坚战的作用,实现了协同技术交流的效果。

2)存在问题

调动高层优质资源尚未形成机制化,仅在项目遇到问题或关键事项时调动相应资源。

3)改进建议

系统性策划优质资源调度机制,形成主动、定期、按需使用优质资源机制,充分发挥优质资源对项目帮助、指导作用。

10. 新型学习组织实施情况分析

项目注重学习创新工作,从党建、团建、廉政建设及技术创新四个方面全面推进学习型组织工作,重点组织各类专项培训、专题调研、课题研讨、标准编制,并最终形成若干书面技术成果或著作,取得显著成效。具体实施情况如下:

1)实施情况

(1)党建工作

在全署首创党群服务中心,将支部建在项目上,依托"党员之家"为学习阵地,项目党支部坚持个人自学与集体学习相结合,运用《主题教育应知应会知识》随身本、学习强国APP、共产党员网、主题教育微课件等多种工具,提高党员学习的主动性、积极性。组织项目党员参观深圳革命烈士纪念馆;观看爱国教育影片;在职工书屋醒目处设置"党史上的今天"宣传牌,营造红色氛围,聚焦多种形式加强爱国主义教育。

拓展主题教育外延,面向进城务工人员党员开展送资料、送知识、送党课、送服务的"四送活动",赠送"两书一本",为工友党员讲党课,与项目党员一起开展"党史唤初心、党员讲党史"专题活动。

党建工作作为项目亮点,在防疫、防台、工期攻坚、技术攻关等方面均发挥了良好作用,充分体现了党员先锋带头作用,带动了一批骨干员工积极性,解决了项目上数千名务工人员日常生活事务难题。

(2)团队建设

项目在建期间,各单位组织丰富多样团建活动80余次,如篮球赛、演讲比赛、书法比赛、无偿献血、妇女节活动、青年节活动、施工工艺劳动竞赛等,激发团队活力。与项目周边海军基地、光明水务形成良性互动,维护项目良好建设环境。

(3)廉政建设学习

按规定实施廉政三必谈,尤其在重要节日播放廉政警示片、召开廉政警示专题会、组织党员干部实地观摩廉政教育基地,有效保证了项目廉洁平稳推进。

(4)技术提升学习

策划阶段基本明确了技术创新方向及内容,实施阶段根据实际情况有序推进。截至2022年8月,项目已取得广东省科学技术奖3项,获得省部级工法6项,实用新型专利19项,出版《房屋建筑工程全过程工程咨询实践与案例》专著1部,已发表论文90篇,建设风采录排版中。上述技术成果一方面促进了项目品质提升，另一方面培养了一大批技术骨干。

自2019年4月开始，开展"项目大讲堂""微课堂"系列活动，邀请项目各参建单位管理人员及业内专家前来讲学。以预控质量安全风险、指导现场精准作业、提升精细化管理、推动标准化建设等为主题，开展"问题导向式"培训。2019年7月3日，第一期"微课堂"开课至今，已开展了30余次学习与研讨，课题大多由培训导师根据工程进展需要拟定，课件由监理组成员轮流编制和讲解，过程中全员互动、积极探讨。通过"大讲堂""微课堂"多种形式培训，建成了覆盖核心管理骨干、基层执行员工、广大劳务工人等的全方位培训体系。

2）新型学习组织存在问题

（1）党建方面，项目层面党员数量偏少，本项目管理人员高峰期累计约1500人，党员数量仅有30人，且相对集中分布在施工总承包项目部。务工人员数量高峰期近12000人，党员数量仅有8人，党员数量比例不协调、分布不均，造成党建活动开展广度、深度受到制约，党建活动代表性和活动质量仍需提升。

（2）团队建设方面，团队建设活动开展组织系统性不强、多样性不够。大多数团建活动基本上属于临时发起，活动类型局限于组织球类比赛、传统节日活动等。

（3）廉政建设方面，在建设单位、全过程工程咨询单位基层管理人员层面认识不足，总承包单位劳务分包班组层面廉政建设意识淡薄，部分专业分包单位主要管理人员廉政意识欠缺，需要加强对上述群体的宣贯教育力度。

（4）技术提升方面，技术成果编撰人员相对集中全咨管理人员和施工总承包企业主要管理人员，建设单位、监理单位、分包单位普遍缺乏技术提升意愿；相较于数量众多，高质量技术成果相对偏少，如核心期刊论文、省部级科学技术奖、发明专利等方面未有大的突破。

3）新型学习组织改进建议

（1）党建方面，各级政府重视民营企业、基层劳务人员党员数量严重失调现象，扩大上述群体入党渠道，从源头解决建设工地党建资源不足、代表性不强的问题。

（2）团队建设方面，充分调动项目各参建单位年轻员工积极性，成立建设工地多样化社团组织，可以通过合同约定保障各单位社团活动经费。

（3）廉政建设方面，扩大廉政建设覆盖面，加强廉政建设宣贯力度。

（4）技术提升方面，系统性策划技术提升方向及技术成果数量、标准，写入相应合同文件，落实参建单位公司后台提供技术支撑保障成果质量。

11. 风险识别与应对实施情况分析

策划方案重点强调对风险的识别、分析，并针对性地采取应对措施，做到早发现、早预防。实施期间，围绕风险管控，分别从设计管理、招标合约管理、投资控制、现场管理方面梳理出项目风险识别清单及应对措施。项目实施期间规避并有效应对设计、招标、造价及现场施工各类风险300余起，对项目各阶段工作有序、平稳推进起到显著的保驾护航作用。通过实践,梳理出项目常见设计管理风险清单如表 15-17~表 15-19 所示。

设计管理风险清单 表 15-17

风险类型	应对措施
方案设计拖延太久、初设和施工图设计工期极限压缩	制定总控计划,明确合理设计周期,指出压缩设计周期利害关系
设计方案突破规范规定	修改方案,或进行相关专业超限设计并进行专家论证,通过后方可实施
方案在技术层面落地性不强	优化方案
现场条件变化,地质、水文、地铁及上层次规划条件等因素影响	提前、充分调研、踏勘、论证项目规划设计条件,避免设计过程出现重大调整
使用方、建设方的需求不确定、反复变化	早期介入沟通,分阶段递进式深入需求落地
使用方、建设方对原创方案擅自修改	充分尊重原创,确需修改要有充足理由并征得设计方同意
设计规范的定期调整,对新规范的不熟悉	动态关注规范更新,定期排查、学习新规范
设计对新材料,新技术,新应用的不熟悉	充分调研、科学论证,必要时组织研究实验及专家论证,避免应用不成熟材料和技术
设计专业间的不交圈,专项设计的不交圈	设计前专业间相互提资,过程中及时沟通,完成后相互校核
设计文件出现倾向性参数或品牌名称	设计前交底,设计完成后认真核查
现场施工的技术水平,对设计图纸的理解不到位	加强设计交底,工艺样板先行

招标合约管理风险清单 表 15-18

风险类型	应对措施
承发包模式选择,没有系统性地分析项目特点、建设目标,实施期间出现发包模式重大调整	策划先行原则。从多角度对项目特点进行详细的分析,确定项目建设目标,进行多方案比选,坚持定性和定量相结合,最终确定科学合理的承发包模式
资质设定问题,资质条件没有按照有关法规设定,人为提高标准,导致招标备案不通过	建立呈批制度。建立招标呈批制度,落实招标责任,同时通过层层审核发现类似问题,提早消除人为风险
门槛业绩问题,没有结合项目特点设定门槛业绩,或者一般建设项目设置门槛业绩,排斥潜在投标人	①组织标前调研。对行业特点和业绩规模等信息进行详细调研,充分了解行业特点和业绩规模等信息,同时结合项目的规模和特点,按宽入严出原则确定门槛业绩。②建立呈批制度
工程界面问题,一是多个总包标段之间界面不清晰或者界面不具有可操作性,如复杂地形条件下简单的画线切分;二是总包与专业承包之间,有关部位和构造做法没有结合图纸等;三是专业承包之间,有关工作内容重复或遗漏	①统筹管理。在编制单项招标界面时,要参考关联空间内已招标工程(或专业)的界面,和待招标内容,从项目整体出发,统筹考虑统一管理。②设定兜底条款,当界面描述不清或存在歧义时,招标人具有最终解释权
资信条件问题,一是没有充分调研,按通常项目设置资信条件,无法体现择优;二是有针对性地设置资信条件,导致投诉;三是资信条件要求不具体、不客观,后期评标和清标判断出现问题	①组织标前调研。对行业特点和业绩规模等信息进行详细调研,充分了解行业特点和业绩规模等信息。②资信条件设置应本着公正、公平的原则,不能具有明显的倾向性。③组织精细化审核。④不断总结经验,按设定条件进行模拟分析,不断地改进

续表

风险类型	应对措施
招标条件问题，与招标有关的行政许可没有按计划完成，或者设计等原因导致招标计划延后	编制招标工作计划。提出相关前置条件，落实责任人，提出最迟完成时间，由专人跟踪督办，出现延误风险时及时反馈汇报
不重视合同交底，招标完成后，没有组织合同交底，造成对招标过程和合同条款内容理解偏差	建立合同交底制度，向管理方和履约方宣贯合同的主要意图、履约要点，强调重要的合同条款，提示合同风险，解释有关疑问，留好交底记录
招标档案问题，过程不注意招标过程资料收集，后期结算时有关资料缺失	加强档案管理，在项目前期明确合同签订份数、分发部门，建立收发文制度，定期检查纠偏
招标技术性问题，材料手册、招标样品中存在厂家信息或特定商标符号	加强技术审核，详细审核招标图纸、技术要求、材料手册等相关内容
合同条款设置不合理，违约金设置过高，招标文件对岗位条件设置过于苛刻，中标后投标人员不能到岗履职	合理设置违约金比例，总违约金不宜高于行业平均利润率。人员配置要与项目规模相匹配
合同中违约条款设置太多，实际执行过程处罚落地难	对合同条款的可执行性和可落地性进行科学研判，违约条款可按类别划分（如管理类、质量安全类、进度类等），违约金额可视情况设定一个范围，增强执行阶段的灵活性。违约情形书面通知公司总部

投资控制风险清单 表15-19

风险类型	应对措施
一、估算阶段	
投资估算指标采用已完项目经验值，不能真实测算项目未来投资额，指标普遍偏低	掌握市场行情，提高设计方案深度，使用最新指标，类似项目选址恰当
二、概算阶段	
设计概算与初步设计文件不一致	全专业对照审核，加强审核人员责任心
概算对重点部位措施费考虑不周全	针对措施费高、施工难度大的重点施工内容拟定技术方案
技术分析、市场价格调研、环境社会影响、风险分析不足	加强调查研究，与相关单位及周边单位积极沟通协调，加快前期手续办理，科学风险评价
概算编制方法不当或计算错误，总概算偏差大	全面统筹，系统分析，逐项核查
二类费用考虑不全面或市场价调节的未询价，二类费用计列不符合工程实际	结合工程特点编列二类费用，参照类似项目经验编制调整幅度较大子目
三、预算阶段	
施工图预算缺漏项、计量不准、询价及组价不当	遵循图纸溯源、范围检查、界面检查、系统检查、分区检查、特征描述校核等方法
未有充分施工方案支撑措施费计算	分析项目重难点，针对性拟定合理可行施工方案
招标技术要求与施工图设计不一致	全面对照核查，统一标准
签订合同前未进行清标，未找出不平衡报价项目	作为必备程序科学合理组织清标，清标和评判人员提前掌握市场价格并有足够的经验和能力

续表

风险类型	应对措施
四、施工阶段	
未根据合同清单及清单复核成果进行进度款审核,未施工完成的材料和设备计入形象进度,措施费完成比例不清,进度款超付	合理分解工程内容,据实签认形象进度,有依据地科学合理确定难以量化的措施项目比例
深化设计与原设计的符合性,造价增减,是否增减合同价未做分析	技术部门和造价部门全面严格审查深化设计文件,合同中明确相关责任和费用承担
现场签证办理事由不清、依据不足,拆改前后无附图、无照片,附件依据无签字确认,签证办理超期	有书面的规章制度和相关要求,及时向施工单位做好交底,规章制度可作为合同附件
施工单位现场甲供材料计划不严谨,现场管理不当,批次多且无法提供确定供货总量,材料损毁或丢失,最终供货量增加	施工单位合理分解进度计划并制度总供货和分批次供货计划报监理部门、造价部门和建设单位审核。合同明确甲供材接收及保管责任和超量供货的扣款规定
动态投资控制数据更新不及时	各类台账联动,专人负责数据收集、整理、更新
结算资料不能做到随工程施工进行形成、整理和归档	施工前期加强资料管理的培训和宣贯,明确相关要求,明确责任,加强过程检查和不合格处罚
奖罚和工期延误或顺延未及时处理	建立奖罚预警机制,台账和处罚单据统一归档,专人管理
土石方工程未办理中间复测和移交手续	加强施工管理,进场应要求施工单位必须复测,各单位场地交接必须复测,监理、建设单位工程师全过程监督,复测充分反映现场实际和第三方原始地形图准确性
新增材料设备询价定价手续不全	有书面的规章制度和相关要求,及时向施工单位做好交底,规章制度可作为合同附件,合同明确不及时办理的处罚或措施
五、竣工结算阶段	
结算资料办理不及时,签字盖章手续不完整、不真实,不符合资料报审要求,竣工图与实际不符,施工单位高估冒算	有书面的规章制度和相关要求,及时向编制单位和审核单位做好交底,审核人员必须有责任心和良好职业道德,监理和造价审核人员认真全面地核实结算资料,合同约定不及时办理承担后果和高估冒算处罚
结算审核人员未认真熟悉掌握整套招标挂网文件、补遗答疑、合同等结算依据	相关负责人做好交底,加强审核人员责任心,选择业务能力强经验丰富的审核人员
施工阶段各类有关造价的工程联系单、违约奖罚未计入结算	建立相关台账,各单位做好文件发送和归档,认真审查结算资料的完整性,作为结算审核人员注意事项进行重点交底,对审核成果认真复核
结算审核人员对结算范围和各单位界面不清,容易重复计量	做好交底,要求审核人员结算审核前认真熟悉结算相关依据文件,对审核成果认真复核。专人负责复核界面涉及工程量归口准确性
未对现场实地进行勘察复核	要求造价咨询结算审核前对现场进行勘察复核,各专业审核人员做好勘察前准备工作
调差未对投标工期和实际工期节点进行对比分析和给予确定	做好相关交底和复核工作
按合同约定超领甲供材未扣除	合同中设定甲供材超领扣款和计算方法条款,做好相关交底和复核工作

12. 移交实施情况分析

1）移交情况

移交分为实体移交、档案移交两大部分，移交前组织编制建筑使用说明书，强调移交过程做好同步技术培训。通过实地操作讲解、集中技术培训、实物盘点、档案移交、钥匙移交等程序完善移交组织。项目部组织编写全部专业使用说明书，并对接收人员进行多轮次培训，累计组织移交培训680余人次。

2）移交存在问题

使用说明书编制质量有待进一步提高，施工单位侧重于由机电设备供应商提供的使用说明书作为建筑使用说明书内容，而对于机电系统及建筑、结构、装修等内容的使用维护编制不专业；使用单位考虑成本问题，物业公司介入时间较晚，竣工完成之后方介入移交工作，造成对设施设备熟悉较慢，使用期间需多次交底培训。

3）移交工作建议

重视使用说明书编制，提高使用说明书质量，提前编制使用说明书；移交过程做好交接手续、培训记录、档案资料会签及签收工作，避免纠纷；建议物业部门在机电系统联合调试期间介入，提前熟悉机电系统，提高系统运营效率和质量；移交后进入运营状态3个月内，施工单位保持高频次（每周一次）用户回访、现场走访，快速排除运营初期故障，帮助物业人员正确使用维护。

13. 宣传实施情况分析

1）宣传实施情况

通过建立项目微信公众号等多种宣传媒介，对项目建设重要节点事件、重要活动、新风貌新风采等进行宣传。累计刊发公众号40篇，外媒稿件47篇，接待其他单位参观党群服务中心43次，接待中山大学师生现场参观35次，承办党建交流会4次。通过多渠道宣传报告，正面宣传项目建设模式、管理理念、现场优秀做法，增进社会面对项目的了解和认识。

2）宣传存在问题

各单位缺乏专业宣传人员，文案编写能力欠缺，摄影摄像不专业；各单位宣传主观能动性不足，被动接受任务；宣传工作相对集中在项目早期及主体施工阶段，进入装修机电安装阶段宣传报道数量锐减。

3）宣传工作建议

项目整体策划阶段做好宣传策划统筹，各阶段制定详细宣传计划；根据项目规模，合同中约定配置专职文案、摄影专职人员及相应器材。

15.1.5 方法论的建立

通过复盘，检验了策划方案中各项目标设置的合理性、可行性，对未实现的目标进行分析，对实施期间暴露的问题进行总结，形成了一套可推广借鉴的方法论体系，为推动建筑行业持续高质量建设进行理论提升。

1. 项目策划方法

1）调查研究法

调查研究法是一项非常古老的研究技术，也是科学研究中一个常用的方法，在描述性、解释性和探究性的研究中都可以运用调查研究的方法。它一般通过抽样调查、实地调研、深度访谈等形式，通过对调查对象的问卷调查、访查、访谈获得资讯，并对此进行研究。调查研究是搜集第一手资料用以描述一个难以直接观察的群体的最正确方法，也可以利用他人搜集的调查数据进行分析，即所谓的二手资料分析方法，这样可以节约费用。这种方法的优点是可以获得最新的资料和信息，并且研究者可以主动提出问题并获得解释，适合对一些相对复杂的问题进行研究时采纳。缺点是这种方法的成功与否取决于研究者和访问者的技巧和经验。

针对项目策划，需要采用调查研究法，调研收集项目有关信息。一是各类前期决策性文件，如政府会议纪要、往来函件等；二是建设需求、定位、标准、目标等信息；三是现场场地条件，如地形地貌、水文地质、地上附着物、地下埋藏物、周边环境等。

2）经验总结法

经验总结法是通过对实践活动中的具体情况，进行归纳与分析，使之系统化、理论化，进而上升为经验的一种方法。总结推广先进经验是人类历史上长期运用的较为行之有效的领导方法之一。

经验总结法用于项目策划，主要是通过借鉴类似工程管理经验，吸取类似工程项目的管理方法、投资指标、工期数据、工艺工法、材料选型、节点构造及参建单位履约评价信息等。

3）系统分析法

系统分析是咨询研究的最基本的方法，可以把一个复杂的咨询项目看成为系统工程，通过系统目标分析、系统要素分析、系统环境分析、系统资源分析和系统管理分析，可以准确地诊断问题，深刻地揭示问题起因，有效地提出解决方案和满足客户的需求。

系统分析法就是根据调研成果、经验信息等进行分析，制定科学合理的项目实施目标和方向。比如通过系统分析确定项目定位、建设标准、各项目标等。

4）结果导向法

结果导向法是指根据系统分析确定的各类目标，围绕目标来分解任务、分配资源、制订计划、落实措施。

结果导向法用于工程策划，主要围绕工期、质量、投资、安全、技术创新等一系列确定的目标进行分解，制定相应策划内容，并据此开展专项目标二级策划用于指导专项工作实施。

2. 设计管理方法论

1）溯源审查法

溯源审查法是指就当前阶段设计内容追溯其前一阶段设计成果或前置条件，检查当前阶段设计内容是否与前一阶段确定的内容或给定的前置条件相符，以保证设计的连贯性和落地性。溯源审查法是实现建筑高品质设计、实现方案设计落地的有效手段，普遍适用于建筑、装饰装修、机电安装等专业。如室内装饰装修平面图是否与给定的建筑平面图相符，室内装饰装修图纸体现的末端风口形式是否与通风空调图纸末端风口形式相符，施工图阶段采用的各类材料是否与初步设计确定的材料相符，施工图阶段和初步设计阶段的外立面材料选型和规格是否与方案设计相符等。

2）空间要素法

空间要素法是指针对任何空间，诸如门厅、走廊、功能性房间等封闭或开放空间，统筹该空间内相关专业要素，并协调使各要素达到最佳状态，提升空间设计效果及使用舒适度。适用于所有空间，可在方案设计和施工图阶段广泛应用，如走廊，涉及门、窗、幕墙、吊顶、墙面装饰、地面装饰、踢脚线及多样机电末端设施等要素。设计阶段需要考虑走廊中所有门，如疏散楼梯门、房间门、管道井门的高度是否按统一高度、统一观感进行设计；考虑吊顶高度与窗上沿的高度关系，原则上吊顶不应低于窗上沿；栓箱面板是否与走廊墙面装饰材料有明显区别；考虑走廊地面铺装与室内或楼梯间铺装材料材质的一致性问题、排布问题、标高问题；考虑踢脚线与门框细部衔接处理问题；考虑灯具选型与吊顶形式匹配问题；考虑外窗与幕墙收口细部处理问题等。

3）专业要素法

专业要素法是指对某单一专业设计，审查该专业范围内所有要素合理性，同时侧重审查该专业要素关联的其他专业设计与其是否匹配，能否相互满足并达到理想状态。普遍适用于机电安装、建筑、装饰装修等专业。如电气照明系统，该系统设计自楼层配电箱出线开始，涉及要素有：管路子系统，干线桥架、支线配管；线缆子系统，楼层配电箱出线，末端配电箱出线；末端设施，末端配电箱、开关、插座、灯具。围绕电气照明系统各要素，除审查自身设计是否满足规范、设计任务书及设计指引要求外，还要审查其关联专业内容，如楼层配电箱对应用电回路开关容量与末端配电箱容量是否匹配，干线桥架在走廊内综合排布位置是否满足支管进出需要，灯具控制方式是手动控制、还是手动＋自动控制，若为自动控制还需预留控制模块安装位置，手动开关位置是否符合正常使用习惯等。

4）对比分析法

对比分析法是指在设计阶段，针对同一设计内容，对拟采用的多个设计方案进行技术、经济、工期分析，并确定一种合理实施方案。此方案在初步设计阶段应用较为广泛。在基础选型、结构选型、机电系统选型、各种材料选择等都会用到此方法。针对专业性较强的设计内容和可选方案较多的专项设计，要求设计院出具不少于 2 种设计方案，对不同方案进行技术经济对比分析，采用最适合的技术方案。

如对园区高压供电方案比选时，对双回路放射式供电方案和双回路树干式供电方案进行比选。从传输可靠性、施工便利性、经济性以及降低事故概率等多方位评估、论证，最终确定双回路树干式供电方案，在满足供电可靠性前提下，提高了施工便利性、降低了事故概率，较双回路放射式供电方案可直接节约投资约 1200 万元。

5）问题导向法

问题导向法是指在设计阶段，列出在同类项目中设计、施工、使用阶段经常出现的问题清单，逐一剖析，研究解决方案并在设计文件中予以落实。

如学生宿舍在设计过程可能遇到的问题，学生在使用期间经常面临哪些使用不便的问题需要在设计阶段解决，以此为导向开展一系列调研工作，暴露出代表性问题，如学生反映在如今上床下桌宿舍布局中，学生宿舍灯具开关仅在入门处设置1个开关，学生不方便关灯后再上床就寝。围绕方便关灯，避免摸黑上床的尴尬，我们落实设计院在与床位标高相当且便于学生就寝后触手可及的位置安装灯具开关，解决了关灯不便的问题。

6）全寿命周期设计法

全寿命周期法是指在设计阶段既要考虑建设成本的控制，也要在设计阶段考虑交付使用后的使用成本和维护成本。此方法主要适用于机电系统选型，也可应用于建筑和结构专业。

如在本项目图书馆需要设置除湿系统选型中，通过对溶液式调湿机和工业除湿机进行对比分析，前者存在使用期间漏液腐蚀、散发异味等问题且维护成本高，而后者技术成熟、成本较低且维护更方便。

7）多专业聚焦法

多专业聚焦法一般是指围绕特定专业设备，将与其相关配合内容列出清单并逐项分析，确定各专业具体设计内容。此方法多用于大中型设备或复杂工艺设备设计管理。

如针对柴油发电机组，首先列出与其关联专业或内容清单，如运输通道、楼板荷载、机房尺寸、机房装饰、油罐储藏、加油方式、烟气处理、噪声处理、振动处理、市电切换、灭火系统，然后针对上述清单逐项分解设计内容并集中会审，形成各专业共识，避免设计遗漏或存在设计缺陷。

8）需求导向法

需求导向法是指通过调查研究建（构）筑物对各专业实际需求，然后确定具体专业设计内容，避免过度设计。本方法适用于建（构）筑空间规划、结构荷载、用电容量、空调冷热量等专业设计。

如本项目集约型综合管廊工程。园区综合管廊仓室断面尺寸、数量设置、消防配套设施等无规范可循。全过程工程咨询单位项目部组织建设单位、设计单位、使用单位成立联合课题组，并邀请市政综合管廊方面专家给予指导，课题组结合建筑分布、能源站点分布、每个建筑单体需要进出管廊管道规格及数量需求，最终确定建设大环线＋若干支线＋局部管沟的集约型管廊建设方案，环线采用短立柱间隔型单仓方案（断面尺寸为3600mm×2300mm），支线采用小单仓方案和管沟结合（断面尺寸分别为2000mm×2300mm，1400mm×1550mm），其造价仅为市政综合管廊的20%。

集约型综合管廊的建设，彻底解决了室外管道一次施工不到位造成道路"开拉链"的长期普遍存在的社会性难题，也有效解决了使用期间管道"跑、冒、滴、漏"故障点排查难的顽症，极大地提高了维护的便利性，并降低了维护成本。

9）交叉审查法

交叉审查法是指关联专业之间存在互提条件或一个专业向其他一个或多个专业提条件时，由相关联专业相互审查对方设计内容是否满足本专业需求。该方法适用范围比较广，如门窗设计尺寸与标高需要同结构专业相互复核是否满足，设备专业需要与电气专业检查配电相互复核，智能化末端信息点（设备）是否按要求配备电源，BA系统或消防联动控制系统与被控设备之间设计是否完善，机电专业需要建筑和结构专业复核管道井尺寸及预留洞口是否满足，复核桩顶标高与承台底标高是否一致等。

10）体验式设计法

体验式设计法是指建筑师针对即将或正在开展的设计项目，到已经投入使用的同类项目，以不同身份去体验使用过程中可能遇到的问题或发掘该项目设计亮点，以更好完成新项目设计。该设计方法适用于建筑、机电专业，建筑专业在方案设计阶段、机电专业在施工图设计阶段应用效果较好。体验式设计法是一种真正面向用户、服务用户的先进设计方法，除一般性公共建筑外，普遍适用。

案例：如某地拟新建一座剧院，建筑师按照要求去国内已建成的知名剧院项目进行为期一周的现场体验，建筑师先行以自驾、公交、地铁等不同出行方式，在早晚高峰、周末、演出结束等不同时间段对剧院交通情况等外部环境进行体验，又分别以普通观众、VIP观众、演员、舞美工作人员、维修人员、剧场管理人员等不同身份，对该剧院内所有空间进行实地感受，完全抛开设计师身份代入真实使用场景，对各类流线、空间及功能用房进行真实体验。机电及舞台工艺设计师也分别抛开设计师身份代入真实使用场景，对机电安装各专业及舞台工艺各个系统的使用情况进行实地操作并感受使用效果。通过体验，设计师们完全融入剧院项目中，对剧院观演、运行、环境等有了全方位认知和感受，并通过和观众、演职人员、运行人员进行沟通座谈，加深了对剧院项目的理解，收集各类信息300余条，为新建项目设计提供了最真实的基础资料，有助于提升设计品质。

11）参数审查法

参数审查法是指对设计选用的材料设备参数进行审查，一方面是审查参数是否齐全、满足规范要求，另一方面审查设计参数是否有倾向性、排他性，避免通过技术参数指向特定品牌或排除特定品牌。参数审查法适用于施工图阶段机电安装、装饰装修专业。如室内装饰普遍使用的硅酸钙板，设计师一般在设计文件中只给出板材厚度，但硅酸钙板用途分为三类：A类：适用于室外使用，可能承受直接日照、雨淋、雪或霜冻；B类：适用于长期可能承受热、潮湿和非经常性的霜冻等环境，例如地下设施、湿热交替或室外非直接日照、雨淋、雪、霜冻等环境；C类：适用于室内使用，可能受到热或潮湿，但不会受到霜冻，例如内墙、地板、面砖衬板或地板。物理指标分为抗折强度和抗冲击强度，各分为五个等级：抗折强度等级有R1级、R2级、R3级、R4级、R5级；抗冲击强度分为五个等级，为C1级、C2级、C3级、C4级、C5级。设计师应该在设计文件中给出板材类型、抗折强度等级和抗冲击强度等级及厚度。

3. 招标策划

1）系统分析法

系统分析法用于招标方案确定了3个施工总承包＋若干专业分包的施工招标策划方案，确定此方案前，全过程工程咨询单位通过公司数据库查阅了近5年承接施工总承包合同额在5亿元、10亿元及20亿元以上不同规模级别施工企业的基本情况，调取了工务署近3年施工总承包单位履约评价评分情况，分析了公司所管理项目及工务署发包的施工总承包单位过往合同承包范围，结合本项目设计进度情况，综合考虑了项目涵盖的专项工程技术复杂性，如实验动物中心、生物实验室、园区网络、消防工程的统一性，施工场地交通管控等因素。

2）市场调研法

市场调查法用于招标策划是对特定专业领域采取市场调研法选取优秀单位，如本项目建设有国内最大的实验动物中心，实验动物中心的设计工作专业性特别强，传统设计单位无法胜任，项目部联合建设单位、使用单位成立调研小组，收集国内近年来实验动物中心建设案例，通过到已建成项目实地考察调研，邀请有实验动物中心设计经验的设计团队到项目进行技术交流，咨询国内实验动物中心有关专家，缩小了实验动物中心优秀设计单位范围，进一步通过招标条件设置和团队答辩环节考评，最终选定国内实验动物中心设计业绩最多、经验最丰富的设计单位承担本项目实验动物中心设计工作。

4. 工程量清单编审

1）图纸溯源法

是指对照招标文件确定的招标范围和界面，检查对应图纸的完整性和设计深度，以及招标必要的技术文件，保证每一标段招标范围、界面所包含的图纸齐全且深度符合清单编制要求。此方法适用于所有招标项目。

2）范围检查法

是指按照招标文件确定的招标范围，按照分部工程—子分部工程—分项工程逐级深入，进行清单编制范围检查，防止遗漏。此方法适用于所有招标项目。

3）界面检查法

是指按照招标文件确定的本次招标内容与其他相关专业界面划分原则，逐项检查每一项界面内应包含的实物清单是否遗漏，同时检查界面外内容是否多列项。此方法适用于实行施工总承包和专业工程平行发包项目。

4）子系统检查法

是指按照设计图纸构成对单一专业工程量清单进行全面系统检查，防止遗漏，重点适用于机电安装工程。如智能化分部安全防范系统子分部中视频监控分项工程，按照该子系统构成检查其监控机房内相关设备、传输线路及连接（转接）设施、末端设备，以及辅助配管、桥架等是否遗漏。

5）分区检查法

是指按照设计图纸对单一专业工程量清单进行分区检查，防止遗漏。适用于地基与基础、结构、装饰装修等专业。如室内装饰，按照设计图纸分解到楼层、房间，逐层逐间检查工程量清单。

6）特征描述校核法

是指按照设计图纸、技术要求、物料表等技术文件，随机检查清单特征描述与给定的技术文件一致性，避免描述不一致引发投标不平衡报价、实施期间合同纠纷和工程变更风险。当抽查子目超出3%出现描述不一致时，应扩大抽查比例和范围。

7）工程量校核法

是指按照一定比例对工程量清单进行随机抽查，验证其准确度和偏差率，重点抽查工程量大、单价高的子目，抽查子目工程量应当经过认真计算并保证偏差率在1%以内。当随机抽查子目偏差率超出3%时，应扩大抽查比例和范围。

15.1.6 成功经验分享

1）项目策划方案编制，全过程工程咨询单位项目部组建以后，便启动项目策划编制相关准备工作。

（1）收集项目已经形成的资料，如政府会议纪要、合作办学备忘录、各类审批文件、场地测量及初勘资料等文件。

（2）踏勘现场实地调研，熟悉地形地貌，了解市政配套条件，调研项目周边人居情况。

（3）同使用单位就办学背景、办学需求、师资力量、使用功能、实验室建设、后勤管理模式、教学管理模式、网络管理模式等全方位进行深入调研。

（4）同建设单位就建设管理模式、发承包模式、工期目标、质量目标等一系列目标进行交流探讨。

（5）就全过程工程咨询单位以前先进管理经验如技术创新、动态结算、学习型组织，以及设计管理、造价管理、监理三位一体的投资控制模式同建设单位分享。

（6）根据确定的目标和方案，如学生宿舍采取装配式结构等，在策划方案确定实施上述目标的分解措施和要求，如要求装配式建筑采用铝膜和爬架等技术以实现其高品质、节约周转耗材的初衷。

（7）通过公司数据库及建设单位履约评价体系，摸底分析国内有经验的施工总承包单位，为项目标段划分提供支撑。

根据分析并结合项目地形、设计进度、专业工程领域特点，最终确定划分3个施工总承包标段＋部分专业承包的招标方案。策划方案编制前后历时1年，几经修订升版，于2018年6月最终定稿，被深圳市建筑工务署及国内众多业主作为典型案例分享并推广应用。

2）设计阶段管理，设计阶段是决定项目建设品质、建设成本、建设工期及使用品质最为关键的阶段，但是我们国内政府投资工程尚没有建立起完整的设计管控体系，并对设计质量进行有效管理，全过程工程咨询单位在本项目开创性地加强了设计管理工作，并形成了一系列行之有效的方法。重点列举如下：

（1）统一设计法。针对项目3家设计单位、48栋建筑单体的特点，项目部组织设计单位结合建筑功能特征，在建筑立面效果、通用节点做法、材料设备选型等方面进行统一管理并出具统一设计手册，避免相同的设计内容出现不同设计做法或材料设备选型。

（2）对比分析法。针对专业性较强的设计内容和可选方案较多的专项设计，要求设计单位出具不少于2种设计方案，对不同方案进行技术经济对比分析，采用最适合的技术方案。

（3）问题导向法。针对学生宿舍在设计过程可能遇到的问题，以此为导向开展一系列调研工作，从而解决问题。

（4）全寿命周期设计法。全过程咨询不仅考虑建设成本的控制，同时也在设计阶段考虑交付使用后的使用成本和维护成本。如在本项目图书馆需要设置除湿系统，通过对溶液式调湿机和工业除湿机进行对比分析，前者存在使用期间漏液腐蚀、散发异味等问题且维护成本高，而后者技术成熟、成本较低且维护更方便。

3）引导使用需求分阶段确定。使用需求不确定、不稳定是制约工程建设的关键问题。通过本项目设计阶段管理经验总结，认为应该将使用需求划分为方案设计、初步设计、施工图设计和施工阶段，4个阶段使用需求应分段提出、逐级细化。全过程工程咨询单位在各阶段需求管理上应合理引导，分段落地，如方案设计阶段需求管理内容应重点明确项目定位、使用功能、面积分配、建设标准等；初步设计阶段应重点明确细分功能空间、主要技术方案、材料设备选型等；施工图阶段应重点明确家具布置、机电末端、主要材料样板等；施工阶段应重点明确材料样板、植物选型和开办需求等。

4）招标采购环节实现全链条择优。面对总投资超过120亿元的项目，实现高质量建设，如何对项目整体招标工作进行策划并择优选择各领域最优秀的参建单位是实施阶段最大难题之一。围绕上述目标，项目部采取不同方法开展工作。一是采用系统分析法确定三个施工总承包＋若干专业分包的施工招标策划方案；二是对特定专业领域采取市场调研法选取优秀单位。

5）投资控制方面。通过对项目实施一系列动态投资控制方法，确保了项目变更及时办理、结算基本同步、投资控制在概算批复范围以内。尤其是在过程结算方面通过创造性地采取容缺结算制度，大幅提高结算工作效率。截至2021年10月，累计交付建筑面积80万m^2，已完成60万m^2建筑全专业结算申报工作，申报结算额55亿元，基本实现结算与工程同步的目标。

6）加强合同管理。合同条款针对发承包双方权利、责任、义务都有详细约定。项目执行过程中应对双方履约情况进行评估、检查，对于履约不充分、不及时情形，及时采取措施予以纠正，防止对工程推进产生负面影响。通过制定合同管理白皮书，定期分析、整理参建单位合同执行情况，形成书面报告，向建设单位汇报，并通报承包单位。

7）打造组织学习组织。现场一线管理工作纷繁复杂，管理人员能力良莠不齐，如何有效提升现场管理工作一直困扰着业内人员。全过程单位总公司予以技术支持指导，对现场管理各项工作分类编制工作指导标准、实施手册，以简易化、轻量化为特征，随时组织学习培训，方便一线人员快速理解、快速执行。

综上，本项目在住建部推行全过程工程咨询背景下，由深圳市建筑工务署率先引入全过程工程咨询管理模式，开创了工程管理的新典范。作为住房和城乡建设部全过程工程咨询试点项目，全过程工程咨询单位克服了使用需求不稳定、场地条件恶劣、参建单位众多、一次规划分批交付及疫情防控等多重考验，实现2020年及2021年两个批次顺利交付，且在理论创新、技术创新、可持续发展等方面取得了良好成效，形成了一系列行之有效的管理方法，采用了诸多先进建造技术，取得了丰硕的技术成果，获得了多层级奖项。在建设管理期间，项目也暴露出一些不足，如多家设计单位之间协同性仍需要加强、实验室使用需求不稳定给设计带来反复修改等。通过总结分析，能够给类似全过程项目积累大量经验。

15.1.7 实践体会

1. 思想层面

要在项目启动伊始确立"理念为魂、需求为本、策划为纲"的总体指导思想。理念为魂就是要在项目前期阶段明确项目定位、设计理念、管理理念、管理目标等宏观构想，以指导项目总体策划实施。需求为本就是要在项目建设全过程牢牢树立以终为始的指导思想，在项目实施各阶段逐级推进、逐层递进，有效落实使用需求，尤其是对项目运营习惯等提前介入，重点在设计阶段予以落实，施工阶段在不影响工期、投资前提下适度控制需求变化。策划为纲就是在总体指导思想框架下，编制项目总体策划方案，对项目实施进行全方位、全过程统筹规划，制定项目总体实施纲要，指导项目具体实施。

2. 管理层面

作为全过程工程咨询单位重点做好团队管理、招标策划、工期安排几个方面。

1）团队管理是作为全咨总负责人面临的重要课题。一是要狠抓内部小团队有机融合；二是要统筹众多参建单位派驻项目部之间的高效协同；三是调度参建单位高层领导对项目资源倾斜；四是寻求各类审批、审查机构理解支持。

2）招标策划是项目实施成败关键因素。合理划分标段、科学设置招标时序、择优选择实施单位、精心挑选实施团队、严密制定合同条款都是招标策划重要工作，任何一个环节偏差都会对项目实施产生重大影响。

3）工期安排是使用单位、建设单位最为关切的目标之一。做好工期安排应尊重科学、尊重事实、投资匹配。尊重科学是指使用单位不提出过度压缩的建设工期目标，此情形要科学制定各阶段工期计划，并定期对比分析、及时纠偏；尊重事实是指少量基于重大任务立项的项目，工期超出常理，较定额工期压缩50%以上，此情形应制定多线并行的、资源超配的紧凑型计划；投资匹配是指针对不同工期安排尤其是过度压缩工期项目，应匹配相应标准投资指标。

3. 实施层面

作为项目落地环节,实施层面要重点做好技术先行、工艺先行、市政先行三项工作。

1)技术先行。一是优先做好设计及审计审查、深化设计、评估论证等工作,为招标、施工创造条件;二是提前研究影响项目实施的重要技术方案、施工方案编制审查,必要时组织专家评审;三是先行策划项目技术创新实施方案,在项目实施期间有序落地。

2)工艺先行。一是工艺需求先行,工艺需求明确后方具备开展设计工作条件;二是工艺招标先行,工艺类专项全部需要深化设计,中标后完成深化设计及审查确认,进一步与主设计匹配建筑各专业条件,方正式具备现场施工条件;三是工艺先行进场,工艺设施需要主体工程各专业配合诸多条件,如预埋件定位、预留洞口、预留通道等,需要工艺单位提前进场确认条件及实施情况是否满足工艺要求。

3)市政先行要结合场地条件。对于具备条件的项目开展市政先行,一是道路管网先行,永临结合,既可以降低投资,又可以提升项目文明施工形象;二是绿化先行,既可以提高部分绿化景观效果,又可以提升项目整体形象。

15.2 深圳大学西丽校区

15.2.1 项目简介

深圳大学西丽校区建设工程分两期建设,一期工程已于2017年3月建成投入使用,二期工程于2018年12月1日开工建设、2021年12月完工。二期项目用地总面积约19.6万 m^2,总建筑面积约44万 m^2,总投资31.9亿元。主要建设内容包括学生宿舍、食堂、留学生活动用房、中央图书馆综合楼、公共教学楼、法商学部及行政办公与专职科研用房,共计16栋建筑单体,如图15-4所示。

图15-4 深圳大学西丽校区效果图

15.2.2 项目特点

1. 项目重要性

深圳大学西丽校区二期项目的建成，极大地促进了深圳大学向世界一流创新型大学的发展目标迈进，为深圳大学争创"高水平大学"及"双一流大学"提供了保障。

2. 技术先进性

本项目应用"建筑业 10 项新技术"中的新技术共 10 大项 38 子项，如表 15-20 所示。

工程应用"建筑业 10项新技术" 表 15-20

序号	应用新技术大项	应用新技术子项
1	地基基础和地下空间工程技术	综合管廊施工技术
2	钢筋与混凝土技术	混凝土桩复合地基技术
3		自密实混凝土技术
4		混凝土裂缝控制技术
5		高强高性能混凝土技术
6		高强钢筋直螺纹连接技术
7		混凝土桩复合地基技术
8	模板脚手架技术	销键型脚手架及支撑架
9		集成附着式升降脚手架技术
10		组合铝合金模板施工技术
11		管廊模板技术
12	装配式混凝土结构技术	预制构件工厂化生产加工技术
13	钢结构技术	高性能钢材应用技术
14		钢结构深化设计与物联网应用技术
15		钢结构虚拟拼装技术
16		钢结构滑移、顶（提）升施工技术
17		钢结构防腐防火技术
18	机电安装工程技术	基于 BIM 的管线综合技术
19		工业化成品支吊架技术
20		机电管线及设备工厂化预制技术
21		薄壁技术管道新型连接安装施工技术
22		内保温金属风管施工技术
23		金属风管预制安装施工技术
24		机电消声减振综合施工技术
25	绿色施工技术	封闭降水及水收集综合利用技术
26		建筑垃圾减量化与资源化利用技术
27		施工现场太阳能、空气能利用技术

续表

序号	应用新技术大项	应用新技术子项
28	绿色施工技术	施工现场扬尘控制技术
29		施工现场噪声控制技术
30		绿色施工在线监测评价技术
31		工具式定型化临时设施技术
32		建筑物墙体免抹灰技术
33	防水技术与围护结构节能	地下工程预铺反粘防水技术
34		种植屋面防水施工技术
35		高性能门窗技术
36	抗震、加固与监测技术	消能减震技术
37		深基坑施工监测技术
38	信息化技术	基于BIM的现场施工管理信息技术

3. 工程复杂性

本工程复杂性主要体现在技术复杂性、组织复杂性、目标复杂性三个方面。

1）技术复杂性

技术复杂性是指由于技术要素的复杂属性表现出的整体特征。针对本工程涉及的岩土工程、独特的建筑结构设计、建筑电气、园林绿化、景观设计、智能化工程、给水排水工程等各专项设计，涉及的专业众多，同时本项目设计以"开放、生态、智能、集约"为原则，以"紧凑式组群、学科交融"的理念为基础，打破过去院系独立分散的格局，形成多个相对集中的学科组群，创造资源共享、交流便捷的教学科研环境。部分建筑造型设计大胆、突破常规，不断挑战技术制高点。

二期项目需从建筑风格、设计理念、室外景观、设备系统兼容等全方位与一期实现无缝衔接，全过程工程咨询单位在招标阶段就充分研究一期施工图纸，重点把握衔接部位设计理念、要点、内容，招标阶段，将此部分内容重点强调纳入招标文件之中，约定相关责任，降低工程风险。

本项目作为市政府及工务署重点工程，参与人员积极作为，不断开拓创新，使全标段确保省优质工程奖、图书馆单体争创鲁班奖，对自密实混凝土技术、基于BIM的管线综合技术、建筑物墙体免抹灰技术、深基坑施工监测技术等多种先进工艺积极运用，不断践行政府工程高质量发展理念。

2）组织复杂性

本项目参建单位共70余家，垂直管理层次多，全过程工程咨询单位分析项目各参建单位属性、项目目标性质等，联合建设单位统筹参建单位资源，同时结合参建单位职责、工作界面、分工协作范围及内容确定、项目管理及决策体系确定、项目管理系列制度确定、项目管理流程设计、总控计划及专项控制计划、总体目标及目标分解任务分解、综合设计项目组织架构及管理关系确定,确保全过程咨询模式下的"工务署+工程咨询"高度融合,充分协作沟通,倡导全过程工程咨询单位主人翁意识。

3)目标复杂性

本工程原计划2022年8月交付,因校方招生计划调整,交付时间提前到2021年8月,实际有效施工时间缩短1年。

4. 质量进度要求高

1)质量要求高

本项目为深圳市重大民生项目,定位国内一流水准,建设标准高,质量目标整体获得"广东省建设工程优质奖",其中中央图书馆综合楼争创"鲁班奖"。

2)进度要求高

根据工期定额测算约50个月,实际工期仅34个月,压缩工期约32%,进度管理难度大。

综上所述,鉴于项目投资规模大、建筑单体数量多、工程技术复杂、工期紧、任务重、建设档次定位及品质标准要求高等特点,项目采用全过程工程咨询,为项目建设全生命周期提供完整性、科学性、准确性的技术和管理咨询,保障本项目最终实现投资目标、进度目标、质量目标、安全目标。

15.2.3 咨询管理成效

项目规模大、工期紧,目标工期对比定额工期压缩近1/3;图书馆争创鲁班奖,工程创优要求高;三层超大规模地下室,地下室面积约16.4万m^2,基坑深度15.5m,总出土量115万m^3,地下室施工进度控制难度大;周边环境制约因素众多,南侧长西引水渠贯穿项目场地、北侧丽康路同步施工、北区施工紧邻生态控制线等对施工现场总平布置、道路布置及施工进度均存在制约。因此,项目确立以"全方位、全要素、全维度、全过程"为宗旨的咨询管理服务理念。

在项目管理上,充分响应建设单位"共享共建高度融合"的全过程咨询理念,勇于担当,摒弃传统全过程咨询"顾问型""协助型""支持型"的服务模式,坚持"主导型"全过程咨询服务模式,确立"一切以推进工程建设进展为核心的管理宗旨"。针对项目建设过程中碰到的各类制约问题,积极开展协调,真正站在建设单位的角度,放眼全局,提前谋划,全面落实目标管理、计划管理,以推动问题快速解决为己任。利用有效管理资源,提高管理深度,制定简洁高效的现场管理制度和管理流程,不定期向新进场单位进行宣贯,不断提高管理的系统性和融合性,通过合理授权,互信互助,实现"1+1>2",发挥全过程工程咨询单位"高参"职责,取得了显著的成效。

1. 综合管理

在团队建设上,针对项目管理部关键岗位抽调有过类似项目经验且有过合作经历的团队成员参与,最大限度缩短团队成员的磨合时间。在日常管理上确立"定岗定责+党建引领+廉政保障+创学习型组织"的团队建设方向,针对每个管理岗位每个建设阶段均分工明确,岗位责任清晰,定期开展内部学习培训,跟随项目进展开展分岗位分专业"应知应会"系列知识竞赛,定期组织廉政教育及党建活动,营造团队和谐有序、齐心协力的工作氛围,发挥党员模范的先锋作用。定期组织召开民主生活会,开展批评与自我批评,正衣冠,照镜子,互帮互助,持续改进,共同提高,保证项目团队具有持续高昂的激情和战斗力。

2. 报批报建管理

项目报批报建管理重点围绕"充分熟悉当地报建规则流程,制定详细工作计划,建立几方协同机制,及时沟通协调,快速推进工作"几个方面开展,保证了项目报批报建工作快速高效推进,在项目临建设施用地需占用农业用地的情况下,因项目团队提前研究了相关政策,充分熟悉程序要求,接受工作后保证了各项工作推进有条不紊,快速完成消防报批、规划、土地、项目组临时用地审批手续及项目施工许可证办理,保证了项目基建程序合法合规。

对建设程序进行监督管理,提出合理化建议。全过程工程咨询服务机构的工程监理,在做好工程监理本职工作的基础上,能够很好地参与项目前期管理、设计管理、招采管理、报建管理,能够以全局性思维给建设单位提出合理化建议,有利于推动项目建设管理程序有序、高效地进行,减少违法违规事件发生。

3. 招标造价合约管理

招标管理严格遵循招标管理制度"公开性、公平性、公正性、逻辑性、严谨性、连续性、机械性、不可逆、一次性、保密性"等有关规定,重点落实日常各级招标管理,严格遵循招标管理制度流程规定,落实招标前潜在市场调研充分有效,清单化梳理招标项目履约风险并提出应对措施,落实招标进度控制三级计划、招标文件三级校审,招标协作工作定界面、定单位、定时间、定责任人。确保了招标目标清晰,招标项目风险分析预测及应对措施充分有效,招标进度按时完成,无一起流标、无一起投诉发生,为项目顺利推进提供了强力保障。

投资控制从源头抓起,围绕批复概算,按招标标段划分,精确分解到每个招标项目;按设计专业划分,分解明确各专业工程设计限额。严格过程变更索赔管理,遵循工务署变更审查程序,做到变更无论大小均严格执行"先审批后实施"的基本原则,全过程落实投资控制,投资均处于受控状态,投资结余约1.2亿元(不含预备费)。通过对概算进行分解,合理限额,优化设计,可以提前规避投资风险,同时结合建筑风格,优化建设质量,重视建设品质,加强使用功能需求优先考虑,充分调动承包商的积极性、主动性,不断运用新技术、新工艺、新材料提高建设品质。

合约管理围绕"以合同为保障机制,保障己方达到最佳利益,服务整个项目管理目标"的基本管理宗旨,重点围绕"充分分析合同义务及履约风险、合同实施全过程监督、严格管理合同变更、及时落实合同支付、公正及时处理合同索赔、严格执行履约评价机制、及时做好合同收尾"几个方面开展。截至目前,合约管理有理有据,井然有序,无一起争议纠纷。

4. 设计管理

设计管理以"充分保障项目使用功能,严格控制项目投资,确保设计出图进度,最大限度提升设计质量及设计品质"为宗旨,重点落实"项目使用功能充分调研及论证,全过程全方位推行限额设计,分专业分阶段落实设计出图三级计划,全面落实设计文件三级校审,资源共享,技术保障,主动创新,深度优化"工作,确保设计效果落地等。施工图设计阶段,提出有效设计审核意见896条,节约造价5670万元,节约工期3个月以上。

通过BIM校核技术应用,共修正设计细部错误及优化建议382条,初步测算节约造价1000万元以上;通过BIM技术优化总进度计划,加快工期约11个月,保障计划总工期对比定额总工期压缩近1/3。

5. 工程管理

工程管理以"确保项目质量安全为前提,以保障工程施工顺利推进为各级管理基本任务"的管理宗旨,以"精细化、清单化、制度化、规范化、常态化"为管理主线,坚持高标准、严要求,不搞形式主义,不折不扣地全面贯彻落实国家、行业、规范及工务署各项工程管理规定,对违规行为严管重罚,举一反三。每周监理例会上重点总结通报每周工程进度、质量、安全管理方面存在的问题,查找问题根源,针对性地落实纠偏措施及整改计划,施工管理层、操作层认识不到位不放过,现场不整改到位不放过。为切实有效落实常态化安全生产管理,全过程工程咨询单位组织两家总包单位全面梳理项目建设全过程可能涉及的全部危险源,按一般危险源、危大工程、超规模危大工程分为3个等级分级管控,按"预防措施清单、预警响应措施清单、应急响应措施清单、复工检查要点清单"提前落实各项管控措施,真正做到全方位无死角安全管理。

6. 组织协调

协调参建各方,通过制度、流程统一工作目标,充分梳理项目建设重难点,大幅度减少建设单位管理协调工作量,有利于缩短工期。在项目组织协调管理上,全过程工程咨询单位充分响应"署咨合一"的全过程咨询管理理念,以主人翁意识,放眼全局,统筹规划。对外,针对影响项目建设的长西引水渠迁改、丽康路建设事宜,积极组织区工务署、水务局等各职能部门召开项目建设推进会,以解决制约问题为第一要素,积极协调助推项目建设;对内,根据项目既定目标,严抓共管,确保项目主要负责人在岗履职,通过召开企业负责人联席会、建立重大问题研判机制、立项销项机制、署/校/全过程工程咨询单位联动决策机制、及时解决重难点问题,促使项目建设环境有序、和谐,有利于控制工期。

7. 所获荣誉

该项目荣获2020年度上半年深圳市优质结构工程奖,2020年度下半年深圳市优质结构工程奖,2021年度上半年深圳市优质结构工程奖,2021年度下半年深圳市优质结构工程奖,第九届龙图杯施工组三等奖,第六届国际BIM大赛最佳教育项目BIM应用奖。

15.2.4 成功经验分享

1. 采用的先进咨询技术

智慧工地管理平台应用，提高项目各参建单位的协同沟通效率，提高工程投资管理的准确性与及时性，提高现场施工效率，减少窝工返工及材料损耗、浪费，保障项目按期交付。

2. 先进管理手段

1）建立每月与参建单位企业负责人联席会的工作机制

项目建设冲刺阶段，面临交付使用时间紧、任务重的问题，项目深入研究，建立每月与参建单位企业负责人联席会的工作机制，通过每月表彰先进、向参建单位企业负责人通报进度情况、围绕项目推进广泛讨论，先后围绕"如何快速有序推进工程进度""如何做好人员留深过年"等问题进行深入研讨，通过此项工作的开展，有效地把项目一线的压力传导到参建单位公司层面，为一线问题的解决提供了有力的渠道，确保项目按期交付使用。

2）成立项目临时党支部，发挥党员先锋模范作用

打造"支部建在项目上，党旗飘在工地上"特色党建品牌，始终贯彻党建引领与业务双融互促。项目成立临时党支部，充分发挥党员先锋模范作用，在新冠肺炎疫情期间，扎实做好项目疫情防控工作，助力项目复工复产，使本项目成为深圳市第一批复工复产的项目。

3. 有特色的创新服务

1）设计审查前置、窗口期提资，提升出图效率

施工图设计审查环节前置，对普遍性或关键性的技术措施及做法，在设计前期即与设计方组织沟通，力求双方思路融合，概念一致，共创最优解。同时，设立窗口期提资，集中整改，提高设计质量，减少错漏碰缺，大幅减少图纸的后续修改调整工作量，提高出图效率。

2）精细化设计管理

建立前台设计管理部＋后台专家组模式，通过方案比选、专家评审、类似项目经验、精细化审核等手段，实现项目同等标准造价低、相同功能造价低、同等费用高标准、同等费用可靠性高等目标。

3）建立学习型管理团队

开展项目大讲堂活动，定期或不定期组织新技术、新制度、新体系的学习，提高参建单位人员业务水平和管理能力，提升建设团队的综合实力。

15.2.5 工作复盘

回顾全过程工程咨询在项目实施过程中的工作成效，由于主观客观因素，项目工作尚存在诸多需要改进的方面，这里选几个示例予以剖析。

1. 过程结算落实成效不太理想

主要原因：未形成明确有效的过程结算管理与实施机制，无合同约束力，另外过程结算与过程支付联系不够紧密，承包单位积极性不高。

改进措施：前期招标阶段，认真策划、系统制定过程结算办法、流程，健全管理机制，在招标合同中针对过程结算明确约定双方权责义务，提高过程结算对过程支付的影响，增强施工单位积极性，保障过程结算成效。

2. 界面划分存在细部错误，制约项目进展

主要原因：招标标段划分过于琐碎，设计出图与标段划分缺少紧密关联，界面划分的说明或要求没有与施工图有效对接，多数内容仅以文字描述形式展示，缺少图纸具体表达形式，存在歧义或表述不详之处，同时也有界面划分组织人员对具体施工工艺了解不够，划分的界面存在事实上不合理、需要修正等。

改进措施：合理划分标段，最大限度减少界面，同设计院联动，从设计出图上落实界面划分，从源头上减少界面争议。界面划分能以图纸表达的，优先采用图纸形式表达；不能以图纸形式表达的，文字梳理需详尽完整、清单化，必须全面梳理各专业间的工程界面，避免界面真空及重复。同时划分初稿可以组织潜在施工总承包单位、专业承包单位进行专题审查及评审，保证界面划分质量。

3. 总承包管理落实成效不理想

主要原因：总承包管理的约定在招标阶段约定不够详细、完整，仅有的几条流于形式。总包进场后，各级管理人员对总包管理的重视不够、意识不够，在落实总承包管理上的力度不够；此外，围绕总承包管理的流程尚属于规范确实内容，因流程不明确，导致总包很难真正介入针对专业承包的总承包管理，总承包管理难以落到实处，现场未能发挥总包统筹的管理作用，很多分包人员对总承包管理存在抵触心理。

改进措施：招标阶段针对总包管理、总包配合、总包服务、临时设施的使用，总分包的权责划分等进行详细的约定，增强合同约束。其次，在总包进场后，需要会同总包、分包固化总包管理流程，形成明确的管理机制，强化各级管理的总包管理意识，确保总包管理能真正落到实处，以履约评价加分、设立小额奖罚等管理办法，引导各分包单位接受总包管理，激励总包单位履行总包管理职责。

4. 未建立有效的现场询价机制

主要原因：无信息价类材料如何计价事关品牌、法规规定等，实际是一个多部门决策的系统问题，加上《深圳市建设工程材料设备询价采购办法》执行得不够严，有些项目执行，有些项目未执行。另外，在该平台询价流程相对复杂，时间相对更长，故平台询价落实得不够理想。

改进措施：招标阶段即应该在文件明确约定无信息价类材料的询价机制，明确平台询价、现场询价的机制，实施阶段即需严格执行询价机制，做到按章办事。针对有品牌要求的，事先明确品牌要求，按品牌范围客观公正询价，最大限度减少争议。

5. 设计变更审批流程较长，制约项目推进。

主要原因：各类变更计价审批流程涉及多个部门，且随着金额越大，审批部门越多，时间越长；同时技术和造价部门的审批联动不同步，导致变更经常反复调整，制约项目进展。

改进措施：全面开展精细化审图，最大限度减少实施阶段变更，超过一定额度的变更

需建立多部门联审机制,一次性审批变更,避免变更反复。此外在实施阶段,组织参建单位,提前梳理,重大变更提早发现、提早解决,避免变更审批进度制约生产。最后就是加强变更管理,加强跟踪落实,保证各级管理按时审批审核,严格控制变更审批时间。

15.2.6 实践体会

深圳市建筑工务署作为首批选择全过程工程咨询服务模式的建设单位代表之一,积极探索、合作研究,充分发挥全过程工程咨询服务模式中服务团队的主观能动性,充分利用全过程工咨询单位的优势资源,对项目建设和行业发展起到了积极的推动作用。作为全过程工程咨询服务单位,总结模式实施的成功经验、组织体系、管理机制及管理方法手段、措施等,都是成功的要素。

1)建立互信:建设单位与全过程工程咨询单位的高度融合,相互信任、支持,思想统一,目标一致,形成管理合力。

2)统一宗旨:确立一切以推动工程建设进展为核心的管理宗旨,提高服务意识,提高决策效率,以身作则,提升全体参建单位的管理效率,促进和谐、有序、紧张、高效的管理氛围。

3)健全机制:健全管理机制,建章立制,促进日常管理规范化、流程化,切实做到各项管理有章可循,按章办事。

4)过程控制:精准策划,明确目标,落实分解,过程控制,定期核查,动态纠偏。

5)主动管理:加强业务学习,克服全过程工程咨询被动开展工作的思维弊端,提高工作主动性,主动管理,敢于管理。

6)主次分明:定期梳理管理重点难点,抓关键线路,抓管理重点,做到主次分明。

7)丰富手段:丰富管理手段,全面系统,前期策划、招标、合约、制度、日常管理做到管理支撑,全面系统,灵活运用,保证执行力。

8)针对参建单位的管理,既要管理监督,更要服务与支持,共同实现建设目标。

15.3 XH 大学

15.3.1 项目简介

XH 大学建设工程三期项目于 2021 年 12 月 1 日开工建设,预计于 2024 年 7 月 18 日完成竣工。总建筑面积约为 455648m^2,其中,地上建筑面积约为 343472m^2,地下建筑面积约为 112176m^2。本工程概算总投资为 487918 万元。主要建设内容包括教学中心、科研中心、实验实训楼、实验动物中心二期、试剂周转房、图书中心、体育中心、教工之家、学生活动中心及学生食堂、教师周转公寓、学生公寓、师生食堂、校医院、后勤综合楼、其他后勤辅助用房、地下车库等,并建设室外市政工程、景观绿化、桥梁、校内河道及两侧绿地等,如图 15-5 所示。

图 15-5　XH 大学效果图

15.3.2　项目特点

XH 大学以小而精的模式，致力于创建一所新型民办的世界一流研究型大学，XH 大学建设工程三期是学校建设的重要组成部分，包括 5 个组团 36 个单体。除具备大型高等院校一般特征以外，XH 大学建设工程三期还具有以下显著特点：

1. 项目重要性

XH 大学致力于高等教育和学术研究，培养复合型拔尖创新人才；致力于在基础科学研究、技术原始创新、科技成果转化方面做出具有重大影响力的贡献。三期工程是浙江省重点建设工程，建筑面积约占学校总建筑面积的 50%，涉及核心功能区、生活区及后勤服务区等功能区。项目各阶段均得到了各级领导的高度重视，并要求充分借鉴一、二期的成功经验，需高质量完成三期建设工程，为浙江省高等教育事业发展贡献力量。

高标准的定位、建设要求及对一、二期建设工程的经验总结，均需专业的团队提供咨询服务。全过程工程咨询是工程建设服务周期的全过程，依据丰富的项目建设经验、完善的项目管理体制，对项目总体策划、统筹管理并提供专业的咨询服务，为项目有序实施提供了重要保障。

2. 技术先进性

实验室建设是高等院校建设的传统难点，XH 大学建设工程三期涵盖了当前高等院校各类实验室，包括工程实训实验中心、化学类、医学类、物理类实验室。此外，本工程还包括当前高等院校建设经验较少、复杂的实验动物中心，规划设置实验类型主要包括：小型猪、犬、非人灵长类（主要是猕猴）等设施，以支撑 XH 大学生命科学研究、生物技术创新及生物医药产业化发展。

结构方面，图书中心是三期建设的重难点，属于超限高层建筑，需进行超限高层建筑工程抗震设防专项审查。此外，三期工程还包括展示XH大学科学精神及校园文化的标志塔，主屋面高度84.000m，最高点108m，采用剪力墙结构体系，平面呈椭圆形，高宽比大于5，楼板不连续，按平面不规则结构，剪力墙抗震等级为二级进行设计。

本工程有市政河道横穿，且校区内部具有较大规模的封闭环形景观水系，涉及13座桥梁。依据丰富水系作为雨水调蓄和排放的设施并进行雨水汇水和排水组织分区这一特色，并辅以其他海绵措施，本工程被列为某区海绵城市示范项目。

全过程工程咨询服务是解决方案的全过程，除了全方位的管理项目以外，全过程工程咨询单位利用项目现场前端的咨询人员、公司后台的专家库及各大项目积累的大数据经验，为项目建设提供全方位的技术支持，提高项目的建设品质。

3. 工程复杂性

高等院校一般均具有体量庞大、建筑单体多、建设标准高、实验室等工艺复杂等特点，三期工程尚有以下更为复杂的情况：

1）项目场地极为复杂，涉及古树名木、220kV高压线路钢构架、市政河道、市政燃气管线、信号塔等。古树名木需考虑保护范围，高压线路钢构架需协调迁改及周边施工保护，市政河道施工需考虑河道断流配水及防洪，燃气迁改需考虑周边村庄的使用，各项内容均涉及法律法规及相关部门报批报建，并对工程造价及工期产生重要影响。

2）XH大学一、二期工程已完工并投入使用，三期工程如何与一、二期工程有效衔接，并在施工过程中尽可能减少对其影响，也是本工程的复杂性之处，工程的文明施工、环境保护、现场周边安全、交通运输的组织、材料设备的进出场等，均需综合考量。

3）本工程要求2024年7月竣工验收，由于场地各项限制因素，尤其是220kV高压线路钢构架横跨项目组团关键线路，直接影响三期项目合同工期的"生命线"，大型供电线路迁改协调难度大，对工期将产生不利影响。此外，建设单位要求三期范围内本科生公寓提前1年竣工交付，供校方招生使用，对项目工期、整体实施方案、设计方案均造成较大影响。

4）本工程除了涉及房屋建筑，还涉及市政河道、桥梁、实验室、危化品库、医疗工艺、动物房等非常规专业，协调工作量大，质量控制难度大。

5）本工程采用施工总承包模式，项目场地复杂、体量大、不确定风险因素多，且本工程为政府投资项目，对造价控制提出了更高要求。

综上所述，XH大学建设工程三期项目在质量、进度、造价、场地、现场管理等均存在有别于常规大型公建项目的复杂性。

15.3.3 项目管理成效

XH大学建设工程三期项目定位高、工程技术先进及有别于常规项目的复杂性，对全过程工程咨询服务工作提出了更高要求。全过程工程咨询单位在充分了解项目各类信息后，提出了以合同编制与实施管理为主线，以设计咨询与管理创造项目增值服务为重点，以各板块所制定原则机制为依托，以BIM技术等信息化手段为创新的举措，确保项目朝着建设单位预期及全咨策划的方向推进。

截至目前,全过程工程咨询重点在报批报建管理、设计咨询与管理、招标采购管理三个板块,项目现已顺利进入施工阶段,投资、工期等核心指标均达到或超出了预期效果,服务品质与成效得到了建设单位的认可与高度评价。

15.3.4 成功经验分享

XH大学建设工程三期项目前期主要工作包括项目总体统筹策划、报批报建、设计管理及招标造价等内容。由于本项目体量庞大、前期筹备周期短、现场工况与场地条件复杂等诸多不利因素错综复杂,极大增加了前期阶段各项工作开展的难度。

全过程工程咨询单位进场后,通过项目策划引领、组织管理与技术创新示范,理清了项目前期建设管理过程的脉络,各项工作顺利推进,三期项目已于2021年12月1日开工,进入实体建造阶段。以下将重点介绍项目前期阶段重难点工作的前瞻性思考及系统化运作主要采用的创新管理方法与措施:

1. 靠前协调,拓宽通道,打破报批报建传统审批壁垒

项目报批报建是一项系统性工作,项目在报建流程上需经过的审批手续多达上百个,报建手续相互关联,且由于部分报建手续的呈报后置或容缺申报,导致了报批报建手续相互关联的错综复杂。

如何做到忙而不乱,降低方案变更的批后修改风险,是三期项目报批报建工作的难点。

1)报批进件先行预审模拟演练,提高审批效率

报批报建材料在审批过程中往往会出现新情况、冒出新问题,导致报批报建材料不完善或缺项的情况。针对此类存在问题和缺件的报批项目,基于XH大学建设工程三期项目建设的紧迫性,全过程咨询服务单位通过对接协调,在相关审批部门支持的基础上开辟了"绿色通道",获准进行"容缺受理、容缺审查",审批部门在告知所缺材料的同时,不停止核查、现场勘验、审批与拟稿等相关工作。三期项目在2个月时间内完成了施工图审查、初步设计批复、工程规划许可证、用地规划许可证、消防、人防审查备案,采取报送资料清单先行自审模拟、非正式入案、提前报送、现场预审等措施,极大降低了退件率,实现了报批报建工作忙而不乱、快速、有序推进,在2个工作日内完成了施工许可证批复,三期报批报建周期比一期项目同比缩短了60天。

2)分批图审,以时间换空间

图审合格证是工程量清单、招标控制价编制的前置条件,由于三期项目体量巨大,除房建工程外,桥梁、危化品库及超限高层建筑均需专业资质单位审查,为确保项目整体工程进度目标,通过与住建等相关主管部门的沟通与靠前协调,获得了主管部门的理解与支持。三期项目采用了分批图审方式,将房建项目分成4批,桥梁、危化品库及结构超限建筑单独图审。另外,经与图审单位协调,采用线上线下同时办理,线下上报施工图,由图审单位先行审图,线上申报通过后,第一时间取得审图报告。采取上述措施后,极大节约了

图审时间，比常规流程提前 50 天完成图审任务，为后续工程量清单编制争取了时间与空间。

3）前瞻性思考与系统化运作

全过程工程咨询单位进场后，成立了综合管理部，全权负责项目前期报批报建工作，按照项目既定里程碑计划节点，结合三期项目建设实际情况，建立了报批报建工作流程和管理细则。同时，为了更好地把控方案变更后的报建风险，全过程咨询项目部通过与一、二期项目的座谈讨论，总结吸取了一、二期项目报建过程中的经验教训，对方案变更后报建过程进行全要素、全方位的风险分析及识别，综合考虑变更后报建过程的区域特点和性质，采用流程法进行风险识别，对方案变更批后修改涉及的行政部门审批流程进行统计分析，并提出应对措施。

报批报建并非一项按照政府部门流程要求机械性实施的工作，需结合项目实际情况，具备系统性和前瞻性理念。

三期范围内存在横贯东西的下确桥港河道，该河道为区域行洪通道，兼具配水功能，该河道将三期项目分隔为南、北两大区块。本工程需对河道走向进行局部调整，并在河道上建设多座桥梁，需要市政河道断水施工。经与林水部门沟通并争取，市政河道断水施工在非汛期实施，即 2021 年 10 月 15 日至 2022 年的 4 月 15 日。

考虑到河道桥梁施工工程量及总承包单位尚未招标的实际，全过程工程咨询单位负责先行编制河道施工度汛施工方案并通过了行政主管部门的审批，并将该实施方案纳入招标文件中，施工总承包单位进场后可依据实施方案直接施工。

该项咨询成果从调研、编制、论证、审核到主管部门审批完成，前后历经 4 个多月时间，施工总承包单位进场后方案即落地实施，为区域行洪主通道下确桥港河道与桥梁施工创造了 90 天以上的工期效益，为该段河道桥梁施工任务在第一个非汛期内实施完毕创造了先机与可能。全咨部针对该项任务的前瞻性探索、系统性落实与工作成果，得到了建设单位的高度认可。

4）综合效益分析

通过做好报批报建流程管理及风险应对措施，把控项目建设节点报批报建要求，全过程咨询服务单位在建设单位的支持下靠前协调对接，促使各项报批报建手续按计划节点顺利办结，为 XH 大学建设工程三期开工典礼如期召开提供了时间保障。

2. 科学策划设计咨询管理工作，机制管人、流程管事

设计阶段是项目节约投资、创造价值的核心阶段，设计成果的质量与项目实体建造的品质、工期、造价紧密关联，全过程工程咨询单位基于 XH 大学总体设计、分批实施的全面考量，对设计活动进行了整体策划把控。

1）建立设计沟通及需求分析机制

使用需求作为设计工作的核心任务与重点，是编制设计任务书并开展设计工作的基本依据。在初步设计前期因校方与指挥部、设计单位工作界面划分不清晰，使用需求的提出与确定存在多头指挥、指令通道混乱、长期议而不决等问题，导致设计单位无所适从，出现"坐、等、靠"等问题，设计出图进展缓慢，效率低下，导致后续清单编制审核与总包

招标等关键节点推进不确定性风险增加,这是设计管理工作的难点之一。

全过程工程咨询单位进场后短期内发现了上述问题的症结,根据自身管控经验并结合项目实际进行了针对性研究,通过对设计合同的分析,与建设指挥部多次研讨后编制了三期项目设计管理沟通机制,在项目工作推进会上讨论通过,全过程工程咨询单位获得了授权并据此明确2021年3月5日起建设单位原则上不再新增功能需求,考虑到部分功能确实不能一次提供到位,在截止时间后允许对既有方案进行深化。

设计管理及使用需求沟通机制的推出,厘清了指挥部、全过程工程咨询单位、设计单位、建设单位之间的权责关系及工作界面,明确了指挥部的指令主体地位,引导使用单位关注其需求的合理性及提资的时效性,引导设计团队科学合理采纳使用需求而非照单全收。

三期项目设计沟通管理机制的有效施行,促进了设计工作的快速有序推进,从根本上扎牢了多头指挥导致投资失控的袋口,显著提高了使用需求沟通效率。

2)重视设计依据、防止出现颠覆性修改

本工程设计依据主要包括XH大学总体方案、设计任务书、设计规范标准及场地基础条件。本工程在设计管理过程中,充分熟悉各类设计依据,尤其是依据设计任务书,对初步设计、施工图设计进行了详细的对比审查,确保设计任务书各项内容落实到图纸文件中。

全过程工程咨询单位全面实行以限额设计原则为控制重点的建设全过程投资控制,确保不发生"三超",进行定期设计进度分析,重视分批报建、图审等工作的协调,必要时提出风险预警咨询意见并向建设单位报告,以利于建设单位及时掌握设计工作的节奏与动态进展。

此外,本工程现场条件复杂,对设计产生重要影响。全过程工程咨询进场后,对项目场地进行了详细的探勘,发现一棵118年的古树名木并及时反馈给设计,避免了因古树名木导致总体布局的影响。

3)主动落实设计优化及设计图纸审查、提供高质量咨询意见

在设计质量把控方面,全过程工程咨询单位充分利用"项目强前端、公司大后台"的优势对设计图纸进行审查,在确认设计方案满足使用单位功能需求的基础上提出优化意见与建议,提前发现并处置违反设计规范及"错、漏、碰、缺"等问题,减少施工阶段的返工风险与停工待料等问题。全过程工程咨询单位对三期初步设计文件、施工图设计阶段提出审核意见及优化建议基本获得采纳,为建设单位的技术力量提供了全专业、全方位补充,有效促进了设计成果的品质提升。

4)合理策划把控设计周期,确保设计出图质量

在设计进度把控方面,全过程工程咨询单位依据设计定额周期及本工程的项目总体计划,并借鉴中山大学深圳校区、深圳大学西丽校区等大型高校设计管理的成功经验,充分考量第三方图纸审核、专家论证、施工图审查等必备时间,以及项目工程量编制与审核的周期,确定了分批出图、分批图审的总体策略,并据此细化编制了实操性较强的设计总控计划,严格督促设计单位按节点落实设计工作,为后续工程量清单编制与审核的快速推进

创造了有利条件。

5) 利用 BIM 技术进行设计管理、提升设计品质

BIM 技术已在公共建筑中普及，除了传统错漏碰缺的设计审查，本工程依据 BIM 技术的参数化及模拟性的优势，采用"BIM 建模软件—属性信息—专业分析软件及平台"的基本模式，深度分析参数信息，挖掘参数价值，对初步设计成果进行模拟审查并提出优化建议。例如对体育馆的空调系统进行气流组织模拟分析，场馆内气流分布、温度分布指标图 15-6、图 15-7 所示，利用模拟结果提供针对性的咨询意见，提高了空调系统的设计品质。

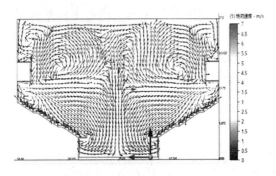
图 15-6　体育馆气流分布

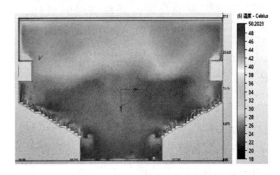
图 15-7　体育馆温度分布

6) 以增值服务实现项目综合效益的最大化

全过程工程咨询单位需要运用自身的知识、技能和专业技术，满足使用单位的功能需求，实现建设单位的预期目标，秉承"实用、适用、够用、耐用"的原则，在成本、工期和质量之间寻求最佳平衡点，使建设单位获得效益最大化，同时也为实现项目的增值提供窗口。通过工程案例的实地考察等活动，力求"同等品质、相同功能造价更低，同等造价标准更高、性能更优、更具可靠性"，全过程咨询项目部提出了"建筑材料考察及应用评估报告""XH 大学水环综合生态治理工程方案咨询报告""UHPC 幕墙优化建议咨询报告"等十余项咨询意见。部分咨询成果已被建设单位采纳，共计降低概算建设成本约 4600 万元，同时也减少了后期运维成本，产生了良好的经济效益和社会效益。

通过以上措施的落地与实践，设计咨询成效显著，设计过程沟通顺畅，如期完成了设计工作，为工程量清单编制及招标活动奠定了坚实基础。

3. 招标造价管理把控深耕细作

招标采购及造价管理是政府投资项目资金能否高效使用最直接的体现，在充分借鉴一、二期建设模式经验教训、充分考量使用单位的功能需求并结合项目实际的基础上，经多方论证，XH 大学建设工程三期确定采取施工总承包招标模式，项目实体建造内容采用"应纳尽纳"的原则，将水、电、燃气及三网合一等行业特殊专业以外的实体建造专业与内容尽可能纳入施工总承包合同范围，涉及桩基检测、基坑监测、消防检测等需第三方服务单位实施的功能性检测由建设单位另行招标委托。

高等院校规模大、涉及材料设备种类繁多，如何科学建立项目品牌库是全过程工程咨

询服务在招标采购阶段的重点工作；同时，工程量清单编制与审核如何合理策划安排是造价管理的难点。

1）科学设立项目材料、设备品牌库

任何建设项目的材料与设备品牌库都没有标准答案，如何打造项目材料、设备品牌库的阳光与民主，是全过程咨询服务管理的难点。在大量调查研究的基础上，全过程工程咨询单位确立了三期项目品牌库建立的十大基本原则，得到了建设单位的认可与高度评价：

（1）参考一期项目材料、设备品牌。一期建筑材料、设备品牌库从设置应用总体来说是科学的，对于其中个别经实践检验品质、服务不佳的品牌，全过程工程咨询单位进行了剔除。

（2）与设计单位进行了多轮次关于项目品牌设置的深入专业对接，充分吸纳借鉴了设计单位意见，对于调整部分项目品牌分档及是否在产起到了借鉴作用。

（3）其他学校教育项目的品牌库作为参考。

（4）结合知名代建单位、建设单位的品牌库做了一些有益的补充，其品牌库的建立经过了严格的考察、比选、审核、审批流程，具备参考价值。

（5）参考了近期类似大型公建项目的品牌库设置，如某航空学院、亚运场馆、火车西站等项目。

（6）在结合公司专家意见及市场调研的基础上，择优增加了一些性价比高的品牌，主要用于补足项目品牌数量需求（原品牌设置为3个，现增至不少于5个）。

（7）对于居住类建筑材料原则上采用中档品牌，教学类建筑（含教席生活区）采用中高档品牌，每种品牌数量不少于5种。

（8）原则上建议不采用纯进口建筑材料、设备，按照全过程工程咨询单位经验并结合一期项目实践，部分进口品牌为贴牌产品，价格高，且其品质甚至不如国内一线品牌，售后服务也得不到有效保障，这种情况在大型项目中屡见不鲜，且进口品牌产品真伪鉴定难度大，不确定性风险大。目前国内制造业世界领先，一线品牌的品质也不逊色，如非必要建议选用性价比高的国内一线品牌为主，全过程工程咨询单位对一期部分纯进口建筑材料、设备品牌进行了调整、比选采用了国内一线品牌。

（9）动物房、实验室、校医院除常规建筑材料以外的设备、设施，原则上品牌以学校意见为主，全过程工程咨询单位把关。

（10）针对部分设备或者系统同等档次品牌数量不足（不足3家）的情况，通过对产品系列进行约定，将高一档次品牌中次一级的系列产品与次一级品牌中高一级的系列一起竞争，既满足招标规定，也是现实情况下的一种相对平衡。

2）合理策划工程量清单编制与审核

考虑到三期项目体量大、出图时间紧、项目开工节点已明确等诸多因素，全过程咨询项目部策划了分批出图、分批进行工程量清单编制、财政审核背靠背单位同步介入的模式进行工程量清单编制与审核，如表15-21所示。通过资源整合，确保了2021年8月18日完成了工程量清单编制审核，且保证了清单编制的高质量，审核偏差率在1%以内。

分批出图与清单编制审核汇总表　　　　　　　表 15-21

序号	施工图出图		清单编制与审核	
	批次	完成时间	开始时间	完成时间
1	第一批施工图、图审完成	2021 年 4 月 8 日	2021 年 4 月 8 日	2021 年 7 月 30 日
2	第二批施工图、图审完成	2021 年 06 月 04 日	2021 年 6 月 5 日	2021 年 8 月 5 日
3	第三批施工图、图审完成	2021 年 07 月 10 日	2021 年 7 月 11 日	
4	试剂周转库图审完成	2021 年 07 月 10 日	2021 年 7 月 11 日	
5	第四批施工图、图审完成	2021 年 07 月 14 日	2021 年 07 月 15 日	2021 年 8 月 18 日
6	桥梁、图书中心超限图审完成	2021 年 07 月 17 日	2021 年 07 月 18 日	
7	图书中心智能化专业图审	2021 年 07 月 20 日	2021 年 07 月 21 日	

3）扎实推进施工总承包招标工作，成效显著

三期项目的招标代理单位技术力量相对较为薄弱，招标文件的调研、梳理与编制工作推进不快，针对建设单位招标重要节点时间已经明确的实际情况，全过程工程咨询单位全身心投入招标文件的调研、讨论、编制与审核过程中，期间还就招标敏感与主要条款的设置多次征求市标办的意见，以严谨的态度与扎实细致的工作作风确保所有条款的合规与公平公正原则，顺利完成了第一阶段资格预审与二阶段开评标工作。

2021 年 10 月 8 日三期施工总承包单位开评标，10 月 14 日发放中标通知书，10 月 15 日上午仅用半天时间就完成了合同谈判工作，所有条款均按照招标文件未做修改，并于 10 月 19 日完成了正式合同文件的签署，创造了大规模、大体量高校项目建设施工合同签订的"西湖新速度"。

15.3.5　实践体会

本工程前期工作、设计阶段管理工作及总承包招标工作的顺利实施并获得建设单位的认可，均体现了全过程工程咨询模式的显著优势，具体实践体会如下：

1. 打破传统壁垒，充分争取建设单位的支持与主管部门的理解

全过程工程咨询服务需要通过项目总体统筹协调，促使项目推进各重要节点符合建设单位预期，要实现上述目标，获取建设单位的支持及主管部门的理解尤为重要，应勇于突破传统壁垒，不走寻常路，加强对接协调，拓宽绿色通道，必要时可换一换思路与方法来强化对接沟通与协调工作，快速、有序、高效推进服务项目工作。

2. 充分调研，借助大数据分析为项目决策提供科学依据

与以往政府投资重点项目所采用的项目指挥部传统管理模式相比，全过程咨询服务管理模式更具优势，角色定位较高，能够为参建多方建立一个数据基准一致的信息沟通平台，以实现多方的信息交流，从而保证工程施工始终处于动态有序、合理紧凑的计划控制之下，可避免常规建设模式中系统性规划不足、各单位之间工作衔接脱节的通病。全过程咨询服务管理团队相对固定，专业化程度高，对业主需求与预期更具关注度，借助公司长期累积的工程与管理数据库进行快速检索，实现系统性高效运作，形成了项目强前端＋公

司大后台的良性支撑管理模式，能够为建设单位提供科学决策依据。

3. 前瞻性思考，分析项目阶段性实施风险，及时提出预警处置措施

全过程工程咨询服务单位需要从建设全局通盘考虑，进行项目工作结构分解，识别项目风险，制定项目综合计划，对项目实施过程中可能存在的风险提前进行研判，并提出预警，有效防范处置措施。

XH 大学作为浙江省高等教育强省战略的重要举措与省重点建设工程，其建设定位、标准及重要性不言而喻。作为全过程工程咨询方，在深刻理解全过程工程咨询理论的基础上，充分了解校方使用需求、建设单位建设意图，并结合项目及区域实际情况，以报批报建、设计咨询与管理、招标采购、工程量清单编制等咨询服务板块的既定目标为导向，致力于为业主提供项目全过程的高品质咨询服务。此外，在 XH 大学建设工程三期项目推进的实践过程中，各类特殊性、复杂性实际问题的多元化处置方案，又极大丰富了全过程工程咨询服务的咨询方法、手段，对高等院校建设项目的全过程咨询服务具有参考、借鉴意义。

15.4　某飞行学院 TF 校区

15.4.1　项目简介

某飞行学院 TF 校区建设工程项目于 2021 年 2 月 1 日开工建设，2023 年 5 月 31 日竣工。项目总用地面积约 1606.36 亩，总建筑面积约 117.75 万 m^2，建设投资 984700 万元。主要建设内容包括理论教学部分、学生宿舍、科研实验室、行业实训基地、校医院、中国民航高高原医学研究中心等，项目建成后将容纳 2.5 万名全日制学生，如图 15-8 所示。

图 15-8　某飞行学院 TF 校区效果图

15.4.2 项目特点

1. 项目的重要性

本项目主要包含理论教学部分、科研实验室、行业实训基地、中国民航高高原医学研究中心。校区建成后将容纳 2.5 万名全日制学生，每年还将承担 12.8 万人次的行业在职人员培训。

2. 项目的必要性

项目建设是实现民航强国战略构想，落实"双一流"建设方案的需要。

民航作为综合交通运输体系的重要组成部分，是衡量一个国家或区域经济发展和社会文明进步的重要标志。航空产业更是所在地区空港新城的核心产业。某飞行学院在民航业拥有极高的声誉和实力，能在产、学、研、用方面形成良好的循环和聚集效应，为国家"一带一路"倡议建设添砖加瓦。

在学科建设方面，学院紧扣建设特色学科的总体目标，结合学科专业优化调整工作，进一步转变学科建设理念，创新学科建设管理体制机制，按照"扶优、扶强、扶新"的原则，实施非均衡发展战略。通过优先发展、重点支持，力争将交通运输工程一级学科建设成国内民航领域顶尖的优势特色一流学科，以点带面，促进学院学科建设全面协调发展。

3. 技术的先进性

1）重点实验室

（1）民航飞行技术与飞行安全重点实验室：实验室的发展目标是运用现代信息技术、新航行技术、管理科学理论，创新训练手段，完善管理模式，建立科学的飞行技术标准和安全管理规范，成为全球民航飞行技术与飞行安全领域的标准制定者、行业发展的引领者。为实现这一目的，实验室规划在 TF 新校区民航应用技术开发基地内新建/扩建航空安全与数据分析中心等 6 个研究机构。

（2）民用航空器火灾科学重点实验室：实验室的发展目标是打造引领大型民用航空器防火救援实验验证的技术平台，稳步建成国际先进、国内领先的航空器防火救援重点实验室。

（3）飞行器结构与系统实验中心：实验室的发展目标是面向中国民航事业发展的重大需求，飞行器结构与系统实验中心将以现代航空器为研究对象，关注结构性能分析与维修、结构加/改装适航验证、新型智能航空材料与结构、直升机系统与旋翼动力学、系统智能健康监测与管理、结构维修新技术、民用无人机的平台研发和无人机集群理论的研究与应用等影响我国向民航强国迈进的关键问题，积极创新，形成创造性的新成果。

（4）民用航空器检测中心：实验室发展的近期目标是为本科学生和研究生相关课程建立配套的实验教学环节，进一步提高教学质量，也为教师的科研工作搭建必要的科研平台。中期目标是通过教师的科研工作，能够为民用航空器检测领域的各个方向提供一定的技术支撑，并在相关领域形成必要的标准，力争建设成为具备出具行业认可检测报告的能力，争取在航空器检测领域具备一定的话语权，成为同行业一流的航空器检测中心。长远目标是通过前期和中期的积累，能够为航空器的制造和维修提供必要的技术指导，从航空器的后端使用方向进一步拓展到前端的研发和制造阶段。

（5）航空发动机控制技术综合实验中心：实验室的发展目标是建立全数字仿真平台，半物理仿真实验平台，控制器制造车间。力争能整合资源自主开发出大涵道比民航发动机的控制器，并推进其产业化。在此基础上进行系列化发展，如小推力涡扇发动机、涡轴发动机的控制器。

（6）民机复合材料创新中心：实验室的发展目标是在民机复合材料结构设计与维修等方面取得突破，着力开展数字化智能维修等主要方向的基础性研究和前沿技术攻关，力争形成一批拥有核心自主知识产权、技术水平一流的重大科技成果。构建民航领域复合材料应用与维修科技资源共享中心，通过开放共享合作机制，优化配置人财物资源，加速形成民机复合材料结构设计与维修等方面科技创新的新格局。

（7）航空电子技术及无线电监测中心：实验室的发展目标是针对中国民航在2015—2030年面临的新技术发展和应用亟须解决的问题，搭建较为全面、完整的基础研究平台和设施，覆盖新航行计划中CNS/ATM的基本方向，为民航新技术的开发研究和应用研究提供支持。

2）行业实训基地

（1）空中交通管理创新人才实训基地：实训基地将适应交通运输、应用气象、通信导航等专业及交通运输工程学科、民航岗前专业培训的教学培训需要，通过虚拟现实仿真、3D课堂、在线课程开发、航空运行案例库拓展、国际运行模拟、运行控制仿真等系统的开发和加强校企合作等方式，扩大培训覆盖面，使学员在学习中注重理论联系实际，发挥学员的主观能动性和研究探索积极性，培养出更具创新意识的应用型专业人才，以满足日益复杂的航空运行环境的需要，成为民航行业一流的空中交通管理专业训练基地。

（2）民航执照考试中心：为全面提升中飞院民航综合服务能力和品质，促进民航安全工作水平的整体提升，助推"智慧民航"工程建设，输出"中国标准"的技术和产品，民航执照考试培训中心规划建设10个分中心，涵盖飞行、机务、空管、签派等民航安全关键岗位人员的执照考试和执照考试培训。

（3）空乘空保联合实训基地：未来建设中，将突出内涵、特色与质量建设，注重客舱安全能力建设研究，更加注重培养学生客舱安全管理与服务管理水平，改变国内空乘专业"重实践、轻理论"的现状，形成人才培养"技能与理论并重、实践与学术并举"的人才培养新模式，在办学层次上努力构建空乘专科—公共事业本科—客舱安全管理硕士的立交桥。

3）中国民航高高原医学研究中心

（1）功能定位：中心定位为集航空医学研究、航空医学鉴定、医疗服务等功能于一体的、世界一流的中国民航高高原医学研究中心，填补高原航空医学研究空白，同时也将成为航空医学发展新模式的试验基地及国际学术交流与合作中心,建成国家级重点实验室。

（2）总体目标：打造国际一流的硬件设施,打造强大的科研技术平台,打造世界一流的高原疾病防治中心,打造世界级高原航空医学资讯平台,打造高原航空医学领域的人才培养摇篮和教学资源的国家队平台。

4）新建大教务平台："教务数据、应用全面整合、服务能力共享"为核心设计理念,围绕"一个平台,六大能力"进行方案建设规划,以人为本、面向服务、信息互通、数据共享,提供及时、准确、高效的教务管理服务能力。

5）新建校园智慧大脑（IOC）：大数据、云计算、物联网等多种新技术在校园管理方面的集成,支撑校园全要素数字化和虚拟化、城市全状态实时化和可视化、城市管理决策协同化和智能化,驱动学院管理真正智慧起来。

4. 工程复杂性

1）某飞行学院 TF 校区工程综合性强、标准要求高、综合协调难度大。

2）设计参与单位多,方案设计与施工图设计、建筑设计与专业设计管理等协调工作量大、面广、细节多,且工程结构复杂、功能全面、施工难度大,需要论证和借鉴类似工程成功经验的内容多。

3）体量大、工期紧：项目前期很多工作尚未铺开,项目要求 2023 年 5 月 31 日竣工。从时间安排上可以看出,工程有着明显的设计周期短、前期准备工作短、施工周期短的特点,施工时间相当紧迫。

4）消防设计与施工：学校建筑由于功能需要,大跨度、大空间的房建布置比较多,使得消防超规、超限、超标的问题比较明显,如何解决这些问题,是工程管理的重点工作之一。

5）施工专业分包单位多,各种界面管理繁多,管理组织协调工作量大。

15.4.3 咨询管理成效

1）在可行性研究阶段,与学院领导充分沟通商讨新校区建设意义、目标定位,利用以往建设项目的经验,提交给校方可供参考的实例,为可行性研究的顺利批复打好了坚实的基础。

2）在初步设计阶段,深入各级学院详细调研,将教学、科研、后期运营等需求全面摸清,在编制初步设计及概算时最大限度地体现出项目的必要性、重要性等依据。

3）在招标阶段,编制合理的合同条款缩短签订合同的周期。

4）以"强前端、大后台"的理念,在审查施工图时充分利用公司后台技术支持,将设计的缺、漏、不合理的问题详细核查出来,避免了施工期间的大量变更、签证的发生。通过有效的设计管理,全部施工图在 60 天内全部完成。

5）编制针对本项目特点的管理手册,明确各参建单位职责和义务,各项审批的职责、流程、质量及安全管理制度,竣工结算及竣工档案标准化制度等。

6）各科研实验室、行业实训基地、中国民航高高原医学研究中心对层高、承重、供电、给水排水、三废排放、室内环境、装饰等的特殊要求高，且大部分设备都是国内领先设备，给招标工作带来了极大困难。通过分解各院系实验室的设备需求编制合理的招标标段，将大型且有荷载要求的设备先行招标，由中标设备厂家提资在施工前期进行明确，避免了后期的拆改。

7）BIM应用成效

建筑业长期以来表现出低效、浪费大、进度控制难、设计变更多及信息缺失等问题。某飞行学院项目采用全过程工程咨询模式，利用BIM技术，扎根于各阶段项目管理工作，通过BIM模型实现信息共享，为项目设计、施工、运营等管理决策提供依据。

（1）设计阶段

利用BIM模型进行可视化审查、碰撞检查，反馈问题至设计，消化图纸问题。提前介入设计，辅助设计解决技术难题，提高设计质量。

对建筑功能进行模拟，对使用空间、通道空间、相关联使用空间的位置关系进行验证，改善建筑整体效能，验证设计可行性。

利用所见即所得的特性，汇报设计方案，辅助建设单位进行决策和设计交底，提高沟通效率。

（2）施工阶段

施工现场监管：以BIM平台为载体，管理为手段，集成项目管理流程，辅助现场质量、安全、进度、资料管理。通过集成化、数据化的方式，提高项目管理效率。

可视化模拟：对复杂工艺、施工方案进行模拟交底，丰富技术交底形式，提高施工作业效率。

深化设计：深化设计图纸，便于施工和监管，解决"错、漏、碰、缺"问题，避免现场不必要返工。

造价管理：针对复杂、异形构件，出具较传统算量方法更为精确的工程量，辅助进行造价管理工作。

（3）运营阶段

根据运维需求，在BIM模型中添加运营维护所需信息，建立运维管理平台，满足使用方管理需求。

通过BIM技术的运用助力管理工作，具体表现为减少设计失误、提高设计质量、节省项目成本、缩短项目周期等，为全过程咨询管理工作赋能，提升企业生产力与综合竞争水平。

15.4.4 工作复盘

1）采用全过程工程咨询模式有利于集成化、专业化管理，有利于项目总控目标的实现。

2）目前实施阶段工程咨询人才匮乏，从监理、设计转型全过程工程咨询岗位的，无论从业务水平还是意识形态等，较全过程工程咨询的标准及要求还有一定的差距，尤其是做综合性项目时。

3）目前尚无全过程工程咨询从业人员准入相关资格，为了保证工程质量，从业人员及要求相对高于监理行业，相应薪酬标准也应提高。但目前并无全过程工程咨询费用计取规则，市场参考沿用监理薪酬标准，造成付出和收入成反差。

4）在报批报建等需要外部协调的工作中，全过程工程咨询单位社会资源缺乏，制约了工作成效，需要依靠建设单位协调。

5）全过程工程咨询试点的推广阶段，行业暂未系统性地出台统一工作标准，全过程工程咨询单位借鉴、参考学校教育项目工程咨询管理经验，自行编制适用性工作指南、工作标准、工作手册、工作考核标准。

15.5 西北工业大学太仓校区

15.5.1 项目简介

西北工业大学太仓校区一期工程于 2020 年 4 月 15 日开工建设，2021 年 7 月 15 日完成竣工。用地面积 281930.8m²，总建筑面积 229425.7m²，地上建筑面积 209538.72m²，地下建筑面积 19886.98m²。主要建设内容包括教学科研区、生活功能区、行政办公区、国际办学区、创新创业区、产业孵化区等多个功能板块，建成后在校学生数达 10000 人、教职工 2500 人。如图 15-9 所示。

图 15-9 西北工业大学太仓校区效果图

15.5.2 咨询管理成效

西北工业大学太仓校区一期工程属于江苏省重点项目，工期紧、任务重。全过程工程咨询单位自 2020 年 4 月 2 日进场以来，始终以自身优质服务，确保项目建设有序推进。一期工程按照定额工期计算需要 886 天，实际工期压缩至 456 天，压缩工期 47.5%，项目进度异常紧张，既要保证咬住一个个节点工期，又要施工安全、施工质量绝不能出现纰漏，对全体参建人员来说是一项极大的挑战。

1）项目按照"进场就是冲刺，开工就是决战"的号召，提前策划，科学论证，变不确定性为确定性。

2）模拟施工安排，分析关键节点，并将关键节点纳入合同进行考核。

为保证基桩检测不影响桩基施工、土方开挖，桩基施工开始之际，即与基桩检测单位沟通，根据桩基施工计划、场地布置等，制订详细静载检测计划，明确检测设备数量、进场时间、检测路线及顺序等，并按此计划顺利完成检测，确保了后续施工的连续性。

项目基坑实施阶段，适逢超长雨季，全过程工程咨询团队及时协调设计调整卷材材料种类，为工程顺利推进创造条件。基坑施工前根据全过程咨询建议，设计单位出具正式变更，对食堂基坑优化，临学生宿舍侧基坑增加工法桩，学生宿舍与食堂可同步施工，增加造价约 13 万元，学生宿舍（临近食堂部位）工期提前约 60 天。项目按照总工期 456 天，分析关键节点，作为合同条款实施考核，达标予以奖励。

3）节点工期能否实现，施工组织是关键。

组织各参建单位增加机械等投入，4021 根工程桩材料按照计划生产、运输，10 台静压桩机 24 小时施工，桩基施工提前完成；足够的挖机和土方车辆，好天加倍干，小雨正常干，大雨不停干，在超长雨季，按照计划完成地下室施工节点；提前编制审核完成的施工方案、14 台塔式起重机、根据需要及时到位的材料、1200 人以上的稳定工人和及时到达的突击人员、春节 500 人持续加班作业，确保节点的顺利实现。

4）压实责任，落实过程动态控制。

面对施工单位项目部质量、安全管理体系不完善，劳务班组不受控，现场管理混乱，潜在的劳务纠纷威胁，工程资料不规范，工序报验不及时的严峻形势，落实安全巡更制度、"三周滚动"计划、"黑白板"验收制度。

制定科学合理的施工方案，并严格组织实施，施工方案周全制定。确保其科学性、合理性、可实施性；提高作业队伍的素质和技术，增加施工人员对施工质量的认识；强化交底和培训，提高作业人员综合素质，监理人员要认真负责，动态控制，事中认真检查，加大管理力度，严格执行重要工序全程旁站；工程中抓好"重点""第一""临界"。安全上实行一岗双责，人人管安全，质量上实行责任分解，区域专管，严格把控现场安全与质量，督促施工单位完善体系，约谈公司最高层，跟踪其内部矛盾解决；严格执行工序验收程序，提出资料填写要求，未提交资料不予验收；梳理进场工人登记信息，核对劳务合同签署情况，防范劳务纠纷发生。通过上述手段，项目圆满于2021年7月15日按期完工，为太仓人民交上了一份完满的答卷，创造了"太仓速度"。

15.5.3 成功经验分享

1. 采取综合管理手段，建章立制

本项目全过程工程咨询中标后，全过程工程咨询单位立即组建专业团队进场，利用公司学校建设管理经验和优秀的专业咨询团队，展开充分的项目现场调研和市场调查，对项目投资决策和方案优化作了优化调整。

开工前准备阶段：收集项目部以及进场前期有关项目文件、资料、会议纪要等；收集业主相关信息，合理资源配置，向公司申请领用或者采购现场办公设备并保管；组织项目完成项目部形象和团队建设，完成项目总体策划方案、项目管理手册、项目建设总控计划、应急预案等的编制；组织编制工程施工、报建报验、设计、招标总控制计划；组织建立、健全各项规章制度并督促落实。

施工阶段：为及时解决工作推进过程中存在的问题、沟通管理信息，通过发出工作日报、周报、月报、工作联系单，并召开专题会议，及时推进决策，保障工作顺利进行。

2. 设计管理成效显著，引领项目品质提升

全过程工程咨询单位针对本项目组建了前台（设计管理部）＋后台（专家组）有机结合的设计管理团队，两个团队相互补充、有机联动，通过多方案比选、专家评审、类似项目经验、精细化审核等管理措施，项目部组织对土建、智能化、内装、景观、桥梁、BIM等各个专业的方案阶段、初步设计阶段、扩初阶段、施工图阶段图纸中的错、漏、碰、缺项进行仔细审核，并提出审核意见，加快了设计进度，提高了设计出图质量，解决了设计上的部分难题，节省了项目成本；保证了招标阶段无漏项、错项。施工阶段仅发出一张技术核定单及少量设计变更，全过程工程咨询前期管理成效显著。

设计、招标阶段全过程实施优化智能化、装饰施工图设计，分别优化投资141万元、30万元；对于基坑围护方案，根据工程咨询优化意见，设计单位出正式变更，优化节省投资约170万元；根据全过程咨询优化意见，设计单位对食堂基坑进行优化。

组织对基坑设计方案、抗震评审、基坑施工方案、跳仓法施工方案、地下高支模施工方案、地上高支模施工方案等进行专家评审。

3. 工期管理措施到位，保障工期目标实现

在招标阶段进行系统策划，建设单位组织工期合理性专家论证；专家分析论证认为：在采取全面铺开推进，加大人力、机械、材料投入，强化施工单位管理和工期考核，合理组织人力、材料、机械等的投入情况下，加班加点施工（日夜施工、节假日不休息连续性作业），并给予施工方合理补偿的情况下，实现定额工期886天压缩至456天的项目工期目标。

4. 造价合约管理扎实推进，保证项目节支增效

通过实施过程结算、分段结算，根据项目推进及结算条件，同步办理相关结算工作，实行合同管理白皮书制度，白皮书涵盖合同分类及来源、支付情况、与概算对比情况、履约评价情况、合同条款存在问题分析等，动态反映了项目投资控制状态，为决策者提供第一手真实资料。

通过设计管理的合理化建议，提出设计变更，节约投资约节省投资1600万元，学生宿舍（临近食堂部位）工期提前约60天。

5. 创建学习型项目，为项目快速推进积聚智能

开设项目大讲堂，在项目部推动全体参建单位创建学习型项目部，开展党建、团建、廉政建设学习活动，同时根据项目进展，适时开展相关技术专题培训。

6. 狠抓工程质量安全，保证项目各项目标实现

项目部对工程质量进行全面的控制，消除质量隐患，杜绝重大质量事故，通过招标阶段确定质量目标，制定控制与处罚标准；制定科学合理的施工方案，并严格组织实施；施工阶段施行工法样板，统一了质量标准，避免了系统性的质量问题；过程管理中严格按照质量控制标准及处罚标准进行管理，把争创鲁班奖作为工作的第一目标；督促现场实行标准化施工，对危大工程进行逐一排查，项目未出现重大质量和安全事故，确保工程质量全部达到国家施工验收规范合格的规定，2020年被评定为一星级标化工地。

15.5.4 实践体会

通过西北工业大学太仓校区全过程咨询实践，我们融合建设项目各阶段各专业工作，贯彻建设单位建设意图，利用内外各方资源和企业内部数据库资源，对设计方案及图纸进行优化，对招标限价严格审查，对变更签证严格控制，实现了项目目标，工程投资效益显著提升。

通过对项目合理的总体策划（策划、项目管理手册），形成项目报批报建工作计划、设计工作计划、招标采购工作计划、项目施工进度计划、验收移交计划等，具体到每个实施环节，过程中严格按照工作计划执行，对计划进行动态的检查纠偏，保障了项目建设进度目标的成功实现。

在建立项目质量管理体制、论证重大技术方案、解决项目重大管理难题等方面，管理与技术专家充分参与并提供专业咨询意见建议，准确预见工程实施效果，保证了项目建设质量目标的实现。

全过程工程咨询模式下，由于服务范围涵盖了项目建设全周期，全过程工程咨询企业能够充分利用在以往类似项目实施和质量管理过程中所总结的经验教训，在项目前期设计管理、招标管理等阶段进行提前预控，将一些项目建设过程中可能导致项目建设质量失控的影响因素在前期阶段提前消除，从而保证项目建设质量目标顺利达成。

全过程工程咨询单位作为项目的责任主体，可以借助企业对项目全过程管理的体系保障，通过强化专业化管控措施，减少甚至杜绝生产安全事故，从而较大程度降低或规避建设单位主体责任风险。同时，可有效避免因众多管理关系伴生的建设单位主管人员的廉洁风险，有利于规范建筑市场秩序，减少违法违规的行为。

15.6 某航空大学

15.6.1 项目简介

某航空大学采用设计采购施工（EPC）工程总承包建设模式，项目于2020年11月11日开工建设，计划2022年12月25日完成竣工验收。项目总用地面积667424m²（约1001.14亩），总建筑面积790052.29m²。校园功能分区理念为"一心八岛"，即公共中心组团、科研北区岛、科研南区岛、生活北区岛、生活南区岛、体育场馆岛、学院一组团岛、学院二组团岛、学院三组团岛，办学规模为10000名学生（本科4000人、硕士4000人、博士2000人）及2000人教职工，如图15-10所示。

图15-10 某航空大学效果图

15.6.2 项目特点

1. 项目重要性

某航空大学是国内国际合作建立的国际化新机制的航空大学，开展人才培养、科学研究、成果转化和适航取证等工作，有利于为国家培养复合型、创新型、国际化一流航空人才，缓解我国民航领域高端人才短缺的情况。校园建设也是浙江省推动"民航强省、高教强省"的需要，顺应高等教育发展、产业发展、创新型体系建设、城市文化建设等多方面的发展需求。

2. 技术先进性

项目建设目标为建设世界一流的科教产创融合型校园。校园建设传承绿色智能理念，充分考虑项目功能布局，引入绿色建筑、智慧校园、海绵城市、被动用房（图书馆）设计，并采用《住房和城乡建设部建筑业10项新技术》7项以上新技术。

3. 工程复杂性

项目每个组团建筑面积均大于20000m^2，为复杂工程。工程复杂性主要体现为：

1）建筑功能复杂完备。主体建筑主要包含航空学院、国际学院等7大学院，风洞水洞等十大创新平台，以及图书馆、体育馆、教职工公寓、食堂等功能建筑，室外体育场地及地下室、市政、河道等工程。

2）公共中心顶部采用主体结构上延支撑框架结构的超薄不锈钢拉索金属屋面，四边形成翼缘，呈现展翅欲飞的姿态。

3）音乐厅除建筑工程外，包括舞台机械、灯光、音响等系统及建筑声学。

4）校园内水系既是景观河道，同时具备城市泄洪功能。

5）校园内交通系统包括人行、车行、水上系统。

4. 自然条件恶劣性

项目详细勘察报告书显示地质条件复杂，勘探深度范围内的地基土划分为7个工程地质单元层，24个工程地质单元亚层。土层自上而下分别为杂填土、浮泥、耕土、粉质黏土、淤泥质黏土、淤泥、粉砂、圆砾、含砾粉质黏土，全风化、强风化砂岩、中等风化灰岩、砂岩及含角砾凝灰质砂岩、泥质粉砂岩和泥质灰岩，溶洞。

5. 质量进度要求高

工程质量一次验收合格，取得国家优质工程奖，总工期792日历天。

6. 实施难度大

基于项目规模大、影响力大，且备受浙江省市区及市民高度关注；同时使用单位使用需求不断变化，建筑面积大、单体多，需要投入资源多，项目功能和地质条件复杂，造成项目实施难度大。

7. 采用全过程工程咨询的必要性

传统监理服务呈现碎片化、单一性、需要多方参与等特点。全过程工程咨询模式通过一家单位整体把控工程建设全产业链，高度整合、有效融合各服务咨询模块，变外部协调为内部协调，提高了服务水平、工作成效，同步提升工程建设目标管理和管理效率。基于项目特点，全过程工程咨询单位主要举措如表15-22所示。

全过程工程咨询单位主要举措　　　　表15-22

序号	项目特点	全过程工程咨询单位举措
1	项目重要性	①公司高层领导高度重视和关注，项目需求鼎力支持。 ②人力等资源充分保证，投标项目负责人、总监、骨干人员到位，特增派项目总负责人加强项目总控管理。 ③公司全过程咨询事业部、分公司对项目生产工作予以指导，相关工作予以协调
2	技术先进性	①项目部设置设计管理组，配备设计管理负责人、管理工程师。 ②公司专家、设计中心、科信中心、研究院、院士工作站等予以技术支持

续表

序号	项目特点	全过程工程咨询单位举措
3	工程复杂性	① 项目部成立直线制项目管理组织机构,设置4个大组6个小组进行全方位全过程管理;公司职能部门予以支持。 ② 编制项目管理手册,明确管理制度、流程,规范表格,使得复杂问题简单化、简单问题程序化
4	自然条件恶劣性	① 组织设计交底、图纸会审会议。 ② 组织地勘、设计单位现场勘察、确定岩样标准。 ③ 根据地质详勘报告和设计文件,计算推测桩长控制表,作为桩基施工成孔、验收参考依据之一。 ④ 督促总承包单位制定溶洞处理方案,试桩样板先行
5	质量进度要求高	① 建立创优方案策划和会审制度。 ② 建立质量管理制度(包括成立质量管理机构,材料设备品牌样品样板管理,巡视检查验收制度、成品保护、处罚制度等)。 ③ 建立进度管理制度(包括总进度目标及里程碑节点策划,各方职责、计划会审核、材料设备进场管理、协调管理、检查与处罚、调整与纠偏管理等)
6	实施难度大	全方位、全过程管理(管理目标、组织架构、综合管理、设计管理、招采合约、造价管理、安全文明管理、质量管理、进度管理、信息档案管理等策划、实施、检查、持续改进等)

15.6.3 咨询管理成效

本项目在全过程工程咨询模式的主导下,通过对项目重难点采取相应的措施,咨询管理成效明显,具体成效如表15-23所示。

咨询服务举措效果 表15-23

序号	项目重难点	咨询服务举措	效果
1	工程规模大工期短	主体设计统筹考虑专项设计;制定总控计划,按照组团组织流水施工;桩基施工计划细化至周、日	成效明显
2	建筑单体数量多,单体功能类型多	项目部和公司研究院审查施工图设计,协调指挥部对各单体建筑平面立面、剖面图方案文本进行书面确认	成效明显
3	建设档次定位及质量标准要求高	配合指挥部对方案设计、初步设计梳理,对施工图设计严格审查,实施样品确认、样板施工验收先行制度	成效明显
4	河道承担泄洪功能并与周边河道无缝衔接	督促总承包单位设计组与周边现状河道管理单位对接,保证设计和施工可行,以及驳岸景观效果既与周边河道整体协调,也突出校园特色	成效明显
5	设计与技术管理难度大	① 协调设计单位出具平立剖方案文本,指挥部书面确认;组织召开会议集中决策。 ② 项目团队审查及后台技术支持,督促各专业设计师校对图纸。 ③ 审查设计总进度计划,梳理专项设计,主体设计与专项设计统筹考虑。	成效明显

续表

序号	项目重难点	咨询服务举措	效果
5	设计与技术管理难度大	④ 策划样板方案，督促总承包单位编审工程创优方案、样板施工方案并实施。 ⑤ 督促总承包单位实施BIM设计，检查各专业图纸错漏碰撞问题，机电工程与舞台工艺、体育工艺系统交叉影响等问题	成效明显
6	廉政建设管理难度大	建立廉政机制，参建单位与建设单位签订廉洁责任书，全过程工程咨询单位项目负责人与公司签订项目目标责任书、项目部员工与公司签订廉洁责任书	成效明显

15.6.4 成功经验分享

1. 工程招标策划经验与建议

工程总承包发包范围（标段）划分不应过大。

发包范围（标段）划分建议，40万 m^2 以内（含本数）划分一个标段；40万～80万 m^2（含本数）应至少划分两个标段；80万 m^2 以上，每增加30万～40万 m^2 增设一个标段，以此类推。

这是为避免发包范围过大而出现中标单位资源投入不足、管理不到位造成工程进度滞后、工程质量安全管理不到位，给工程带来负面影响；而且大型项目采用多标段总承包发包模式，项目实施期间能够自然形成竞争氛围，有利于项目建设各方面提升和推进。

2. 设计管理经验与建议

项目方案设计、初步设计阶段，要求使用／运营单位参与方案设计、初步设计研究和沟通，以便于提前最大限度地提出、稳定建筑功能和使用需求，避免出现方案设计、初步设计甚至施工图反复修改。

3. 风险管控经验与建议

1）征迁工作依法合规操作，确保征迁补偿公平公正顺利推进。

（1）建设单位应积极和相关政府部门沟通，切实按照有关规定和程序推进工作进程，使项目得到政策支持做好相关前期工作。如征地拆迁工作应提前向相关主管部门提请协调解决，以确保后续工作顺利开展。

（2）与项目所在地社区、居委会、街道、派出所等部门建立联络协调机制，作为解决村民等阻挠项目建设的应急预案。

（3）项目建设要与区域内的给水、排水、电信、供电、道路、环保等规划相协调，统筹兼顾综合考虑。建设项目周边的道路、排水等附属工程如影响项目建设，应提前向相关主管部门提请协调解决。

（4）工程变更出现的设备大宗材料，如采购费用达到应招标规模的应按照浙江省、杭州市、工程所在区的有关规定执行，避免项目出现审计风险。

2）加大正面宣传力度，加强舆情管控。

（1）加大正面宣传引导。做好媒体记者采访准备工作，实事求是地介绍情况，通过加大正面宣传力度，增强居民对工程包容度，降低居民发生上访等事件的风险。

（2）与当地网络宣传监管部门对接，提请监管部门对本地区重点网站发布的与项目有关的信息进行日常监管，掌控舆情工作主动权，及时删除与项目相关的不当帖文图片等，避免出现网络投诉等问题。

15.6.5 实践体会

1. 咨询服务目标明确、严肃

1）有利于咨询服务方向把控：明确目标、统一思想，营造齐心协力、和谐有序的建设氛围；明确参建单位分工、职责，促进各司其职、各负其责；规范流程，复杂问题简单化，简单问题程序化；制定计划，过程控制，动态纠偏，风险预控。

2）有利于坚定项目实施目标：创优目标国家优质工程奖。投资目标总投资不超初步设计概算批复，工程结算不超合同价。进度目标2022年12月25日竣工验收。安全文明施工目标达到浙江省标化工地标准。管理目标施工规范化、管理标准化、质量精细化、安全省标化。

2. 确定工作重点，有利于提质增效

重点方面主要有项目咨询策划、设计及技术管理、投资管理、质量管理。

3. 运用先进咨询技术，有利于管理精细化

1）BIM技术应用。全过程工程咨询单位制定BIM工作方案，包括BIM小组组建及各方职责、BIM管理制度、BIM应用点清单、BIM实施标准管控、BIM实施目标、BIM模型管理流程、BIM管理成果提交等。同时督促总承包单位落实BIM工作实施方案，包括BIM模型深度，BIM应用。BIM应用包括综合设计模型的碰撞检查、BIM深化设计运用、施工技术方案可视化交底、施工进度管控、基于BIM的施工质量/安全管理、基于BIM模型的变更管理等。

2）智慧工地包括人员、机械、安全质量、车辆物料管理，绿色施工、信息化管理等。

3）投资管理，对施工图预算、工程变更等工程量计算采用建模技术，统筹直观计算工程量。

4. 先进管理手段，有利于提质增效

1）多维度设计管理手段，包括以下方法：

（1）需求导向法，使用单位对项目建设提出的各类需求或调整意见，均需提交《使用需求提交表》，经校园指挥部或建设单位（含集团公司）或政府召开专题会研究同意后，以书面形式发送总承包单位，作为设计或修改原设计的依据。

（2）指引法，采用多方案或装饰色卡引导会议对方案或装饰工程颜色进行确定。

（3）对比分析法，如智能建筑（含智慧校园）采用多个方案从工程造价、工期、先进性等方面进行对比，择优选择方案。

（4）问题导向法，如从便于使用角度出发，对室内开关插座等机电末端器具的配备安

装位置等问题进行引导设计。

（5）多专业聚焦法，如运用 BIM 技术统筹机电工程、舞台工艺、体育工艺等各专业管线设备位置标高路由检查，以合理利用建筑空间，达到既实现各专业工程使用功能、也实现装饰工程的整体效果及提升美观程度的目的。

（6）交叉审查法，如关联专业之间互提条件或一个专业向其他一个或以上专业提出条件，关联专业相互审查对方设计内容是否满足本专业需求。

2）设计后延法，设计管理人员组织协调解决现场施工相关问题。

多维度质量管理手段，包括材料设备品牌管理（含招标阶段材料设备品牌推荐、采购前品牌申报确认，品牌施工期、竣工验收、保修期管理），样品样板管理，网格化管理，验收前延管理，移动巡检管理，交流管理。

5. 有特色的创新服务，助力解决问题

1）DIS 数据集成系统创新服务。利用全过程工程咨询单位数智运营平台，项目人员在 DIS 系统模块上传总平面图（效果图）、单位工程平面图，输入材料设备名称等，动态更新施工进度，信息输入后显示展区和对应二维码，实现远程监控项目建设推进。

2）移动巡检系统创新服务。利用全过程工程咨询单位数智运营平台，项目人员在移动巡检系统的江南 E 行模块，选择对应一、二、三级目录，上传输入巡视项目施工质量、安全的影像资料（含问题整改闭合影像资料和文字描述），实现远程监控项目质量安全管理。

3）院士工作站、博士后工作站和研究院技术支持创新服务。全过程工程咨询单位院士、博士后工作站联合国内著名高校博士后，以及公司十五大研究中心对项目难点、重大技术方案研究，进行技术支持。包括参加公共中心组团大屋面设计方案专家评审，对供电方案使用负荷，体育馆、音乐厅、信息机房移动供电方案，音乐厅舞台工艺、医务室医疗工艺方案等提出建议和意见。

4）云课堂创新服务。利用全过程工程咨询单位数智运营平台云脑模块，一方面，项目人员通过云脑模块微课平台中与项目相关的微课进行学习；另一方面，项目人员每周两次集中学习，学以致用，服务于项目。

15.7 西交利物浦大学太仓校区

15.7.1 项目简介

新建西交利物浦大学太仓校区教学区工程 2020 年 6 月开工建设，2022 年 8 月竣工，用地面积 269640m^2，总建筑面积 272534.68m^2。主要建设内容包括用于公共教学的学习超市，产学研结合的融合式创新平台及各学院教学用房，相应配套的餐饮、学者住宿、会议、行政办公等，如图 15-11 所示。

图 15-11 西交利物浦大学太仓校区效果图

15.7.2 项目特点

1. 项目重要性

西交利物浦太仓校区建设,标志着太仓市高校建设进入一个新的时代。作为江苏省高校类重点项目,西交利物浦大学太仓校区将成为人才培养的新高地、科技创新的新引擎、成果转化的新平台。

2. 技术先进性

跨河连接体钢结构安装技术,体育馆和多功能厅钢结构安装技术,高大空间机电安装技术,大面积玻璃幕墙安装和防渗漏施工技术,复杂多层金属屋面安装和防渗漏施工技术。

3. 工程复杂性

深基坑工程,大体积混凝土,劲性柱混凝土结构施工,高大模架施工。

4. 自然条件恶劣性

1)项目所在地多湖群、河塘分布,是典型的水网化平原。土质多为黏土,地下水位高,构筑物稳定性差且易发生沉降,施工难度大。

2)项目建设中遇强台风,"烟花"滞留时间长,风雨强度大,造成较广范围影响;受上海疫情外扩影响,安全隐患增多,施工进度受阻,施工成本抬高。

5. 质量进度要求高

作为"鲁班奖"申报与创建项目,工程建设周期仅为两年,施工过程中对于创优点精益求精,要求参建单位工程施工质量好、进度快。

6. 政治与社会复杂性

作为太仓市重点民生项目,西交利物浦大学的建成将为太仓带来大量就业岗位,吸引大批人才来太仓、留太仓,为太仓市经济建设和科教建设带来新发展。

15.7.3 咨询管理成效

项目工作中,全过程工程咨询单位开拓创新,克服了异形结构多、超长结构多、参建单位多、材料涨价波动大、疫情影响工期推进等多重考验,最终根据要求确保了9月1日开学,并提前交付工作面给校方进行家具安装与调试。在理论创新、技术创新、可持续发展等方面取得了良好成效。项目形成了一系列行之有效的管理方法,采用了诸多先进建造技术,取得了丰硕的技术成果,获得了多层级奖项。

15.7.4 成功经验分享

1. 进度方面

从方案设计、初步设计、各类专家审查以及报批报建、招标策划、施工管理等各个环节,通过合理手段与专业技能进行有效整合,科学合理分解与落实,在保证总体目标实现的同时,把握住风险管理。

将进度目标分解,落实各专业合同里程碑节点计划,明确控制节点与红线节点,并明确红线节点是不能突破的关键节点,形成追责机制。

编制工作任务销项清单,发予各责任主体进行完善,未完成节点要求相关责任人在周例会说明原因。

2. 质量方面

招标阶段将有效控制手段与处罚标准落实到合同中,使后期管理有据可查、有法可依;施工阶段推行工法样板,统一标准,严格工法推行与验收,避免系统性的质量问题。

3. 安全方面

由项目部确定各区域安全生产与治理的重点项目、重点部位,并组织不定期的专项检查。

1)明确每个人员的安全管理职责,形成人人重视安全、人人抓安全的良好格局。

2)加强对参建各方的协调力度,使各项安全防范措施得以尽快落实。

3)加大安全检查巡查力度,发现不安全因素和危险及时处置;狠抓违章作业和违反操作规程,经教育不改的,坚决予以清退,严防反弹。

4)组织施工现场安全专项检查,重点检查塔式起重机、施工升降机、临时用电、消防、临边及洞口防护、高空作业等。

5)施工材料的存放、保管,要符合防火安全要求,库房应用非燃材料搭设。易燃爆物品,专库储存,分类单独存放,保持通风,用火符合规定。不准在库房内调配油漆、涂料。施工需要进入工程内部的可燃材料要根据工程计划限量进入并应采取可靠的防火措施。

6)电工、焊工从事电气设备安装和电、气焊切割作业,要有操作证和用火证。动火前要清除附近易燃物,配备看火人员和灭火用具。

7)开好安全例会,突出具体安全管理执行情况及存在的问题,布置安全工作,有力促进下部改进和提高。

8）督促现场实行标准化施工，对危大工程进行逐一排查，未出现重大伤亡事故；

9）现场卫生各项防疫措施落实到位。

4. 设计管理方面

1）跟踪检查各专业施工图设计进度执行情况，监控各专业交叉设计时可能产生的无序情况和设计接口问题及其引起的设计工期延误；及时与设计方协调，力促上下游专业间保持密切联系和有效沟通，避免因技术误解而造成资源和时间的浪费。

2）协调设计总承包单位与设计分包单位进度相互提资，以及各专业设计与特殊专业设计、基本设计图与详图的关系，从而保证各设计单位、各专业按进度计划高质量地完成所承担的设计任务。

3）协同设计单位，及时审核设计文件，做出认可与否的决定；控制设计过程中的变更及其实施的时间；避免因业主方的违约而影响或延误设计进度。

4）督促设计单位按约及时提交设计进度报告。

5. 造价和招标投标管理

1）对工程招标文件进行策划，审核工程工程量清单和招标控制价；对招标采购的方式、招标采购范围、标段的划分及界面、招标采购日期、资格条件设置、评标办法、合同主要内容、材料设备档次定位等招标文件实质性内容进行策划把关。

2）加强清标工作，在不改变实质性内容前提下，提出投标文件中不符合招标文件要求内容、投标文件中比较含糊、容易引起争议的内容，在询标环节让投标单位进行澄清，进而规避风险。

3）协助招标代理单位发布资格预审公告和招标公告。及时关注投标报名、招标、采购文件的购买、投标保证金缴纳的潜在投标人数量信息，若有需要及时调整招标策略，确保招标工作成功。

4）协助招标人组织投标人现场踏勘，协助组织答疑，审核补遗文件。

5）协助招标代理机构开标、评标，审核评标报告。

6）协助招标人定标，包括确定中标人，发出中标通知书，组织编制招标投标情况书面报告。

7）协助招标人与中标人进行合同谈判并签订合同。

8）编制施工阶段各年度、季度、月度资金使用计划。

6. 人员培训方面

统一组织学习，现场一线管理工作纷繁复杂，管理人员能力良莠不齐，如何有效提升现场管理工作一直困扰着业内人员。全过程单位总公司予以技术支持指导，对现场管理各项工作分类编制工作实施细则，定期组织学习培训，提升一线管理人员的工作能力。

15.7.5 实践体会

全过程工程咨询对整个工程项目的管理更具系统性、连续性和完整性，有利于工程项目目标的实现。通过全过程、全方位管理服务，提高咨询管理人员的服务系统性、主动性、责任心，为建设单位带来实实在在的增值服务。

全过程工程咨询服务委托一家单位实施，采用一体化管理模式。一是主体责任明确，全过程、全方位服务，避免扯皮推诿；二是管理扁平化，可以缩短流程，提高效率；三是管理专业化，职业化管理团队可以提供优质、高效的技术及管理服务；四是管理预控化，全过程工程咨询单位早期介入，先行策划，对项目进行整体策划、预控，可以起到事半功倍的效果。全过程工程咨询其高度整合的服务内容在节约投资成本的同时，也有助于缩短项目工期，提高服务质量和项目品质，有效地规避了风险。

第16章 中小学校

近年来，随着我国经济建设持续发展，教育领域基础设施建设投资逐年增多，适龄学生上学规模不断扩大，优质教育资源不断均衡，对现有中小学校硬件设施要求随之不断提高。

我国大中型城市尤其是大型城市的务工人员随迁子女就读数量倍增，配套学校、教育设施规划和建设的同步性还不足以满足社会发展的需要，基础教育还存在很大的供需矛盾，同时随着我国提倡适龄婚育、优生优育，一对夫妻可以生育三个子女，这种基础教育供需矛盾会更加突出。

当前，很多中小学校舍已经投入使用多年，势必会存在水电线路老化、燃气和热力管道存在安全隐患等问题，修缮成本逐渐加大，部分校舍修缮项目治标不治本，老校址的建设规模和建设标准已经很难满足不断发展、提高的办学需求；同时随着科学技术的不断发展和进步，原有硬件设施已无法最大限度地满足现阶段学校的基本教育教学要求，为了更好地开展教学工作并提高教育质量，学校、老师和学生都对学校的硬件条件有了更高的要求。因此，很多地区教育主管部门开始重视对学校的扩建与加建，以满足学校办学的更高要求。

16.1 虔贞学校

16.1.1 项目简介

虔贞学校·深圳建设工程项目于2020年5月30日开工建设，2022年7月18日竣工。工程占地面积24960.9m²，建筑面积56151m²，其中地上面积45505m²、地下面积10646m²。主要建设内容包括小学部教学楼、初中部教学楼、艺术综合楼、行政综合楼、报告厅、图书馆、地下停车场、游泳池、设备房、饭堂、值班室，室外包括围墙、运动场跑道、篮球场、消防通道及景观绿化工程等。如图16-1所示。

图 16-1　虔贞学校效果图

16.1.2　项目特点

1. 项目重要性

虔贞学校·深圳建设工程是深圳市龙华区重点建设项目，学校为 54 班九年一贯制学校，共计 2520 个学位，极大缓解周边学位紧张的现状，为提升深圳市文化教育水平做出重要支撑，为深圳建设中国特色社会主义先行示范区提供强有力的教育保障。

2. 技术先进性

项目采用 BIM 技术、地基基础和地下空间工程技术、高大跨空间技术、有粘结预应力混凝土技术、可再生能源、自然通风、建筑遮阳、智能照明控制系统、海绵城市、智慧校园、营造绿色生态环境等先进技术，需要全过程工程咨询单位提供强有力的技术支撑，并进行综合有效管控。

3. 工程复杂性

1）桩基工程质量控制要求高：工程基础下设计混凝土灌注桩，若因桩基出现超出规范规定的沉降变形问题，则对工程使用造成极为不利的影响，因此，混凝土灌注桩基工程的质量控制成为重中之重。在地质勘探过程中，共计勘探 87 个钻孔，而 41 个勘孔存有微风化孤石。其次，由于第 5 层地质为有粉砂土层，极易因孔壁软土产生挤压作用而出现断桩现象，因此对桩基工程质量控制提出很高要求，也增加工程施工的复杂性。

2）工程地质复杂：由于本工程的北部设有一层地下室，南部为二层地下室，场地周边高低起伏的山地地形、地下空间工程及基坑高边坡工程增加了工程施工的难度及复杂性，而深圳地区的雨水频次多、雨量大，极易发生次生地质灾害，增加了工程的不确定性。

3）安全风险管控难度大：本工程包含二层地下运动场馆的大跨度混凝土结构工程，空间高度为9.90m，预应力梁主要跨度分别为20.40m、25.6m、38.4m，预应力梁截面分别为50mm×1500mm、70mm×1700mm，给支模架安装工程及模板安装的稳定性、安全性带来了极大的挑战；其次，由于建设工程的施工周期长、环境复杂、工序繁多、参与人员众多，因此工程的安全管控风险非常大。

4）预应力混凝土工艺复杂：本项目地下架空球场预应力工程位于3/1-A～6/1-A轴×/-1/1-1轴、2/1-A～6/1-A轴×1-11-4轴、2/1-A～6/1-A轴×1-41-7轴，大跨度梁采用有粘结预应力混凝土技术，预应力梁主要跨度分别为20.40m、25.6m、38.4m，预应力梁截面分别为50mm×1500mm、70mm×1700mm，单根张拉力 $= 0.75 \times 1860 \mathrm{N/m^2} \times 140 \mathrm{mm^2}/1000 = 195.3 \mathrm{kN}$。预应力钢筋采用中s15.2高强度、低松弛钢绞线，其抗拉强度标准值 $f_{\mathrm{ptk}} = 1860 \mathrm{MPa}$。由于预应力混凝土存在生产工艺较复杂、对施工质量要求高、施工环境复杂、施工周期长、需要有如张拉机具、灌浆设备和锚固装置等专用设备，对工程的安全性及耐久性提出较高要求。

4. 自然条件恶劣

项目范围地形高低起伏，复杂多变，基坑土方外运为15万 m^3，而深圳地区的台风与暴雨频发，给基坑施工带来了巨大的挑战。其次，基坑北侧为施工场地，而其他三面无通行道路，给场地建筑材料的运输、吊运、周转带来了极大的影响。

5. 绿建标准要求高

本项目为深圳市龙华区政府投资重点项目，项目定位为将工程打造成集"绿色健康环保、环境优美宜人、学习氛围浓郁"为一体的人才培养摇篮，达到绿色建筑国家二星级标准。而工程的保证项目"标准高、质量高、要求严"的控制标准，给工程的施工带来了巨大的挑战，也为项目的全过程工程咨询全方位管控提出了极高要求。

6. 项目外部社会环境复杂

本项目施工范围内涉及多处古树需迁移，附近有当地本土居民居住，工程施工噪声及土方外运给环境污染带来一定的负面影响。其次，项目北侧的交通市政道路车辆多，工程车辆进出的复杂性、安全性成倍激增，给工程的安全带来了极大挑战。

7. 项目管理潜在风险

由于设计、报建、招标等建设环节多，外部环境复杂，优化设计难度大，山地地形复杂，工期控制困难。施工招标采用固定单价方式，工程量变化对造价影响大，费用控制难度大。工期短、人员复杂、深基坑及高支模工程加剧了安全风险。另外，设计标准高，施工难度大，标准要求严。因此，必须针对各项难点进行系统分析，编制针对性咨询管理实施细则，落实各项风险的控制。

16.1.3 咨询管理成效

本项目有着明显的设计周期短、前期准备时间短、施工周期短的特点，在工程的使用功能、建设标准、涉及专业等方面都有着综合性强、建设标准要求高、综合协调难度大等特点。全过程工程咨询单位的介入可以解决项目迫切需要综合管理能力强、专业技术水平高的人才需求,从建设管理模式、设计招标、总承包管理模式的创新、施工过程的精细化全方位管理,从而实现将项目打造高质量精品工程的目标。

鉴于此,全过程工程咨询单位通过整合具有学校建设管理经验的各类管理型人才资源,优化项目组织结构并简化合同关系,及早组织策划项目实施方案,整合了各阶段的各项工作内容及工作职责,确定具体的工作时间节点及工作质量标准。在项目的实施过程中,通过优化设计、全链条招标择优、动态投资控制、现场推行6S及6σ精细化管理,推行并联工作制,提高了决策效率。在技术指导方面,依托公司后台专家的技术支撑,解决了多项复杂技术难题,克服了现场基坑高边坡、大跨度预应力工程等诸多问题。通过创新管理,实现了"施工环境全天候的监测、施工设备全实时的监控、施工人员全实名管理、施工区域重要部位全视频监管",极大地降低了质量和安全问题、避免了"三超"风险发生,确保了工程总体呈现良好的管控态势。

16.1.4 成功经验分享

1. 加强技术与经济相结合的控制原则

本项目需考虑工程全部建造费用及管理费用必须控制在批复概算范围,投资控制重点应放在决策阶段和施工准备两个阶段。本项目通过技术与经济相结合的分析研究,咨询工程师在图纸会审过程中提出了合理化的建议,既达到节省工期的效果,也起到节约工程造价目的。

1)决策阶段投资控制。在这个阶段需要对项目的总体成本进行控制,要求咨询工程师对投资进行全面的分析和预控。咨询工程师根据现场南低北高的地形,对地下室设计进行合理化建议,根据现场地势,南侧设计二层地下室,北侧设计成一层地下室。由此,减少土方开挖量约3.5万 m^3,节约工期达18天,节省了工程造价约420万元。

2)施工准备阶段控制。在咨询工程师审核图纸时,发现筏板底的垫层下部设计有30cm厚的碎石褥垫层,考虑桩基属于刚性灌注桩基工程,褥垫层对桩基的受力影响微乎其微,经与建设单位、设计单位协商讨论后,取消了碎石褥垫层的做法,也减少土方开挖30cm厚的施工做法,由此节约工期达15天,节省了工程造价约230万元。

2. 强化合同的应用管理,避免不利情形发生

咨询工程师建立了以合同管理为核心的管理机制,理顺了各参建方的关系,形成了有机的运行体系,对工程各方常态化正常运行起到至关重要的作用。首先,强化合同管理意识,做好合同风险分析,认真研究、理解、运用各类合同条款,收集和整理各种施工原始资料及数据,做好反索赔工作,注重项目实施阶段合同的交底。合同是当事人正确履行义务、保护自身合法利益的依据,因此,全过程工程咨询项目部要求全体成员要熟悉合同的全部内容,并对合同条款有统一的理解和认识,以便合同更好地约束各方的履责行为,同时避免对合同内容的一知半解而带给工作中的错误指令,从而导致索赔事件发生。其次,在项目执行过程中对双方履约情况进行客观细致地评估、检查,对于履约不充分、不及时

情形，及时采取措施予以纠正，防止对履约的失位从而产生一系列负面影响，特别是各参建方之间的工作面的协调，防止因工作不力而出现工期索赔。咨询工程师也制定了合同管理白皮书，定期对各参建单位合同执行情况进行分析、整理，形成书面报告并向建设单位汇报合同的履行情况，提醒建设单位及时进行相关招标工作，从而避免合同因管理不力而产生负面的情形发生。

3. 大跨度后张法有黏结预应力混凝土工程经验分享

在施工过程中，咨询工程师对工艺流程及施工原理进行分析，对预应力筋制作与安装、金属波纹管安装位置、大跨度混凝土梁的浇灌、预应力筋的张拉，以及灌浆及封锚技术进行严格地控制，工程的质量得到有效控制，满足了工程设计及验收规范要求。通过有黏结预应力混凝土技法在大跨度、大柱网的结构工程中的应用，有效地减小混凝土构件的整体尺寸，降低了能耗，减轻了建筑物重量，节省了工程造价。通过比对分析，钢筋、混凝土、工序和工艺等优化投资212万元。由此，既提高了生产效率，又缩短了施工工期，赢得了业主的充分肯定。总之，行之有效的策划、分析、专业、务实是大跨度后张法有黏结预应力混凝土工程控制的必要条件。

4. 安全文明施工管控经验分享

安全生产必须贯穿施工全过程，做到警钟长鸣。管理控措施包括：

1）施工方案审查时，重点审查其安全保证措施。对危险性较大的分部分项工程要求单独编制安全专项施工方案，在施工过程中重点检查是否严格按方案认真执行，是否采取了可靠的安全保障措施和技术保障等。

2）采取齐抓共管的方式。全过程工程咨询单位所有人员进行日常巡检，发现安全隐患及时向施工单位提出，而不能仅依靠安全工程师。做到齐抓共管，共同促进，及时消除人的不安全行为和物的不安全状态。

3）对于安全问题存在反复且严重性问题时，及时召开安全专题会议，要求施工单位从公司领导层面给予重视，分批次组织各班组人员、管理人员进行安全警示教育，由全过程工程咨询单位全程监督，直至参与人员学会听懂为止，避免流于形式。

4）加强重大设备的数字化技术应用管理，如对塔式起重机的吊钩可视化、塔机黑匣子、升降机操作监控、操作人脸识别系统、卸料平台预警系统、扬尘监控系统等技术应用，通过"一个中心、一个平台、多个监测"综合性一体化数字平台的管理，实现了工程安全信息化的及时传递与处理。

5）加强过程管理留痕，针对建筑行业的安全的形势，咨询工程师通过加大日常安全管理，每周组织施工单位及业主进行安全专项检查，针对周检及日检发现的安全隐患问题，及时下发《安全隐患整改单》142份，安全类罚款21次。通过细致的各项安全管理，确保本工程安全始终处于可控状态。

5. 绿色校园建设管理经验分享

在本项目实施过程中，如何让项目的建设目标必须达到绿色建筑国家二星级标准是咨询工程师必须直面的难题。全过程工程咨询单位的咨询工程师对项目的绿色校园设计

优化方面进行系统探索研究,形成重要的设计优化理念,引导各参建单位必须遵循以下原则:

1)注重节约社会资源、坚持可持续低碳发展原则;
2)注重尊重自然、保护环境原则;
3)注重建筑风格与自然环境相统一性的原则;
4)注重绿色建筑与历史文脉相互结合原则。

在工程建设实施过程中,重点督促施工单位必须应用绿建技术,落实各分部分项工程的实施,如应用了可再生能源技术(太阳热能技术、太阳能光电系统、光导照明系统)、自然通风技术、建筑遮阳技术、智能照明控制系统、节能环保型材料、海绵城市绿建技术,营造了绿色生态环境,达到了节能减排、低碳运行的效果及绿色校园评价标准,为我国绿色校园建设经验的研究与推广提供了重要参考价值。

16.1.5 实践体会

全过程工程咨询单位作为对建设项目生命周期提供一体化服务的单位,从全局考虑,配备了技术经验丰富的咨询工程师,从建筑全生命周期考虑出发,加强各项技术的综合利用,确保工程建设目标有序实施。

1. 项目决策阶段的咨询服务

考虑业主和与咨询人员的知识和经验不同,对学校项目理解存在偏差,所以咨询人员及早便介入项目,了解业主的真正意图,并能将业主长远战略贯彻到项目中,提供更为专业的咨询意见,有效推进了建设目标有序实现。

1)全过程工程咨询项目部采取项目经理总负责制,组织既懂建筑经济管理又熟悉学校项目设计管理的资深咨询师负责项目的前期策划工作,设置设计、招采、综合、工程等职能管理部门,制定岗位职责,明确工作任务。

2)加强对项目建议书、建设用地批复等文件的理解,熟悉项目定位、规模、投资、需求、工作计划等内容。通过收集项目前期资料及各类报告,了解项目的建设条件。通过现场踏勘,了解建设环境及用地性质,既有场地建筑、构筑物,以及周边环境与配套设施等,研究地形地貌的特点,分析设计与建设重难点,梳理出项目存在的核心问题。

3)编制项目策划方案,咨询人员会同业主针对项目的特点进行全面分析,重点分析各种建设管理模式的利弊要害。结合本项目工期紧、质量高、难度大等特点,从建设管理模式、组织结构、招标采购、投资控制等多个方面,形成项目策划方案,经批准作为项目管理纲领性文件。

4)加强多方沟通交流工作模式。与校方沟通交流,掌握其对项目定位、使用功能及建设标准的根本需求;与发改委、规划局、财政局等政府部门沟通,了解项目投资、规划要点、前期经费等相关信息;与建设主管部门进行沟通,掌握项目报批报建、监督模式、管理标准等相关要求,以保证决策阶段的各项咨询工作有条不紊地展开。

2. 勘察设计阶段的咨询服务

勘察设计阶段对整个项目的运营效果起着决定性作用，设计方案关系到项目的建设成败，咨询工程师应充分发挥技术专业水平，对设计方案起到统领和指导作用。

1）根据项目投资不得突破批复概算的要求，在咨询人员建议下采取限额设计，在建设功能及规模确定后，针对概算中的建安费用分解到各单位工程，再分解为专业工程和分部工程。通过层层限额分解，过程采用优化设计手段，实现对投资限额的控制。

2）在总体布局方面，体现以人为本的设计理念，立足于地形地貌、使用功能的分析，考虑主与从、动与静之间的联系，在校内道路规划上注重人流与物流之间的区分，避免相互交叉、干扰和迂回，同时融入了共享空间设计，采用风雨连廊、公共庭院、架空层等活动空间，以促进学生开展相互交流活动，提高环境舒适性。

3）在图纸设计完成后，组织人员对设计方案进行评审优化。利用无人机技术建立地理信息系统，精确计算场地土方量，采用平衡法进行优化，减少土方挖运。考虑退线距离减小，影响教学声学质量，在临道路一侧采取吸声围墙，种植乔木和灌木等措施。根据绿色建筑设计理念，重点对节能环保材料、再生能源、海绵城市、生态环境等技术应用提出合理化建议。通过多次组织对设计方案进行评审优化，实现了功能规划、限额设计的策划目标。

3. 招标采购阶段的咨询服务

招标采购是保障工程顺利开展的重要环节，应以"公开、公正、公平"原则选择技术强、口碑好、信誉高、价格合理作为中标单位，咨询人员应利用自身专业技术编制技术规格书，对施工、材料设备采购的商务技术进行评判。

1）进行市场调研分析，考虑项目总工期紧、外部影响因素大、招标时间长等特点，做好招标采购计划，充分预留实地考察、合同签订、核批备案、深化设计、加工制作等时间。

2）考虑图纸设计时间长，利用概算工程量清单，采取综合单价法进行施工招标，以便及早确定施工单位，第三方监测及检测招标控制价在100万元以内的采取预选库招标，其余公开招标。

3）建立合同管理制度，对合同类型、核心条款、重大调整等应采取决策审批制度，规范合同运行管理机制，实现合同范本标准化、审批流程制度化、风险监控常态化管理，加强过程合同履约评价、合同争议、合同变更管理，确保履约管理的严谨性。

4）在土石方及支护工程图纸图审完毕后及时开展报建工作，督促施工单位抓紧落实劳务队伍、施工物资、机械设备等相关工作，在完成项目报建后立即推动工程施工。

4. 工程施工阶段的咨询服务

施工阶段咨询管理关系到项目能否投入使用的关键环节，其重要性是不言而喻的。

1）建立BIM协同管理应用平台，将BIM技术与工程管理紧密结合，并与互联网技术相互融合，实现质量、安全、进度、技术等管理要素之间信息共享的管理模式。

2）根据绿色校园建设质量高、验收标准严等特点，重点围绕影响质量五大因素的分析，强化采取方案审核、技术交底、样板引路等控制手段，突出过程控制与强化验收，落实质量考核奖罚机制，实现质量品控不断提升。

3）加强工期风险分析，加强落实施工总进度计划的审核工作，过程中针对不同延期情况分别采取黄色、橙色、红色三种预警管理机制，启动约谈管理机制，并提出处罚意见报业主审批。

4）加强现场安全管理，通过智慧工地的打造，重点实现对设备、环境、人员行为实行全过程监控，实现数据"实时采集、全面监控、智慧分析、预警联动"管理效果，严格落实定期检查、整改、考评制度，确保工程处于安全状态。

5）加强设计变更的管控，涉及重大变更的必须组织评审，落实现场签证，做好进度款审批及费用反索赔，实现投资目标的控制。总之，对于施工管理，必须做到精心策划、严格管控，使项目忙而不乱，井然有序。

5. 竣工收尾阶段的咨询服务

竣工移交是投资成果转入生产或服务的标志，对促进项目投产、发挥效益及总结经验具有重要意义，也是全面检验建设成果是否符合项目立项要求的重要环节。竣工收尾阶段存在竣工移交和工程结算，极易产生较大的利益纠纷，导致咨询项目部的协调工作非常大。

1）咨询人员重点督促施工单位做好所有收边收口细部质量控制，核查工程是否已全部完成合同约定的工程量，工程质量是否满足设计及验收规范要求，竣工资料是否符合档案管理部门归档要求。

2）编制使用手册，落实移交培训工作，组织工程预验收、缺陷销项整改，整改完成后进行工程竣工验收及工程移交。

3）结算工作中审查结算资料完整性、规范性，重点审核工程量、综合单价、费用计取等是否符合图纸、合同及招标文件要求。在施工中加强各类资料的收集，及时妥善化解各种纠纷，保证收尾阶段各项工作顺利完成。

16.1.6 工作总结

综上所述，在全过程工程咨询服务实践模式下，破除了碎片式咨询模式，革除了行业深层次结构性矛盾，加快了行业转型与升级。全过程工程咨询单位克服了重重困难，通过公司后台专家为项目提供重要的技术支撑，在探索中求实践。

1）有效解决了项目建设管理过程中遇到的重难点问题，例如校方需求多、地下条件恶劣、自然环境多变、参建单位人员多、各方协调难度大、外界影响因素多、疫情防控难度大等方面，各项建设管理目标均在可控范围内。

2）在科学策划及精心组织下，对多项工程技术管理应用实现了突破，如在高大跨空间技术应用、地基基础和地下空间工程技术、绿色建筑技术应用、低碳建筑可持续发展等方面均取得了良好的工作成效，并形成了一套行之有效的管理经验，取得了丰硕的管理成果，实现了将项目打造集"绿色健康环保、环境优美宜人、学习氛围浓郁"为一体的人才培养摇篮，达到了绿色可持续发展建设目标，成为全过程工程咨询服务典范工程，也是工程咨询服务领域践行我国供给侧经济改革的重大举措,为推动工程咨询向专业化高端服务做出了有益的经验探索。

16.2 龙飞小学

16.2.1 项目简介

龙飞小学项目于 2020 年 6 月 17 日开工建设,2022 年 7 月 20 日完成竣工。总用地面积 9047.74m²、总建筑面积 23809.03m²,建设规模为 24 班/1080 学位的小学。主要建设内容包括 1 栋教学楼及教师宿舍楼,其中一、二层为裙楼,三层以上分为教学楼和教师宿舍,如图 16-2 所示。

图 16-2　龙飞小学效果图

16.2.2 项目特点

1. 项目重要性

项目为深圳市龙华区重点民生项目,解决 24 班/1080 学位的教学需求。

2. 交通条件较差

项目周边均为在建项目,北侧紧邻已建设完成的万科小区,南侧民乐路、西侧民愉路尚在建设中,严重影响人员和车辆通行,交通不便。

3. 工期紧

本项目为深圳市龙华区政府投资重点民生实事项目,原定合同工期为 330 日历天,于 2020 年 6 月 17 日开工建设,但因周边配套道路条件限制及疫情影响,经区领导同意将交付目标调整至 2022 年 7 月 30 日。

16.2.3 咨询管理成效

1. 综合管理

根据项目总控计划，制定报批报建计划，设置报建专员 1 名，收集深圳市报建规则、流程，及时收集报建资料，确保报建工作的效率，及时完成施工许可证办理等前期报建工作。

2. 设计管理

设计管理作为项目管理的龙头，其重要性不言而喻。设计管理内容包括合理引导需求、图纸审核、设计变更控制、设计优化，通过有效的设计管理，可节约投资、提升项目建造品质，确保了设计质量和进度，满足了建设需求和投资控制。

3. 招标管理

根据工务署采购制度和项目建设进度、验收需求，陆续完成了基坑支护监测及建筑物沉降观测、支护桩及工程桩检测、建筑材料检测及结构实体检测、防雷检测、室内环境检测、竣工测绘、绿建节能监测等服务类招标工作。

4. 造价管理

完成施工预算审核、概算调整审核、资金计划编制、进度款支付、无价材料询价等工作，通过概算控制预算、根据预算分解、合理控制变更等手段，避免"三超"的出现。

5. 工程管理

工程实施需在确保质量和安全的前提下快速推进。由于施工工期紧，为了快速推进项目进度，每周召开进度专题会，施工关键阶段，要求施工单位公司副总以上职务领导坐镇指挥。质量是工程的"生命"，建立巡场制度，组织各参建单位对现场质量进行联合检查，及时消除质量问题。安全是工程顺利实施的保障，通过早期危险源识别，进行风险管控，确保项目安全顺利推进。

16.2.4 成功经验分享

1. 项目实施重难点

项目管理根据项目特点识别重难点，并采取针对有效的措施进行应对，有侧重点地管理，及早识别风险并进行管控。本项目的重难点包括如下部分：

1）施工合同工期 330 天，工期紧，任务重。

2）项目周边道路均为在建项目施工区域，人员和车辆进出困难，影响材料运输。

3）由于前期校方介入时间晚，校方需求未在设计中充分体现，为了提高建设标准和品质，校方提出设计变更，增加了建设投资。

4）施工单位组织、管理能力弱，项目质量、安全、进度目标控制难度大。

5）项目生活消防给水、弱电、燃气、雨污水接驳点位于尚未完成建设的道路上，影响后期正式通水、弱电、燃气开通及雨污水接驳。

6）部分消防道路位于公共机动车道，由于公共机动车道尚未施工，其进度直接影响消防验收。

2. 应对举措

1）根据项目特点，优化项目总进度计划，制定施工总进度计划，合理确定桩基施工、土方开挖、结构封顶时间节点，为后期装修、安装提供充足的时间。

2）与周边项目建设单位进行沟通，在不影响周边项目施工的前提下，充分利用周边场地、道路，尽快组织项目施工。

3）针对校方提出的变更，给予合理引导、解释，在确保安全、适用的前提下，尽量减少变更。

4）围绕施工单位组织、管理、技术方面有关问题，发函至施工单位总公司，要求进行资源倾斜，加强对项目资金的投入、技术支持和检查指导，必要时约谈公司领导，对项目进行目标纠偏，确保项目顺利推进。

5）周边道路建设进度直接影响项目水、电、气接驳，消防验收，以及项目竣工验收，为了项目能如期完工验收，商请龙华区建筑工务署、街道办、交通部门进行组织协调。

16.2.5 工作复盘

1）建设单位对全过程工程咨询单位招标较晚，不能充分利用全过程咨询的优势，不利于项目各项目标的控制，建议在可行性研究批复、方案设计等前期阶段即进行全过程工程咨询单位招标，可充分发挥全过程工程咨询单位的价值，亦利于投资、进度、质量、安全等目标的控制。

2）项目立项后，在可行性研究、设计方案、概算批复等阶段进行充分调研和征求使用单位意见，避免后期使用需求变化引起的工程变更，在满足项目安全和使用功能的前提下，确保结算不超预算、预算不超概算，确保投资目标的实现。

3）以设计管理为重点，检查设计单位人员资质及内部制度的落实情况，确保各专业设计充分对接、协调，避免各自为政，检查图纸"错、漏、碰、缺"，对重要部位、空间采用BIM技术进行检查、分析，确保设计质量。

4）为避免项目投资失控，须避免设计单位与使用单位直接对接，对设计单位变更进行绩效考核，所有使用单位提出的变更，须通过建设单位、全过程工程咨询单位进行评估，避免随意变更。

5）学校项目对安全和使用功能比较重视，设计时应充分考虑使用时的安全防护措施，在满足规范要求的前提下，还须考虑相关主管部门的要求及长远期使用要求，特别是智慧校园需求，确保项目建设规范、先进。

16.2.6 实践体会

小学类项目，由于规模不是很大，难以选择到优秀的施工单位，部分项目的施工单位实力较弱，管理经验欠缺，技术实力不强，这增加了全过程咨询单位的管理难度和风险，工作开展时目标和计划容易偏离，建设单位和参建单位总部的支持和重视就显得十分重要。小学类项目工作的实施，不仅要重视项目策划、计划的编制工作，更应重视制度建设、流程管理、合同管理、组织协调和风险管控，从而确保项目的顺利实施。

项目采用全过程工程咨询，为项目建设全过程提供科学合理的技术和管理咨询，保障本项目最终实现投资、进度、质量、安全目标的实现，为政府工程增值服务。

1）工期更有保障：传统咨询模式下多次招标耗时耗力，就公开招标而言，招标文件开始发售到投标文件截止时间就已不小于20日，多次招标累加时间非常长且合同关系复杂，工程建设项目常规的咨询发包模式下建设单位要同时签订几个甚至十几个工程咨询合同（如项目管理、造价咨询、检测等咨询服务）。此外，由于涉及的咨询主体多、各方之间沟通协调和信息交流不到位，往往容易造成图纸多次更改、项目争议问题多等不良情况的发生，导致工期延误或被追赶工期。全过程工程咨询模式下，通过把以往碎片化咨询串起来，咨询服务团队内部消化问题可大幅度降低业主的日常管理工作难度，在一定程度上可以缩短整个工程建设项目的建设周期。

2）质量责任更明晰：传统模式下涉及的责任主体多，工程质量出问题时追责非常困难。而全过程工程咨询可以很好地解决这一问题，建设单位只需要同全过程工程咨询单位签订一个全过程工程咨询合同即可，项目的责任和义务分工明确，出现问题时责任单一，避免扯皮，也避免了不同咨询企业服务成果的交叉。此外，由于传统碎片化咨询模式下整个建设项目的咨询缺少全局的把控，容易导致各种潜在的安全和质量问题。全过程工程咨询模式下，团队内部各专业人员间相互配合，可提前规避各种风险，有利于项目整体品质的提升。

3）造价控制更优：全过程工程咨询模式下的单次招标成本远低于传统模式下设计、造价等多次招标的成本，且由于提供全过程工程咨询服务的是一个团队，内部的高效配合、精细化管理可提前采取措施防范项目的一些风险，有利于降低项目的"三超（决算超预算、预算超概算、概算超估算）"的风险，使全过程造价控制更优，增加投资收益。

4）综合服务能力提升：全过程工程咨询单位提供的服务是一体化的，前面控制的手段和结果就是后面服务的目标和任务，不仅为业主带来缩短工期、造价控制优等优势，同时又体现着咨询服务企业综合能力的提升，有利于国内咨询行业的良性发展。

16.3 龙胜学校

16.3.1 项目简介

龙胜学校项目于2020年8月20日开工建设，2022年8月31日竣工。项目规模为36班/1680学位（小学24班/1080学位、中学12班/600学位）的九年一贯制学校，总用地面积为13500.01m^2、总建筑面积33426.98m^2。主要建设内容包括小学部、初中部、综合楼、办公楼及架空运动场等，如图16-3所示。

图 16-3 龙胜学校效果图

16.3.2 项目特点

1. 项目重要性

项目所在片区正在实施城市更新,新增住宅小区较多,基础教育设施匮乏且布局不均衡,故龙胜学校项目建设能够有效解决片区居民中小学学位需求。

2. 技术先进性

项目采用 BIM 技术、高边坡防护、有粘结预应力梁、智慧建造平台应用、海绵城市、绿色建筑等先进技术及设计理念。

3. 工程复杂性

本项目场内各区域现状地面高差较大,基坑设计坑底标高较多,地下孤石及硬夹层、原房屋旧基础(含 264 根 ϕ1200mm 人工挖孔桩及 1800mm×1800mm×900mm 单桩承台基础)较多,打桩地面标高策划难度较大,打桩机械水平移动困难,需考虑大量"空桩",导致桩基工程施工难度大。

本项目施工现场场地狭窄,场地周边配套道路均未施工,用地红线离基坑支护边较近,在基坑回填前周边无可利用场地,材料堆场、加工场平面布置较困难。另外,周边临近村居民房及彭氏祠堂、西部城建施工区域,塔式起重机布置难度较大。

本项目架空层运动场顶板中共有 19 条大跨度预应力梁,跨度分别有 25m、37.6m,梁截面 800mm×1300mm、1100mm×1900mm、1200mm×1900mm、1400mm×1900mm,梁中配有粘结预应力 3×12ϕs15、6×12ϕs15、7×12ϕs15,ϕs15 为低松弛钢绞线,f_{ptk} = 1860MPa,外径 d = 15.20m。由于梁截面尺寸较大,且梁柱节点处配筋较密,导致模板支撑体系搭设及预应力筋布、混凝土浇筑等施工作业难度大。

4. 自然条件恶劣性

本项目是参考周边配套路(2号路、4号路、3号路、6号路均为断头路)完成面标高进行设计的，且周边配套路均未开始施工，尤其是 6 号路现状地面标高高于设计基坑顶标高约 10.8m，3 号路东北侧现状地面标高高于设计基坑顶标高约 7.2m，2 号路临近龙胜旧村片区城市更新项目深基坑，严重制约基坑支护方案的实施、施工临时通道的布置及后期主、次入口及各类管线接驳。

本项目南侧紧邻居民区，且距离南侧的胜华学校仅 115m，环保、噪声等外部因素对本项目施工时间制约较大。

5. 工期紧、任务重

本项目为深圳市龙华区政府投资重点民生实事项目，合同工期仅为 330 日历天。

16.3.3 成功经验分享

1. 编制项目策划方案

全过程工程咨询单位自进场以后，便启动项目策划编制相关准备工作。

1）收集项目已经形成的资料，如政府会议纪要、各类审批文件、场地测量及勘察资料等文件。

2）踏勘现场实地调研，熟悉地形地貌，了解市政配套条件，调研项目周边人居情况。

3）深入调研全过程工程咨询单位在建同类项目，了解实施过程中常见的问题及解决措施。

4）同建设单位进一步交流探讨管理模式、工期目标、质量目标、履约评价体系等。

5）结合全过程工程咨询单位的管理经验、技术创新、学习型组织，以及设计管理、造价管理、监理三位一体的投资控制模式同建设单位分享。

6）根据确定的目标及方案，在策划方案确定实施上述目标的分解措施和要求。

2. 设计阶段管理

本项目利用现有人员配备，并借助公司设计专业组及施工单位、造价单位等资源，通过专家评审（基坑支护设计、防水设计）、精细化审核等管理措施，组织对施工图中的错、漏、碰、缺项进行仔细审核，共提出审核意见 176 条，被采纳 142 条，节约投资约 600 万元，并加快了设计进度，提高了设计出图质量，减少了后期设计变更。

3. 引导使用需求分阶段确定

使用需求不确定、不稳定是制约工程建设的关键问题。通过本项目设计阶段管理经验总结，应该将使用需求划分为方案设计、初步设计、施工图设计和施工阶段，四个阶段使用需求应分段提出、逐级细化。全过程工程咨询单位在各阶段需求管理上应合理引导，分段落地，如方案设计阶段需求管理内容应重点明确项目定位、使用功能、面积分配、建设标准等；初步设计阶段应重点明确细分功能空间、主要技术方案、材料设备选型等；施工图阶段应重点明确交付界面划分及交付标准等；施工阶段应重点明确材料选样及样板间验收等。

4. 动态投资控制

通过对项目实施一系列动态投资控制方法，确保了项目变更及时办理、投资控制在概算批复范围以内。

5. 加强合同管理

在项目执行过程中，根据合同条款约定，定期分析、整理参建单位合同执行情况，并对合同双方履约情况进行评估、检查，若发现履约不充分、不及时情形，及时采取措施予以纠正，防止产生负面影响，同时严格执行《龙华区建筑工务署合同履约管理办法》，每季度组织一次履约考评。

6. 创建学习型团队

本项目首先通过内部竞聘机制选拔责任心强、管理经验丰富的人员组建团队；其次采取"老、中、青"结合方式，进一步优化管理团队成员配置，充分发挥其自身优势；然后针对现场即将开展的施工内容，由团队成员轮流编制学习课件，并组织讲授及讨论，编制课件及讲授讨论的过程也是员工学习、能力提升的过程，能够更深刻地运用于现场质量管理。

16.3.4 工作复盘

龙胜学校项目通过策划方案先行的方式，提前梳理项目实施重难点、设计进度计划、招标采购计划、施工进度计划、资金投入计划、风险源分析等，具体到每个实施环节，过程中严格按照工作计划执行，对计划进行动态的检查纠偏，保障了项目建设进度目标的成功实现。

结合本项目实施过程中遇见的相关问题，提出三点建议，具体如下：

1）建议学校与周边配套道路建设打包招标，便于施工单位进场后永临结合，同时避免了后期施工过程中交叉影响，减少建设单位协调工作量，有利于项目整体推进。

2）建议在方案设计阶段即明确校方筹备组，尽早确定使用需求及交付标准，有利于投资控制，减少后期变更。

3）强化团队执行力，充分响应"团队融合"的管理理念，不推诿、不等靠，具备工作推动前瞻性，想建设单位所想、急建设单位所需，积极推动项目建设，充分体现全过程工程咨询价值，并时刻保持履约精神，降低履约风险，为公司后续业务承接树立良好口碑及履约评价结果。

16.3.5 实践体会

1. 理念引领

本项目自全过程工程咨询工作开展以来，一直保持着"一体化工作融合"及"全过程资源整合"两大理念，为全过程工程咨询的开展提供给了战术指导，并结合全过程工程咨询三大特征（以运营为导向、以目标为导向、以风险为导向，贯穿全体过程）及五化管理方法（信息化管理、数智化管理、标准化管理、精细化管理、制度化管理），明确了总方针及总思路，在项目建设过程中予以全面落实。

2. 策划先行

项目策划是项目建设纲领性、全局性文件,是项目成功的重要前提。本项目进场后,立即熟悉施工现场及施工图纸,全面梳理该项目质量管理重难点,结合公司在建同类项目调研及实地考察结果,编制质量管理策划,进一步明确质量管理目标、质量管理手段、亮点打造计划等,并组织施工单位及全过程工程咨询单位所有管理人员进行宣贯交底。

3. 事前预控、过程管控

本项目全面实行样板引路制度,督促施工单位在每道工序施工前必须先进行样板施工及验收,样板验收合格后方可大面积展开施工,在此过程中由全过程工程咨询单位以书面形式向施工单位传达该工序施工中需要注意的关键点、可能出现的质量问题及解决措施等,达到事前预控效果。

在每道工序过程中,由全过程工程咨询单位人员带着目标、带着疑问、带着图纸、带着测量工具进行不间断巡查,发现质量问题立即现场监督整改,直至整改合格方可离开,避免了后续不必要返工,同时也节约了工序后续验收时间。

4. 定期复盘

本项目全过程工程咨询团队每周组织一次内部会议,针对上周现场存在的质量问题及解决措施、内业资料收集整理情况等进行全面复盘,以供团队成员之间相互借鉴及经验总结,同时安排下周工作计划,梳理下周工作重点及难点,并寻求最佳解决方案。

5. 无人机技术应用

本项目在施工过程中,引入无人机技术,以便及时、全面、准确掌握现场周边环境及施工进展、安全生产等情况,并协助解决项目管理中存在的短板及瓶颈问题、促进工程建设顺利进行。在土方挖运阶段,通过无人机进行现场地形拍摄,并对比前后地形变化,计算土方填挖量,且将测得工程量作为工程量计量的依据,增加现场的管理手段;在基础及主体施工阶段,以周为时间周期、使用无人机同角度对现场进行拍摄,通过后期处理,直观地了解现场施工进度情况,便于管理层做出决策;在施工现场安全管控方面,无人机航拍技术可垂直爬升、快速巡航,将现场视频画面实时传回安全管理人员手中,为排查安全隐患、加强过程控制及优化施工方案等提供技术支持,提升安全巡查效率及效果。

16.4 某市实验学校 JMS 校区

16.4.1 项目简介

某市实验学校 JMS 校区新建工程项目于 2021 年 11 月开工建设,预计 2023 年 9 月竣工。总建筑面积约 69221.51m^2,其中地下建筑面积约 14463.22m^2、地上建筑面积约 54758.29m^2。主要建设内容包括小学部教学楼,初中部教学楼、行政楼、食堂、游泳馆、体艺楼,本工程游泳池上方梁最大跨度 33.6m,如图 16-4 所示。

图 16-4　某市实验学校 JMS 校区效果图

16.4.2　项目特点

1. 项目重要性

近年来，某市不断加大城市更新推进力度，促进城市蝶变和经济转型。校区建成后，将有助于完善江东街道基础教育设施，提高整体教育质量，推动当地及周边教育事业发展。

2. 技术先进性

项目采用"BIM＋"智慧工地系统，主要包含智慧决策系统、数字工地、视频监控系统、质量管理系统、安全管理系统、生产管理系统、技术管理系统、智能用电监测、智能喷淋系统、疫情监控系统等模板，实现 24 小时在线动态监测，形成了在线发现问题、预警提醒、整改问题、逾期处罚的监管闭环模式。借力于物联网技术搭建的"天眼"系统，可以在网页端和手机端能实时看到监控画面，15 分钟之内就能对工程项目进行全面、系统的巡视，比以往的监管模式更加科学、更有效率，同时也为更好地对施工现场进行智慧管控提供了有力的支撑。5G 技术也为施工现场打造了一层全覆盖的隐形"防护罩"，将塔式起重机安全、现场作业人员和人员安全等进行数据化，实现自动数据采集、危险情况自动反应和自动控制。比如，当塔式起重机过载时，5G 监测系统会第一时间将隐患信息推送到机电负责人的手机上，机电负责人通过手机即可查看具体情况并安排处理。现场的每台塔式起重机都装有安全监测设备，它能够通过塔式起重机大臂前端加装的可转动摄像头实时跟踪吊钩位置，将画面传回驾驶室，有效规范了塔式起重机司机操作行为。

3. 工程复杂性

本工程项目建筑单体多，体量较大，地下室面积大，工程专业分包众多，各专业间存在大量的交叉作业。地下室顶板梁板超限，泳池顶板梁超限超跨（最大跨度33.6m），体艺楼二层楼板梁超限超跨，初中部报告厅二层楼板梁超跨，支架搭设高度最高为6.6m。地下室顶板、游泳池顶板、体艺楼二层楼板部分梁集中线荷载≥20kN/m，泳池顶板梁、体艺楼二层梁及初中部教学楼报告厅部分梁跨度≥18m，地下室顶板施工总荷载≥15kN/m²。安全风险多，管理难度大。且工程地下负一层开挖外边线与用地红线相距很近，用地红线范围内的施工场地狭小，场地条件的限制对于施工组织造成很大的困难。如何做好现场平面布置、材料运输和场内的交通协调、组织好现场施工是本工程实施中最为关键、也是难度最大的问题之一。

4. 质量进度要求高

本项目要求保证项目高标准、高质量，并需按期交付使用单位，工期总日历天数650天，且需确保"钱江杯"，争创"鲁班奖"。

综上，本项目在推行全过程咨询背景下，开创了工程管理的新典范。在质量及进度总控目标下，通过项目实施的总体策划，协助业主单位快速地梳理各类事项，提供专业化、科学化的管理，运用系统科学的观点、理论和方法，对项目实施进行计划、组织、指挥、协调和控制，已经发挥出较好的作用。对工程总承包单位的施工管理主要是采用动态控制，及时对比目标计划和实际实施情况，分析偏差原因及当前对各类目标的影响，提出调整的措施和方案。事前协调好各单位、各部门之间的矛盾，使之能顺利地开展工作；定期或根据实际需要召开各类协调会。

16.4.3 经验分享

1. 多角度管理

全过程工程咨询服务过程进行了多角度的管理，代表性的如：

1）工程技术管理：根据本项目的工程特点，分析项目开展过程中的各种情况，就本工程的重、难点做识别及分析，与施工单位一起研究重、难点的应对技术措施。

2）进度管理：主要是采用动态控制，及时对比计划和实际实施情况分析偏差原因及当前对各类目标的影响，提出调整的措施和方案。事前协调好各参建单位、各部门之间的矛盾，使之能顺利地开展工作；定期或根据实际需要和建设单位一起召开各类协调会。

3）投资管理：为了确定本工程项目造价，促进设计方案的技术先进、经济适用，组织专门的审查班组，按照审查人员的专业，划分若干小组，采取先分专业审查、再集中起来的方式进行各专业的阶段性会审，确保概算的准确性。

4）质量安全管理：根据"安全第一、预防为主"的安全生产管理方针，结合各项目的实际情况，建立、健全安全生产责任制，消除安全隐患，杜绝重大安全事故的发生。项目部组织各参建单位共同对施工现场安全生产情况进行定期或不定期的检查，形成书面的安全检查记录。必要时签发项目管理工作联系单或召开专题会议。

5）信息管理：按照国家项目管理规范规定，为委托人提供整套成体系的项目档案及资料管理服务。项目信息管理的对象应包括各类工程资料和工程实际进展信息。工程资料的档案管理应符合有关规定，采用计算机辅助管理。

2. 目标引领

全过程工程咨询单位在本项目开展伊始，便确立了打造全面引领示范的标杆项目目标，并在具体策划方案中予以落实。

1）管理原则：廉洁奉公原则、多级审核原则、准确高效原则、可复查性原则、方案优化原则、信息通达原则。

2）管理宗旨：全力推动工程建设进展为核心，提高服务意识，提高决策效率。

3）管理目标：在保证工程质量的前提下，通过严格的过程控制、规范的管理流程，以技术和经济相结合的方法，确保实现降低成本和提高经济效益、社会效益及环境效益的目标。

3. 红色工地创建

本项目施工现场管理人员及务工人员人数众多，相当于一个小型社区，面对人员的不稳定性及从业人员文化水平、地域差异性，项目部成立临时联合党支部，由参建单位骨干党员组成。根据项目推进不同阶段，有计划、有步骤地开展一系列"党建＋"活动，具体如表16-1所示，为务工人员提供了生活便利，解决了后顾之忧。

红色工地党建活动　　　　　　　　　　　　表16-1

序号	事项	工作清单
1	健全党的组织	在领取施工许可证后3个月内建立工地党组织
		临时联合党支部（以下简称党支部）包含建设、设计、施工、监理、专业分包等参建单位党员
		积极吸纳工地一线从业人员中的党员
		由项目建设、施工单位项目经理或监理单位项目总监担任党支部书记，有相应的组织架构
2	完善管理制度	建立健全"三会一课"、组织生活会、学习教育、谈心谈话等制度
		党员亮身份上墙
		建立党员登记制度，及时掌握党员基本情况
3	拓展党建阵地	因地制宜设立党建活动场所
		设置党建活动宣传栏，及时公布支部活动信息
4	丰富党建活动	学习习近平新时代中国特色社会主义思想、习近平总书记关于质量安全工作的相关讲话精神
		学习住房城乡建设部门印发的关于质量安全管理、专项整治、隐患排查等方面的文件
		研习行业法律法规、专业技术标准等
		围绕"质量月""安全生产月""防灾减灾日"等策划开展主题活动
		开展"工地开放日"
		开展技能比武、安全知识竞赛、应急救援演练、警示教育等多种形式的活动
		与所在地的街道、社区或其他相关单位党组织开展结对共建，解决具体问题

续表

序号	事项	工作清单
5	发挥组织作用	参与监督质量管理情况
		参与监督安全隐患排查治理情况
		参与监督安全费用投入使用情况
		参与监督项目总监、项目负责人、专职安全管理人员等持证上岗、在岗情况
		参与监督分包合同、安全协议书,签字盖章手续
		参与监督施工区域、危险部位按规定悬挂安全标志
		参与监督一线作业人员持证上岗情况
		参与监督一线作业人员培训教育情况
		参与监督生产安全事故上报情况
		参与监督进城务工人员工伤处理情况
		协调解决一线从业人员工资发放,防止欠薪情况发生
		协助项目开展常态化疫情防控
		关注工地食堂饮食安全
		开展其他形式的人文关怀

4. 智慧工地系统的应用

在智慧工地系统中,以信息化手段为基础,结合各类人工智能技术、新型的传感技术,与建筑施工进度系统、施工人员佩戴装置系统、安全管理系统等各类系统进行有机地整合,建立智能决策平台、信息共享平台、智能分析平台等,实现建筑施工的智能化、信息化、高效化管理,节约建筑施工单位的施工时间及建筑施工管理的时间,实现各类项目及各类数据的高效整合,从而为建筑施工单位提供更加有用的决策,最终达到提高建筑项目、各类建筑业务流程的目的。通过这种方式,不仅能够提高施工及施工管理的效率和质量,对于各个部门之间的协同办公也有着十分有效的作用。智慧工地指挥室如图16-5所示。

图16-5 智慧工地指挥室

5. BIM 模型创建

根据项目建设进度建立和维护 BIM 模型，实质是使用 BIM 平台汇总各项目团队所有的建筑工程信息，消除项目中的信息孤岛，并且将得到的信息结合三维模型进行整理和储存，以备项目全过程中项目各相关利益方随时共享。

1）施工阶段：施工辅助及多项深化的信息管理。项目部 BIM 管理及技术人员与施工单位一起，可运用 BIM 工具进行施工场地布置、施工方案模拟、施工进度模拟、指导深化设计方进行管线综合，辅助施工图纸技术交底、施工工艺功法指导、主要施工成果校验、设计变更调整等其他现场服务。

2）运维阶段：设备录入的信息管理。项目部 BIM 管理及技术人员与施工单位对后期运维信息的录入及设备资料的梳理，并利用 BIM 技术制作漫游动画等实施项目后期宣传增值服务。将施工设备、管道相应参数输入模型内，编制竣工模型及相应的模型信息，在实体工程竣工后，与实体楼宇相一致，反映实体楼宇的竣工状态。经过验收合格后，以此计算机文件形式存储的虚拟楼宇，作为竣工模型的最终成果进行交付。为了方便后期 BIM 运维实施的可能性，能源管理、设备维护管理等，预留 BIM 竣工模型作为设备管理与维护的数据库管理接口，BIM 模型创建如图 16-6 所示。

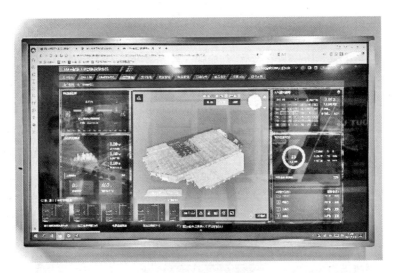

图 16-6　BIM 模型创建

16.4.4　实践体会

本项目有着明显的设计周期短、前期准备时间短、施工周期短的特点，在使用功能、建设标准、涉及专业等方面都有着综合性强、标准要求高、综合协调难度大的特点。建设单位希望通过全过程工程咨询单位的组织，真正实现项目参建单位之间信息传递通畅，项目管理规范有效，具体工作落实切实高效，项目合同履约全面到位等。全过程工程咨询单位也做到统筹全体参建单位，切实做到以工程大局为重，全面履行合同义务，以确保全面实现工程既定的各项目标。

全过程工程咨询单位代表建设单位负责建设实施全过程中的具体项目管理、工程监理、造价咨询、招标代理，建设单位与全过程工程咨询单位之间是委托与被委托的合同关系，同时，依据各参建单位与建设单位之间签署的承包合同，全过程工程咨询单位与项目全体参建单位（除建设单位）之间是管理与被管理的工作关系，全过程工程咨询单位应严格按照合同及相关的法律、法规对各参建单位进行质量、进度、投资等全面管理。重大决策性事项经全过程工程咨询单位报建设单位审批认可后执行，过程日常技术管理文件报建设单位备案后签发，代表建设单位的指令。

1. 建立完善全过程咨询项目管理机构

全过程工程咨询单位在中标并签订合同后立即成立了全过程工程咨询服务组织，并组织人员了解项目的基本情况及全过程工程咨询的服务范围。完成了组织机构图、职能分工、拟派本项目人员配备情况、工作职责、工作依据和工作原则、分阶段工作部署等工作。

2. 根据项目目标计划编制完成各类工作计划

编制完成并适时调整项目工程建设进度总控制计划、项目前期工作计划、招标采购计划、项目建设年度计划等并上报委托人审定贯彻执行。根据确定的总控制计划有效地督促、协助参加项目建设的各方，按照上述总控制计划的要求，编制各自的工作计划，使之相互协调，构成二级计划系统。

3. 根据项目特点及目标计划编制了项目管理手册及各类实施细则

为明确全体参建单位职能分工，促进全体参建单位高度紧密配合，提高参建单位的责任意识，约束参建单位全面履行合同约定的各项义务，确保工程建设期间本工程的各项管理工作规范、有序进行，真正实现通过对项目建设全过程、一体化、专业化的管理，达到项目资源最佳配置和优化，最终确保项目投资效益最大化，全面实现项目预定目标，全过程工程咨询单位协助建设单位依据国家、省及市现行的有关建设行业法律、行政法规及项目管理规范的相关要求，以现代项目管理理论为指导、本着责权对应的基本原则，针对本工程实际，编制了工程《项目管理手册》作为本项目建设期间指导、规范全体参建单位、参建人员日常建设行为的纲领性文件。

16.5 锡林郭勒盟蒙古族中学新校区

16.5.1 项目简介

锡林郭勒盟蒙古族中学新校区建设项目于 2020 年 3 月 25 日开工建设，2022 年 1 月 7 日竣工。项目场区整体呈矩形布置场区南北长约459m，东西宽约351m，总用地面积160282.37m^2，总建筑面积约为9.5 万 m^2，是一所包含60班、在校生人数为2400人的民族中学。主要建设内容包括教学区（教学楼、科技艺术楼、实验楼）、地下车库（含人防工程）、文体中心、食堂、学生宿舍、教师公寓、看台、大门及实验器材库等内容，项目效果图如图16-7所示。

图 16-7　锡林郭勒盟蒙古族中学新校区效果图

16.5.2　项目特点

1. 学校定位

本项目为全寄宿制民族中学,根据我国教育发展形势和上级领导指示精神,结合民族教育发展需要,锡林郭勒盟蒙古族中学发展定位为:立足草原,面向世界,创建民族教育精品学校。

立足草原:尊重教育规律,尊重学生个性发展,立足于内蒙古和锡林郭勒盟的经济社会和教育发展实际,立足于草原蒙古民族文化特点,脚踏实地办教育。

面向世界:一是开放包容办学。加强与自治区内、国内、国际知名学校的互动交流,开阔教育视野,提升教育水平,在合作中实现共赢。二是思想与时俱进。继承优秀传统的基础上,大力弘扬时代精神。主动吸收国内、国际先进教育理念,敢于开拓创新、锐意改革,引领民族教育发展,打造民族教育品牌。三是培养有灵魂的现代人才。培养出有家国情怀、民族精神、国际视野的学生;培养出文明乐观,有高尚审美情趣、高度社会责任感的学生;培养出积极进取,有创新精神,适合现代社会发展的学生。

创建精品:创建教育教学质量高,教育特色鲜明,校园文化内涵深厚,办学条件全国一流,网络化、智能化全覆盖,能够引领发展的民族教育精品学校。

2. 办学规模

班级规模为 60 班,在校生人数为 2400 人。

3. 建设规模

锡林郭勒盟蒙古族中学为民族学校、自治区级示范性学校、国家级足球特色学校,经锡林郭勒盟教育局批复,考虑本项目学校为全寄宿制学校,实行封闭制管理需要,建设了学生公寓、学生食堂、浴室内容,同时考虑锡林郭勒盟蒙古中学的建设定位,自治区级示范性学校、国家级足球特色学校,增加建设了文体中心、图书馆、教师公寓、艺术楼、科技楼、地下车库(含人防工程),最终确定本项目建设规模为 95000m^2。

16.5.3 咨询管理成效

本项目通过凭借"全过程工程咨询"的工作模式进行管理，成效明显，并获得以下荣誉，如表16-2所示。

项目获奖汇总表　　　　　　　　　　　表16-2

序号	奖项名称	获得时间	发放单位
1	首届工程建设行业BIM大赛三等成果	2020.9	中国施工企业管理协会
2	2020年度工程建设质量信得过班组	2020	中国建筑业协会
3	质量小组成果大赛Ⅲ类成果	2021	中国建筑业协会
4	内蒙古自治区建筑工程优质结构金奖	2021.1	内蒙古自治区建筑业协会
5	内蒙古自治区BIM应用大赛施工组二等奖	2020.11	内蒙古自治区建筑业协会
6	内蒙古自治区工程建设优秀QC小组二等奖	2021.5	内蒙古自治区建筑业协会
7	2021年省部级工法	2021.2	内蒙古自治区建筑业协会
8	2020年度内蒙古自治区建筑施工安全标准化示范工地	2021.8	内蒙古自治区住房和城乡建设厅
9	2021年度"草原杯"	2022.5	内蒙古自治区住房和城乡建设厅
10	2021年度第一届"东南网架杯"BIM技术应用一等奖	2021	浙江省钢结构行业协会

16.5.4 经验分享

1. 前期阶段

协助建设单位办理报批报建手续，对接项目建设场地配套各相关单位，明确市政管线走向路径，测算用电负荷确定高低压配电配置，落实施工图设计条件等，在项目开工前所有建设手续办理齐全，为项目顺利开工奠定基础；完成勘察单位、造价咨询单位、监理单位、施工单位的招标及合同签订工作，在招标准备阶段拟定合同条款，融合后期管理制度，审核招标文件并出具书面审核意见，配合招标答疑，审核总承包施工单位工程量清单及招标控制价，及时提出审核意见。

明确设计单位后，及时协调使用单位、设计单位对设计方案、装修方案进行讨论、修改、确认，在满足使用单位要求、国家规范及不突破概算前提下优化方案，协调建设单位、设计单位完成施工图审查工作，协助建设单位申报"二星级绿色建筑设计标识证书"并获得此证书，为申报"草原杯""鲁班奖"评选创造先决条件。在设计方案、装修方案确认过程中，要求设计单位运用BIM技术，通过直观的效果展示加快了方案的确定速度，此阶段BIM技术的应用是本项目全过程应用BIM技术的重要一环。

在项目开工之前，完成项目管理手册的编制、审核、印发，明晰各参建单位的责权分工，对建设单位后期管理及各参建单位之间的协调配合进行细化，作为项目整体良性进展的指导性文件。

2. 建设阶段

1）投资管理方面

（1）暂估价专项管理

因本项目暂估价材料设备较为繁杂，全过程工程咨询项目部制定了《暂估价管理办法》，并对各单位进行交底，推进组建暂估价材料、设备询价工作小组，建立健全每周例会制度，对本项目暂估价材料设备价格进行严格控制，避免投资失控。

（2）索赔管理

针对施工单位提出的"疫情影响增加费""冬期施工增加费""施工超高增加费""钢结构价格调差"等类似索赔联系单内容，及时向建设单位提出解决建议，并形成书面文件5份。

（3）其他过程管理

审核造价咨询单位编制针对本项目特点的《全过程造价咨询服务（工程施工阶段）实施方案》并出具审核意见，督促审核总承包施工单位提供的本年度资金使用计划，审核过程进度款支付报审资料等，严格控制本项目投资，最大限度避免索赔事件的发生。

2）合同管理方面

监督本项目各参建单位合同内容履约状况，根据合同内容对现场实际工作进行把控，并及时提出有可能存在的履约不到位的情况，提出相应的管理措施及建议。

3）设计管理方面

明确技术文件流转程序，杜绝设计单位与施工单位非正式传递技术文件，从源头出发以减少设计变更的发生，组织图纸会审并要求设计单位各专业负责人进行书面设计交底；自施工单位进场后即督促提前编制报审各种专项施工方案，特别是危大工程需进行专家论证的专项方案；提前梳理二次深化设计目录，督促施工单位编制报审二次深化设计图纸；协调解决施工过程中发生的图纸问题、技术问题，协调落实建设单位、使用单位提出的需求。

4）现场管理方面

积极倡导"样板先行"制度，对监理单位实时发布留存施工验收影像资料方法进行交底及指导。积极协助施工单位解决技术难题、图纸问题，监督各参建单位管理行为，利用丰富的现场管理经验对建设过程可能发生的问题进行预控，提前预警并分析原因，对现场进度、质量、安全等方面存在问题及时纠偏，为本项目质量、进度及安全目标创造坚实基础。本项目最终于2021年8月评选为2020年度内蒙古自治区建筑施工安全标准化示范工地，2022年5月成功评选2021年度内蒙古自治区"草原杯"质量奖。

16.5.5 实践体会

在项目管理过程中，凭借"全过程工程咨询"的工作模式，为业主提供全方位、多层面的管理服务，坚持以积极主动的工作态度，并站在建设单位角度解决处理管理过程中遇到的各类问题。利用有效资源，深入管理层次，高效管控。通过总结分析，为后期工作积累一定经验。

1）协调参建方工作目标统一、充分梳理项目建设重难点，大幅度减少建设单位管理协调工作量，有利于缩短工期。在项目组织协调管理上，全过程工程咨询单位以主人翁意识，放眼全局、统筹规划。对外，针对影响项目建设的石围导流渠、民主大道西段迁改建设事宜，积极组织区工务署、水务局等各职能部召开项目建设推进会，以解决制约问题为第一要素，积极协调助推项目建设；对内，根据项目既定目标，严抓共管，确保项目主要负责人在岗履职，通过召开企业负责人联席会、建立重大问题研判机制、立项销项机制、决策机制，及时解决重难点问题，促使项目建设环境有序、和谐，有利于缩短工期。

2）市场调研、清单化管理，明确界面划分，节约投资。围绕项目建设内容，根据交易中心历年交易数据，确定中标下浮率范围，对项目招标控制价进行预判，通过公开招标，充分竞价，进一步降低项目投资。

3）在投资固定的情况下，通过全过程咨询的管理，限额设计，有助于提升建设品质。通过对概算进行分解，合理限额，优化设计，可以提前规避投资风险，同时结合建筑风格、优化建设质量，重视建设品质，加强使用功能需求优先考虑，充分调动承包商的积极性、主动性，不断运用新技术、新工艺、新材料提高建设品质。

4）能够很好地对建设程序进行监督管理，提出合理化建议。全过程咨询作为住房和城乡建设部推广的管理模式，能够发挥专业咨询优势，很好地参与项目前期管理、设计管理、招采管理、报建管理，能够以全局性思维为建设单位提出合理化建议，有利于推动项目建设管理程序有序、高效，减少违法违规事件发生。

16.6 观澜中学

16.6.1 项目简介

观澜中学改扩建工程于 2020 年 6 月 7 日开工；预计于 2022 第四季度完成竣工。项目总用地面积 73827.38m²，总建筑面积 147215m²，主要建设内容包括 5 栋 6 层的教学楼，1 栋 6 层综合楼，1 栋 5 层行政楼，1 栋 13 层教师宿舍、2 栋 22 层学生宿舍、1 栋 2 层图书馆，以及配套体育设施，包括 400m 标准跑道的体育综合馆、排球场、篮球场及器械场地。项目效果图如图 16-8 所示。

图 16-8　观澜中学改扩建工程项目效果图

16.6.2 项目特点

观澜中学改扩建工程分两期建设,其中一期以高中建设为主,二期以初中建设为主,共96班/4800学位,其中高中60班/3000学位、初中36班/1800学位。

一期高中建设规模112500m^2,包括60班寄宿制高中的必配校舍用房75104m^2、36班初中的风雨操场2667m^2、多功能厅1600m^2、教师宿舍6720m^2、微格教室909m^2、室内游泳馆2600m^2、架空层8400m^2(含初中架空层600m^2)、架空篮球场1700m^2及高中地下室12800m^2。

二期初中建设规模34715m^2,主要建设内容为36班初中的必配校舍用房24835m^2(风雨操场与多功能厅已在一期建成)、架空层3000m^2及初中地下室6880m^2。

结构类型:地基基础设计等级为甲级,建筑桩基设计等级为甲级,基础桩为旋挖成孔灌注桩,共827根。

项目启动初期存在周边多处区域和建筑侵入项目红线,10kV高压线缆待迁改,场地内存在学生宿舍、辅助用房需要腾挪等,针对现场实际,制定了"总体规划、分期分区建设,分期交付"的项目建设思路。一区建设内容:教学楼、综合楼、行政楼、图书馆、2号学生宿舍楼(层高3.6m,共380间);二区建设内容:1号学生宿舍楼(层高3.6m,共380间)、教师宿舍(层高3.3m,共160间);三区建设内容:风雨操场等配套体育设施(地下室停车位240辆)。

16.6.3 咨询管理成效

观澜中学改扩建工程项目属于深圳市龙华区工务署重点项目,工期紧、任务重。全过程工程咨询单位自开工以来,始终以自身优质服务,确保项目建设有序推进。

观澜中学项目,现场已完成的主体建筑部分充分实现设计效果,建筑平面功能房间、结构体系、机电设备等按照设计图纸的要求完成建设,如图16-9、图16-10所示。

图16-9 观澜中学设计效果图　　图16-10 观澜中学实际完成图

在施工建设过程中,主要严格遵循以下几条原则,保障了设计效果的落地。

1)机电选型及结构体系选型阶段,组织设计团队与施工团队的联合会议,充分结合设计技术、施工技术、设备材料采购、施工条件等因素，确定结构选型和机电系统选型，既能满足设计要求，也便于现场施工。

2）设计图纸初稿完成后，全过程工程咨询单位组织造价咨询、EPC承包单位开展多专业、多维度的图纸会审，从设计规范、施工便利性、施工可实施度等角度进行图纸细节审核，并根据意见进行图纸完善和修改。

3）建筑、室内和景观方案完成后，设计团队提供全套内外装饰的材料样板，组织建设单位、使用方及施工总包进行会签定样。在样板间施工阶段，针对设计提供的视觉材料样板，结合现场实际情况进行优化调整，最终组织样板间定案会，根据确定的样板间再开展后续的大面积施工，保证了建造效果的落地。

4）施工过程中，定期组织设计团队进行设计巡场，将施工与设计存在偏差的部位，在现场提出并要求进行整改。

5）在项目工期异常紧张的情况下，综合考虑设计和施工，将工期及施工条件要求较高的现浇型水磨石地面调整为预制型水磨石地面，大大地缩减建设工期，同时降低地面水磨石施工对顶棚及墙面施工作业的影响。

6）项目前期对装修标注设计界面、交付标准与各方沟通明确，设计标准与实际落地效果匹配度较高，室内方案设计阶段经过多轮汇报，与各专业间的配合和后期实施过程中可能出现的问题在方案阶段逐一排除，如室内天花与幕墙交接处的标高关系，收口工艺细节都有比较好的控制，各专业设计界面在初设阶段经过多轮专题会得以明确，界面的划分不仅是设计层面出图的划分，更多的是结合后期实施过程中成本、质量、工期等多维度的思考，为项目后期更好地实施保证品质标准奠定基础。

7）因施工图预算在概算审批后编制，对于没有信息价的材料设备，按照项目定位、设计要求和建设单位确定的材料设备品牌档次，组织询价、比价、定价，保证工程品质。

16.6.4 成功经验分享

1. 设计管理经验

1）项目设计成果亮点

（1）精装修效果需体现校园文化特点

观澜中学项目精装效果实现度较高，各空间在材料使用、色彩运用、功能结合项目本身和国家相关规范都能满足要求，重点空间如报告厅、公共走道、图书馆、餐厅，结合校园历史文化及大数据网络时代影响力打造具有校园文化和具有时代特色的室内空间。

（2）充分考虑学生使用的人性化需求

观澜中学项目定位为高中学校，除了考虑设计效果品质以外，更多地需要关注学生长期的生活和学习空间的使用习惯，诸如电子班牌位置、开关位置、洗浴水龙头与水池位置关系等是否符合人性化使用要求。观澜中学景观专业设计成果亮点如表16-3所示。

观澜中学景观专业设计成果亮点表　　　　　表 16-3

景观完成效果图	景观设计亮点
	观澜中学采用垂直绿化装饰挡墙立面，采用设计的手法弱化了钢筋混凝土的生硬线条，用绿色植物营造出春意盎然、生机勃勃的校园环境
	观澜中学设计的"世界地图"采用砾石、石材、绿化结合雕塑小品，表达出生动的世界地图，能用活泼、丰富多彩的形式为整体校园做点缀，同时还能培养同学们对地理知识的兴趣，这就是设计的魅力所在

2) 设计成果不足之处分析

观澜中学项目在设计启动之初，对于校方方面的需求意见不够了解，项目教学楼和 2 号学生宿舍楼建成交付校方后提出了较多需求方面的改进之处，如学生宿舍没有晾衣的位置、学生宿舍电路控制不能分层控制等，如图 16-11、图 16-12 所示。

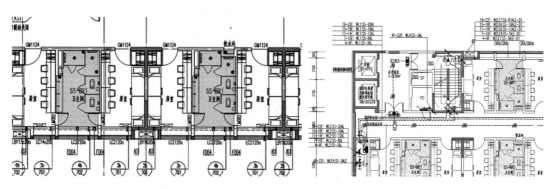

图 16-11　学生宿舍没有晾衣的位置　　　　图 16-12　学生宿舍电路不能分层控制

3）设计管理经验总结及改进方向

（1）项目前期确定市政机电接驳点坐标

项目启动前，组织设计、施工等各参建方现场踏勘地块周边道路及市政管线情况，联系水务集团、供电局、燃气公司等市政管线管理单位确定各机电接驳点坐标位置，避免后期施工过程中部分点位不可用而导致的设计修改和现场返工。

（2）施工临时道路及室外永久管线永临结合的施工模式

观澜中学项目工期紧张，为了尽可能缩短工期，设计配合施工计划提前出具较为稳定的室外管线图纸，以便施工单位在硬化施工车道前预埋好部分管道，避免后期进行室外工程时发生不必要的返工。

（3）EPC模式下，需要更加重视设计深化问题，避免影响工程造价及招标

设计的优化或深化设计直接影响下游的采购和施工成本高低，设计应当派遣既有设计经验又有现场施工管理经验的人员才能达到最大的设计优化，实现最大利益。在实际操作过程中，往往由于设计人员经验不足或者重视程度不够等原因，没能达到这一要求。

2. 材料设备管理得失

1）材料设备选用及评价

根据观澜中学改扩建EPC项目采用的品牌及现场实施的情况，反馈选用采购材料设备品牌遇到的问题。

（1）工务署材料设备库中部分材料设备品种品牌偏少，仅3种品牌，例如抛光砖、内墙瓷片、热浸塑钢管、变压器、球场跑道、钢质门。除了导致竞争性大大降低外，品牌间很容易形成价格联盟，影响项目整体投资目标，增加政府投资。

（2）对于小散工程，主合同约定品牌库厂家不参与施工单位的投标竞价，导致项目实施过程迟迟无法完成采购，若完成采购，其价格也远远高出市场价格，除了增加政府投资，也极大地影响项目整体投资目标、进度目标。

（3）在预算编制时，第三方造价咨询单位未在品牌库内寻找厂家询价，导致所询价偏低，而总包只能使用品牌库中材料设备，两者价差只能由总包承担，导致施工单位亏损，给项目实施带来了一定的困难。

（4）由于品牌库中约定的是公司而不是品牌，采购形成价格垄断，建议在品牌库中以品牌名称作为约定。

2）材料设备管理建议

根据观澜中学项目材料设备管理的经验和存在的问题，对于今后类似项目的材料设备品牌库管理提出以下建议及措施。

（1）参照深圳市工务署对其材料设备品牌库有专职部门管理和规章管理制度，建议工务署完善品牌库的规章管理制度，包括过程监督机制、约谈机制等。

（2）根据项目承包人对品牌库厂家履约过程中的反馈，可及时约谈相关厂家，视情况给予通报，存在恶意竞价、严重影响项目交付等情况，可对其拉黑名单。

（3）定期由工务署和施工单位各材料设备供应商进行履约评价，对过程中履约评价差

进行退库处理，可推进现场实施进度，节约政府投资。

16.6.5 实践体会

观澜中学项目采用全过程咨询模式，根据项目管理实践的结果，可以总结全过程咨询模式发挥了以下作用。

1. 节省工务署人力资源

全过程工程咨询模式可以大幅减少工务署日常管理工作和人力资源投入，全过程工程咨询单位能够有效代替工务署项目负责人的协调工作，协调各环节之间的关系，减少工务署的协调工作量，减少矛盾，提高效率。

全过程工程咨询单位除了对施工阶段的施工行为提供各种咨询服务工作外，还对设计、采购行为进行有效监管，审核设计文件，审查设计进度计划、采购进度计划，审查设计变更等，可有效减少工务署人员投入。

2. 减少单一咨询服务模式下的管理疏漏和缺陷

全过程工程咨询单位本身拥有专业齐全的职能部门和管理人员，各专业工程可以实现无缝衔接，从而提高服务质量和项目品质。

全咨模式下可以保证前期咨询与后期执行数据连贯一致、账实相符，提高投资收益，确保项目的投资目标。

3. 有利于提前识别项目风险

全过程工程咨询单位全程参与项目前期设计及后期施工管理工作，有利于对项目技术和建设风险提前识别，对涉及安全质量重点、关键环节、重大危险源等进行预判，提前预知安全质量风险，协调各专业进行衔接，制定并采取安全质量防范措施。

第 17 章 幼 儿 园

学龄前教育是人生接受教育的启蒙阶段，随着经济的发展及社会对学前教育认识的提升、人们的物质生活水平的提高，人们逐渐意识到高素质综合性创新人才的培养应该从小开始，学前教育的理念也因此得到重大发展。

2018 年 11 月 7 日，中共中央、国务院发布《关于学前教育深化改革规范发展的若干意见》，明确到 2020 年，全国学前三年毛入园率达到 85%，普惠性幼儿园覆盖率（公办园和普惠性民办园在园幼儿占比）达到 80%；到 2035 年，全面普及学前三年教育，建成覆盖城乡、布局合理的学前教育公共服务体系。

近年来，国内快速推进城镇化建设，城市人口快速增长，城市中新生幼儿数量随之增加。城市中部分幼儿园班级数及班级容纳幼儿人数已经远远超过现有建筑规范要求。国内幼儿园建筑设计规范《托儿所、幼儿园建筑设计规范》JGJ 39 中对班级人数也有一定的规定，乳儿班要求控制在 10~15 人，托儿班的小、中班人数控制在 15~20 人，大班 21~25 人。幼儿园的小班人数控制在 20~25 人，中班 26~30 人，大班人数控制在 31~35 人。随着《中共中央 国务院关于优化生育政策促进人口长期均衡发展的决定》正式发布，做出实施三孩生育政策及配套支持措施的重大决策，这是党的十八大以来，我国继单独两孩和全面两孩之后的又一重大生育政策调整。新生儿数量将会迎来一个增长期，幼儿园的建设必然面临更大挑战。

幼儿园是幼儿接受学前教育的重要场所之一，幼儿园建设的优劣直接影响到幼儿园日常工作的正常运行，也关系到学前教育工作的正常开展，因此，提高幼儿园建设质量与合理规划功能、科学建设成为整个社会关注的焦点。在当前幼儿园建设现代化、数字化、智能化的高标准、高要求下，采用全过程工程咨询模式能有序推进及保障幼儿园建设过程中的进度、质量、投资控制等，以高效、高质量推进幼儿园建设工程。

本案例所属 5 所幼儿园均为 20 世纪 80 年代建筑，园舍主体结构经鉴定均为 DSU 级，存在安全隐患。另外其设施陈旧，园区环境等无法满足新时期的幼儿教育工作。在此种现状下，幼儿园项目拆除重建后，可以为周边适龄儿童提供高品质教育教学，对于提高幼儿教育质量、满足幼儿教育需求具有重要作用。

17.1 项目概况

17.1.1 深圳市第一幼儿园

深圳市第一幼儿园项目占地面积3729m²，总建筑面积4595.5m²（地上4100m²，地下495.5m²），资金来源为市政府投资。项目于2014年1月26日正式移交市建筑工务署组织建设，2019年10月12日施工总承包单位进场施工，2021年5月28日竣工验收通过，并于2021年5月31日正式移交至深圳市第一幼儿园投入使用。主要建设内容包括：拆除原有园舍1栋（建筑面积3614m²），新建园舍1栋，局部地下1层，地上4层，建筑高度19.15m。主要功能包括：地下为消防水池、水泵房、设备房、后勤库房等，地下为活动室、办公室、会议室、资料室、网络机房、更衣休息室、餐厅等。深圳市第一幼儿园如图17-1所示。

图 17-1 深圳市第一幼儿园

17.1.2 深圳市第二幼儿园

深圳市第二幼儿园项目用地面积约4705m²，总建筑面积8460.45m²，项目于2019年12月10日开工建设，2021年1月21日通过初步验收，2021年7月23日通过最终验收。深圳市第二幼儿园园舍拆除重建工程为钢结构，建筑高度13.8m，局部地下2层，地上3层建筑。工程建设内容主要包括：旧园舍拆除工程、基础与地基、基坑支护、土石方、主体结构、装饰装修、屋面、建筑电气、给水排水、消防、通风空调、建筑智能化、电梯、建筑节能、室外配套和园林绿化等工程。深圳市第二幼儿园如图17-2所示。

图 17-2 深圳市第二幼儿园

17.1.3 深圳市第五幼儿园

深圳市第五幼儿园项目用地面积约 3498m²，总建筑面积 6695m²，项目于 2020 年 4 月 18 日开工建设，2021 年 7 月 15 日通过初步验收，2021 年 8 月 30 日通过最终验收。深圳市第五幼儿园园舍拆除重建工程为框架结构，建筑高度 18.3m，局部地下 2 层，地上 4 层建筑。工程建设内容主要包括：旧园舍拆除工程、基础与地基、基坑支护、土石方、主体结构、装饰装修、屋面、建筑电气、给水排水、消防、通风空调、建筑智能化、电梯、建筑节能、室外配套和园林绿化等工程。深圳市第五幼儿园如图 17-3 所示。

图 17-3 深圳市第五幼儿园

17.1.4 深圳市第十幼儿园

深圳市第十幼儿园项目占地面积约 3039.89m²，总建筑面积 5082m²，项目于 2019 年 12 月 16 日开工建设，2021 年 7 月 21 日通过初步验收，2021 年 8 月 27 日通过最终验收。深圳市第十幼儿园园舍拆除重建工程为框架结构，建筑高度 17.15m，局部地下 2 层，地上 4 层建筑。工程建设内容主要包括：旧园舍拆除工程、地基与基础工程、钢筋混凝土、金属门窗、通风与空调、建筑给水排水及供暖、建筑电气工程、智能建筑、屋面及防水工程、建筑节能、消防工程、室外环境等工程。深圳市第十幼儿园如图 17-4 所示。

图 17-4 深圳市第十幼儿园

17.1.5 深圳市莲花二村幼儿园

深圳市莲花二村幼儿园项目占地面积：3414.54m²，总建筑面积 6421m²，项目于 2019 年 12 月 10 日开工建设，2021 年 7 月 15 日通过初步验收，2021 年 8 月 30 日通过最终验收。深圳市莲花二村幼儿园园舍拆除重建工程为钢结构，建筑高度 17.05m，局部地下 2 层，地上 4 层建筑。工程建设内容主要包括：旧园舍拆除工程、基础与地基、基坑支护、土石方、主体结构、装饰装修、屋面、建筑电气、给水排水、消防、通风空调、建筑智能化、电梯、建筑节能、室外配套和园林绿化等工程。深圳市莲花二村幼儿园如图 17-5 所示。

图 17-5 深圳市莲花二村幼儿园

17.2 项目特点

1. 项目重要性

幼儿园是幼儿成长、生活的场所，建设标准高、社会关注度大、投资少（均不突破 5000 万元）、体量小、工期紧，建筑物轮廓线距离用地红线近，对施工部署、总平布置带来一定难度。深圳市第一幼儿园处于或靠近地铁安保区，前期协调工作量大，后期施工强度受制约；由于幼儿园为拆除重建项目，周边建筑物年久失修，建设过程中安全管理任务艰巨。

2. 工程复杂性

幼儿园项目虽然规模小，但由于大部分项目处在 20 世纪 80 年代建设的小区内，交通不便，且距离已建成的居民楼较近，加上建筑结构老化，管线改造较多，施工环境复杂。且由于老旧小区内部居民意见不一，有的要求整体拆迁更新，有的要求维持现状，社会环境复杂。在成熟的城市社区建设工程，作业时间受到很大限制，噪声、扬尘、光污染等环境保护要求很高，加大了建设难度。幼儿园均设有地下室，除深圳市第一幼儿园地下一层外其余均为地下二层，与既有老旧建筑距离近，基坑深，施工风险高。

3. 招标难度性

在项目策划阶段，鉴于幼儿园项目体量小，社会关注度高，周边环境复杂，质量要求高，施工难度大等特点、难点，如果单独以一个项目进行招标将难以选择到优质的施工总承包商；项目本着探索推动政府高质量发展的需要，结合项目群、项目类型的实际特点，充分发挥了工务署作为政府投资项目建设平台大、项目多、优质资源丰富的优势，针对幼儿园项目采取了"以大带小"的关联招标组合策略，顺利完成招标工作。

17.3 项目集群咨询管理

为更好地完成建设任务、实现建设目标，深圳市五所幼儿园项目列入新华医院等项目群进行统一管理，项目率先采用并实施了项目群+全过程工程咨询管理模式，这种模式是创新项目管理模式的一种新尝试。通过管理实践，项目总体推进工作已按预期顺利完成并交付使用，项目群管理模式得到了有效验证。在此管理模式及组织架构下，全体参建单位职权和职责分明、命令统一，信息沟通简洁方便，便于统一指挥、集中管理，从而保证决策快捷高效。清晰简洁的项目管理组织架构在提高信息沟通效率的基础上，优化了项目管理工作。

在项目管理过程中，招标采购委员会、材料设备委员会、项目策划委员会、履约评价委员会及技术管理委员会为工务署支撑体系，工程管理中心与设计管理中心为主办部门，项目主任与全过程工程咨询单位的项目总负责人为项目组的管理决策层，商务总监直接主管项目的招采、合同等工作。工务署的安装工程师、土建工程师、设计管理工程师等与全过程工程咨询单位的综合管理部、设计管理部、招采合约部、工程管理部及工程监理部相互融合，共同作为项目管理执行层，达到署咨合一的工作模式，共同推进项目的建设。

为简化工作流程，提高参建各方的工作效率，项目组及全过程工程咨询单位进行了流程再造，提出了"并联工作机制"的工作模式。在并联工作机制中，可由使用单位、设计院、承包商、第三方咨询等发起与项目进度、质量、投资、安全、环境、使用功能相关的待审工作，例如方案审核、设计成果审查、变更审核、费用支付、质量验收、安全风险控制等，经项目组、使用单位、全过程工程咨询单位、专业咨询单位同步进行审核或批复，集中讨论并提出相应的解决措施。从而达到流程再造、简化工作程序的目的，为项目后期建设的管理带来便利。

17.4 咨询管理成效

在项目建设过程中，根据项目的实际特点，分别采取了相关针对性措施。

1. 推广新型设备，安全高效作业

由于项目属于原址新建类项目，在项目建设之初需对原建筑物进行拆除作业，为了保障拆除工作安全高效地进行，项目采用国内最先进的大扭矩液压型剪刀机设备进行原建筑拆除，该机型具有噪声小、扬尘污染小、拆除进度快、安全系数高等优点，同时配以高压水枪等降尘措施，实现了快速、环保拆除，圆满完成拆除作业工作。

2. 优化调整设计，避免施工风险

深圳市第一幼儿园项目周边有一栋5层居民住宅，住宅年久失修，采用天然独立基础的砖混结构，结构安全鉴定为C级。新建幼儿园基坑深度4.6m，基坑边缘离住宅较近，基坑设计风险较大。经设计调整优化后的基坑边缘距离5层居民住宅约为9m，极大地降低了基坑施工对周边建筑的风险。

3. 积极开展走访，实现利民工程

项目组多次召开协调会，积极走访并听取周边居民、辖区派出所、街道办、社区工作站等各方意见，尽可能满足各方需求，主动开展小区修路、帮助居民家庭维修等利民工作，争取周边居民对项目建设的支持，努力将施工对周边居民的影响降至最低。

4. 强化文明施工，降低施工影响

项目施工对周边居民产生一定的影响，存在施工噪声、扬尘控制、建筑垃圾等问题，通过建立安全文明施工方案，设立隔声挡板、绿网覆盖土层、及时清运建筑垃圾等措施，保证项目现场施工安全文明作业有序进行。

5. 重视安全管理，规避施工风险

深圳市第十幼儿园在拆除过程中充分考虑该幼儿园项目场地狭小、距周边建筑物距离较近、所在的社区内交通道路狭窄等特点，在设计阶段采取了优化措施。考虑到场地南侧基坑边线距周边建筑物距离仅10.4m，但与北侧建筑物间距较大，因此把本工程地下室向北侧调整，调整后地下室外墙至相邻建筑的最近距离增加至11.6m，同时在满足园方使用需求的情况下降低了地下室层高，基坑支护设计同步调整，调整后基坑开挖深度降低了1.4m。设计方案的调整大大降低了基坑开挖及地下室施工阶段的安全风险，提高了施工的安全性。

6. 专人协管交通，创建安全环境

项目周边为深南东路主干道，全天候错峰限行，交通限行对工程建设进度影响较大，项目建设过程中施工物料运输、机械进场等均受到较大影响。通过设立专岗专人负责指挥项目周边交通指挥工作，保证道路畅通，材料设备进场无阻。

7. 推行共商共建，打造精品工程

幼儿园项目的顺利建成，得到了幼儿园园方的大力支持。在项目实施中，项目组与园方保持密切沟通，以加快推进"幼有善育、学有优教"，切实打造"民生幸福标杆"为统一目标，共同协调各方携手推进项目建设。同时在室外环境、苗木、材料的选材选型、材料的颜色及小到插座的高度等，充分征求园方意见，避免后期因细节问题而返工。共商共建，确保了项目高品质建设。

17.5 成功经验分享

1. 设计变更管理

工程建设过程中提出设计变更，主要是解决施工图纸既有问题和缺陷，使设计更科学、合理且符合实际情况。在施工过程中出现的主要设计变更原因和调整内容如下：

1）现状条件发生变化。

2）深圳市第一幼儿园项目周边环境复杂，为保障施工安全，进行了地下室方案调整；充分利用原深圳市第一幼儿园周边燃气管线现状布置情况，调整原设计燃气方案；经对接水务管理部门，调整取水口位置，实现消防取水方案两路供水，满足消防验收要求。

3）设计完善。

4）主要体现在招标图纸的错漏碰缺方面，如补充外立面装饰铝板设计图，完善构造做法，协调建筑专业和结构专业部分房间标高不协调问题，增加出入口室外雨棚及照明等。

5）使用单位需求变化。

为增加使用空间和办公用房，调整公共卫生间布局和网络机房位置；调整景观绿化和园建方案；调整厨房内部分区和隔墙形式等。

深圳市第一幼儿园项目设计方案经使用单位和建设单位确认后，立即开展施工图设计，设计进度管理方面，注重组织设计汇报与专家评审工作。在推进设计进度管理中，明确了项目设计各阶段的时间控制节点、设计成果应达到的深度标准，组织设计单位与业主单位、政府管理部门等进行充分的沟通和协调，正确领会业主的意图、理念和管理部门的要求。

设计单位每次提交设计文件，对应的专业工程师进行技术质量审核。一方面，对设计单位内审情况进行检查；另一方面，结合施工的复杂性，对设计内容的可实施性提出优化意见并跟踪回复，对回复意见进行闭环审核。

在设计变更管理和设计人员现场技术服务管理方面，制定变更管理办法细则，明确相关责任，规范工程变更行为，使变更管理工作有效控制工程投资，保证工程质量和进度。设计考虑不周到的地方，或者施工出现技术问题，及时组织设计人员现场巡查，发现并解决了施工中存在的问题，及时进行设计修改和设计变更，避免小问题不解决变成大问题从而影响施工质量和整体进度要求。

2. 招标采购管理成效

在项目实施阶段，项目群通过"关联招标"组合策略选取到了优质的承包商，利用大小项目之间"以强补弱"的风险对冲，减小了小型项目建设资金不足的风险。在项目实施阶段，提出了大小型项目之间"内循环"为主、"外循环"为辅的资源共享双循环模式运行，即在小型项目之间通过优化资源配置、统筹工期、流水作业，形成小型项目之间资源充分利用的"内循环"模式。在此基础上，充分借助大型项目人力、物质、材料设备等资源丰富的特点，发挥其"蓄水池"的调节功能，形成大小项目之间的"外循环"模式，规避了小型项目劳动力使用不均衡的缺点，如在施工过程中，根据深圳市第一幼儿园项目"麻雀虽小、五脏俱全"的特点，及时在其关联的大项目调派相关施工班组进行人力资源与技术的支持，有效保证了深圳市第一幼儿园项目施工的连续性，规避了小型项目劳动力使用不均衡的缺点，实现了大项目与小项目之间资源的共享，达到提升效果效益的目的。此举不但为幼儿园项目的建设奠定了良好的基础，保证了幼儿园项目的优质高效建设，也为深圳市小型政府投资项目吸引国内优秀施工总承包商树立了典范，并得到了推广。

3. 项目信息化与信息管理成效

1）全过程信息化管理

深圳市第一幼儿园项目在建过程中采用全过程信息化管理模式,"向管理要效能,以效能促质量"。在项目前期阶段,跟踪汇总项目信息,注重各项前期文件的收集整理工作;随着项目建设的逐渐开展,建设过程中产生的工程资料严格按照《深圳市建筑工程文件归档内容业务指引》要求进行分类汇总,落实参建单位档案归档责任,实现工程建设、工程档案、工程档案信息化三项工作同步完成,严格保障最终竣工交档周期,3个月内完成竣工交档任务。

2)以赛促管,良性竞争

在工程建设期间,项目内定期组织档案内容评比,部署归档工作任务,做到快速响应专项检查和评比,并邀请建设单位档案室组织进行现场培训讲座,确保工程档案规范性。组织每月进行档案平台评比,项目内部考评,每半年度组织考评比赛,充分调动各参建单位的工作能动性,为项目信息化管理奠定了坚实的基础。

3)线上监管,线下闭合

项目通过线上平台监管各项信息化数据,包含实名制考勤、e工务巡检、智慧工地监管、材料设备管控、档案系统汇总等平台,全方位、多样化地严格落实项目"建设方管控,咨询方服务,承包方实施"的管理措施,确保人员在岗履职、质量安全闭合、材料设备有保障,实现线上线下效能双提升,为项目信息化管理工作开启了全新局面。

4. 创新"集中分散制管理"模式

项目群实行"集中分散制管理"创新运行模式。统筹资源,分散配置是集中分散制的核心思想。项目群建立统一的工作标准、宣贯制度、汇报总结、奖惩办法等,将各项资源统筹,实行制度标准化,然后再根据各个项目的需求合理分配至项目群中各个项目,分阶段、分类型地强化重点,在集中管理的基础上进行资源合理再分配。在资源合理再分配的前提下,将项目组及全过程工程咨询单位工程师按专业进行分工细化,使各工程师既是项目的一线管理人员,又是项目群的专业大后台。此工作模式既保证了项目管理前端工作资源分配合理,又充分发挥了项目组及全过程工程咨询单位工程师的管理优势,营造了良好的人才成长环境。

5. 推行服务"前置"、管理"后延"模式

项目组及全过程工程咨询单位推行服务"前置"、管理"后延"的工作模式。所谓服务"前置"即在设计、招标工作开展时,组织项目组工程师、总监、专业监理工程师等现场一线管理人员参与相关工作,结合项目特点及现场管理经验提前介入,了解设计意图、把控现场管理重点要点,为后续施工管理奠定基础。管理"后延"即在施工过程中,设计管理人员及时跟踪现场施工进展,实时掌握设计意图落地情况,及时解决现场施工存在的设计问题,完善设计。

17.6 实践体会

回顾项目实施过程中的工作阶段,全过程工程咨询应始终围绕系统化、集成式、整体

性来展开，着力破除、改变工程咨询服务产业链松散状、碎片化、阶段性的现状，工程咨询应贯穿于项目全生命周期，并且每个阶段包含不同的咨询内容和服务重点。

项目全面坚持全生命周期管理，需求主导设计。项目群分别从勘察设计、招标合约、建设管理、竣工验收、运营维护等阶段，全面统筹工程管理工作，落实需求、设计、施工、运维一体化设计联动机制，从使用角度加强需求调查及协调确认工作。在投资可控的前提下，有效确保设计能够满足个性化、多样化、不断升级的需求，满足政府工程发展的增值保值要求。在设计阶段，以使用功能需求为主线，对质量安全风险进行充分的分析和最大限度的控制，提高设计的可靠性及后续发展的保障性；在招标采购阶段，重点从招标方式和招标文件入手，遴选优质的施工承包商，确定质量安全目标，精确划分施工界面；在施工阶段，重点落实质量安全技术及保障措施，强化质量安全"交底"和教育培训的落实工作，相继开展了以"消除安全隐患，筑牢安全防线"为主题的安全动员大会和以"质量万里行，质量进班组"为主题的质量提升活动，落实6S管理工作要求，探索6西格玛精益管理，全面提升项目质量安全水平。

在项目建设过程中，如何在不利的客观环境中进行项目建设，一直是全过程工程咨询单位思考的重点，为了更好地推进项目建设，全过程工程咨询单位需要全方位地进行整体调研与策划。

在可研阶段，需高度重视社会稳定风险评估，充分调研周边的社会环境及自然环境，充分评估拆除重建可能带来的影响。

在概算审批阶段，应充分评估环境因素对工程建设的影响，特别是社会环境对工程建设工期、工程造价、工程安全的影响，在概算申请上进行全面考虑。

在设计阶段，在综合考虑周边建筑物、居民诉求情况的基础上，出具科学合理的设计方案，最大限度地减少对周边建筑物、居民及公共设施、公共利益的影响。

在招标阶段，选择到一个优质的施工单位。

中心区项目周边环境复杂，不可预见、不可控制的因素比较多，施工难度、综合协调都面临着严峻的考验。一个良好的开端，是成功的一半，只有在充分考虑与全面策划后才能保证项目的顺利推进。

附录

附录一　会务管理
附录二　项目接收

附录一 会务管理

会议是项目中最常见的各方沟通交流、统一思想、贯彻落实的一种形式，通过各项会议的召开，可以有效地解决分歧、拍板决策，使项目有序推进。在项目实施过程中，会召开各种类型的会议，全过程工程咨询模式下，全过程工程咨询方往往是会议的组织者、发起者，良好的会务管理，高效的会议进程，也是全过程工程咨询方能力的体现。本附录将介绍会务管理要点及相关要求，供读者参考。

一、主要工作

会务工作指全过程工程咨询单位负责组织的项目启动会、项目策划、项目管理例会、专项例会、专家评审会、研讨会、咨询工作大讲堂等重要会议。会务管理主要包括会前、会中、会后的会议管理工作。

二、会议原则

1. "八必有"原则

高效会议须遵循八个"必有"。凡是会议必有主题；凡是主题必有议程；凡是议程必有决议；凡是决议必有跟踪；凡是跟踪必有结果；凡是结果必有责任；凡是责任必有奖惩；凡是奖惩必须透明。

2. "三公式"原则

开会＋不落实＝0

布置工作＋不检查＝0

抓住不落实的事＋追究不落实的人＝落实

三、会务管理工作要点

1. 会议目标明确

会议准备实现的目标是什么？突出核心主题，避免重复、价值不大的会议，主要目的是提高会议决策效率和决策主要事项。

2. 会议议程安排得当

各项议程应先与主持人取得联系，征求意见，以求议题表述准确、专业，以提高会议效率。

3. 会议成效实时掌控

严格遵守会议开始时间、会议开始前就议题的要旨做简洁说明、会议事项进行顺序与时间分配预先告知参会者、会议中及时纠正偏题、引导在预定时间做出结论等。

4. 会议流程

1）会前：

确定会议名称→确定会议模式→确定会议时间与会期→确定会议地点→确定参会人员名单→安排交通工具→编制会议议程→发布会议通知→通过电话、短信、书面通知，确保每位参会人员收到会议通知→准备会议材料→准备会议用品及设备→人员座次安排→布置会场→会场布置校核。

2）会中：

安排汇报人员集中就座→组织签到→电话通知未及时参会人员→安排专人做会议记录→安排人员拍照。

3）会后：

安排参会人员离场→关闭投影、空调、灯光等→回收签到表、激光笔、会议文件→做会议记录→撰写会议纪要→根据会议类别，视会议情况发布会议简报→跟踪落实→下期例会时汇报落实整改情况。

四、会议组织

1. 会前管理

1）会议议题管理

例会议题按照第一次例会议定的例会议题事项，由参会单位编制会议材料，在会前2天提交计划工程师汇总复核；需组织会议审议事项的议题，由全过程工程咨询各职能工程师（部门）收集、校审和编制议题材料，报计划工程师汇总，经与议题事项有关单位沟通后安排会议。其他调研、交流等会议按项目策划由计划工程师督办和部署。

会议议题应由计划工程师在会议通知发出后，会议举行时间不少于24小时发送到参会人员，涉及保密和敏感信息，或者需控制议题事项范围的另行点对点发送。

2）规范会议议程

会议议程是规定会议组织必要的管理文件，会议主持人按照会议议程规定的流程和议题顺序控制会议审议事项、时间和决议，会议组织人协助会议主持人做好会议管理和控制，示例如下：

会议时间：*月*日（周*）**（时间）

会议地点：**（会议室）

会议名称：**例会

会议主持人员：

会议参加人员：

会议议题：议题1（时长）；议题2（时长）；议题3（时长）等。

重要提示：防疫要求、消防疏散指引、会议纪律等。

会议联系人及电话：

会务协助人及联系方式：

3）会议通知

制定各单位（部门）参会人员名单，以书面与电话（口头）相结合的形式，发布会议通知，对通知情况进行登记以便后续跟进，确保参会人员符合规定人数，以微信等及时通信方式、邮件方式发布会议通知时，应确保参会人员准确收到会议通知，必要应通过电话予以确认。

对需上会讨论的相关材料，需提前3天发放至参会人员，以便提前熟悉，提高会议决策效率。

4）会议材料准备

准备会议所需文件材料、用品及设备，包括参会单位及部门座位铭牌（与外单位会议或外请专家评审会、讲座的会议才需准备铭牌）、会议签到表、笔记本电脑、照相机、投影、麦克风、激光笔、茶水等。

5）会场布置

（1）会场根据会议类型选择，会议类型一般有汇报型会议、讨论型会议、学习型会议、议事型会议等，可以结合项目会议室条件参照以下会议室布置。对于学校教育项目一般规模较大，可以在项目临时设施建设时综合考虑多类型会议室类型，适应项目各类会议需求。

（2）会场组织事项应进行检查确保落实正确，我们应用工作清单销项法检查，参考清单如附表1-1所示。

工作清单　　　　　　　　　　　　　　附表1-1

	会议组织事项	项目级别会议并汇报	项目主办邀请重要领导参会	部门会议	本次会议准备情况（已准备打钩）
会议策划	会议名称、议题、议程	×	√	√	
	确定参会单位及人员	×	√	√	
	确定时间、地点	×	√	√	
	编制及发布会议通知	×	√	√	
	提前沟通	√	√	×	
会务准备	预约会议室	×	√	√	
	汇报PPT及书面材料报领导确认	√	√	×	
	签到表	×	√	√	
	以往会议纪要	√	√	√	
	打印铭牌	√	√	×	
	笔记本电脑	√	√	√	
	激光笔	×	√	√	
	录音笔	√	√	√	
	投影仪	×	√	√	
	话筒	×	√	×	
	矿泉水	×	√	√	

续表

会议组织事项		项目级别会议并汇报	项目主办邀请重要领导参会	部门会议	本次会议准备情况（已准备打钩）
会场布置	扩音设备调试	×	√	√	
	投影设备调试	×	√	√	
	会务资料分发	×	√	√	
	会场温度调节（空调）	×	√	√	
	激光笔分发	×	√	√	
会场布置	茶水布置	×	√	√	
	纸巾布置	×	√	√	
	铭牌摆放	×	√	×	
会中工作	留意领导需求	×	√	×	
	留意会场情况	×	√	×	
	拍照	√	√	√	
	录音	√	√	√	
	会议记录	√	√	√	
会后工作	会议纪要			√	

备注：1. 若会议时间调整，则需确定后详细告知
2. 会议通知中人员次序一定要按职务（位）从高到低
3. 制作会议 PPT 应突出重点，尽量做到 1 张 PPT 阐述多个内容
4. 重要领导出席的交流会议需及时撰写新闻稿

2. 会中管理

1）会议材料发放。会议材料应在会议组织人征得会议主持人审核同意后会前打印材料，或将会议材料电子文件导入会议演示电脑并调试。会议材料在会前按照议题顺序排列，分发和摆放到会议议席。

2）组织会议人员就座及会议签到。会议签到建议在会场门口设置签到席，签到完后再入座，会务人员应做好引导工作。

3）议题演示文件。由会议组织者提前收集并导入演示电脑，会中由议题负责人播放或会务人员协调控制。

4）会议记录及拍照、录音。会议记录一定要完整、规范。从签到、讨论记录，到会议决议、表决情况，都要进行详细记录，以观备查。可采用专用记录格式、卡片，做到规范、准确、可查。

3. 会后管理

1）会场清理

（1）关闭设备，包括投影、空调及灯光、上升窗帘和投影幕等。

（2）回收会议用品，包括激光笔、签到表、会议资料。

（3）回收会议材料，除议题发起人自行回收议题材料外，会务人员将其他会议材料全

数回收，必要时对回收的会议材料份数清点，统一处置。

（4）做好防疫消杀，通风等工作。

2）会议纪要撰写

会议应在 24 小时内完成会议纪要撰写；会议纪要中需明确会议决议、下阶段工作要求（责任人、工作内容、提交时间）；有关议题的纪要部分，可以由议题汇报人撰写交会议记录人整理，纪要成稿应分发参会人员予以审核确认无误后印发。

会议纪要撰写的"三性"原则：

（1）内容的纪实性。会议纪要应如实反映会议内容，不得离开会议实际搞再创作。

（2）表达的提要性。会议纪要应根据会议情况综合而成，应围绕会议主旨及主要成果进行整理、提炼和概括，重点在介绍会议成果。

（3）称谓的特殊性。会议纪要采用第三人称写法。会议纪要常以"会议"作为表述主体，使用"会议认为""会议指出""会议决定""会议要求""会议号召"等惯用语。

3）会议纪要的签发

会议纪要需经总咨询师审核确认，必要时呈报项目单位审核通过后方可签发。

五、会议精神的督办

会议中讨论确定的会议内容，明确落实责任人，并由专人负责跟踪落实。依据会议纪要，跟踪工作推进情况，在下次例会前，落实完成情况。

责任人应按：系统把握问题→分析问题→寻找问题突破口→提出解决方案→明确责任人→跟踪落实→及时反馈→总结提高的方法，完成会议要求整改落实的内容，并在下一次会议中对落实情况进行汇报。

六、会议纪律及要求

基于各类会议是全过程工程咨询各职能岗位（部门）、工程参建各方集中落实工作安排、及时协调解决工程中存在问题的主要途径之一，对加强岗位协同、参建单位之间的协作及配合，保障工程建设顺利进行至关重要。

1）各类例会为工程建设期间定期召开的会议，未得到会议组织部门另行取消、推迟召开的通知时，要求参会人员一律自觉按规定的时间、地点准时参会，同时做好会前的各项准备工作，会议组织部门负责提前落实会场的各项准备工作，当开会地点、时间等因故发生变动时，组织部门应提前电话通知各参会单位。

2）针对不定期召开的专题会议，组织部门应及时就会议议题、会议时间、参会前需提前准备的相关工作等及时通知参会单位及人员，并跟踪检查、落实会议准备情况，保证会议质量。

3）无论是例会还是各类专题会，各参会单位及人员务必严肃认真对待，针对会议制度或会议通知中要求参会单位提交的相关会议准备材料，均应按规定时间提交至会议组织部门，以确保会议质量。

4）所有既定参加会议的人员均应本着高度严谨的态度准时参会，不得无故迟到、缺席。

附录二 项　目　接　收

项目接收是指全过程工程咨询单位进场后，按照全过程工程咨询合同约定，从项目单位（包括建设方、使用方、有关参建单位等）接收项目前期工作和工作成果，在充分掌握和熟悉项目情况的基础上，开展全过程工程咨询服务工作。项目接收过程中，全过程工程咨询单位应与项目单位进行沟通交流，对项目规模、投资情况、场地状况、工程进展、存在问题等进行充分了解。按照现行建设工程基本建设程序，全过程工程咨询单位接收项目一般在项目可行性研究报告批复之后，即项目立项之后，如在项目意向阶段或项目建议书批复后或土地手续办理前开始全过程工程咨询服务，项目接收有关要求、有关内容也可参照。

一、项目接收目标

1. 全面了解项目基本情况。全过程工程咨询单位在对项目调研基础上与项目单位进一步交流，全面了解项目建设规模、建设标准、项目定位、建设目标等关键信息，为制订全过程工程咨询服务目标、服务方案做好信息准备。

2. 全面贯彻全过程工程咨询服务委托单位的要求。除全过程工程咨询合同载明有关约定外，全过程工程咨询单位还需进一步理解合同隐含的、未体现的具体要求以及委托单位现行管理制度，以及委托单位代表管理路线和其他要求，为全过程工程咨询规划做好措施策划准备。

3. 完成组织机构对接，建立工作协同。项目单位与全过程工程咨询单位通过移交会，双方就项目管理的组织机构、岗位人员、工作模式等深入交换意见，建立各岗位人员工作对接流程，为全过程工程咨询服务做好流程设计或重造准备。

4. 梳理前期合同签订和执行情况。对委托单位已完成签订的合同及其履行情况进行全面了解，为合同移交和合同管理，以及合约规划做好基础性工作。

5. 了解项目投资和资金使用情况。对于政府投资项目，了解项目投资批复和计划下达情况，以及资金计划和执行情况，为制订投资目标、投资计划和资金计划做好准备。

6. 了解前期工作进展。全面了解项目用地、勘察设计等前期工作进展，为下阶段工作开展做好无缝对接准备。

二、接收组织

1. 项目移交与接收应以有利于高效、优质推进项目建设为总原则。项目移交和接收后，由全过程工程咨询牵头，交接双方按职责分工各司其职，相互支持配合，共同推进项目建设。

2. 全过程工程咨询单位进场完成项目组织机构建立，应主动对接项目单位代表，商议项目移交有关事项。项目移交一般集中会议移交和专项分组移交，全过程工程咨询按照咨询职能和权责接收项目专项工作，涉及其他咨询职能岗位（部门）的应积极协同。

3. 项目移交和接收工作应持续进行，项目单位协助全过程工程咨询单位介入和平稳开展工作；全过程工程咨询单位自接收项目开始，应立即介入项目工程咨询工作，根据有关工作进展，按照工程咨询合同约定范围和权限全面接手直至可以独立执行咨询业务。

4. 全过程工程咨询项目部按照权责分别负责项目移交有关事项：

1）计划工程师：统筹协调各职能岗位（部门）接收事宜；制定项目接收方案，报总咨询师会同委托单位审批。组织接收工程档案资料。

2）造价工程师：接收关于项目招标投标、合同、投资、财务等内容。

3）前期工程师：接收前期报建批件及有关事项。

4）设计管理工程师：接收有关勘察设计及有关基础资料。

5）总监理工程师：接收项目场地、与工程建设有关事项等。

各职能岗位（部门）应按咨询项目部权责和职能范围协助计划工程师整理和审核有关文件档案。

三、项目接收内容

1. 开通管理账号

对于委托单位已建立工程管理信息化平台，委托单位按照工程咨询单位申请，协助开通工程管理平台账号和设置权限。

2. 管理文件接收

管理文件包括委托单位有效的有关前期管理、工程管理、工作流程，以及为项目编制的有关手册、单行规章制度、项目前期策划等，全过程工程咨询开展咨询服务工作时仍应遵照执行。管理文件包括电子文件、纸质文件，以及委托单位工程管理平台性质的电子化平台操作使用手册等，对于项目管理文件，全过程工程咨询单位应组织学习和模拟演练，可以结合全过程工程咨询模式特点提出有关工作流程的优化调整建议。

3. 场地接收

1）应实地踏勘现场情况，了解场地存在问题，对临时设施、水电、道路、围墙、场地平整等进行核查、描述。尤其是学校教育项目的大学校园，建设用地面积极大，全过程工程咨询单位应提请委托单位注意场地弃土、林地防火、边坡地质灾害等影响后续项目建设事项。

2）复核和复制项目选址、用地预审、用地手续等批准文件。

4. 合同接收

1）合同文件接收。合同文件包括合同文本（包括补充协议）、招标投标文件或者委托文件。

2）合同事项整理记录。对合同履行过程中有关重要事项洽商、风险、结算诉求等情况征询委托单位意见，全过程工程咨询单位做好记录，并整理成备忘录类文件。对已履行完成的合同，具备结算条件的，可以通知有关单位办理合同结算。

3）登记合同台账。如委托单位已建立合同台账，应对照台账核对台账信息完整性、真实性，缺失材料应列出清单；如委托单位未建立合同台账，应按照信息有用性和必要性原则建立合同管理台账，登记移交合同事项和内容。

4）支付款项核对。对全部合同支付审批文件和付款流程全面复核和核对无误，建立合同支付台账。

5. 投资和资金计划接收

1）投资计划是指政府投资项目向发展和改革部门申请项目投资的计划完成数额，一般是通过公文形式下达，全过程工程咨询单位应接收有关计划文件并登记台账，体现建设期各年度下达计划情况和执行情况。

2）资金计划是指政府投资项目在发展和改革部门下达投资计划后，向财政部门申请建设资金的计划数额，用于支付项目建设款项，全过程工程咨询单位应登记台账用于控制资金使用，与合同支付台账做对比分析，了解项目资金使用情况。

3）对项目移交和接收过程中，在途支付、应付未付和应付待付等情况全面摸排，分析支付风险。

6. 文件（与档案）接收

全过程工程咨询单位协助委托单位全面清理项目前期文件、合同文件、批复文件等，按照类别分类，编制工程档案移交台账，可以参照下表形式。文件接收后，全过程工程咨询单位按照文件类别分别传达职能岗位（部门）存档，需要集中存档保管的，应将文件台账通知各职能岗位（部门），如附表 2-1 所示。

工程档案移交台账表 附表 2-1

序号	文件编号	文件名称	文件形成单位	发文日期	原件份数	复印件份数	电子文件	备注
1								
2								
3								
4								

说明：如有下列情况请在备注栏中填写：
（1）复印件需说明原因或者原件去向；
（2）未发生、未到阶段或者不需要。

7. 报建账户接收

报建账户是委托单位围绕项目履行工程建设项目基本建设程序，在政府投资项目在线监管平台登记项目，办理行政许可事项的账户。全过程工程咨询单位应在委托单位授权范围内使用此账户办理项目有关报建手续，跟踪报建事项审核审批进展和结果。

8. 项目计划工期

除全过程工程咨询合同约定的服务期或建设期外，移交和接收也应将建设项目工期要求一并明确，尤其是学校教育项目涉及分期分批交付范围和节点工期等。